PÁSSAROS DA LIBERDADE

Jovens, judeus e revolucionários no Brasil

PÁSSAROS DA LIBERDADE

Jovens, judeus e revolucionários no Brasil

CARLA BASSANEZI PINSKY

Coordenação editorial:
Fábio Amancio

Editoração e filmes:
Global Tec Produções Gráficas

Dados Internacionais de Catalogação na Publicação (CIP)
(Câmara Brasileira do Livro, SP, Brasil)

Pinsky, Carla Bassanezi
   Pássaros da liberdade: jovens, judeus e revolucionários no Brasil /
Carla Bassanezi Pinsky. – São Paulo: Contexto, 2000.

   Bibliografia.
   ISBN 85-7244-143-3

   1. Dror (Grupo social)   2. Judeus – Brasil   3. Judeus – História   4. Juventude
judia – Brasil   5. Movimentos sociais – Brasil   6. Sionismo – Brasil   I. Título.

00-1803   CDD-303.4840899240981

Índices para catálogo sistemático:
1. Brasil: Juventude judia: Movimentos sociais: Sociologia   303.4840899240981
2. Brasil: Movimentos sociais: Juventude judia: Sociologia   303.4840899240981

2000

Todos os direitos desta edição reservados à
EDITORA CONTEXTO (Editora Pinsky Ltda.).
Diretor editorial *Jaime Pinsky*
Rua Acopiara, 199 – Alto da Lapa
05083-110 – São Paulo – SP
PABX/FAX: (11) 3832 5838
contexto@editoracontexto.com.br
www.editoracontexto.com.br

Ao Jaime, com muito amor.

SUMÁRIO

INTRODUÇÃO

> Cheguei ao endereço que me foi dado e subi a escada.
> Mesmo enquanto subia, já podia ouvir os sons que os
> *chalutzim* faziam. Vi rapazes com cabelos desgrenhados e
> camisas de todas as cores, jovens de pernas cabeludas usan-
> do short. Alguns usavam sapatos, outros estavam descalços.
> Havia moças também... era óbvio que existiam *chalutzim*
> do sexo feminino. Eram tão morenas e desgrenhadas quanto
> os rapazes, e tinham olhos que faiscavam de vez em quando
> com o brilho da terra de Israel. [Isaac B. Singer – O Cer-
> tificado].

Motivados pelo dramático episódio do Holocausto Judeu na II Guerra Mundial, pelas oportunidades vislumbradas com a criação do Estado de Israel e
pela possibilidade de convivência com "iguais", centenas de rapazes e moças,
meninos e meninas, constituíram, no Brasil, um grupo juvenil, sionista, socialista, *kibutziano* chamado Dror[1], "pássaro da liberdade". À semelhança de jovens de outros países, que, na segunda metade dos anos 40 e por toda a década de 1950, engrossaram as fileiras dos movimentos judaicos, eles fizeram-se
herdeiros de uma tradição européia do início do século que engloba o sionismo socialista, os movimentos juvenis e os ideais pioneiros. Acreditando que o
problema da discriminação contra os judeus seria resolvido com a participação destes em atividades produtivas dentro de um estado nacional judaico –
Israel –, em colônias coletivas – os *kibutzim* –, os jovens do Dror politizaram-
se, questionaram a ordem burguesa e os papéis a eles oferecidos pelo meio em
que viviam e prepararam-se para uma nova vida na terra distante, buscando
servir de exemplo para a criação de uma sociedade mais justa e igualitária no
mundo. Alguns, depois de passar pelo Movimento, chegaram a viver em Israel, num *kibutz*; outros permaneceram no Brasil. Dos que foram, vários voltaram, mas muitos ainda estão lá. Todos, sem exceção, guardam marcas de suas
experiências desse tempo, sejam eles hoje diplomatas ou membros de *kibutz*,
artistas ou economistas, administradores de empresa ou historiadores, psicólogos ou sociólogos, médicos ou jornalistas. Várias dessas experiências me
foram narradas em entrevistas minuciosas, outras ficaram registradas em depoimentos escritos, artigos, livros e documentos que pesquisei de maneira sistemática para falar sobre a juventude no Dror.
Por que contar essa história? Porque "histórias" de como as pessoas agiram
e se relacionaram com as circunstâncias, as transformações e as determinações
sociais de seu tempo interessam àqueles que sentem necessidade de se situar

como seres históricos e compreender o mundo em que vivem. Mais ainda, porque se trata da trajetória de revolucionários preocupados em desafiar a ordem social existente e contribuir para o estabelecimento de uma nova era: uma luta para concretizar esperanças humanas, que nos permite perceber as feições da sociedade mais ampla, seus valores dominantes e os limites e as possibilidades de uma época.

O Dror era um movimento político-educativo, que acreditava na capacidade revolucionária juvenil. Criado, organizado e gerenciado por rapazes e moças de classe média, *sem discriminação sexual*, era *socialista* (numa sociedade capitalista), *judeu* (num meio predominantemente cristão), *sionista* e *kibutziano*.

Como um grupo com tantas especificidades interagiu com as idéias e práticas da sociedade na qual estava inserido?

Esta questão central desdobra-se em várias outras: Como o Movimento procurava atingir seus objetivos? Como garotas e rapazes que cresceram num meio com determinadas expectativas optaram por e lidaram com (e ajudaram a construir) uma determinada *proposta revolucionária* de vida? Até que ponto queriam, puderam ou conseguiram romper com os valores dominantes e os projetos sociais a eles apresentados?

Como os jovens do Dror vivenciaram a sua juventude? O que era para eles ser jovem? Essa idéia coincidia com as representações dominantes e as expectativas sociais relacionadas à juventude? Em outras palavras, ser jovem no Dror era a mesma coisa do que ser jovem "lá fora"? Como definiam o papel dos jovens no projeto revolucionário que encampavam?

As relações de gênero dominantes na sociedade mais ampla resistiram em um grupo jovem, estruturado, emocionalmente motivado e com um projeto explícito de mudança de práticas e valores?

Os jovens brasileiros no final dos anos 40 e na década de 1950 viviam em um país que passava por várias transformações sob o impacto do otimismo do pós-II Guerra, do desenvolvimento industrial e urbano sem precedentes e da ascensão das classes médias. Foi um período de maior liberdade política se comparado a épocas anteriores, de confiança na modernidade e de vontade de inovar. Em geral, a população brasileira viu ampliado seu acesso à informação, às formas de lazer e aos bens de consumo. Os campos da literatura, do teatro, das artes, da arquitetura, da música popular brasileira e das ciências humanas também se desenvolveram. O nível de escolaridade do povo como um todo e da população feminina em particular cresceu – no ensino elementar e no médio, os dois sexos estavam já bastante próximos. Com o aumento das possibilidades ocupacionais nos setores industriais e de serviços, os jovens já podiam acalentar mais esperançosos projetos de ascensão econômica e (principalmente os rapazes) independência familiar. As profissões liberais e os empregos de colarinho branco estavam entre os mais atraentes para os rapazes. Criaram-se maiores oportunidades de trabalho também para as mulheres de classe média no setor público, nos serviços burocráticos, no comércio, nas áreas de comunicação, saúde e educação. Entretanto, as mulheres continuavam se concentrando em profissões tidas como femininas e mesmo sobre estas pairava a idéia amplamente difundida da incompatibilidade entre casamento/ maternidade e vida profissional[2].

A juventude dessa época estava sob a influência ideológica da família-modelo: nuclear, com uma nítida divisão de papéis – reservava aos homens, ao lado da responsabilidade de principal provedor do lar, poder e autoridade sobre as mulheres. Estas deveriam ocupar-se prioritariamente com suas funções de dona de casa, mãe e esposa. Os mundos da política e do trabalho fora do lar eram tidos como fundamentalmente masculinos. Iniciativa, comando, raciocínio lógico não faziam parte do ideal de feminilidade, apresentado pela moral dominante, mais freqüentemente, como um misto de pureza, vocação materna, resignação, doçura e sedução. Os valores burgueses chegavam aos jovens como naturais e universais, desqualificando quem não pudesse ou quisesse segui-los. A moral sexual era diferenciada para homens e mulheres; aos primeiros permitia-se a variedade de experiências sexuais, mesmo após o casamento. As mulheres deveriam, quando solteiras, manter-se recatadas e virgens; quando casadas, fiéis e submissas.

Acompanhando as mudanças proporcionadas pelo desenvolvimento urbano, alguns padrões culturais também se modificavam, aumentando as oportunidades de aproximação e convívio entre homens e mulheres, principalmente os jovens. Multiplicavam-se os pontos de encontro e várias atividades juvenis não se confundiam mais com as da família (leia-se, dos adultos). O ambiente escolar, as atividades esportivas, os passeios com amigos, os bailes, as lanchonetes, as praias e os cinemas tornaram-se importantes espaços de sociabilidade juvenil[3].

A juventude de classe média vivia em uma cultura que, em geral, aprovava sua "vitalidade", tolerava pequenas "extravagâncias" como "coisas próprias da idade" e acreditava que os jovens seriam cidadãos respeitáveis e a "esperança do futuro" se fossem protegidos, disciplinados, tivessem "bons exemplos" e andassem em "boas companhias". Entretanto, é certo que as instituições sociais preocupavam-se com a educação dos jovens e a continuidade dos valores morais dominantes tentando impor-lhes seus modelos e limites – tais como a subordinação/respeito à autoridade dos pais e dos mais velhos, a importância dos estudos, os deveres patrióticos, o valor do trabalho "produtivo" (para os rapazes) e do doméstico (para as moças), a relevância do casamento tradicional como "a verdadeira estrutura da sociedade" e garantia de respeitabilidade social, o potencial da família como a base do "esplendor de um povo sadio de moral" – e procurando reprimir os comportamentos desviantes[4].

Os modelos sociais, entretanto, não eram absorvidos automaticamente e sem contradições pelos jovens, tanto em virtude da dinâmica da sociedade, quanto porque sempre havia os "rebeldes", rapazes e moças questionadores. As próprias jovens poderiam ter dúvidas sobre um ou outro aspecto do que seria o "comportamento adequado" num tempo de mudanças e paradoxos nas definições de feminilidade ("tradicionais" e "modernas"; as aprendidas na família e as vistas no cinema ou as valorizadas por certos grupos juvenis). Mensa-

11

gens contraditórias passadas às garotas de classe média – como a possibilidade de obterem uma educação secundária equivalente à dos rapazes (capacitando meninos e meninas para tarefas iguais, possibilitando a participação no mercado de trabalho e ganhos salariais) e a expectativa de futuros diferentes para homens e mulheres – provocaram em certas jovens sentimentos de frustração e revolta. A valorização da juventude – expressa, por exemplo, no aumento do poder decisório dos jovens para escolher seus parceiros ou consumir certos produtos – fomentava conflitos desta com os conservadores de gerações mais velhas. Insatisfações, inadequações e transgressões comprometiam os limites de gênero e de classe e as hierarquias tradicionalmente estabelecidas entre jovens e adultos; proporcionaram algumas mudanças em trajetórias individuais, serviram de herança para transformações sociais futuras ou, até mesmo, definiram novos estilos de vida em seu próprio tempo. Um olhar sobre as experiências dos jovens no Dror explora algumas dessas potencialidades incrementadas pelas especificidades do próprio Movimento juvenil.

A pesquisa que possibilitou a realização deste livro não ficou restrita ao Brasil. Além de consultar os documentos e fotografias da época, guardados por particulares ou nas dependências do Dror em São Paulo, visitei os arquivos do *kibutz* Bror Chail. Em Israel, também fiz longas entrevistas em Bror Chail e Mishmar Hanegev, e nas cidades de Jerusalém e Tel Aviv.

Livros, atas de congressos, revistas, folhetos, jornais, material de propaganda, programas educacionais, esboços de palestras e letras de músicas, textos utilizados no Movimento estão entre as fontes consultadas.

Registrei depoimentos de ex-militantes do Dror nascidos entre 1926 e 1944, totalizando perto de 90 horas de gravações. Obtive também informações em conversas informais, em entrevistas e textos escritos por ex-droristas publicados em revistas e jornais judaicos, em autobiografias e em trabalhos acadêmicos. A escolha dos entrevistados objetivou dar conta de variáveis suficientes que pudessem, tanto dar margem a generalizações, quanto perceber pontos de vista alternativos[5]. É claro que não foram esgotadas todas as possibilidades de respostas, trajetórias e interpretações[6], mas preocupei-me sempre em cotejar os depoimentos entre si e com outras fontes. Tendo tido o privilégio de conversar com pessoas particularmente interessantes e bem articuladas, muitas delas com reflexões elaboradas sobre os diversos assuntos tratados, optei por transcrever, ao longo dos capítulos, trechos dos depoimentos, provocando mesmo um diálogo virtual entre elas.

As vozes e versões de quem viveu os acontecimentos permitem o acesso a questões ausentes dos documentos droristas "oficiais". Conduzem-nos pelos caminhos da vida cotidiana, das motivações pessoais e das condições para a criação e recriação de identidades coletivas (tais como *jovem, judeu, proletário, revolucionário*) a partir de experiências compartilhadas e ideologias elaboradas. Além disso, embora digam respeito a percepções individuais, os depoimentos, tomados em conjunto, ajudam na compreensão de processos sociais mais amplos, como, por exemplo, o estabelecimento de padrões de comportamento ou modos de pensar, a reelaboração da identidade judaica, a releitura de tradições culturais, a evolução das relações familiares, o poder das idéias, o lugar dos jovens na História. Por outro lado, tão importantes quanto esses processos sociais, são os aspectos únicos e irredutíveis das histórias de cada um que nos permitem acesso às escolhas que os indivíduos fizeram em relação à cultura que lhe foi transmitida, à bagagem de modelos oferecidos pelo meio social (a sociedade brasileira, a coletividade judaica no Brasil, a situação dos judeus no mundo), pela família e pelo próprio Movimento juvenil.

Os três capítulos do livro seguem uma linha de argumentação. O primeiro contextualiza historicamente o Dror e seus militantes. O capítulo II trata das fontes ideológicas e tradições que inspiravam o Dror e da ideologia drorista no Brasil. O capítulo III fala das práticas sociais, da *ação educativa* e do cotidiano no Movimento; aborda também a "cultura do grupo" e como agiam os jovens militantes diante dela e com relação às suas famílias, aos outros jovens e às suas possibilidades de futuro.

A identidade dos entrevistados foi preservada na citação dos depoimentos: os nomes foram trocados por números, pares para mulheres, ímpares para homens, em ordem crescente de acordo com a idade do entrevistado, permitindo que o leitor reconheça se as opiniões transcritas vêm de um homem ou de uma mulher, de alguém que participou do Dror no início ou em um momento posterior.

Alerto os antigos militantes que, por acaso, vierem a lamentar que o Movimento descrito aqui não corresponde exatamente às suas lembranças, que este é um livro de História e não de memórias. Procurei ser objetiva e imparcial, ouvi todos os lados e busco dar uma visão de conjunto, enquanto que a memória dos envolvidos é frágil e parcial, emocional e fugidia. Noutras palavras, a memória, quando muito, dá conta da árvore; só a História pode pretender englobar o bosque todo.

Entre as pessoas que me contaram sobre seu tempo no Dror (algumas com presença relevante no cenário nacional israelense ou brasileiro) várias manifestaram suas expectativas com relação ao meu retrato dos jovens, apresentaram sugestões de como ele deveria ser feito, questionaram meus métodos e a validade de suas próprias lembranças como fonte de pesquisa, sugeriram bibliografia, emprestaram-me livros. A grande maioria dos relatos também foi carregada de emoções; alguns, de lágrimas. Vários agradeceram a oportunidade de falar do passado. Hoje, muitos deles tornaram-se meus amigos e cúmplices.

Nem todas as pessoas com quem entrei em contato ao longo dos anos de pesquisa dispuseram-se a dar a entrevista solicitada. Talvez estes poucos assim o fizeram por medo de abrir seus arquivos para mim ou por não terem vontade de "voltar no tempo". Os que me receberam foram muito gentis e solícitos. Meu obrigado a:

Alberto Dines	Cecília Pinsky
Anna Verônica Mautner	Clara Sverner
Aron Kremer	Dov Tsamir (Bernardo Cymyring)
Bernardo Kucinski	Éden Lam
Betty Loeb Greiber	Elena (Camerini) Moritz

Elisa (Suskind) Simbalista
Eviatar Friesel (Sigue Friesel)
Fani (Gruber) Wajtsberg
Fela Mester
Fiszel Czeresnia
Gabriel Bolaffi
Henrique Lam
Ida Sgartman
Jaime Pinsky
Jaime Volich
Judith (Lieblich) Patarra
Judith Nutas

Júlio Mester
Lea (Ben Iaquir) Tsamir
Mira (Wainfeld) Perlov
Míriam (Salon) Mau Roth
Moisés Pinsky
Nair (El Asari) Kremer
Paulo Singer
Richard Kanner
Rifka (Auerbach) Berezin
Tema (Rosencramtz) Warchawsky
Valde Guertman
Zício Simbalista

Este livro foi escrito com base em minha tese de doutorado em Ciências Sociais defendida, em 1999, na Unicamp (Universidade Estadual de Campinas). No tempo da pesquisa, contei com financiamento da Capes. Para a publicação deste livro, o apoio da Fapesp somou-se aos esforços da Editora Contexto. Várias pessoas também me ajudaram direta ou indiretamente a realizar este trabalho, agradeço muito a todas. Entretanto, não posso deixar de citar nominalmente os que fizeram a gentileza de me emprestar documentos caros, cuidadosamente guardados por décadas, livros antigos e fotografias: Paulo Singer, Alberto Dines, Valde Guertman, Rifka Berezin, Henrique Lam, Fiszel Czeresnia e Jaime Pinsky.

A Oscar Zimmermann (Chico) e Aron Thalenberg (Árale) sou grata por terem sido meus anfitriões em Bror Chail. À professora Guita Debert, sempre disposta a dialogar, agradeço muito as longas horas que passamos discutindo os caminhos do trabalho e o seu empenho para que este livro fosse publicado. Aos professores Mariza Corrêa, Michael Hall, Henrique Rattner, Octávio Ianni e Margareth Rago, das bancas de qualificação e defesa, obrigada pelos comentários e sugestões. A Henrique Rattner agradeço também a revisão posterior que fez do glossário. (Evidentemente, sou a única responsável pelas escolhas que fiz.) Obrigada também aos parentes Pinsky que me ajudaram com traduções do hebraico, ao meu irmão Renato e à minha mãe que colaboraram em questões operacionais no tempo da tese e aos demais familiares e amigos que acompanharam com palavras de incentivo as várias etapas do meu trabalho.

Aos meus pais, Rodney e Sílvia, agradeço especialmente por seu estímulo e pelo investimento feito no meu projeto intelectual.

Acima de tudo, sou extremamente grata ao Jaime, cujo inestimável apoio material, intelectual, emocional e afetivo foi vital para a realização deste livro.

A TRAJETÓRIA

Os primeiros tempos

O fim da II Guerra Mundial trouxe tristezas e alegrias aos judeus no Brasil: junto com a notícia do término dos conflitos chegaram as informações concretas sobre a morte de famílias inteiras nos campos de extermínios nazistas. O ano de 1945 enlutou quase todos os judeus *askenazim*, deixou a coletividade judaica perplexa e só não foi mais cruel porque trouxe consigo a esperança da efetivação de um Estado judeu na Palestina.

Entre os jovens judeus sensibilizados nutriu-se um sentimento misto de humilhação e revolta pela morte, em tão pouco tempo, de tanta gente *conduzida como cordeiros para o matadouro*, como se dizia na época. A consciência da tragédia que se abateu sobre os judeus, somada às possibilidades históricas de construção de novos destinos para esse povo, uniu e motivou muitos jovens que não só achavam que algo radical precisava ser feito para forjar uma identidade positiva dos judeus (*um povo que sabe lutar*) como faziam questão de contribuir pessoalmente para isso. Humilhação, revolta, vontade de mudar e o entusiasmo provocado pela idéia do Estado de Israel mobilizaram boa parte da juventude judaica no Brasil, reunida em grupos que rapidamente se transformavam em movimentos mais ou menos organizados com propostas de novos caminhos para os judeus.

Por outro lado, a questão social estava também no horizonte dos que olhavam para além de sua própria janela. O drama da Guerra era visto por muitos como o estágio final da doença de uma sociedade competitiva, desigual, capitalista. Assim, a inquietação diante dos problemas sociais e dos direitos humanos tornou-se mais intensa nessa época. Nos planos acalentados por jovens judeus para um mundo melhor também ganhavam espaço os ideais socialistas. Entretanto, pensavam, talvez a solidariedade socialista demorasse muito tempo para tomar o mundo, tempo esse em que os judeus estariam permanentemente ameaçados. Portanto, era preciso resolver com urgência a questão judaica.

Esse quadro, feito também de pinceladas emotivas, surge a partir dos relatos dos fundadores e primeiros integrantes de movimentos juvenis sionistas socialistas no Brasil dessa época.

A idéia sionista – estabelecimento de um Estado Nacional Judeu, preferencialmente na Palestina – crescia na simpatia da coletividade judaica estabelecida no Brasil que, distante do cenário da Guerra, só veio a conhecer sua verdadeira dimensão após a derrota alemã. Uma das conseqüências do Holocausto foi contribuir para o fortalecimento da identificação de interesses comuns entre os judeus e da vontade de colaborar com o coletivo judaico. Os imigrantes que chegavam dos países dominados pelos regimes fascistas e, depois, os refugiados, as vítimas de guerra, as famílias que vinham aos pedaços, podiam contar com a solidariedade de indivíduos e organizações judaicas que atuavam sob olhares desconfiados do governo getulista. Seus relatos pareciam não deixar dúvidas sobre a necessidade de buscar soluções conjuntas que combatessem as causas e os efeitos do anti-semitismo. As informações e as fotografias dos campos de extermínio, divulgadas pelos aliados vitoriosos, por fim, tocaram os incrédulos, alienados ou menos sensíveis.

> Durante a Guerra não sabíamos muito sobre o Holocausto, só sabíamos o que saia nos jornais e uma ou outra coisa, mas a informação era escassa. O grosso surgiu mesmo após a Guerra: uma avalanche de informações sobre o que tinha acontecido. De certa maneira as próprias famílias acordaram, porque até então viviam no Brasil num torpor tropical ao abrigo da intempérie – um país meio de férias da História (...) [9]

As notícias sobre a Palestina e, posteriormente, a chegada dos enviados que falavam em nome do novo estado judaico contribuíram para reforçar a idéia de que o Estado de Israel significava, além de uma referência territorial para a identidade nacional judaica e de uma garantia de direitos políticos para os judeus que lá vivessem, a segurança que os judeus em geral não haviam tido diante das perseguições sofridas: agora, mesmo os judeus que não morassem em Israel, os da Diáspora, teriam um Estado constituído para defendê-los e um local para onde ir em caso de necessidade.

> A resposta [ao Holocausto] parecia óbvia. Só mediante um Estado e um exército nacionais era possível oferecer resistência (...) Todos os grupos judeus que tinham um pensamento baseado em uma visão não-religiosa, passaram a pensar em termos de território, língua e Estado. (...) A resposta era nacional. [Jacó Guinsburg. "É preciso enfatizar a resistência judaica", *Shalom Documento, A resistência judaica na Segunda Guerra Mundial*, São Paulo, 1993.]

Diáspora é uma palavra grega cujo sentido literal é *semente espalhada*; no sentido figurado é *gente dispersa* ou *dispersão*; para o judaísmo, significa *judeus dispersos, judeus fora de sua terra de origem: Israel*. A idéia de que, apesar das diferenças sociais e de conteúdo judaico, cultural e religioso, os judeus fazem parte de uma nação espalhada pelo mundo ganhou uma nova ênfase nessa época em que a pressão externa contribuiu para a criação de uma identidade maior entre os judeus e o reforço da diferença e da desconfiança com relação aos não-judeus.

No Brasil, esses sentimentos nutriam-se não só de mentalidades herdadas da Europa ou das repercussões dos acontecimentos internacionais mais recentes, como também das dificuldades e incertezas vividas pelos judeus no período do Estado Novo. A política ambígua do governo Vargas permitia-lhe um namoro oportunista com o nazi-fascismo e foi marcada por traços notadamente xenófobos e alguns até anti-semitas (mesmo diante da pressão norte-americana, dos ataques sofridos por diversos navios brasileiros e de fortes setores da opinião pública – especialmente militantes de esquerda, grupos de intelectuais e estudantes ligados à UNE – favoráveis aos aliados e à participação na luta armada, o governo brasileiro só declarou guerra ao Eixo em 1942).

[em 1941] Não só o país não estava em guerra como apoiava o Eixo (...). O Brasil era uma ditadura de direita, mesmo sem grande coerência ideológica. A população não era obviamente pró-aliado. Além das colônias alemãs no sul, a influência fascista era forte em São Paulo. Havia a força do Movimento integralista. Não era apenas o governo. [Jacó Guinsburg. "É preciso enfatizar a resistência judaica", *Shalom Documento, A resistência judaica na Segunda Guerra Mundial*, São Paulo, 1993.]

Na grande massa [dos brasileiros] não havia nenhuma consciência política (...) o povo não estava psicologicamente preparado para a guerra. Como é que o povo podia estar se pouco antes o governo tinha se inclinado para o Eixo? Em 1940, houve o famoso discurso do Getúlio em que ele falava em plutocracias e fazia insinuações anti-semitas. Em 1942, o Brasil declarou guerra ao Eixo. Como é que o povo ia acompanhar essas mudanças? Quando houve o afundamento dos navios, realmente a indignação foi muito forte. Eu me lembro de quebra-quebras de lojas de alemães, italianos e japoneses. Houve esse tipo de explosão, mas a grande massa do povo não sentia a guerra como algo que lhes dissesse respeito. (...) Tudo era contraditório. Haver uma ditadura feroz no país e nós sairmos para ir lutar na Europa pela democracia... [Boris Schnaiderman. "Memórias da FEB – Boris Shnaiderman", *Shalom Documento, A resistência judaica na Segunda Guerra Mundial*, São Paulo, 1993.]

Somando-se a isso certas situações cotidianas em que judeus eram alvo de variadas manifestações de preconceito e suas sinagogas e cemitérios sujeitos a vandalismos anti-semitas, podemos entender a sensação de insegurança ainda presente em muitas famílias judias no país que as acolheu e que tinha fama de ser uma democracia racial.

Em 1942, meus pais foram morar numa casa com dois cômodos na Rua Silva Jardim [Curitiba] (...) o restante do terreno era ocupado por várias outras casas igualmente velhas e de madeira, mas seus ocupantes eram todos *goim*. O quintal

era o domínio de vários meninos e eu me considerava pertencente. (...) Foi durante uma procissão que recebi, pela primeira vez a informação de que minha origem era execrável e que eu era culpado de diversos crimes, entre eles e o mais abominável: de ter matado Jesus Cristo. Além disso, soube também que era aceito nas brincadeiras por concessão especial, já que meu status de pária não me intitulava a pertencer a grupo nenhum. Isso me foi dito junto com um tapa na cara, para que eu não olhasse para a imagem da virgem que passava sobre os ombros de alguns homens. (...) Fui empurrado contra um muro e minha cara mantida contra o reboco até que a imagem se afastou. [Maurício Brik. "Silva Jardim 1942", *O Macabeu*, Curitiba, ago. 1997.]
Naquela época, era muito forte [entre os judeus] a idéia de que o não-judeu é basicamente um anti-semita, muitos jovens foram atrás disso (...). O judeu não era muito bem aceito, como não era o italiano, como não era o preto... ou qualquer alienígena – aparentemente o Brasil é muito hospitaleiro, mas é tudo mentira, aqui o preconceito racial é sério. Naquele tempo, senti o preconceito... [5]

O anti-semitismo do [meu professor de geografia do colégio do estado] expressava-se em ferinas observações anti-judaicas nas aulas. Fazia-o com humor e facilidade, mas para nós jovens judeus sensíveis, isto soava como uma zombaria venenosa. Ele não era o único. (...) Certa vez numa aula sobre o Oriente Médio, lançou: "os judeus da Europa querem a Palestina? Na verdade, é melhor que vão para lá do que venham para o Brasil" (...) ele tinha a solução para o "problema judaico": "Todos os judeus irão para a Palestina e criarão ali um estado judeu. Mas como não são capazes de viver juntos, porque precisam de gentios afim de explorá-los, seu Estado não se manterá". [Nachum Fassa, "O 'macaquinho' e a questão judaica", *Na'Amat Brasil,* nº 17, São Paulo, maio 1998.]

Meu chefe era nazista e dizia que os ingleses tinham tido razão em não permitir a entrada dos judeus na Palestina durante a Guerra. Pedi demissão do meu trabalho [como secretária executiva na Cultura Inglesa] quando ele falou que Hitler deveria ter matado todos os judeus... [4]

Mesmo os jovens que não se recordariam, 50 anos depois, de ter passado no Brasil por alguma situação pessoalmente constrangedora devido à sua origem judaica, conviviam com a preocupação de seus pais diante dos *goim,* suas tentativas de mantê-los próximos a judeus e longe da assimilação e dos *casamentos mistos.* A tragédia vivida pelos judeus alemães e austríacos que, mesmo assimilados, acabaram mortos por terem demorado a perceber a real dimensão do nazismo, permanecendo em seus países quando deveriam ter fugido, era para eles a lição mais recente sobre o peso e a responsabilidade de ser judeu.

O massacre dos judeus, mesmo os assimilados, pelos nazistas, transformava aos nossos olhos, o mais odioso dos judeus em aliado necessário e o mais doce dos não judeus em traidor potencial. Aos olhos ingênuos do judaísmo sorocabano, a identidade impossível era indispensável, mesmo sem que, de fato, nos gostássemos tanto. [Jaime Pinsky, "Sempre é tempo de reflexão", *Na'Amat Brasil,* nº 20, São Paulo, fev. 1999.]

Boa parte dos jovens judeus, cujos pais haviam imigrado nos anos 20, já estava bastante integrada na sociedade brasileira. Sentiam-se bem em meio a outros garotos de etnias variadas com que conviviam e faziam amizades. Freqüentavam escolas do Estado, jogavam futebol, falavam português, não iam à sinagoga muito mais que duas vezes por ano, não eram solicitados pelos pais a terem qualquer militância judaica mais significativa e não sentiam nenhuma atração especial pela Palestina. O nazismo, contudo, que provocou o assassinato de milhões de judeus apenas por serem judeus, conduziu jovens como estes a um processo de rejudaização em busca de uma identidade praticamente desconhecida por eles até então. Começaram a ler sobre o assunto, a procurar companhias e amizades entre outros judeus e a sentir necessidade de freqüentar ambientes judaicos.

Pode-se dizer que, com exceção de alguns grupos, como o dos comunistas ou dos bundistas[2] (socialistas progressistas cujo hino incentivava os judeus a adotarem como pátria a terra em que viviam) e um número mínimo de religiosos ainda à espera do Messias, eram muito poucos os judeus no Brasil contrários a existência de Israel no momento de sua efetivação (apesar de nem todos acreditarem em seu sucesso).

Por outro lado, embora o sentimento de revolta contra o Holocausto e as simpatias pelo lar nacional judaico fossem compartilhados pela grande maioria, havia distinções quanto ao grau de entusiasmo e envolvimento diante da realidade do Estado de Israel. As posições dos judeus com relação ao sionismo variavam muito até porque a coletividade judaica não era homogênea e nem muito integrada[3] mesmo nesse momento em que várias de suas diferenças internas pareciam estar amenizadas em nome de interesses comuns e projetos coletivos mais amplos.

Havia os que encaravam o sionismo como um objetivo concreto de vida, a *aliá,* que os envolvia pessoalmente. Alguns viam a emigração para Israel, mesmo depois da criação do Estado, como uma possibilidade remota ou uma tarefa para jovens, mais bem dispostos, ou para *os filhos dos outros, não os meus.* Para outros, ainda, contribuir para a causa sionista restringia-se a uma obrigação filantrópica diante dos judeus pobres ou vítimas da Guerra.

De certa maneira, as posições distintas diante do sionismo relacionavam-se também aos diferentes grupos que compunham a coletividade judaica no Brasil dessa época, cujas características, obviamente, acabavam marcando também a formação de seus jovens[4].

A imigração judaica para o Brasil quantitativamente significativa data do período posterior à I Guerra, com judeus vindos da Europa Oriental (Rússia/ União Soviética, Polônia, Romênia, Lituânia, Ucrânia) – onde a situação econômica e política se agravava à medida que governos totalitários e repressores assumiam o poder – e da Itália, Áustria e Alemanha – onde grassavam as perseguições nazistas – e foi reforçada com a chegada ao país de refugiados do II Conflito Mundial e de sobreviventes dos campos de concentração[5]. Com os imigrantes, vieram também as diversas correntes de pensamento existentes entre os judeus na Europa e suas aspirações nacionalistas.

Os judeus originários da Europa Oriental – onde de fato surgiu o nacionalismo judaico, no século xix[6] – eram, em comparação aos de outras origens, os mais pobres e também os mais afeitos às tradições ligadas ao sionismo. Portanto, eram os mais inclinados a apoiar o movimento sionista e a participação juvenil nesse empreendimento. Dentre eles, vários adultos carregavam consigo um passado de lutas revolucionárias e/ou sionistas. (Não é raro encontrar jovens de movimento sionista que são filhos de pais ou mães militantes desta ou daquela tendência ou partido judeu da Europa, da Palestina ou mesmo já do Brasil.) Em São Paulo, por exemplo, no bairro do Bom Retiro, local de concentração de judeus europeus-orientais, era alto o grau de efervescência política: conviviam linhas e opiniões de direita, centro, esquerda e extrema esquerda sionista, comunistas, socialistas e bundistas. Em outras cidades do país, mesmo naquelas em que não havia tal concentração espacial de judeus desta origem em um certo bairro ou região, a tendência de sua maior politização se confirmava.

Entretanto, os judeus vindos do Leste Europeu que gozavam de uma posição econômica melhor (pois haviam encontrado no Brasil, especialmente em São Paulo e no Rio de Janeiro, condições econômicas favoráveis para prosperar) tendiam a desenvolver uma inclinação para outros interesses materiais e sociais que os conduziam a uma posição mais conservadora, adaptada ao país que os recebeu e, por vezes, condizente com projetos de ascensão social. Procuravam mudar-se para bairros "melhores", colocavam seus filhos em escolas mais conceituadas, estaduais ou particulares e, em geral, depositavam grandes esperanças no futuro profissional de seus filhos homens[7].

Os judeus que chegaram da Europa Ocidental (como os italianos, os austríacos e, principalmente, os alemães), antes de emigrarem e antes das perseguições raciais, estavam mais integrados, em termos sociais e nacionais, em seus países. Para grande parte deles, sionismo era sinônimo de ajuda humanitária a outros judeus, pobres, do Leste Europeu, que consideravam ignorantes, atrasados e com os quais não gostavam muito de ser identificados. Essa posição parecia prevalecer mesmo entre as famílias de judeus "ocidentais" que não estavam economicamente tão bem no Brasil.

É claro que estas linhas gerais definem apenas tendências e não uma relação direta e incontestável entre origem e trajetória familiar e apoio ou participação em movimentos sionistas. (No Movimento Dror, por exemplo, a maioria dos membros vinha sim de famílias originárias da Europa Oriental e os de origem alemã ou italiana eram minoria. Entretanto, muitos outros fatores, incluindo os mais subjetivos, influenciaram os jovens judeus em sua opção pelo Dror que teve, ao longo dos anos, importantes e dedicados membros "italianos" e "alemães", ao mesmo tempo em que perdeu, por um motivo ou outro, elementos de politizadas e militantes famílias sionistas originárias do Leste Europeu.)

Com relação às atividades sionistas propriamente ditas, elas puderam florescer no Brasil graças também ao fim da repressão do Estado Novo e o clima de democracia que se estabeleceu no país[8]. Cresceu também o interesse de instituições sionistas internacionais no potencial da coletividade judaica do país. Cursos de hebraico, de História Judaica e do Sionismo passaram a ser promovidos pela Organização Sionista Unificada do Brasil. Contatos com organizações sionistas na Argentina, na Europa e na Palestina foram retomados. Militantes e líderes sionistas (homens e mulheres), alguns com um passado de participação em movimentos juvenis, visitaram a coletividade judaica brasileira com o objetivo de angariar fundos para a viabilização do Estado judeu e de estimular e colaborar na formação de movimentos a favor de Israel, inclusive os juvenis.

Na verdade, não faltavam "projetos" que demandavam o envolvimento dos jovens judeus na época. Entre integrar-se nos caminhos definidos pela sociedade dominante, procurando espaço nas possibilidades abertas pelo desenvolvimento urbano-industrial capitalista, e buscar uma nova ordem social e/ou novos rumos para o judaísmo e o povo judeu, existiam várias tendências.

A revolução social era vista por muitos, no período inicial da Guerra Fria, como um caminho possível e desejável para a humanidade e atraia boa parte dos jovens em contato com ambientes mais politizados. No Brasil, o governo Vargas chegava ao fim e o momento histórico favorecia os ideais democráticos (o Partido Comunista, por exemplo, alcançou a legalidade e certa simpatia popular, por um breve período), a liberdade de imprensa, a circulação de livros socialistas e comunistas.

Preocupações com relação ao passado e aos destinos do povo judeu, a proclamação do Estado de Israel em 1948, a guerra entre árabes e israelenses... em seus depoimentos, judeus jovens nesse período contam como era difícil manter uma atitude alheia diante da evolução dos acontecimentos[9]. A consciência de estar vivendo uma época histórica sem precedentes, cujo futuro não estava de modo algum já definido, tomava conta de um número cada vez maior de rapazes e moças, incitando-os a participar de sua construção.

Grupos de jovens judeus, mais ou menos autônomos, espalhados por diversos bairros em várias cidades brasileiras, tornaram-se comuns nessa época em que a necessidade de se reunir com iguais, trocar idéias sobre os acontecimentos que afetavam os judeus e *fazer alguma* coisa parecia se impor sobre eles. Alguns grupos eram basicamente recreativos, alguns bastante teóricos, outros aprofundavam conhecimentos sobre judaísmo e a questão judaica em discussões semanais e chegavam a produzir seus próprios *jornaizinhos*. Certos rapazes e moças, voluntários, começaram a *tratar dos papéis* para lutar na Guerra de Independência a favor do Estado judaico. Outros, achando melhor *viver pela pátria, que morrer por ela*, buscaram meios de adquirir um ofício e se preparar para trabalhar em Israel.

Se grupos juvenis são importantes para a socialização e a abertura de horizontes intelectuais (em sociedades em que a família não é capaz de transmitir todos os conhecimentos necessários ao indivíduo), se esses grupos se tornam uma necessidade na fase de transição para o *status* de adulto e se têm um papel integrador especialmente relevante em países de imigração[10], mais importantes ainda foram os grupos juvenis judaicos nessa época em que os pais pareciam já não poder responder às dúvidas existenciais da nova geração ou dar-lhe exemplos satisfatórios e não havia entre os jovens interesse em que o passado se repetisse.

A iniciação política e a simpatia pelo sionismo e o socialismo podiam surgir nas discussões desses grupos juvenis em que tais assuntos acabavam sendo tratados. Também podiam vir de casa, inspirados por parentes envolvidos em atividades comunitárias ou político-partidárias. A leitura voraz, e muitas vezes precoce, de jornais e livros na tentativa de acompanhar e compreender o momento histórico sensibilizava alguns. O interesse pelas questões social e judaica também era despertado nas escolas, nas ruas, no ambiente efervescente das reuniões sociais, das campanhas de solidariedade para com as vítimas da Guerra, dos debates políticos e das manifestações pelo fim do Estado Novo, a favor da democracia, da paz e pró-Israel que aconteciam com maior freqüência em cidades como São Paulo, Rio de Janeiro, Porto Alegre, Curitiba ou Santos e que contavam com ampla participação juvenil. Eventos organizados especialmente para a juventude por militantes do Movimento sionista, como acampamentos e atividades educativas, também podiam ser o ponto de partida para a familiaridade crescente com termos como *sionismo*, *kibutz*, *chalutz* (pioneiro) e nomes como Gordon e Ben Gurion.

Outros jovens já traziam uma bagagem emocional e ideológica forjada por quem viveu de perto a Guerra e a discriminação do nazismo e sobreviveu.

Alguns rapazes e moças, em busca de respostas às suas inquietações, tinham em seu currículo passagens de militância (e decepção) no Partido Comunista, tendo participado de reuniões, células, comitês populares, passeatas ou campanhas para candidatos do partido. (Vários dos jovens que manifestaram algum interesse pelo Partido Comunista ou pelo Socialista – que não apresentavam soluções específicas para o problema judeu – desistiram em favor dos movimentos judaicos. Membros do Partido Comunista chegavam a ser anti-sionistas, alegando ser o sionismo um movimento ligado ao imperialismo americano. Alguns jovens judeus abandonaram esse Partido em virtude de atitudes que consideraram anti-semitas por parte de certos camaradas. Isso não significa que todos os judeus que militavam no Partido Comunista o abandonaram. Pelo contrário, muitos quadros importantes permaneceram neste partido na esperança de que a revolução comunista mundial provocasse o desaparecimento de problemas relativos às nações e às minorias em geral, incluindo a questão judaica.)

Nesse contexto, foram formados os jovens judeus que acabaram integrando as primeiras fileiras de movimentos sionistas socialistas como o Dror, o Hashomer Hatzair ou sionistas de direita, revisionistas, como o Betar.

O Betar fez sucesso principalmente na época do Mandato inglês na Palestina (1918-1948). Sua doutrina era extremamente nacionalista, favorável à soberania judaica *em ambas as margens do rio Jordão* e ao emprego de soluções de força contra o domínio inglês e contra os árabes. Era ligado ao partido político Herut.

O Dror e o Hashomer brasileiros, fundados no ano de 1945, foram os movimentos juvenis mais ativos no Brasil na época do estabelecimento do Estado de Israel e nos anos que se seguiram. Ambos eram preocupados com a igualdade social e inspirados em movimentos juvenis europeus das duas primeiras décadas do século.

O Dror era socialista e ligado, no Brasil, ao partido Poalei Tsion ("Trabalhadores de Sião", de tendência sionista socialista), e, em Israel, ao MAPAI (Partido Trabalhista). O MAPAI assumiu o governo na época da criação do Estado de Israel e contava com figuras importantes como Ben Gurion, que foi o primeiro Primeiro Ministro e Golda Meir, o Primeiro Ministro seguinte. Os adeptos dos chamados ideais pioneiros tornaram-se a elite política do Estado de Israel alimentando o otimismo dos droristas no Brasil.

O Hashomer Hatzair era ligado ao partido israelense MAPAM (Partido Obreiro Unido). Sua principal divergência com relação ao Dror era ser favorável a um estado bi-nacional árabe e judeu, socialista e politicamente ligado à União Soviética.

Os movimentos juvenis competiam pela conquista de adeptos no Brasil e consideravam-se *rivais*: procuravam acentuar suas diferenças e discutiam com freqüência suas posições *em acaloradas batalhas verbais*.

O Dror colocava-se politicamente contra os revisionistas e contra os comunistas. Considerava o revisionismo, com sua inclinação para a violência, o terrorismo e o chauvinismo antiárabe palestino, um *reflexo judaico do fascismo mundial*. E, diante das posições da União Soviética e dos partidos comunistas contrárias a Israel e o sionismo, não tinha dúvidas quanto à impossibilidade de qualquer aliança ou simpatia por eles. (O Dror era contra qualquer idéia de ligar-se ao bloco comunista, ou mesmo de tomar partido na política internacional, apoiando qualquer um dos dois blocos de poder.) As ditaduras comunistas, sob qualquer feição, também não atraíam os droristas. As revelações de 1956 sobre os crimes de Stalin, que abalaram comunistas no mundo todo, por exemplo, não surpreenderam os droristas. Estes faziam coro com outras instituições que denunciavam as restrições aos direitos nacionais dos judeus nos países chamados de democracia popular e na União Soviética.

> A experiência comunista nos demonstra cada vez mais seu caráter reacionário deixando de representar os interesses da classe operária para pisá-la e combatê-la. O exemplo da União Soviética e das "democracias populares" servem-nos suficientemente para qualificar a ideologia transformada em regime contrário ao interesse obreiro, através do desrespeito à pessoa humana e ao coletivo, a implantação do capitalismo de Estado, a ditadura do funcionalismo e da burocracia. (...) o comunismo [hoje] é a negação do socialismo revolucionário. [*II Kinus Artzi do Ichud*, 1953.]

Portanto, o Dror repudiava as posições do Hashomer Hatzair que, embora sendo sionista e *kibutziano*, simpatizava com o comunismo e a figura de Stalin e adotava posturas vistas pelos droristas como autoritárias e fanatizantes em relação a seus membros. Nas críticas do Dror ao Hashomer podemos conhecer melhor o primeiro, ou seja o que os droristas pensavam de si mesmos. *O Hashomer é um movimento despersonalizado, dirigido de fora para dentro por shilichim de Eretz*[11] – o Dror no Brasil se considerava um movimento independente, com idéias próprias. *O Hashomer prega o coletivismo ideológico: quer a educação do homem shômrico* [soldado] *para a vida shômrica; sua educação almeja o coletivismo de idéias e de ações para uma vida conjunta de elementos que pensam e agem da mesma forma*[12] – o Dror se via como um movimento aberto e favorável à diferença de opiniões e sua educação como formadora de pensamentos livres.

Sobre as "juventudes comunistas", o Dror afirmava que, por estarem *submissas às supremas atividades partidárias*, nem podiam ser consideradas movimento juvenil em seu exato sentido.

Quando Ben Gurion exortava os jovens judeus a continuarem o movimento dos pioneiros que colonizaram a Palestina em bases sionistas socialistas – *o Estado não é o objetivo final e sim o primeiro passo para a dupla revolução – nacional e social (...) é preciso que se renovem os valores chalutzianos (...) para as grandes tarefas históricas que nos impusemos, temos necessidade de um grande empreendimento, de uma grande força interna, características de movimentos juvenis que têm ante si clara sua finalidade*[13] – os droristas no Brasil sentiam que este chamado era para eles.

Além dos movimentos juvenis sionistas de esquerda, havia outros grupos, judaicos ou não, que atraíam jovens judeus nessa época. Os *progressistas,* ligados à Casa do Povo, aglutinavam judeus em torno de uma linha culturalista e autonomista dentro do comunismo mundial. Os grupos de extrema esquerda, como os trotskistas, que pregavam a *revolução permanente*, também conseguiram adeptos entre a juventude judaica (especialmente após a divulgação dos crimes do stalinismo, que esvaziou um pouco os grupos ligados à União Soviética)[14].

Havia, portanto, alternativas ao Dror, mas, naquele momento, por causa do impacto do Holocausto e da recente criação do Estado judaico, as opções sionistas drenaram um importante contingente de jovens judeus para suas fileiras.

A palavra *dror*, em hebraico, pode significar liberdade, libertação ou andorinha[15], o "pássaro da liberdade", pois não sobrevive aprisionado. Dror foi também o nome escolhido para um movimento juvenil pioneiro de idéias sionistas socialistas estabelecido na Polônia no final dos anos 20 e na década de 1930. As idéias ligadas ao Movimento juvenil Dror, assim como as de outros movimentos juvenis pioneiros de diversas correntes sionistas socialistas, chegaram à América do Sul com os imigrantes judeus vindos da Europa Oriental nos anos 30[16].

Em linhas gerais, a orientação dita pioneira ou *chalutziana* enfatiza os ideais sionistas e os sociais de igualdade, cooperação e valorização do trabalho, procura transformar os *chaverim* (companheiros) do Movimento em membros de colônias agrícolas comunais na terra de Israel, sendo o *kibutz* (colônia coletiva baseada na posse comum das terras e dos meios de produção) a mais radical dessas instituições em termos de ideais socialistas e comunitários.

No Brasil, essas idéias não vieram prontas, mas sim como que compradas em pacote fechado pelos jovens que aqui estavam, sem questionamentos, adaptações e desenvolvimentos. Na verdade, um movimento organizado e com uma ideologia relativamente definida, como o Dror brasileiro, não surge do dia para a noite, embora sua evolução, desde 1945, pareça ter sido bastante rápida. Muitos dos membros do Dror vinham dos tais grupos formais ou informais de jovens, ligados ou não a uma instituição de adultos, que já no período da Guerra começavam a aparecer na coletividade judaica ainda sem o caráter politizado, a ideologia definida e o projeto social radical dos movimentos juvenis sionistas socialistas que surgiram algum tempo depois.

Com o apoio inicial de líderes sionistas, o reconhecimento e o auxílio de adultos da comunidade judaica, a força catalisadora de certos jovens com excepcional capacidade de liderança, o trabalho envolvido e motivado de rapazes e moças, o Movimento juvenil Dror estabeleceu ao longo do tempo núcleos (*snifim*) importantes em cidades como Porto Alegre, São Paulo, Rio de Janeiro e outros menores e menos estáveis em certas cidades com presença judaica como Curitiba, Belo Horizonte, Santos, Niterói. De todos os movimentos juvenis judaicos no Brasil, o Dror foi o mais abrangente.

O Dror surgiu em Porto Alegre em outubro de 1945, influenciado pela proximidade e contato com o Movimento argentino conhecido por c*haverim* gaúchos que freqüentaram alguns de seus acampamentos de verão. No rastro de Porto Alegre, o Dror também se desenvolveu em Curitiba, atraindo grande parte da juventude judaica da cidade. Sua primeira sede foi no porão da casa dos pais da jovem Sara Schaia, originários da Polônia e ex-*chalutzim* na Palestina.

Em 1946, vinte jovens gaúchos e 5 curitibanos, entre 14 e vinte anos, participaram entusiasmados de um Seminário do Dror na Argentina, país sede da Central Latino-Americana do Movimento. Nesse mesmo ano, um enviado do KKL (Fundo Nacional Judaico) para a América Latina, vindo de Buenos Aires, com experiência anterior em movimento juvenil, também colaborou para o desenvolvimento do Dror nessas duas cidades.

Em pouco tempo, aproximadamente trezentos jovens faziam parte do Movimento em Porto Alegre[17].

Na Argentina, o Movimento já tinha história: era o primeiro da América do Sul e foi fundado dez anos antes do Dror brasileiro por judeus vindos da Polônia. Passou alguns anos atrelado às raízes polonesas antes de tentar caminhos mais originais, adaptados à realidade argentina e às novas perspectivas do *povo judeu*. Conservando os valores básicos do movimento polonês, sionismo e socialismo, e a forma de organizar os jovens (ligeiramente inspirada nos escoteiros), substituiu o vocabulário iídiche pelo hebraico, definiu melhor seus objetivos em virtude da preparação para a *aliá*, transformou métodos de trabalho e procurou estabelecer contato com os judeus na Palestina, mais tarde, Israel.

Antes do nazismo e do massacre de judeus na Europa, o continente sul-americano não havia estado entre as prioridades do Movimento sionista mundial com seus fundos nacionais e sua atividade ideológica: os judeus da Europa tinham mais problemas que os da América e, na América, os dos Estados Unidos é que tinham mais recursos para colaborar com a causa. Assim, o Movimento juvenil na América do Sul surgiu e se manteve por muito tempo sem ajuda externa até a chegada dos ativistas de várias tendências sionistas vindos da Europa e Israel logo após a II Guerra, quando então pôde conhecer um desenvolvimento sem precedentes. Em 1945, partia o primeiro grupo para a terra de Israel: quatro rapazes argentinos do Dror ganharam certificados para emigrar. Lá, viveram a experiência de trabalhar em *kibutz* e lutar como soldados da Haganá (a organização militar clandestina judaica na Palestina). Nessa época, o entusiasmo sionista que contagiava muitos jovens levou rapazes e moças do Dror argentino a criar, em 1946, uma fazenda coletiva (a Hachshará Berl Katzenelson) cuja finalidade era a ser um local de preparação para a futura vida do *kibutz* que planejavam fundar em Israel; deixavam seus estudos e família para lá se instalarem antes de emigrar. De 1947 em diante chegam a Israel novos grupos de *chaverim* argentinos que participam da Guerra de Independência e, mais tarde, fundam o *kibutz* Mefalsim ("Traçador de rotas"), destinado a ser o primeiro *kibutz* do Dror sul-americano (conforme ficara decidido no I Congresso Sul-Americano do Movimento, em 1947, em Buenos Aires, do qual participaram alguns jovens brasileiros)[18].

Embora em contato com o Movimento argentino, o Dror no Brasil seguiu seus próprios caminhos (o intercâmbio entre os movimentos sul-americanos – Argentina, Brasil, Uruguai, Chile – não era tão fácil em razão da falta de recursos dos grupos em cada país).

No Rio de Janeiro, o Dror foi fundado em 1947 por dois jovens líderes do Movimento vindos do sul, Efraim Bariach e Maurício Kersh. Hospedados pela família do jovem Alberto Dines (cujo pai era ativista comunitário, militante do Poalei Tsion no Brasil e ex-participante de movimento juvenil judaico na Rússia), esses dois jovens encontraram no Rio, como em outras cidades de maior concentração judaica, um ambiente propício para o desenvolvimento do Dror. Na então capital do Brasil, *respirava-se política,* e a atividade a favor do Estado judaico contava com muitos militantes judeus bem como simpatizantes não-judeus. Conseguiram adeptos entre grupos juvenis já existentes na coletividade judaica local, entre os quais o grupo de estudos dos sócios da Biblioteca Bialik, simpatizantes do sionismo socialista. A Biblioteca Bialik, localizada na Praça da República, tornou-se a sede do Dror nessa cidade. Em pouco tempo, depois de organizada a sua estrutura, os cariocas prosseguiram com a ampliação do Movimento. No início, eram apenas duas *kvutzot* (grupos de dez a vinte companheiros), uma de jovens *mais velhos,* como a líder Mariam Guenauer, e uma de *mais novos* – a radical "Palmach" da qual faziam parte os garotos Alberto Dines e Abraan Moshek Baunvol (o *Mosca*) que, com 15 anos, já participavam da direção do Movimento ao lado de *chaverim* com mais idade.

O Dror no Rio cresceu alimentado pelo trabalho entusiasmado de proselitismo dos militantes (auxiliados por companheiros de São Paulo e Porto Alegre). Recebeu, entre outros, jovens como Lea Ben Iaquir que já havia participado ativamente em várias atividades antifascistas e sionistas clandestinas no tempo da Guerra e de outros movimentos juvenis até chegar ao Dror, um grupo *com uma proposta melhor do que simplesmente lutar em Israel.*

No início de 1949, consolidado, o Movimento no Rio já contava com 400 membros.

Para o surgimento do Dror em São Paulo é difícil estabelecer uma data precisa tomando-se por base a documentação encontrada e os depoimentos. Com certeza, pode ser dito que, em 1947, ele já existia nesta cidade, tanto que enviou representantes, Bernardo Cymyring e Rifka Auerbach[19], para o I Congresso Sul-Americano do Dror, em Buenos Aires. O que as narrativas contam, em consonância com o livro *Bror Chail: história do Movimento e do kibutz brasileiros*[20], é que o Dror paulistano surgiu por volta de 1945, 46 com base em um dos grupos de jovens que se encontravam em reuniões promovidas pelo Departamento Juvenil (criado em 1942) do Centro Hebreu Brasileiro[21]. Os encontros semanais no Centro Hebreu, ou *Centrinho,* como era chamado pelos jovens, foram o início e a inspiração para a origem de diversos movimentos juvenis na cidade.

Num primeiro momento, o ambiente de tais reuniões era indefinido em termos político-ideológicos (embora certas pessoas nutrissem simpatia pelo movimento que se desenvolvia na Argentina ou por esta ou aquela ideologia). O *Centrinho* era um local de *vida social – o que era muito atraente: adolescentes, rapazes e moças procurando companhia e companheiros –* mas também de estudos, leituras, discussões, palestras (feitas, principalmente, pelos próprios jovens) e aprofundamento em temas como sionismo, história judaica, Israel e língua hebraica. Após as palestras, *muito freqüentadas,* os amigos e namorados iam *dançar,* iam *ao cinema ou comer pizza.*

Com o tempo, formaram-se grupos mais fechados de jovens com inquietações comuns, que foram se desligando do esquema do *Centrinho.* Alguns destes transformaram-se em movimentos juvenis organizados. Um deles, com rapazes e moças entre 18 e vinte anos, deu origem ao Movimento Dror que acabou herdando, para sua sede, o espaço físico do Centro Hebreu – o 2º andar do 93 da Rua Prates – já que os outros grupos e instituições que funcionavam no local haviam se mudado ou foram desaparecendo aos poucos. Esse grupo *formador* (que logo adquiriu contornos militantes sob a liderança de Bernardo Cymyring e que contava com nomes como Samuel Karabtchevsky, David Perlov, Júlio Mester e Richard Kanner entre outros) juntou-se a um segundo grupo, também de jovens – que, até aquele momento, desenvolvia discussões mais intelectualizadas no colégio Renascença (do qual faziam parte Rifka Auerbach e Ruwin Pickman) – somando aproximadamente vinte *chaverim.* Empreenderam, a partir de então, um trabalho intensivo de estudos, *aprofundamento ideológico* e *proselitismo* e o número de participantes ampliou-se significativamente. Conseguiram mais adeptos entre jovens isolados e grupos espalhados por São Paulo e, posteriormente, investiram na conquista de companheiros de algumas cidades próximas – como Santos (que acabou constituindo um núcleo do Dror) e Sorocaba – e, quando o Movimento já estava bem maior, de várias outras capitais como Belo Horizonte, Recife e Salvador.

Em se tratando de movimentos sociais, quando é preciso enfatizar a importância das ações coletivas e a contribuição do trabalho e da participação de cada indivíduo, é um tanto arriscado, talvez reducionista, falar de alguma figura de destaque, um líder, especialmente entre jovens voluntariosos e independentes como eram os droristas. Entretanto, sim, no Movimento juvenil Dror havia líderes (até onde os jovens aceitavam ser liderados), eles também jovens, membros do próprio grupo. Entre estes, o mais destacado, segundo o reconhecimento geral, foi Bernardo Cymyring.

Bernardo, um rapaz nascido em 1927, tornou-se a figura central desse Movimento. Seus ex-companheiros lembram-se dele como alguém de um *carisma incomparável*, que chegou informalmente à *liderança máxima* sendo *o grande catalisador* dos grupos de jovens dispersos e um dos principais responsáveis pelo rápido crescimento do Dror e seu sucesso em termos sionistas, *praticamente o idealizador do Movimento nos moldes que assumiu*. Esse jovem, vindo criança da Polônia em 1934, não encontrava problemas para se adaptar ao Brasil quando, aos 16 anos de idade, deixou a casa dos pais e a pequena comunidade judaica de Santos para estudar em Itu. Lá, seus esforços para *deixar de ser gringo* tiveram um relativo sucesso: falava bem a língua do país, estudava em escola pública, namorava a filha de uma importante família local, tinha amigos não-judeus (entre eles, o jovem Octávio Ianni), era líder estudantil e freqüentava círculos socialistas e comunistas, chegando a ser convidado a participar do Partido Comunista (o que não aceitou, segundo o próprio, por discordar das ligações estreitas entre o Partido e as diretrizes soviéticas: *o Prestes falava russo para o Brasil sem se preocupar com a especificidade da realidade brasileira*). Ao mudar-se para São Paulo, com planos de se preparar para ingressar na faculdade de medicina, recebeu notícias do Holocausto que o deixaram chocado. Procurou então respostas sobre o que fazer nos livros da biblioteca do Departamento Juvenil do Centro Hebreu. Inspirado pela leitura de autores como Herzl, Pinsker e outros, de obras de história judaica, das notícias internacionais de jornais brasileiros e argentinos, o rapaz, que *não tinha tido até então*, em suas palavras, qualquer *formação judaica mais consistente*, resolveu que não viveria mais no Brasil e sim na Palestina. Contra a vontade do pai, deixou de estudar, arrumou um trabalho para garantir seu sustento e tornou-se um militante sionista.

> Por que sionismo? Por causa do anti-semitismo. Quanto tempo os judeus precisarão sofrer? Meu avô religioso responderia: "Até chegar o messias". Eu achei que eu era o messias. A geração do Ben Gurion e nós, uma geração depois dele, éramos o messias, porque não dá mais para os judeus sofrerem tanto... com o nazismo, o judaísmo europeu acabou... diante do extermínio ocorrido na Europa, era impossível não se preocupar com os judeus. E, no momento em que me tornei judeu, o Brasil já não tinha mais nenhum significado para mim. [Bernardo Cymyring / Dov Tsamir.]

Aproximou-se dos jovens do *Centrinho*, estes já envolvidos em leituras e debates, com conhecimentos de judaísmo mais profundos que os seus e noções de hebraico. Angariou simpatias expondo suas opiniões. Aos poucos, tornou-se um líder entre os jovens, passando a fazer conferências, sendo chamado a opinar em vários assuntos (de questões ideológicas a problemas com professores anti-semitas) e participando de verdadeiros debates internos ou de rua com partidários do comunismo, do revisionismo e do Hashomer. Chegou a desafiar intelectuais e líderes comunitários que se diziam sionistas: *Então, o que vocês ainda estão fazendo aqui no Brasil?* O peso de suas idéias foi bastante relevante na definição das orientações e debates que vieram a preparar ideologicamente os *chaverim* do *grupo formador* do Movimento em São Paulo. Em grande parte por sua influência, esses jovens e outros que se uniram a eles passaram a se orientar para um sionismo tido como *mais conseqüente*, com vistas à participação pessoal e concreta na construção de Israel, significando, entre outras coisas, viver de fato no novo país, caracterizando o Dror como um Movimento favorável à *aliá*.

A orientação socialista e *kibutziana* do grupo surgiu de leituras em espanhol "descobertas" pelos *chaverim* e de uma tendência mais geral na época, alimentada pelos ecos de *Eretz,* de valorizar os *kibutzim*. Estes tinham tido, e ainda detinham, um papel importante na colonização judaica na Palestina e eram vistos como a concretização do ideal de vida socialista. Os *kibutzim,* através de vários de seus *filhos,* gozavam de forte influência na política nacional bastando dizer que Ben Gurion e Golda Meir eram ambos membros de *kibutz.*

Em 1947, houve o I Congresso Territorial do Movimento Dror em Porto Alegre e o I Congresso Sul-Americano do Dror. Encontros e contatos internacionais como este possibilitavam aos *chaverim* do Brasil um ponto de referência para a definição de seus posicionamentos, ainda que eles nem sempre seguissem em tudo as tendências de seus vizinhos latino-americanos. Ficava cada vez mais claro que o caminho dos *chaverim* brasileiros seria definido por trilhos relativamente próprios, sem encampar debates, desavenças políticas ou estruturas organizacionais que lhes pareciam inúteis, *vindos de fora* (fossem da Polônia, fossem de Israel) ou inadequados à realidade dos judeus no Brasil (onde não havia perseguições como na Europa, a clandestinidade não era necessária e a cultura tradicional judaica não era tão relevante na vida juvenil, se comparada à geração anterior). Procurando deixar de lado o sionismo e o socialismo *inconseqüentes* e tendo uma relativa consciência dos desafios propostos pelas especificidades da comunidade judaica brasileira, os *chaverim* do Dror tentavam buscar também nos livros, materiais de propaganda produzidos pelas organizações sionistas, orientações de enviados de Israel (sempre discutidas, nem sempre aceitas) e especialmente em sua experiência na comunidade local os parâmetros para nortear suas ações.

Em fins de 1947, dos dez brasileiros selecionados para o estágio destinado à formação de lideranças de movimento juvenil[22] que seria realizado em Eretz Israel durante o ano seguinte, cinco eram do Dror, desses, três de São Paulo (Naftale Czeresnia, Aron Thalenberg, Lea Steinbaum eram de São Paulo; Mariam Guenauer, do Rio de Janeiro e Efraim Bariach, do Sul; Fiszel Czeresnia, de 25 anos, que viajou sem representar nenhum Movimento voltou simpatizante e colaborador do Dror). Ao retornar ao Brasil, acrescentaram ao Dror a bagagem de conhecimentos e entusiasmo patriótico de quem passou seis meses (ao lado de chilenos, mexicanos e australianos) estudando hebraico, história dos judeus, sociologia judaica, geografia da Palestina, política, sionismo etc., *com grandes especialistas*, e mais meio ano num *kibutz* ligado à orientação ideológica do Movimento, tudo isso no período efervescente da Guerra de Independência e da proclamação do Estado (14 de maio de 1948), assistindo pessoalmente a discursos de Ben Gurion e de outros criadores e líderes do Movimento *kibutziano*, alguns destes parte do novo governo, e convivendo com importantes *heróis nacionais*.

Em 1948, o Dror no Brasil viveu um período de grande expansão em todos os seus núcleos, impulsionado pelo entusiasmo com a efetivação do Estado de Israel[23]. O *snif* (núcleo) de São Paulo, por exemplo, passou de 100 para 800 membros[24]. Como foi dito, havia grupos juvenis judaicos dispersos pela cidade, uns mais outros menos politizados ou sionistas, alguns com nomes sugestivos como Sharsheret (Corrente), Kadma (Avante) e Achdut (União), que se reuniam em sinagogas ou casas particulares em bairros como Pinheiros, Vila Mariana, Cambuci, Bom Retiro e Lapa. Entre uma ou outra reunião, palestra ou discussão intelectual, faziam seus *bailinhos*, piqueniques, passeios, *tardes musicais*, jogos e festas. Com o tempo, passaram a ser visitados por jovens já engajados em movimentos juvenis. Rapazes e moças de grupos como esses acabavam se interessando pelo Dror e tornando-se *chaverim* do Movimento. Assim, chegaram ao Dror, nessa época, Elena Camerini, Vitorio Corinaldi, Helena Corinaldi, Míriam Salon, Henry Mau, Jaime Volich, Erwin Semel, João Druker, Mira Wainfeld, Paulo Singer e muitos outros. Os jovens do Grupo Achdut, por exemplo, então com 15, 16, 17 anos, entraram em bloco no Dror:

O Dror estava nessa época em rápida expansão. Encontrei de imediato centenas de moças e rapazes, vindos de todos os bairros da cidade, que também tinham aderido recentemente. Entramos em conjunto na descoberta de um mundo político e, por extensão, social e econômico e de forma totalmente autônoma. Não havia adultos para nos ensinar e enquadrar. Bernardo [Cymyring] e sua corte eram *chaverim* e assim se portavam. Eram um pouco mais velhos e experientes, mas eram tratados de igual para igual. Era a primeira vez na minha vida que eu tomava parte numa organização política partidária, com princípios, programas, disciplina e tudo mais. Eu estava maravilhado. [Paulo Singer. "Lembranças de um velho drorista", *Na'Amat Brasil*, nº 17, São Paulo, maio 1998.]

O jornalzinho mimeografado, *Itonenu*, com duas dezenas de páginas, produzido pelo grupo da Vila Mariana (1947-48) dá uma idéia do caminho percorrido pela garotada do Achdut: jovens que se divertiam jogando pingue-pongue ou dançando samba e *fox trot*, mas que também gostavam de ler e sentiam necessidade de se expressar a ponto de estruturar uma biblioteca própria, fundar um pequeno jornal, preocupando-se com questões tais como "somos um povo ou uma religião?", "o que identifica os judeus?", "história judaica", "terrorismo na Palestina", "o que é o kibutz?", "anti-semitismo". Heroísmo, patriotismo e morte eram temas sempre presentes em seus artigos, contos e poesias. No início, torciam pela criação do Estado de Israel — *para os poucos milhões de judeus que sobraram*[25]. Pouco tempo depois, também graças à influência e orientação de Bernardo Cymyring – *temos um Estado Judeu. Aparentemente já conseguimos o que desejávamos. Haverá necessidade de nossa emigração? Haverá necessidade de nossa reeducação?*[26] – já falavam em participação sionista socialista,

> (...) se até hoje nossas realizações tiveram um caráter cultural, chegado é o tempo de adotarmos uma posição ativa e definida no sionismo (...) orientar nossas idéias em uma direção definida e em trabalhos úteis e producentes. (...) achamos o caminho: começamos por nos tornarmos sionistas *chalutzianos*. (...) É necessária a nossa emigração à base do *chalutzianismo*? (...) Minha resposta seria afirmativa (...) [desejamos] que a massa judaica forme uma nação e um país (...) queremos constituir um estado, erguê-lo com nosso suor e defendê-lo com o nosso sangue. Ora, se é isso que queremos, vamos para lá, colonizemos a Palestina.(...) a história dos últimos anos mostra que não podemos impedir *pogroms* assimilando-nos; (...) "já que não podemos transformar os outros, transformemo-nos". [Paulo Singer. "Uma questão importante", *Itonenu* nº 7, São Paulo, 1948.]

Essa nova maneira de pensar os levou a substituir as danças de salão pela *hora*, a enfatizar os estudos sobre o sionismo e a adotar certas posturas e linguagens que acreditavam estar mais de acordo com a nova opção: *a Elena voltou [da visita ao Dror] toda cheia de idéias anti-burguesas e resolveu "cristalizar-se" por completo, tanto que deixou até de se pintar!*[27] Até que se incorporaram ao Dror e foram recebidos como um grupo diferenciado, de *excelente composição qualitativa*. Alguns deles, como Paulo Singer, apesar da idade, chegaram rapidamente a imprimir suas marcas no Movimento e até a fazer parte da sua liderança.

Em diversos bairros da cidade foram sendo criadas as chamadas *kvutzot* ligadas ao Dror: eram grupos mistos de estudo e atividades, divididos por faixa etária. Passaram a existir *kvutzot* não só no Bom Retiro, mas também em diversos outros bairros de São Paulo como Ipiranga, Cambuci, Vila Mariana, Jardim América, Lapa, Pinheiros, Brás e Tatuapé. Suas reuniões eram feitas em endereços oferecidos por famílias simpatizantes ou por associações de adultos. Rapidamente, São Paulo, superando Porto Alegre e Rio de Janeiro, tornou-se o principal centro de influência e logo (em 1948) sede do Movimento Dror no Brasil. *Foi tudo meio explosivo, em um ano o Movimento eclodiu* em São Paulo. Segundo alguns "paulistanos", isso ocorreu porque, além de a coletividade judaica ser maior e mais forte nesta que em outras cidades brasileiras, o *snif* de São Paulo contava com *líderes mais preparados e maduros*, um bom número de jovens talentosos e, sendo mais distante do Dror argentino (diferentemente de Porto Alegre) e não tendo compromissos com o comunismo (diferentemente do Hashomer), era capaz de ter idéias próprias e se desenvolver com mais liberdade. Quando o *snif* de Porto Alegre enviou, em 1950, seu primeiro grupo para Israel, perdeu suas lideranças mais preparadas sem conseguir montar

Procurando corresponder aos ideais sionistas socialistas, o Dror inaugurou em 1949, no Brasil, seu *kibutz-hachshará*, com vistas a preparar jovens judeus para a vida revolucionária do *kibutz* em Israel.

um esquema de transição para a substituí-las e, na etapa seguinte, não recuperou mais a importância política que teve nos primeiros anos do Movimento.

Dentre os jovens *mais maduros* (nessa época, os que estavam entre 18 e 22 anos de idade) e os componentes das *kvutzot* mais estruturadas e politizados dos mais novos (14-17 anos), como a da Vila Mariana, por exemplo, surgiram os primeiros líderes, dirigentes e instrutores, enfim, a primeira elite do Movimento.

Quando se definiu como um movimento educativo, disposto não só a preparar seus integrantes para a vida em Israel, como também a conseguir novos membros, o Dror ampliou a abrangência de suas faixas etárias incluindo crianças acima de dez anos de idade[28] e criou um departamento voltado especialmente para educação e orientação ideológica. Nessa época, já existia uma preocupação entre as lideranças, expressa em vários textos, de procurar evitar a *simplificação* e *massificação dos novos elementos e idéias* – pois o Movimento parecia estar se expandindo a ponto de tornar-se um *organismo de massas*. Acreditavam ser capazes de constituir um programa educacional que de fato preparasse os jovens para a vida *chalutziana* de forma consciente, convicta, baseado em debates e práticas sistemáticas de estudo que justificassem intelectualmente as idéias, resolvessem dúvidas e conduzissem à realização concreta das suas posturas ideológicas[29].

Três grandes acampamentos do Dror ocorreram em 1948. No de janeiro, realizado em Petrópolis, antes ainda da proclamação do Estado, estavam presentes representantes de todos os núcleos do Movimento no Brasil; aproximadamente trinta *chaverim,* rapazes e moças entre 14 e vinte anos, foram por São Paulo. Nessas ocasiões, os *chaverim* não só se envolviam em discussões que definiam os pressupostos e os rumos do Dror como também eram capazes de ter uma idéia de sua força e capacidade de organização. Em agosto, no II Congresso do Dror no Brasil, ficou decidida a criação de um *kibutz-hachshará* – uma propriedade rural em que os jovens mais velhos, decididos a ir para Israel, passariam um ano se preparando para a vida *kibutziana*. Lá, procurariam capacitar-se para participar das atividades produtivas do *kibutz* (trabalhando a terra, criando animais), viver coletivamente (sem a circulação de dinheiro, sem propriedade privada), falar o hebraico e conhecer mais sobre o sionismo socialista, as condições e a cultura do novo país[30].

Meio ano depois, o Dror inaugurava o Kibutz Hachshará Ein Dorot (Fonte das Gerações), a 16 km da cidade de Jundiaí (SP). O primeiro grupo a ingressar nessa Hachshará era composto por quarenta *chaverim*, moças e rapazes, com idades entre vinte a 27 anos[31]. A partir daí, a cada ano, o Movimento forneceria um novo grupo à sua Hachshará.

O Dror, então, já possuía uma orientação mais definida, uma unidade maior de pensamento e um nível de organização surpreendente que fez, entre outras coisas, com que ocorressem no ano de 1949 seminários educativos organizados por jovens enviados pela Direção em quase todos os seus outros núcleos (Rio, Santos, Porto Alegre, Belo Horizonte, Niterói e Curitiba). Neste mesmo ano, a revista *Dror,* em seu primeiro número, afirmava que o Movimento no Brasil contava com 1.500 membros[32]. Em linhas gerais, o Dror definia-se, já nessa época, como um movimento juvenil judaico sionista socialista *kibutziano* educativo, cuja finalidade era preparar os jovens judeus para a vida coletiva do *kibutz* em Israel.

Estrutura do Movimento

O Dror, juntamente com outras instituições sionistas, era ligado a uma organização maior chamada Organização Sionista Unificada (ou Unificada Sionista) que, por sua vez, era o braço brasileiro da Organização Sionista Mundial (cujo órgão executivo responsável por coordenar as organizações sionistas nos diversos países do mundo, ligando Israel à Diáspora, era a Agência Judaica ou *Sochnut*, em hebraico). A Organização Sionista era um dos apoios financeiros e políticos do Movimento juvenil, mas, conforme a unanimidade dos depoimentos, não interferia na orientação ou nas atividades desenvolvidas pelos *chaverim*. Nas palavras de um ex-dirigente do Dror: *não lhes prestávamos conta ou recebíamos qualquer ordem deles.*

Em cada cidade em que atuava, o Dror possuía uma sede, *snif* (núcleo, unidade organizacional básica). Cada *snif* era composto por grupos básicos de estudo e atividades, as *kvutzot* (plural de *kvutzá*), mistas, espalhadas pelos bairros, com uma ou duas dezenas de *chaverim* cada uma (geralmente do mesmo bairro ou região) e divididas de acordo com as faixas etárias, *sh'chavot*. Por exemplo, em 1952, as faixas etárias ou camadas de idade recebiam denominações em hebraico e distribuíam-se em: 11 a 13 anos (*shichvá* dos *tzofim*); 13 a 15 anos (*shichvá* dos *solelim*); 15 a 17 anos (*shichvá* dos *bonim*); 17 a 19 anos (*shichvá* dos *maapilim*); 19 a 23 anos (*shichvá* dos *magshimim*)[33]. A trajetória de um *chaver* dentro do Movimento seria ingressar em uma *kvutzá*, onde encontra crianças da mesma faixa etária, e acompanhar seus companheiros da mesma *kvutzá* até os 19, vinte anos ou um pouco mais quando, teoricamente, iriam juntos para Israel. Como todos de uma mesma *kvutzá* cresciam juntos, avançavam juntos. A divisão em camadas de idade era considerada essencial para o cumprimento das finalidades educativas. Isso, entretanto, não impedia que o ingresso das pessoas no Dror ocorresse em idades variadas. As garotas entravam nas *kvutzot* um ano mais novas que os garotos, pois o Movimento reconhecia que o desenvolvimento da maturidade ocorria antes entre as meninas.

O *chaver* (companheiro, membro do Movimento) ligava-se ao Dror através de sua *kvutzá,* que se reunia uma vez por semana ou mais para atividades recreativas ou culturais. Cada *kvutzá* era orientada por um instrutor um pouco mas mais velho (de uma *shichvá* superior), o *madrich* (que, por sua vez, também pertencia a uma outra *kvutzá* orientada por um outro instrutor). Ou seja, o *madrich* (instrutor, guia) de uma *kvutzá* era *chanich* (educando) de outra. Os *madrichim* reuniam-se em seminários de educação conforme a faixa etária de seus *chanichim.* Cada seminário possuía um coordenador e os coordenadores unidos formavam o departamento de educação do Movimento, que discutia e avaliava os programas educativos e sua aplicação cotidiana.

O Dror, apesar de ter uma organização educativa estruturada, colocava-se contra a burocratização, buscava a *simplicidade* e (infelizmente para os historiadores) evitava o que considerava excesso de fichas, cadernos, apostilas e relatórios. O Movimento achava necessárias apenas três instâncias educativas:
– os *Chuguim Hamadrichim* (grupos de estudo de educação que reuniam, semanalmente, em cada cidade, os *madrichim* de uma mesma *shichvá* para discutirem problemas específicos de cada faixa etária e receberem orientação de um coordenador para o trabalho nas *kvutzot*);
– o *Vaad* (conselho dos coordenadores de cada *chug,* cuja função era tratar de questões gerais, recomendar novos *madrichim* e mudanças de *shichvá* de cada *kvutzá*; dirigido pelo encarregado da educação do *snif,* que funcionava também como elemento de ligação dos coordenadores com a Maskirut, o Vaad submetia suas decisões gerais à aprovação da direção do *snif*);
– o *Kinus Chinuchí* (congresso educacional anual, com representantes de todos os *snifim,* cujo objetivo era elaborar e avaliar os fundamentos, programas e metodologias empregados e planificar o trabalho educativo do Movimento por um período longo)[34].

A direção executiva do *snif* estava a cargo da *Maskirut* ("Secretaria", direção local) eleita pelos membros do *snif* com mais de 16 anos[35] reunidos na *Assefá Klalit* (uma assembléia geral, anual, de cada *snif*).

Quando o Movimento já estava mais estruturado, a idade aproximada para o *chaver* optar pela emigração e ingressar na Hachshará passou a ser 18 anos, mas sua partida poderia ser adiada caso sua militância fosse considerada ainda necessária no Brasil.

A constituição do Movimento assumia a forma de pirâmide, com um número maior de *chaverim* mais novos e menor de *chaverim* mais velhos, a vanguarda que se encaminhava para a vida em Israel. As atividades proporcionadas pelo Dror para os mais novos, segundo os depoimentos, atraíam muito as crianças e recebiam apoio total dos pais. Com o passar do tempo, conforme os *chaverim* sentiam que o Movimento lhes exigia um maior comprometimento e, por fim, *uma mudança radical no estilo de vida*, muitos o abandonavam, restando um número menor de jovens nas camadas de idade superiores, que em geral faziam parte da liderança do Dror.

A direção executiva do Movimento em cada país cabia à chamada *Hanhagá Artzit* (Direção Territorial)[36], eleita de forma direta pela assembléia reunida no *Kinus Artzi* (Congresso Territorial), em que tinham direito a voto os membros acima de 17 anos. A Hanhagá era composta por um "secretário" principal, o *maskir roshi*, e por secretários encarregados da coordenação das diferentes áreas de atuação ("educação", "finanças", "publicações", "relações com outras entidades" e "questões relativas aos companheiros próximos da *aliá*"). A Hanhagá, sediada em São Paulo, também encarregava-se de propor o envio de membros do Movimento (os *sh'lichim,* enviados) para tarefas educacionais e administrativas em outras cidades. Colaboravam na direção do Movimento, eventualmente, *sh'lichim* de Israel e *chaverim* que voltaram do estágio em Israel, que chamavam de *Machon* (Machon, na verdade, era o instituto em que este se efetuava).

As diretrizes gerais do Movimento no Brasil eram aprovadas no Kinus Artzi que ocorria uma vez por ano. Nesse congresso, além dos delegados da Hachshará, todos os *snifim* estavam representados proporcionalmente. Os debates antecediam as decisões tomadas por votos (vence a maioria) que deveriam ser acatadas por todos. O Kinus durava aproximadamente cinco dias, tempo em que os participantes ficavam acampados em um local, uma fazenda ou um sítio, tomado emprestado para o evento. Alguns dias antes do Congresso Territorial, o Movimento aproveitava para realizar seu Congresso Educacional, o *Kinus Chinuchí*, ocasião em que eram discutidos os princípios educativos e as linhas dos programas educacionais; suas resoluções deveriam ser ratificadas pelo Kinus Artzi.

A instância superior do Movimento, em nível mundial, era a *Veidá Olamit,* que se reunia uma vez a cada três anos contando com a participação de representantes do Movimento de cada país; a direção executiva mundial era a *Hanhagá Olamit* (ver organograma na página seguinte).

Financeiramente, o Movimento se mantinha de vários modos, apesar de ou exatamente por viver se equilibrando na corda bamba das entradas quase sempre inferiores às necessidades. Um deles era o *mass chaver,* uma taxa paga pelos *snifim* com o dinheiro recolhido mensalmente dos seus *chaverim*; a quantia era mínima e os mais pobres não precisavam pagar. Entretanto, como aglutinava centenas de pessoas, o Dror obtinha uma entrada *firme e regular.* Por ocasião dos acampamentos, o Dror também cobrava uma certa quantia, paga pelos pais dos *chanichim*, mas, discretamente, isentava os que não tinham dinheiro suficiente para arcar com tal despesa. Outra forma de se obter renda era através da venda de rifas e bônus junto à comunidade judaica, especialmente entre os lojistas, *pelo valor que as pessoas estavam acostumadas a aceitar esse tipo de coisa.* Havia também os *Amigos do Movimento,* pessoas

ESTRUTURA DO MOVIMENTO MUNDIAL:

VEIDÁ OLAMI
instância superior do movimento em nível mundial com participantes de cada movimento territorial, das instâncias regionais, os *mibalim* de Eretz e representantes do Ichud Hakibutzim Vehakvutzot. Reune-se a cada 3 anos e elege uma MOATZÁ OLAMIT (que atua entre duas Veidot) e uma HANAGÁ OLAMIT (executiva)

MOATZÁ OLAMIT

HANAGÁ OLAMIT

ESTRUTURA DO DROR NO BRASIL:

VEIDÁ ARTZIT (Convenção Territorial)
instância superior de cada movimento territorial (em cada país) composta por representantes dos *snifim*, do Kibutz Hachshará e membros da Hanagá Artzit

HANAGÁ ARTZIT (Direção Territorial)
direção executiva do movimento em cada país, núcleo dirigente do movimento no Brasil com rede em São Paulo e com membros eleitos pela Moatzá Artzit reunida no Kimus Artzit

A Haganá Artzit é composta por MASKIR RASHI e encarregados dos Departamentos de:

PUBLICAÇÕES   EDUCAÇÃO   FINANÇAS

PIONEIRISMO   REL. EXTERNAS

MOATZÁ ARTZIT
(Conselho Territorial)
em que tem direito a voto os membros com mais de 17 anos. Toma resoluções financeiras, políticas, sobre a *aliá* e Hachshará e faz planejamentos.

MOATZÁ CHINUCHI
(Conselho Educacional)
instância superior para questões educativas em nível territorial, da qual participam representantes dos *mandrichim*, da Hachshará, da Hanagá Artzit

KINUS ARTZIT
(Congresso Territorial)

KINUS CHINICHI
(Congresso Educacional)

KIBUTZ HACHSHARÁ

EM CADA SNIF (por cidade)

MASKIRUT (secretaria)
direção local composta por MASKIR e encarregados dos Departamentos locais

SHITUF
(Comuna)

ASSEFÁ KLALIT
(Assembléia geral de cada *snif*)

VAAD CHINUCHI
(Comitê dos coordenadores de educação)

KVUTZOT
(Células, grupos de base)

CHUG HAMADRICHIM
(Comissão de educação)

que colaboravam financeiramente com a juventude engajada e os simpatizantes adultos que emprestavam suas propriedades para as reuniões do Dror. O Movimento também promovia espetáculos de dança e festas para os quais cobrava ingresso, vendia vinho de *Pessach* sob encomenda ou fitinhas enfeitadas com motivos judaicos. Adultos militantes do Movimento Sionista no Brasil, do Poalei Tsion e das Pioneiras, embora tivessem um contato muito discreto com os movimentos juvenis e, segundo os depoimentos, nada interferissem em sua política interna, também davam apoio econômico ao Dror. Organizações sionistas proporcionavam a vinda de *sh'lichim* de Israel para o Brasil e bancavam os *chaverim* no Machon sem custos para o Movimento. Senhoras da Wizo e das Pioneiras colaboravam, por vezes, cozinhando ou mandando doces para os jovens nos acampamentos, costurando seus uniformes ou angariando fundos para os droristas. Parentes de *chaverim* na Hachshará levavam comida e remédios em suas visitas aos jovens.

Desde os primeiros tempos, havia no Dror um esquema mais ou menos informal de caixa comum em que os *chaverim* mais velhos depositavam parte de suas mesadas ou do salário que ganhavam com seu trabalho (como professores, operários, secretárias etc.). Quando foi criada a Comuna (também chamada de *Shituf*), em 1950, o esquema de caixa comum tornou-se oficial e mais organizado, embora as pessoas continuassem livres para contribuir como quisessem. O dinheiro da Comuna servia entre outras coisas para sustentar os dedicados à militância integral no Movimento.

> Eu era professora no Renascença e ganhava Cr$ 1500,00 (...). Essa quantia dava justo para eu pagar o café da manhã e o aluguel, mas pouco sobrava para contribuir com o Shituf. Então, eu completava dando aulas particulares para alunos atrasados nos estudos, com isso, eu ganhei muito dinheiro que eu dava integralmente para o Shituf. Do Shituf, a gente recebia o dinheiro que precisava para aluguel, almoço, janta, condução, e uma ou duas vezes por mês para ir ao cinema. Portanto, já nessa idade a gente começou a ter uma caixa comum para aprender a se virar e viver com o que havia. [22]

A partir de meados dos anos 50, o Dror fazia alguns trabalhos simples *para fora* em sua pequena tipografia, mas continuava dependendo da boa vontade das organizações sionistas. Segundo um ex-*maskir, a maior parte do dinheiro vinha dessas organizações, se a gente vivesse só do que ganhava, morreríamos de fome... nós tínhamos uma sede e precisávamos pagar aluguel além de muitas outras despesas*. A Organização Sionista propriamente dita também tinha uma verba para os movimentos, cuja quantia variava de acordo com o tamanho de cada um.

No período em que os *chaverim* tinham aulas na escola ou colégio, suas atividades principais no Movimento eram as reuniões semanais das suas *kvutzot*, das que participavam como *chanichim* ao lado de seus companheiros com idades próximas e das que participavam como *madrichim*. Nessas reuniões, havia no mínimo uma *sichá* ("aula", explanação) sobre um determinado assunto que poderia ser seguida de discussão ou qualquer outra atividade. O tema e o conteúdo das reuniões variavam conforme a faixa etária dos membros da *kvutzá;* o grau de dificuldade e abstração aumentava gradativamente (por exemplo, os mais novos brincavam, desenhavam, ouviam palestras didáticas e liam contos, os mais velhos comentavam a respeito de livros, estudavam, debatiam, monitoravam, escreviam). Além das reuniões programadas nas *kvutzot*, havia atividades extras organizadas por e para quem tinha mais disponibilidade. Em geral, as *kvutzot* se reuniam nos fins de semana. Entre as atividades do Movimento também havia danças, canto, representações teatrais, passeios, idas a museus e teatros. Diferentemente do esquema que conheciam no ginásio ou colégio, onde predominavam as aulas expositivas, os jovens do Movimento eram convidados a participar ativamente nas reuniões de sua *kvutzá*.

Além das atividades específicas de cada *kvutzá*, havia atividades conjuntas das *kvutzot* da mesma *shichvá* (camada de idade) e de todos os *chaverim* da mesma cidade, tais como comemorações de datas judaicas ou do movimento operário. No período de férias escolares, o Dror realizava seus grandes acampamentos (*machanot*), com atividades intelectuais (palestras e discussões) e físicas e seus congressos (em que eram feitos balanços da situação do Movimento e novos planejamentos).

Quase todos os *chaverim* participavam do chamado *proselitismo*, que englobava todas as formas empregadas para conseguir mais adeptos para o Dror, convidando outros jovens para as reuniões e acampamentos ou convencendo os pais de crianças e adolescentes a permitirem a participação de seus filhos. Assim, o Movimento garantia sua reprodução.

Os companheiros

Origem familiar

Histórias de vida distintas diferenciam os jovens judeus do Dror impedindo que sejam tratados como um grupo homogêneo; por outro lado, podem ser vistas como peças do mosaico que retrata o processo de imigração e integração dos judeus no Brasil na primeira metade do século XX[37].

A maioria dos *chaverim* era constituída por filhos de imigrantes vindos da Rússia, Polônia, Ucrânia, Lituânia e Romênia, na década de 1920 e início dos anos 30, procurando escapar das dificuldades econômicas e das privações e sofrimentos impostos pelo anti-semitismo. (Boa parte deles, especialmente os que ingressaram no Movimento na década de 1950, havia nascido no Brasil.) Chegando ao novo país, seus pais, desqualificados profissionalmente e sem recursos para montar um negócio, freqüentemente tornaram-se mascates. Vendiam as mais variadas mercadorias, que carregavam em pacotes ou malas, de porta em porta, roupas, tecidos, gravatas, cobertores, quadros... (Valia de tudo para conquistar freguesia, até imagens de santos católicos... *Santa Luzia, protetora dos olhos, Santo Antô-nio, casamenteiro...*) Ainda que variassem quanto a seu passado e grau de formação, a necessidade da sobrevivência, a dificuldade com a língua e a mudança brusca de ambiente igualavam esses rapazes e, muitas vezes, já pais de família, se dedicavam ao pequeno comércio do *clinteltchik* (venda a prestações, de porta em porta) lutando para melhorar de vida. As mulheres, que vinham junto ou eram chamadas depois pelos pretendentes ou maridos, desdobravam-se para multiplicar as economias e cuidar das crianças. Algumas delas também trabalhavam como costureiras, manicures, professoras ou cozinhavam para pensionistas procurando aumentar o orçamento doméstico. A solidariedade do grupo – traduzida em atos como receber e hospedar os imigrantes, apresentar fornecedores e clientes, financiar mercadoria, ajudar com a língua, as operações financeiras, a vinda de parentes, o aluguel de uma casa – também contava para o sucesso dos mascates judeus. Com muito trabalho, os lucros obtidos nas vendas a crédito e aproveitando as oportunidades surgidas no desenvolvimento econômico do país, várias famílias conseguiram, com o tempo, estabelecer um negócio próprio: um armazém, um empório, uma lojinha de móveis, de tecidos ou de roupas feitas, uma pequena malharia, uma confecção, uma fábrica de guarda-chuvas. Várias tiveram sucesso em ampliá-lo e seu público consumidor deixou de ser exclusivamente fregueses pobres, operários e outros assalariados mais humildes, que só podiam comprar fiado, passando a englobar camadas mais ricas da população. A lojinha tornou-se, por vezes, uma grande loja de móveis; a pequena fábrica, uma indústria... em alguns casos, propriedades que rendiam um bom aluguel foram incorporadas aos bens familiares. Como tantos outros imigrantes ligados às áreas da indústria e do comércio[38], os judeus no Brasil se beneficiaram dos avanços na economia brasileira no período da II Guerra e nos anos que se seguiram. Puderam, então, dar aos seus filhos uma condição de vida estável, com um certo conforto, *porque naquela época a vida era tranqüila;* não se exigiam grandes despesas, tanto que vários destes nem se recordam de períodos difíceis de grandes privações embora saibam, ou imaginem, que sua família tenha passado por isso. De um modo ou de outro, os filhos viveram sua juventude em uma etapa do ciclo de vida familiar em que a família já estava em condições materiais bem melhores que no período da imigração e instalação de seus avós ou pais no Brasil.

Meu pai começou como mascate (prestamista ou o "russo da prestação", como se dizia na época) e logo conseguiu transformar-se em comerciante estabelecido, com um negócio próprio. Então, trouxe minha mãe... casaram-se e, um ano depois, eu nasci. Moravam no Bom Retiro, como todos no começo. Era o esquema de loja-e-casa (morava-se na loja), a mercadoria variava de acordo com a época (peles, no início, depois, confecção e malharia). Se houve época difícil, no começo, para o meu pai, eu não vivi dificuldades, pelo contrário, eu cresci na vida com um sentimento de abonado. [9]

Na fase de minha vida em que já estávamos na Moóca, a vida da família já não era mais uma vida difícil. A loja de meu pai na Moóca era muito grande. Eu me considerava muito privilegiada, nem sei bem se era, mas cresci me sentindo filha de gente de posses. Na Moóca, todos faziam questão de cumprimentar meus pais. [14]

(...) eu sempre me senti bem quanto à questão material. Um jovem de periferia, cujo pai tem uma loja, sente-se um ricaço, porque os outros vão comprar na loja do pai, dão seu ordenado para ele... [antes,] no tempo de ambulante, meu pai tinha uma charrete, o que, para os filhos, era "o máximo!", porque todo mundo queria andar nela... [25]

A situação familiar naquela época era muito difícil, eu sentia o que meu pai sofria trabalhando com cobertores... chegava suado, cansado, doente. De 1939 até 52, moramos de aluguel (como a maioria dos outros judeus, em um fundo de quintal, numa casa dividida com outras famílias). Depois, mudamos para uma casa modesta, que meu pai comprou para pagar em quinze anos. Entretanto, nenhum dos três filhos precisou trabalhar para ajudar o orçamento doméstico. [29]

Meu pai veio pé rapado e chegou a um nível de poder dar estudo pago para os filhos, nesse ponto, nós, os filhos, éramos favorecidos. [7]

Os grandes centros urbanos eram os que, em princípio, ofereciam as melhores oportunidades para esses imigrantes. São Paulo, por exemplo, era uma cidade atraente não só pelas possibilidades oferecidas aos mascates em termos de mercado consumidor e fornecedor de produtos (grande parte das mercadorias vendidas no interior do estado eram compradas na capital, freqüentemente, de outros judeus no bairro do Bom Retiro), como também em termos sociais, já que aí a coletividade judaica era maior, mais forte e organizada.

Entretanto, a vida em cidades menores e mais afastadas também fez parte da trajetória familiar de muitos jovens do Dror. No interior, em cidades relativamente próximas às capitais e grandes centros e que ofereciam condições objetivas para garantirem a sobrevivência como mascates ou já pequenos comerciantes ou industriais, judeus encontraram seu espaço e constituíram suas famílias. Em cidades próximas a São Paulo, como Campinas, Santos, Santo André, Sorocaba, Jundiaí, Taubaté, as comunidades judaicas se desenvolveram acompanhando a evolução da economia de cada local (ligada às heranças da cafeicultura, à ferrovia, ao crescimento da mão-de-obra assalariada urbana – necessitada e capaz de comprar os produtos comercializados –, e/ou ao desenvolvimento industrial). Vários judeus saíram de São Paulo em direção a essas e outras cidades procurando escapar às dificuldades da concorrência.

Por outro lado, houve muitas famílias que se mudaram do interior para a metrópole em busca de trabalho e de uma convivência mais intensa com judeus, na tentativa de evitar a *assimilação*, pois sentiam que seus filhos teriam dificuldades em participar da vida econômica e social da cidade em que estavam sem se integrar à cultura local e sem perder sua identidade judaica.

Meus pais saíram de Taubaté, porque, conta a lenda da família, meu irmão pequeno encontrou o padre na rua e beijou-lhe a mão; então, meus pais resolveram ir para São Paulo em busca de uma comunidade judaica maior. Para eles, era uma questão vital que suas crianças crescessem como judeus. [14]

Os bairros de maior concentração de judeus, representavam, para muitos, *intimidade e segurança*[39]. Mas mesmo no bairro do Bom Retiro em São Paulo, conforme mostra o sociólogo Florestan Fernandes, as crianças judias estavam sujeitas, como todas as outras, à socialização através dos grupos infantis formados nas ruas para recreação – as *trocinhas*. Nesses grupos, o folclore infantil promovia o contato das crianças com valores da sociedade brasileira, iniciando-as na cultura vigente e preparando-as para a vida adulta, exercendo, portanto, uma função integradora, já que os elementos de grande parte dos jogos, canções e brincadeiras infantis nos anos 40 eram tradicionais, vinham do patrimônio cultural brasileiro sem praticamente nenhuma contribuição estrangeira. Assim, também por meio dos filhos, os pais imigrantes chegavam a ser reeducados em valores culturais do país[40]. Não era a toa que muitos pais se preocupavam com a formação judaica de seus filhos, procurando preservar o que acreditavam ser o judaísmo e a coesão grupal.

Além da preocupação comum aos imigrantes de procurar manter certos hábitos e tradições cultivados nos países de origem, unirem-se e desconfiarem dos nativos, entre os judeus, o medo da assimilação, nessa época, era reforçado pela tragédia dos parentes mortos na Europa, *todo o resto da família que ficou lá foi exterminado na Guerra,* e do judaísmo, que *lá era forte e acabou desaparecendo completamente.*

Certas famílias faziam questão de colocar seus filhos em escolas judaicas existentes em locais de comunidade numericamente mais expressiva. Assim, muitos *chaverim* do Dror passaram por escolas com diferentes orientações: as *progressistas,* anti-sionistas onde se ensinava o iídiche (como o Sholem Aleichem); as *religiosas,* que davam uma concepção de judaísmo mais voltada à religião (como a Talmud Torá); as *filo-sionistas,* que identificavam mais o judaísmo como nação e, portanto, ensinavam hebraico (como o Renascença). Outras famílias, por falta de opção ou antevendo a necessidade de uma formação mais adequada ao futuro profissional de seus filhos, matricularam suas crianças em escolas públicas ou particulares não-judaicas. Desse modo, boa parte dos *chaverim* chegava ao Dror sem ter tido qualquer educação judaica formal, passando a conhecer os conteúdos judaicos através da ótica do Movimento juvenil.

Nessa época, independentemente da origem, as famílias dos imigrantes judeus atribuíam uma grande importância ao estudo dos jovens como um caminho para a aquisição de uma profissão urbana e valorizada socialmente. Na formação escolar dos filhos e filhas (principalmente dos rapazes para os quais acalentavam sonhos de um futuro como profissional liberal ou empresário), depositavam suas esperanças de maior participação política e cultural e construíam boa parte dos seus projetos de ascensão social e econômica. Portanto, empreendiam muitos esforços para que seus filhos pudessem estudar, se possível, com bons professores em boas escolas.

Meu pai foi, primeiro, mascate, depois, montou um empório, depois, teve loja de móveis (como os outros judeus em Pinheiros). Meus pais nunca chegaram a ter uma situação muito avantajada, eram classe média média, viveram em casa alugada por muito tempo, mas faziam questão que os filhos estudassem em ótimas escolas. [8]

Isso explica a presença de jovens judeus de famílias de vida relativamente simples estudando em escolas consideradas de elite, o Mackenzie por exemplo, ou alcançando as universidades mais cotadas, como a USP ou a Escola Paulista de Medicina, ou até estudando em escolas cristãs. Nessa época, as escolas públicas, além da vantagem de serem gratuitas, eram consideradas de bom nível, até melhor que o das particulares, sendo, portanto, muito procuradas pelos judeus que acabavam tendo como colegas jovens dos mais variados grupos sociais. (Antes de o Dror se posicionar contra os estudos universitários e a favor da preparação em nível técnico para seus militantes, havia no Movimento vários universitários entre os mais velhos. Depois da nova orientação, os jovens, muitas vezes contrariando seus familiares, procuraram, a partir dos 15, 16 anos aproximadamente, obter uma formação profissionalizante que julgavam mais adequada a seus projetos de vida.)

Além dos nascidos no Brasil – que cresceram familiarizados com a língua portuguesa, o ensino das escolas brasileiras, o futebol, as músicas, o padrão estético, o tempero das nossas comidas, a mistura étnica e os valores da cultura nacional – encontramos, entre as primeiras gerações de *chaverim* do Dror, jovens, eles próprios, imigrantes. Tendo chegado ao Brasil nos infernais anos próximos à Guerra ou mesmo já durante o Conflito Mundial, traziam consigo lembranças das dificuldades vividas pelos judeus na Europa, do preconceito e da exclusão, da aflição dos familiares buscando um meio de emigrar e das experiências de peregrinação por diversos países, em fuga e, mais tarde, tentando recomeçar a vida.

Os que viveram na Alemanha, Itália ou países ocupados, chegaram testemunhar e a sentir na própria pele os efeitos das medidas discriminatórias dos regimes anti-semitas nazi-fascistas. Viram ruir a segurança de suas famílias estabelecidas e assimiladas. Na mudança de um país para outro, sentiram a queda do nível econômico familiar, perderam amigos, ouviram histórias e carregaram lembranças de conhecidos que ficaram para trás e não se salvaram.

A família Singer foi obrigada a vender sua mercearia num subúrbio de Viena e a se mudar para o centro da cidade quando os nazistas alemães anexaram a Áustria e começaram a restringir as atividades econômicas dos judeus. A mãe, viúva, passou dois anos angustiada correndo os consulados e falando com outros judeus tentando conseguir um visto para algum lugar do mundo. Nessa época o garoto Paulo estudava em uma escola para crianças judias, proibidas de freqüentar as mesmas escolas que os não-judeus. Em 1940, ele e a mãe chegaram ao Brasil.

No final dos anos 30, Sigue, por ser judeu, freqüentemente se via envolvido em brigas de rua com outros meninos alemães chegando a levar, em conseqüência, pontos no lábio e no supercílio. Em 1938, como as outras crianças judias, foi expulso da escola. Nesse mesmo ano, ao levantar-se na manhã do dia 10 de novembro, Sigue, então com 8 anos, encontrou as janelas da loja da família destruídas por tijolos arremessados da rua. No segundo andar, dois nazistas da SA gritavam com seus pais. Quando saiu à rua, viu por toda parte janelas quebradas, até em lojas que nem sabia pertencerem a judeus. Da sinagoga principal somente as paredes externas permaneciam em pé. Ainda havia fumaça no local. Em volta, as pessoas olhavam em silêncio. Era o dia seguinte à Noite de Cristal, quando sinagogas foram queimadas e estabelecimentos de judeus atacados por nazistas. Até então, por gozarem uma vida econômica confortável no país, os Friesel não tinham se dado conta de que já era bem tarde, seu tempo na Alemanha estava esgotado. Sigue, suas irmãzinhas gêmeas e seus pais chegaram ao Brasil no início do ano seguinte. O restante da família, dos lados paterno e materno, foi vítima do Holocausto.

Na Itália, as famílias de Gabriel e de Elena viviam uma boa vida de classe média alta. Os Bolaffi consideravam-se italianos bastante integrados. Os Camerini, *italianos desde a época do Segundo Templo!* Sem terem sofrido nenhuma restrição até o surgimento das leis raciais de Mussolini, estas, como tantas outras família judias, viram-se obrigadas a deixar o país às pressas, perdendo, de uma hora para outra, direitos, amigos e bens. Chegaram ao Brasil em 1939.

Na Polônia, onde nasceu e viveu até os 6 anos de idade, Mira chegou a usar a estrela amarela discriminatória do nazismo. De lá sua família fugiu. No Japão, o pai conseguiu visto para o Brasil enquanto Mira, a mãe e as duas irmãs permaneciam mais um tempo na Europa. Na Espanha, elas conseguiram visto para o Paraguai. "Puderam ver o pai num barco, em Santos, porém só mais tarde a família se reuniu em São Paulo".[41] No início da adolescência, em 1944, Mira chegou ao Brasil carregando consigo experiência de ter passado a Guerra na Europa; era uma das poucas pessoas no Movimento com esse *background.*

Paulo Singer, Sigue Friesel, Gabriel Bolaffi, Elena Camerini e Mira Wainfeld[42] participaram do Dror no Brasil. Como tantos outros com histórias semelhantes e infância já marcada pela experiência da imigração, ajudaram a desenhar o Movimento brasileiro. Alguns rapidamente se adaptaram ao novo país passado um breve período, afinal, como vários deles diriam, *em meio a tantos de origens tão variadas, não era difícil sentir-se confortável e igual a todos os outros.* Outros, entretanto, tiveram dificuldades expressas na sensação *de não pertencer* que acompanhava Mira, *de não saber muito bem se eu era eu ou se eu estava, de certa forma, me observando,* que incomodava Bernardo C., *de não estar em casa no Brasil, embora fosse um país muito hospitaleiro,* para Sigue ou em *todas aquelas síndromes que sociólogos e antropólogos descobriram nos imigrantes marginais,* como diagnostica hoje Gabriel que, entre os cinco e os 18 anos, se perguntava: *O que eu era? Brasileiro, como os meus vizinhos da rua Maranhão e meus colegas do Mackenzie, um italianinho de merda, como me xingavam quando as relações encrespavam ou um judeu que teria matado Cristo, como me perguntou, só para confirmar, um vizinho coetâneo?*

Muito mais raros, mas também presentes no Dror, eram os filhos de *pioneiros*, homens e mulheres que chegaram a viver na Palestina levados por idéias revolucionárias alimentadas na juventude na Europa (nas efervescentes Viena, Varsóvia... dos anos 20), e que, mais tarde, por problemas econômicos ou familiares, emigraram para o Brasil. Carregavam o sobrenome hebraico adotado pelo pai e cresciam familiarizados com histórias da terra de Israel, pioneirismo, proletarização, mulheres independentes e revolucionárias... Os pais de Lea Ben Iaquir achavam que logo voltariam para a Palestina (ficaram ainda por mais de 20 anos). O pai de Nair El Asari, depois de algum tempo no país, comprou um sítio em Jundiaí adotando novamente o trabalho na terra como opção de vida (ele já havia morado em *kibutz*) e organizando uma cooperativa na região, enquanto a mãe envolvia-se em atividades sionistas.

Em termos de procedência, a maioria dos participantes do Movimento era de jovens judeus de classe média nascidos na Europa Oriental ou no Brasil de famílias que de lá emigraram; havia também um número menor, mas significativo, de descendentes de europeus ocidentais (italianos e alemães); os "judeus orientais" (vindos de países muçulmanos a partir do final dos anos 40) não se interessavam pela ideologia do Movimento apesar dos esforços dos *chaverim* em cooptá-los e os judeus *sefaradim* vindos da Grécia ou Bulgária eram muito raros no Brasil.

Assim como havia variações entre os *chaverim* que podemos chamar de origem territorial (já que a palavra nacional era empregada ideologicamente para o povo judeu como um todo, uma nação), havia também diferenças em outros aspectos da história familiar: o nível educacional e a profissão dos pais, o envolvimento com os eventos e instituições da coletividade, o modo de encarar as tradições judaicas, a cultura iídiche e a religião, a situação econômica.

A maioria esmagadora dos jovens judeus que ingressavam no Movimento vinha de famílias que procuravam conservar as tradições judaicas ligadas à religião, como comemorar o *Shabat* e as grandes festas de *Pessach*, *Rosh Hashaná* e *Yom Kipur* e outros eventos mais relevantes como o *Brit Milá*, o *Bar Mitzvá* e o casamento religioso sem serem religiosas radicais, ortodoxas. Umas um pouco mais preocupadas com a religiosidade, outras menos (havia as que nem iam com freqüência à sinagoga e as que ajudaram a construí-la), abraçavam da religião muito mais o seu caráter de encontro social e identificação grupal que os preceitos, frutos de certas interpretações bíblicas, que levavam as pessoas a exteriorizarem o fervor religioso através de uma série de práticas como, por exemplo, comer apenas *kasher*. Um número bem menor de *chaverim* pertencia a casas que só comiam comida *kasher*, por exemplo, e eram consideradas muito mais rígidas em termos de comportamentos religiosos. E um número também pequeno tinha pai ou mãe *anticlerical*, não-religioso(a), contrário(a) à educação religiosa dos filhos ou até anti-religião – o que não significava, sob seu ponto de vista, falta de identificação sua com os judeus ou com o judaísmo. (No Movimento, os jovens tinham possibilidade de adotar uma postura diferente da de seus pais, como veremos adiante. Certas pessoas, como Richard

Kanner, já chegaram ao Dror com uma postura agnóstica: *ao questionar como Deus havia permitido os campos de concentração, larguei toda a crença religiosa.* Outros desenvolveram um pensamento crítico perante à religião e até anti-religioso em sua trajetória de *chaver* no Movimento.)

Em algumas casas de judeus originários da Europa Oriental não só se falava o iídiche como se ensinava os filhos a ler e se expressar nessa língua fazendo-os conhecer a literatura produzida por escritores como Sholem Aleichem, Bialik, Shalom Ach e Mêndele; entre estes, havia inclusive alguns, os chamados iidichistas, como o pai do *chaver* Bernardo Kucinski, que escrevia em iídiche crônicas, poesias e artigos para jornais que circulavam dentro e fora do Brasil. Os judeus "ocidentais", por sua vez, pouco sabiam sobre a cultura judaica forjada no *shtetl*[43], pois haviam sido muito mais aculturados em seus países de origem. As diferenças socioculturais entre esses dois grupos criavam certas distinções – *sentimentos etnocêntricos por parte dos membros do subgrupo originário de um mesmo país no estrangeiro*[44] – que eram reproduzidas, em parte, pelo mundo adulto no Brasil. É um fato que, em geral, os judeus urbanos vindos da Itália, Alemanha, Hungria, consideravam-se mais cultos e cosmopolitas que os originários da Europa Oriental, que alguns chamavam pejorativamente de *judeus de aldeia*, mascates, com mentalidade estreita, sem refinamento; em São Paulo, por exemplo, procuravam morar em Higienópolis, no Pacaembu e outros bairros que não o Bom Retiro, onde se concentravam os judeus vindos da Europa Oriental e diziam-se diferentes destes.

Meus pais eram judeus, mas, antes de mais nada, italianos bem italianos. Seu judaísmo era definido apenas pela religião e nada cultural. Instalaram-se em Higienópolis, numa época em que não havia judeus lá, num porão (dois quartos com banheiro, sala e cozinha) embaixo de uma grande mansão. Isso era muito raro para a época, pois o bairro era aristocrático e judeus sem dinheiro não moravam lá, mas a minha mãe fez questão de morar lá e de me colocar para estudar em uma escola de elite. [17]

Em geral, entre os europeus orientais podiam ser encontrados os judeus mais afeitos às tradições religiosas, mas também aqueles com forte tendência para a esquerda, socialista ou comunista, bastante politizados e vários ligados a partidos como o Poalei Tsion/MAPAI, o Bund, o MAPAM.

A questão é: essas diferenças entre esses dois grupos também eram reproduzidas pelos jovens dentro do Dror? Já vimos que um movimento sionista como o Dror atraía mais os judeus de famílias da Europa Oriental e que os "ocidentais", embora desempenhando também papéis importantes, estavam em minoria. Para o sociólogo Gabriel Bolaffi, *as barreiras que fragmentam a comunidade adulta se prolongam no setor juvenil.* Para o historiador Eviatar Friesel,

sionismo e idéia de emigração para Israel são movimentos que surgiram principalmente na Europa Oriental e de alguma forma nós, filhos de imigrantes da

45

Europa Oriental, recebemos essa tradição, por isso é que, por exemplo, não tivemos sucesso algum em atrair sefaraditas para o Dror.

Portanto, já havia uma espécie de pré-seleção condicionada por critérios de origem familiar no momento de entrar no Movimento (os pais mais ligados ao sionismo socialista ou os que valorizavam a preservação da cultura judaica e a não-assimilação, por exemplo, apoiavam a participação de seus filhos; os jovens estavam mais acostumados ao contato com judeus de mesma origem) e quem entrava de fato no Dror já estava mais predisposto a se adaptar ao meio. Porém, a questão permanece: entre os jovens já no Dror, as diferenças desse tipo afetavam suas relações, reproduzindo as mesmas distinções do mundo adulto? Tendo a crer que a resposta é não, embora estas distinções possam ser vistas em alguns depoimentos atuais.

Havia poucos no Movimento de origem *aristocrática*, pois a maioria dos judeus era de classe média baixa, que dariam a alma para os seus filhos estudarem e se distinguirem, embora os pais mesmo fossem *gente primitiva* (meus pais não se davam com os judeus [do bairro] por isso). O [...], o [...], o [...], o [...] [nomes de companheiros de famílias da Europa Ocidental] não eram assim primitivos – faz diferença, em criança, já ser filho de pais que lêem e têm uma certa cultura, conhecem e falam várias línguas, têm acesso a livros... esses eram filhos diferentes, tinham uma cultura de berço (havia outros que eram bons intelectualmente, mas que não tinham essa cultura de berço) – não é preconceito, estou julgando apenas a diferença de culturas. (...) Para os meus pais, vindos [da capital de um país da Europa Central] era natural eu participar do Dror e ter esses amigos (meus pais valorizavam a cultura e gozavam quem não tinha, *porque saiu do gueto ontem*), nós éramos diferenciados, cultos, brilhantes e não éramos do *Bom Retiro*. (...) No Movimento, *a gente fazia um grande melê*. Mas era separado. Havia duas *classes*. A dos imigrantes do Leste e a dos que, na definição debochada de meu pai, *como os da nossa família, saíram do gueto cinqüenta anos antes*; a diferença de *cinqüenta anos* é vital: aprende-se a comer, a vestir-se e ganha-se pensamento abstrato, essa diferença faz você capaz de dizer: *consumismo é uma coisa e beleza ou conforto é outra* (...) Na casa ou apartamento de um judeu, na década de cinqüenta, na Lapa, no Bom Retiro ou no Ipiranga, a sala de visitas não era usada por ninguém a não ser quando vinha visitas; as pessoas se sentavam em volta da mesa, porque não tinham familiaridade com a poltrona. Na minha casa, sempre se sentou nas poltronas. Então, eu me senti melhor na outra *kvutzá* [com jovens parecidos comigo], porque era gente que se sentava em poltronas e não rastaquera do tipo que confunde a beleza com burguesice, não sabem, e nem querem aprender, como servir uma mesa, como receber visitas, como comer de maneira correta. (...) Mas nós, como colônia judaica, pelo menos 80%, ainda estávamos num nível que arruma a mesa bonita só no Shabat... Eu tenho a impressão que os que eram *saídos-do-gueto-cinqüenta-anos-antes*, ou os que *nunca estiveram em gueto*, sabiam arrumar a mesa não só para agradar os outros, mas a si também. Eu acho que as pessoas não falam isso para você, talvez porque tenham vencido essa etapa muito mais tarde [e não naquela época], pessoas que conseguiram, nestes quarenta anos, sair daquele *semi-gueto* em que se encontravam. Eu não estou sendo preconceituosa, porque eu casei com o [...] cuja mãe veio da

Polônia, contra a vontade de meu pai, que julgava sua família subumana, [sem educação, sem requinte embora vivesse num apartamento grande] e eu via coisas boas em sua família e ruins na minha, mas, de qualquer maneira, na minha, as prateleiras eram cheias de livros e meus pais falavam sobre coisas interessantes. (...)
Existia o preconceito [entre os judeus dos dois tipos] na geração do meu pai. Na nossa geração não tinha (quando eu casei, aos 22 anos, eu não entendia o que o meu pai estava dizendo, mas eu hoje entendo). [16] [grifo meu]

Para mim, entrar no Movimento foi muito agradável, porque o pessoal era de um nível bom, não eram aqueles judeus assim... *do Bom Retiro*... esse primeiro que me levou [para o Dror], e era meu *madrich*, era italiano, o segundo também era um amigo dele, quero dizer, gente mais... até para aparecer na casa dos meus pais... não era gente tão pobre, de classe social tão diferente que meus pais fizessem alguma objeção. Depois, quando eu fiquei mais velha e comecei a fazer parte mesmo do Movimento e começaram a vir as pessoas [outros do Dror], meus pais ficaram assim [meio assustados]: *O que é que é isso?*, mas, no início, não, [achavam que] eram *gente feito a gente*. (...)
Eu tenho a impressão de que permaneci no Movimento não pela parte judaica (...) eu não gostava dos tipos judeus, eu sempre tinha que fazer um exercício para mim mesma para pensar que Einstein e Freud eram judeus, porque os judeus que eu via eram uns judeus muito... um pessoal muito simples que, dentro da minha casa, era [considerado] um negócio meio desprezível: eles falavam mal o português, eram gente sem modos, e, na minha casa, sempre foi considerado muito importante saber ter modos, saber falar, saber sentar, saber comer, e [aquele] pessoal era o oposto. [26]

Penso que, no Dror, as distinções, referidas nestes depoimentos, presentes no mundo adulto, não se reproduziam do mesmo modo entre os jovens. Várias pistas em conjunto levam a essa conclusão. Os próprios depoimentos citados mostram que no Movimento não se dava importância a essas distinções (*se fazia um grande melê*), que os jovens criavam padrões de comportamento próprios e, em sua convivência de grupo, não estavam preocupados com regras de etiqueta, sofisticação no vestir ou distinções econômicas. A preocupação em "selecionar companhias" sob tais critérios, quando havia, vinha não dos filhos e sim dos pais, judeus "ocidentais", que, pelo visto, nem tinham muito sucesso nesse particular. Não encontrei indícios de que o sentimento de tal diferença, conforme citado, fosse explicitado na época por parte dos jovens (e não é possível fazer psicoterapia do passado para saber se de fato ele existia sem se manifestar). Nenhum judeu de família originária da Europa Oriental ou mesmo da Alemanha mencionou o assunto. E, finalmente, por se tratar de jovens, sem ainda uma posição totalmente definida na sociedade (portanto, sem preocupações de manter esse ou aquele *status* social), e mais, com objetivos revolucionários socialistas, podemos acreditar que, de forma nítida e concreta, não havia uma classificação social nos moldes mencionados determinando as relações entre os *chaverim*. A consciência de certas diferenças ligadas ao *backgroud* familiar de cada um até poderia existir, mas não como algo que pautasse o comportamento dos *chaverim* criando subgrupos dentro do Movimento. Se alguns tinham mais acesso a livros, se tiveram oportunidade de aprender línguas, se entendiam, como seus pais, de política partidária ou de tradições judaicas, via de regra, procuravam compartilhar seus conhecimentos com o coletivo. Os que tinham hábito de leitura estimulado em casa o viam reforçado no Movimento; os que conheciam tradições judaicas puderam ajudar na recuperação e releitura que o Dror fez dessas tradições etc. Portanto, ressaltar demais essas diferenças "de berço" pode levar a equívocos, pois, no Movimento juvenil, elas praticamente se dissolviam. A origem social não parecia aos jovens, na época, tão importante quanto o futuro que planejavam construir.

Somando-se a isso: os depoimentos são unânimes em afirmar que o poder econômico das famílias não era um valor no Movimento, não tinha qualquer peso na determinação da popularidade e do *status* dos indivíduos dentro do grupo. Apesar de a maioria dos rapazes e moças do Dror virem de famílias de classe média, havia também *chaverim* ricos e *chaverim* pobres (que trabalhavam para engordar o orçamento familiar); essas minorias não sofriam qualquer discriminação no grupo.

E, por fim, é importante mencionar que havia jovens cujo pai, ou a mãe, ou algum parente próximo, estavam ligados pessoalmente à militância sionista ou que faziam seus próprios planos de ir para Israel. Havia também famílias de *chaverim* que eram apenas simpatizantes do Estado de Israel e pais e mães que sequer se envolviam com esse assunto, tão preocupados que estavam em *lutar para sobreviver, sustentar a família* ou *criar os filhos e trabalhar na loja*. Alguns jovens, poucos, tinham um ou outro parente que não acreditava muito nas possibilidades de sucesso do novo Estado. Essas posições familiares com relação ao sionismo, de um modo ou de outro, exerceram influência sobre os filhos.

Meus pais se envolveram com atividade sionista logo depois da Guerra – devido ao sofrimento dos judeus e o Estado de Israel, minha família toda ficou muito envolvida, meu pai trabalhava na Unificada Sionista e minha mãe na Wizo. Quando o país se constituiu, passamos a receber com freqüência, em casa, embaixadores e cônsules, porque a minha casa tornou-se muito sionista e muito voltada para Israel. [10]

Meus pais eram sionistas. Meu pai era sionista atuante, trabalhava com o MAPAI e para fundos comunitários como o KKL, na verdade, ele teve mais empenho e dedicação para a vida comunitária que para a vida familiar. (...) eu acabei indo para o Movimento de mão dada com ele. Ele me levou. Não me lembro com que idade, mas eu já tinha uma compreensão... aos 8 ou 9 anos. [28]

Meus pais sempre foram sionistas. Minha mãe, principalmente, sempre teve uma relação muito forte com Israel... Ser sionista era uma missão de vida. Eles estavam absolutamente conscientes de que o lugar onde deveriam morar era no Estado judeu – era a percepção deles. Agora, como realizar essa visão?, era mais fácil realizá-la primeiro através dos filhos (...) tanto que meu irmão mais velho e minha irmã participavam já de movimentos juvenis... E meus pais concordaram que minha irmã fosse morar em Israel com 19 anos. [33]

Meu pai era sionista, vivia uma contradição por ser profundamente sionista, fanático, desde a Polônia era militante do Poalei Tsion, e, em contraste, ser profundamente judeu pelo lado do iidichismo e da cultura judaica [da Europa]. Acho que a cultura dele era a cultura da Diáspora, do iídiche... do shtetl, dos tipos de lá... ele conhecia tudo nos mínimos detalhes. Penso que essa vida de judeu da Diáspora era para ele algo que superava o apelo político do sionismo. Ele era um judeu típico da Diáspora, ia lá, fazia as campanhas, contribuía para o sionismo, xingava de anti-semita todo mundo que não contribuía para o sionismo, mas não ia para Israel... [23]

Meus pais não eram sionistas. Quando eu entrei no Movimento, recebi o apoio deles, mas nunca ouvi falar de sionismo em minha casa... apenas quando meus pais mencionavam alguns amigos que da Polônia foram para Israel, falavam deles como heróis, com muita admiração. Só depois do fim da Guerra... aí, meus pais souberam do extermínio das famílias deles... e nos apoiaram no Movimento, mas mais por esse motivo da Guerra... eles sabiam que um dos objetivos do Movimento era a aliá e apoiavam... quando minha mãe estava viva, me vestia bonitinha e trançava meu cabelo para que eu fosse para as reuniões toda arrumada... era um apoio desse tipo... [14]

Meu pai nunca foi sionista, não que fosse anti-sionista, ideologicamente ele era um liberal, acreditava no esforço individual, veio para a América para "fazer a América", embora tivesse um bom sentido de justiça social (hoje eu diria: *liberal wellfare state*). Minha mãe, quando jovem, foi do Hashomer Hatzair, sua irmã mais velha havia feito *aliá* pelo Hashomer (na "terceira *aliá*"), como era a segunda filha, optou por se casar com meu pai e tornou-se uma espécie de provedora da irmã em Israel, mas nunca comentou se queria ou não ir para lá, ela era muito sóbria e discreta. Com toda essa história familiar, eu crescia [passava a infância e adolescência] sem que tudo isso significasse algo para mim. [9]

A posição dos pais se refletia no apoio dado ao Movimento juvenil, mas não necessariamente aos planos de *aliá* dos próprios filhos. Muitos familiares simpatizantes do sionismo e até líderes comunitários militantes, titubeavam ou voltavam atrás diante da concretização desta possibilidade para os seus; *os filhos dos outros sim, os meus não* – era uma frase dita em tom irônico pelos jovens do Movimento referindo-se ao tipo de sionismo defendido por certas famílias conhecidas. Por outro lado, ter parentes já vivendo em Israel nem sempre era um estímulo à *aliá*, já que se tinha mais conhecimento das dificuldades lá vividas pelos judeus; muitas vezes, esses parentes recebiam ajuda financeira de familiares no Brasil. Nessa época, o país estava em guerra com os árabes, o que pesava na posição dos pais quanto à questão da emigração dos filhos.

É bom lembrar também que o momento imediatamente posterior ao fim da II Guerra não apontava claramente o futuro de prosperidade e crescente integração social que viveria, no decorrer da década de 1950, boa parte dos judeus aqui instalados e, portanto, era mais fácil o Movimento contar com o apoio dos familiares nessa determinada época que alguns anos mais tarde. Além disso, sabemos que muitos jovens entraram no Movimento por iniciativa própria contrariando, por vezes, opiniões e projetos familiares.

O que levou os jovens ao Dror?

No início desse capítulo, foram delineadas uma série de explicações sobre o que teria levado muitos jovens judeus a militar no Dror em vez de se dedicar aos estudos universitários, perseguir um bom negócio, participar da luta por utopias socialistas não-judaicas ou simplesmente *cuidar da vida*. Agora é o momento de aprofundar essa questão, que não se reduz ao levantamento das explicações, que vão das mais gerais às mais íntimas, dadas nos próprios termos dos militantes (embora ouvir a voz dos contemporâneos seja sempre um bom começo) e nem a relacionar de forma imediata e reducionista posição social a motivações e interesses (embora, como foi visto, o Dror exercesse especial atração em pessoas com certas características). Já foram analisados o contexto histórico e o perfil social dos jovens do Movimento. Também já foram mencionados os fatores que levaram à formação de grupos juvenis judaicos no Brasil naquele momento específico. Isso tudo faz parte da explicação sobre o que fazia os jovens ingressarem no Movimento juvenil sionista socialista e o que os atraia no Dror. Há mais a dizer.

Quando o historiador Eric Hobsbawm procurou responder *Por que homens e mulheres se tornam revolucionários?* – preocupado não com especulações sobre quem vai fazer de fato a revolução ou a capacidade revolucionária dessa ou daquela classe social e sim com o que leva as pessoas a *sentirem* que deveriam ser revolucionárias – apontou caminhos: *Em primeiro lugar, principalmente, porque acreditam que o que elas querem subjetivamente da vida não pode ser conseguido sem uma mudança fundamental na sociedade* – o que de fato é *o substrato do idealismo*. Assim, o comprometimento com uma causa revolucionária implica em: sonhar com um mundo melhor, ter a sensação de que não há outro meio de consegui-lo senão através de uma transformação radical, ter alguma esperança de que esta é possível, o que normalmente está ligado a certas situações históricas[45]. Todos esses ingredientes podiam ser encontrados entre os jovens que fundaram e estruturaram o Dror: o sonho de uma *vida normal para o povo judeu* e um mundo mais justo para toda humanidade; a Guerra Mundial, o impacto do Holocausto e a insegurança dos que sobreviveram sabendo que mesmo judeus assimilados haviam sido mortos pelo nazismo, reforçando a idéia de que não haveria paz para os judeus sem um estado nacional para defendê-los; a esperança despertada com a criação do Estado de Israel, as promessas do socialismo na época e as possibilidades concretas proporcionadas pelo novo estado para a participação dos judeus em sua construção. É certo que o Brasil oferecia condições para as famílias judias prosperarem, como de fato aconteceu com muitas, e que especificamente a juventude de classe média aqui não encontrava problemas sérios de ajustamento em uma economia em ascensão (embora, no final dos anos 40, isso nem estivesse tão claro). Entretanto, nessa época, antes de se identificarem como brasileiros, os judeus que aqui estavam, em geral, identificavam-se como judeus em oposição a todos não-judeus, dicotomia reforçada pelos acontecimentos da Guerra, e temiam por seu povo diante dos *goim* numa perspectiva mundial. Assim, podemos entender como as condições favoráveis encontradas no Brasil – que seduziram os *que começaram a usufruir das benesses da imigração judaica e foram se adaptando ao país* – não foram suficientes para demover um certo número de jovens idealistas de seus objetivos. Idealistas não tanto por viverem problemas econômicos ou perseguições anti-semitas e sim por acreditarem que *a velha sociedade burguesa*, mesmo no Brasil, não responderia mais aos seus anseios, que o *sistema capitalista* poderia sucumbir, que os judeus deveriam *viver em sua própria pátria e não confiar mais na Diáspora*. Enfim, idealistas por entenderem que o socialismo (o do *kibutz*, não o *tirano* soviético) somado ao sionismo eram alternativas positivas e viáveis.

Hobsbawm também afirma que existem certas categorias sociais mais propensas a se juntarem a movimentos revolucionários que outras: os jovens (em comparação aos mais velhos), as pessoas transferidas de seu meio tradicional (como os imigrantes), os membros de alguns grupos socialmente marginais. Além de jovens, os *chaverim* eram, em geral, imigrantes ou filhos de imigrantes e pertenciam a um grupo que, apesar de não ser marginal, era identificado como minoritário no país: fizeram uma escolha, dentre outras, condizente com sua época e situação social.

Nessa escolha, também não pode ser minimizado o peso da influência da atividade educacional do Movimento, que atingiu não tanto os formadores do Dror quanto os formados por ele, ou seja, aqueles que entraram em uma *kvutzá* já no início da adolescência ou mesmo na infância. Entretanto, essa atividade, bem como a propaganda alimentada pela Organização Sionista e, mais tarde, por Israel, só tiveram seu relativo sucesso, porque, para tal, encontraram terreno propício.

Com o Holocausto, meus pais perderam toda sua família na Europa. Então, meu pai, que já era Poalei Tsion, tornou-se muito mais ativo. Mesmo antes do fim da Guerra e do início de toda a efervescência sionista, haviam passado pela minha casa, em Santos, as maiores personalidades judaicas que sobreviveram à Polônia (poetas, artistas, jornalistas), hospedávamos e alimentávamos todos eles. Com isso, começamos a tomar conhecimento do que tinha ocorrido com os judeus na Guerra, toda a dimensão daquele horror. (...) quando vi as fotografias dos campos de concentração junto com os sobreviventes, com aquelas crianças mortas, eu, com 15 ou 16 anos, passei por uma crise e pensei *por que eu sobrevivi e meus irmãos morreram? Eu não mereço esse privilégio. Se eu sobrevivi, algo deve ser feito, não vou ficar de braços cruzados, tenho que tomar uma atitude.* Acho que não fui a única, porque formou-se um grupo, vários outros pensavam assim. (...) Quando veio a Guerra da Independência, vimos que tínhamos que fazer algo mais significativo. Alguém começou a fazer uma lista de voluntários para participar da guerra e me convidou, aceitei na hora (...) quando já estávamos tratando dos papéis (...), a guerra terminou e não era preciso mais voluntários. Ficamos frustrados e procuramos outra forma de contribuir. Os *sh'lichim* de Israel já tinham vindo e jogado a semente do sionismo, deixando-nos empolgadíssimos. A maioria deles era da esquerda. Depois veio a idéia do Movimento. Estávamos prontos para algo mais, quando vieram nos visitar a Rifka, o Fiszel... em São Paulo o Dror já era organizado. [4]

Tratando ainda de condições para o surgimento de jovens revolucionários judeus, diferentemente do que poderia ocorrer em um contexto de perseguições, *pogroms,* dificuldades econômicas (que obrigariam a saída em massa de judeus para Israel e favoreceriam a adesão às promessas de uma ideologia anticapitalista), o sionismo e/ou o socialismo não conseguiram mobilizar e levar para Israel a grande maioria dos judeus no Brasil, incluindo os jovens, nem garantir que um bom número dos que já estavam no Dror permanecessem no Movimento até a *aliá.* Porém, foram doutrinas que influenciaram o pensamento de muitos rapazes e moças nessa época.

De fato, as simpatias e afinidades ideológicas foram importantes atrativos para os jovens com relação ao Dror. Alguns estavam mais voltados para o caráter sionista do Movimento, preocupados fundamentalmente com a questão nacional enquanto outros, mais simpatizantes do socialismo, viam nas propostas do Dror uma opção válida de esquerda.

Minha formação judia era convencional e não me inclinava ao sionismo; quando os rapazes e moças da minha turma se tornaram sionistas eu me rebelei e me aferrei às convicções socialistas, que já vinha nutrindo há algum tempo... Bernardo [Cymyring, líder do Dror na época] concordava com minhas posições socialistas e com isso abriu uma picada que me levou ao sionismo [e ao Dror] (...) eu estava então fazendo um curso sobre o socialismo no velho PSB (...) aproveitava também para ler furiosamente a imprensa socialista de outros países (...) acompanhava com paixão a luta dos oprimidos do mundo todo contra a exploração etc, etc. Eu era um espectador que, de repente, foi convidado a tomar parte no espetáculo. Tornei-me em poucas semanas o mais entusiasmado dos militantes. *Chaver* era o título de que mais me orgulhava. [Paulo Singer. "Lembranças de um velho drorista", em *Na'Amat Brasil.* nº 17, São Paulo, maio 1998.]

Naquela época, o Partido Comunista já estava banido. O Partido Socialista era mínimo. E mesmo nós [no Dror] não falávamos tanto em socialismo. Falávamos na necessidade de colaborar com o Estado de Israel, redimirmos o povo judeu e vivermos como iguais – o discurso era mais por aí. Havia também a idéia do *kibutz*: tínhamos que trabalhar com as próprias mãos como qualquer povo do mundo. Quando eu entrei no Dror, portanto, eu não tinha a menor dúvida de que faria *aliá.* [15]

Eu havia ficado muito atraída pelo comunismo – quem não esteve? – depois de passar por certas situações, se procura soluções extremas... mas nunca cheguei a fazer parte de uma célula... Então, quando apareceu algo [o Dror] que trazia resposta a várias inquietações minhas (o problema judaico e o social), fiquei atraída. Quando entrei no Movimento, em 1948, pelo que eu me lembro, ele já tinha um caráter sionista, mas o grande apelo, para mim, foi seu caráter socialista. Os primeiros programas e palestras eram um reflexo do que já havia aqui no país [Israel]: um país formado pelas idéias sionistas socialistas. O que mais me sensibilizou foi a idéia do *kibutz* socialista. Não sei se ocorreu o mesmo com relação aos outros, mas para mim o assunto *kibutz* era o mais interessante, porque era uma síntese: *uma revolução socialista que exige da pessoa uma transformação total, adaptação, renúncia de algumas coisas, responsabilidade sobre outras e, ao mesmo tempo, fazer isto aqui* [em Israel]. Isso correspondia a minha necessidade de dar uma resposta ao Holocausto com a criação de um Estado judaico, mas fazê-lo de uma forma justa, bela, bonita, com a criação de um *novo homem.* [12]

O Movimento juvenil se caracterizava um milhão de vezes mais pelas suas aspirações sociais que pelas suas aspirações nacionalistas. A gente se sentia como os salvadores da humanidade: pessoas com consciência de classe, de que havia um proletariado infeliz, subjugado, e que havia movimentos de esquerda no mundo inteiro que iriam mudá-lo depois da Guerra... Essa parte social era mil vezes mais acentuada no Movimento que a parte judaica ou nacionalista, que era um apêndice: *a gente quer acertar o mundo, mas cada povo, a partir do seu ponto nacional,* como se a gente precisasse de Israel para consertar o mundo e não tanto para salvar o povo judeu. (...) Desenvolveu-se em nós uma imensa sensibilidade social (...) No Mackenzie, eu encontrei um contraste, uma alta burguesia (e judaica) que me deixava atônita. (...) às sextas-feiras, na escola, entre as meninas, não se falava de outra coisa a não ser a roupa que usariam no fim de semana e isso me deixava atordoada. Como essas meninas me viam? Francamente, nem sei se elas me viam... socialmente, deviam me achar uma tonta... uma moça que não namorava... não sabia *pegar um rapaz...* e as conversas eram só sobre como se vestiriam para serem atraentes, com quem se sentariam ou dançariam... (Hoje, vendo de longe, me pergunto: será que as uvas não estavam verdes?...) O que eu sei é que eu simplesmente não pertencia ao mundo delas e sim a um outro mundo, que começava na Moóca (onde os operários da fábrica do Crespi de tecelagem eram clientes do meu pai) e acabava no Bom Retiro... Esse momento histórico foi o apogeu dos movimentos de esquerda... e a gente pensava que iria salvar o mundo... nós do Movimento nos achávamos uma elite diferenciada do resto: havia as moças fúteis, as pessoas indiferentes, e havia nós. [14]

A gente tinha, então, contato com jovens que vieram da Guerra. Eles também eram jovens judeus que estavam procurando alguma coisa, muitos deles, desenganados da vida e desenganados até da própria religião: *como um Deus judeu pôde fazer com que seis milhões de judeus morressem na Guerra?* Chegaram aqui e nem queriam mais saber de religião e, aí, começaram a caminhar para os movimentos mais de esquerda. A criação do Estado de Israel despertou muito os jovens judeus, e mesmo esses que tinham passado a Guerra começaram a ver em Israel uma saída. [8]

O grande movimento [juvenil], na época [1948], era o Betar, que era muito nacionalista, militarista e congregava os jovens com o objetivo de conquistar toda a Palestina para os judeus. Passei a freqüentar esse movimento, mas não me senti muito bem dentro dele com seu espírito de luta pelas armas. Ao mesmo tempo, consolidavam-se o Dror e o Hashomer. Como todo o jovem da época, experimentei todos os movimentos até que encontrei o meu: passei a freqüentar o Dror, que era sionista *chalutziano*. [21]

Com a proclamação do Estado de Israel, havia um zunzunzum sionista geral e o pessoal ia para os movimentos sionistas como moscas. Quando eles chegavam, nós caíamos em cima para fazer-lhes a cabeça o que consistia em recitar a cartilha: *a solução para o judeu seria ir para uma terra própria e voltar à natureza para, em sua terra, construir um país socialista* (os árabes que se danassem). Na realidade, o objetivo que contava mesmo era o da Agência Judaica de Israel: estimular a emigração para fundar *kibutzim* e fazer uma rede de *kibutzim* nos pontos estratégicos. O resto é conversa fiada. (...) Se a ideologia do Movimento era um fator de atração? Meu primeiro impulso é dizer que nós éramos um bando de bundassujas que dizia amém para tudo o que nos falavam. Mas não é verdade, não foi bem assim, tanto que havia militâncias diferenciadas. Não é tão simples explicar o que fez um ir para um lado ou para o outro... Eu cheguei às posições a que cheguei, naquela época, em parte por índole pessoal e por outras influências que havia tido antes de entrar no Dror que me conduziram ao socialismo. (...) O que atraia no Dror não era fundamentalmente a ideologia... o que contava era o conjunto das coisas (...) acima de tudo o que atraía era o *kibutz* (cuja fantasia, a que nós tínhamos em mente, era extremamente boba!) [17]

Minhas motivações para participar no Dror foram o ambiente, as pessoas, as amizades, a convivência... mas, principalmente, o sentimento de estar fazendo algo absolutamente novo e revolucionário (que toma a pessoa aos 16, 17 anos) que tomou boa parte dos jovens da época. (...) um grande entusiasmo com relação ao Estado de Israel, ao socialismo e ao *kibutz*, tudo isso eram coisas que, sem dúvida, podiam atrair com facilidade uma pessoa jovem na época. [19]

Eu me sentia atraída mais pela idéia do socialismo. Tinha lido a *Utopia* do Thomas Mørus sozinha, porque havia na estante de minha casa. Eu não fui [para o Dror] por causa do sionismo, mas por causa do socialismo... [24]

Acho que, de fato, eu comecei a compreender as posições ideológicas do Movimento depois que eu saí dele. Analisando hoje, eu acho que, enquanto eu estava no Movimento, eu nunca me aprofundei suficientemente na teoria: eu estava lá prá gostar, acabei gostando e pronto. (...) O interesse pelo socialismo foi se desenvolvendo comigo paralelamente [ao interesse pelo sionismo], porque eu morava num bairro operário e sentia muito a questão da desigualdade social. Eu via a repressão contra os operários da Estrada de Ferro Sorocabana, as greves, a pobreza das pessoas, as meninas de fábricas têxteis com os lábios inchados por causa de bolhas e calos desenvolvidos por terem de passar o fio pela boca, operários carregando na hora do almoço sacos imensos de serragem para casa para botar nos fornos à lenha (eu achava que eles tinham as pernas tortas de tanto carregar sacos). Eu via essa injustiça social muito profunda e lá estava o Movimento vindo de encontro a isso. O Dror falava contra as injustiças sociais... e falava que "a melhor forma de os judeus lutarem contra isso era ter o seu estado e um estado socialista, que, de certa forma, seria a luz para todos os judeus e a luz para o mundo". Isso era música aos meus ouvidos. Então, sionismo e socialismo eram duas coisas que se somavam, eram duas concepções de mundo que acabavam se juntando dentro do Dror e que resolviam a minha problemática pessoal de um lado e, de outro, a minha inquietação social. Aparentemente, eram a solução de tudo. [27]

No sentido sionista, eu era um fundamentalista: o sionismo tinha que ser! Era uma missão de vida, era uma visão de mundo, era um caminho natural [desde cedo, por influência da família]. (...) [E ser socialista era] ser favorável a uma melhor distribuição de riquezas, ser favorável a que os meios de produção não ficasse nas mãos de poucos. Esta era uma posição, na realidade, contra o fascismo, olhando da perspectiva de hoje, eu diria que era mais uma posição contra do que uma posição a favor, porque nós éramos socialistas, mas não éramos a favor da União Soviética. Nós éramos contra a direita, porque a direita era uma lembrança muito recente: eu tinha 15 anos em 1960, há vinte anos o fascismo tinha dominado o mundo. [33]

O caráter romântico do Movimento e suas promessas alimentavam os sonhos dos *chaverim*. A simples possibilidade de poder sonhar também era um motivo de atração para o Dror.

Acho que, no plano do consciente, o que me fazia ficar lá era a utopia: havia um projeto que era atraente para nós: construirmos uma sociedade nova, uma vida nova, uma relação nova... era um projeto atraente em torno do qual se podia conversar, falar, ler... [23]

Você, quando jovem, quer manter aquele teu sonho, não quer uma vida medíocre do dia-a-dia, quer viver o sonho, o romance, e o Movimento juvenil respondia a isso. [25]

A influência familiar também pesava. Como foi dito, havia *chaverim* que respiravam pensamento político, cultura judaica e humanista – valores do Movimento – em suas famílias. Vários deles também tinham irmãos e primos neste ou em outros movimentos juvenis (embora isso não fosse garantia de que tivessem a mesma trajetória, atuação e envolvimento).

Alguns jovens acabavam muito envolvidos [com o sionismo] também por influência das tendências dos pais. Por outro lado, começaram a se separar e a trilhar os próprios caminhos (...) [distanciando-se dos] mais velhos que tendiam a se adaptar à nova situação no Brasil – já tinham sofrido os horrores de uma migração (que é, de fato, uma situação muito difícil) e não pensavam em ir para Israel, enfrentar uma migração de novo. [5]

Meus pais eram sionistas; um tipo de sionismo típico dos judeus do Leste Europeu. Meu pai era tesoureiro na Federação Sionista de São Paulo. Passaram a idéia sionista de certa forma aos filhos. Os encontros sionistas e atividades eram parte de nossas vidas e da vida da maioria dos nossos conhecidos. Era natural que eu me juntasse a uma organização juvenil sionista e, logo, minhas duas irmãs menores também. [Eviatar Friesel. *The days and the seasons*, Detroit, Wayne State University Press, 1996.]

Eu sou segunda geração de "droristas", pois já meu pai havia começado cedo sua militância na região onde ainda era Rússia; no Brasil, ele participava muito das atividades sionistas, era um ser político, vivia em reuniões. Minha mãe (de família rica e muito culta), provavelmente, politizou-se no ginásio, seu apelido na Rússia era "sufragista". (...) Fui colocado em uma escola primária de esquerda israelita (socialista progressista, ligada ao Bund) (...) que passava preocupações sociais, com o iídiche e com o Brasil. Depois fui para o Ginásio Hebreu Brasileiro (o único de judeus no Rio) simpatizante do sionismo (...) [Cursei o] Científico não judaico (porque não havia outro). Nessa época, comecei a participar do Dror, com 15 anos. (...) Enquanto para algumas famílias, ter seus filhos no Dror era uma tragédia, para a minha era muito normal. [15]

Meu pai e quase todos seus irmãos (imigrantes judeus da Polônia) eram dotados de cultura humanística, liam muito e se engalfinhavam em debates políticos. (...) essa cultura humanística judaica, [cujos parâmetros fundamentais são messianismo, pensamento político libertário, o romantismo e o marxismo, foi] uma das chaves de minha formação. (...) as outras famílias, mesmo as sionistas, normalmente não gostariam que o filho fosse para Israel – porque ele estaria longe, porque é arriscado, porque tem guerra, porque ele é o "filhinho querido", querem que ele seja rico e lhes faça muitos netos. Para o meu pai não, ele queria que a gente fosse para poder se orgulhar de nós. (...) [23]

O terreno das idéias não era o único (e, para vários, nem tão fundamental) que mantinha os jovens no Dror. Uma série de outras motivações entrecruzadas conduziam os *chaverim* pelos caminhos do Movimento. Entre estas, a sociabilidade era importantíssima (aliás, era o principal enfoque do proselitismo entre crianças e adolescentes). Lá os jovens se encontravam, faziam amigos, namoravam, divertiam-se sentindo-se entre iguais, entre judeus.

Me atraíram, no Dror, entre outras coisas, o ambiente, as amizades que fui fazendo, as garotas – afinal eu tinha 15 anos [quando entrei no Movimento]... (...) morando na Barra Funda, eu freqüentava grupos e jogava futebol e meu pai implicava comigo por freqüentar um meio não-judeu: "Se você vai se encontrar com moças (e rapazes) tem que ser em um ambiente judeu". Para satisfazê-lo, eu freqüentava os movimentos e i e dei bem. [21]

Entrei no Dror aos 16 anos. A entrada foi bem mais pelo caráter social... como entrar para um grupo de escoteiros ou de esporte. (...) Participei de umas duas excursões de um ou dois dias. Conheci as pessoas, fiz amizades... Gostei da convivência e comecei a me interessar pelas idéias. Foi lá também que, pela primeira vez, tive mais contato com as coisas judaicas e sionistas. Me senti bem no ambiente e, depois, com as idéias e fui me aprofundando um pouco mais no Movimento. [19]

Fui algumas vezes [ao Dror] para ver se gostava. Achei legal, porque era um grupo de jovens. Eu tinha 14 ou 15 anos... e talvez eu me sentisse deslocada na cidade, porque eu [saí de minha cidade no interior e] fui estudar em São Paulo... então, houve, ali, um grupo que me acolheu e me tratou super bem. Lá, eu podia trocar idéias e podia me expressar também. [24]

[Olhando hoje, percebo que] a idéia de pertencer à alguma coisa também era importante (...) e [nesse sentido] o Movimento juvenil era mesmo muito atraente para os jovens. Lembre-se de que a época era outra... sem televisão... a socialização era no máximo a escola, a rua, um pouco... e de repente há um grupo de pertencimento como o Dror... [31]

A minha vida era muito centrada no bairro e a movimentação se fazia através de um sistema de referência fisicamente muito restrito às coisas que existiam no bairro. O deslocamento era entre ir para a escola (judaica, perto de casa) e voltar da escola e, nos fins de semana, ir ao movimento *chalutziano* – esses eram os espaços em que os jovens se encontravam. (...) Não havia tantas oportunidades de escolha, aquilo que lhe era apresentado você acabava achando valioso. Eu me acostumei a gostar. Eventualmente, se tivessem me levado para um clube onde tivesse outro tipo de atividade, até de lazer, talvez eu pudesse ter tido opção de escolha. [28]

As pessoas escolhiam entrar no Hashomer ou no Dror por questões de amizade, meio ao acaso. Depois de entrar, cada um se dedicava a seu movimento com tal intensidade que os dois se tornavam concorrentes. Toda nossa vida passava a ser praticamente centrada no Movimento, não havia outra. [Nós, os *chaverim*,] estávamos sempre juntos... o Dror era prioridade... [6]

Para os que se sentiam deslocados e tinham problemas de relacionamento em seu meio (desavenças na família, dificuldades na escola ou falta de identificação com os jovens do ambiente em que viviam devido a diferenças culturais ou econômicas), o Movimento era um lugar especialmente acolhedor.

Mais do que a casa, escola ou o ambiente de trabalho [num jornal], o Movimento juvenil sionista finalmente me deu, o jovem rapaz desorientado, um enquadramento social e uma nova direção na vida. [Eviatar Friesel. *The days and the seasons*, Detroit, Wayne State University Press, 1996.]

Meus irmãos não chegaram a entrar no Movimento, acharam aquilo uma excrescência, uma loucura... andava-se mal vestido e arrebentado, "o fim da picada!" Mas eu estava muito bem lá, eu me dava muito bem. Para mim, era um grupo bom de amigos. Entrei com 10 anos em uma *kvutzá* e fui acompanhando... Para mim era muito agradável (...) Um dos principais atrativos era o companheirismo. (...) os meus amigos ficaram sendo os do Movimento. Lá eu tinha amigos! Então era por isso que eu ia. Tinha muita atividade (...) e era muito bom. Lá era a casa! Sabe quando você é assim: não pertence a lugar nenhum, e tem um lugar onde você é aceita e você pode fazer alguma coisa? Então, [esse lugar] se torna muito bom. (...) Ficava difícil conviver fora do Movimento, porque na escola era ruim, em casa era ruim, e eu não tinha amigos fora, meus amigos, que me aceitavam, eram os do Movimento. [26]

Onde eu morava, no Tucuruvi, na Zona Norte, havia poucas famílias judaicas, oito ou dez (...). Como nós, crianças judaicas, nos sentíamos naquela época? Acho que havia um vazio que esses movimentos juvenis vieram ocupar: por exemplo, eu era judeu, eu não fazia nada que os judeus fazem, mas em compensação, não fazia nada que os católicos fazem... não ganhava presente de Natal..., e, na escola, a gente saía na hora da aula de religião, além de ouvir aquelas coisas que se ouve sempre aqui e ali, do inconsciente católico, sobre o judeu que matou Cristo etc., que são a base do anti-semitismo. Então, a criança judia daquela época, com sete ou oito anos, começava a se sentir diferente das outras... e podia, eventualmente, ser hostilizada (...) Nesse sentido, é que os meninos judeus, às vezes, acabavam se encontrando, por um ou outro motivo, sentindo que havia entre eles algo em comum (...). Eu acho que esses movimentos [juvenis judaicos] surgiram em uma época em que eles traziam alguma coisa para nós que a gente não tinha... por exemplo, numa família de italianos o pai torcia para o Palmeiras, levava os filhos para ver o jogo... o judeu não ia assistir jogo de futebol... como esta deve haver várias coisas que faziam os judeus sentirem uma espécie de carência de socialização e o Movimento, quando chega, preenche esse vazio com uma atividade semanal de encontro, excursões, palestras etc. e isso pode explicar o fascínio que o Movimento tinha, porque ele pegava a gente e pegava mesmo. De repente, você começava a pertencer a alguma coisa. [23]

[O Movimento trazia para os jovens como eu] uma identidade, porque eu acredito que todo judeu que vivia num bairro de periferia ou numa cidade do interior sentia-se muito acuado com relação à sua identidade, especialmente o pré-adolescente. Eu nunca senti nenhum tipo de discriminação, o meu problema era "o que eu era?" – havia as festas de malhar o Judas, Natal, São João, o pessoal ia à Igreja e eu não tinha nada a ver com isso, tinha aula de religião na escola e eu saía da sala (...) Então o Movimento juvenil me permitiu, mais do que tudo, a formação de uma identidade judaica (...) pertencer ao Movimento foi [para mim] uma solução muito fácil, fácil e boa, porque respondia aos meus anseios de ter uma identidade, encontrar com pessoas com quem eu podia ter diálogo, que liam... Quanto mais periférico o lugar em que se morava, o Movimento juvenil exercia uma atração mais forte. (...) A dinâmica própria do grupo em si já satisfazia nossos anseios, pertencer ao grupo já era uma coisa muito boa, por isso, basicamente, nós estávamos lá – era um fim em si, não era um trampolim para chegar a Israel. Evidentemente, com o passar dos anos, você deixava de ser um adolescente e aquilo deixava de ser um fim em si. Mas, enquanto isso, você se encontrava com aquele grupo, arrumava uma namorada, discutia um livro, galgava uma carreira dentro do grupo, adquiria um certo status, uma identidade. (...) É difícil dizer, nessa época de adolescência, o que atraia mais. Um olhar retrospectivo não é fiel aos meus sentimentos da época. Tentando ser objetivo, eu diria que foi a atividade de grupo [o que mais me atraiu no Movimento], encontrar um interlocutor para meus anseios de jovem que pertencia a um bairro proletário e não encontrava eco no pessoal de minha rua (...) Em casa, lia-se muito. A maior parte do tempo, eu passava lendo o que havia na biblioteca. E o meu bairro era de gente simples, sem muita formação. Então, embora eu não tivesse lá problemas de relacionamento – jogava futebol etc. –, não tinha com quem falar. Desde o Movimento, eu encontrei com quem falar, trocar idéias e sentimentos... numa perspectiva maior do que aquele pequeno mundo de um bairro na periferia de São Paulo nos anos 40 e 50. [25]

Eu era uma menina muito sem amigos. Lia desesperadamente, para me distrair. Tinha dois amigos judeus, mas moravam em outros bairros e [no meu bairro] eu

não tinha quase amigos. Era muito tímida e não aceitava convites para festas. (...) aos 14 anos, fui convidada para uma reunião... era uma *kvutzá* (...) ... e, finalmente, eu tinha com quem falar dos livros que tinha lido. Fiquei feliz, me dei bem no Dror. O que me atraiu no Dror foi encontrar pessoas que liam o que eu lia. (...) O Movimento foi isso para muita gente: identificação, amizades... um lugar de adolescência que você não pode ter melhor, um lugar de adolescência perfeita. No Dror, fiz grandes amigos. (...) Eu não me interessava tanto por Israel ou por ideólogos. Eu me identificava com as posições do Movimento (...), mas só me envolvi parcialmente. (...) Eu estava envolvida emocionalmente: o Dror era um lugar em que o fato de eu ser pobre e morar [naquele determinado bairro] não contava e sim o número de livros que eu tinha lido – era a minha vantagem, eu não era uma beldade, ou atleta, ou rica, eu só gostava de ler e, no Dror, isso era valorizado. (...)
Olhando hoje: eu, na verdade, queria um lugar aqui. Nasci [...em um país da Europa Central], não me achei muito no Brasil, tinha muito pouco contato com o Brasil, era uma coisa de coletividade pequena, doze ou quinze amigos dos meus pais ou coisa assim. No colégio de freiras, eu não me identifiquei, porque eu não era católica. No Mackenzie, 95% dos colegas eram muito mais ricos e me dava uma certa timidez, que foi "extinguida" pelo Dror, foi o grande [feito do Movimento]... enfim, o Dror foi o grande elemento que me disse: "tem gente como você". Ter estado no Dror foi uma das coisas mais importantes da minha vida. Eu, com as categorias de hoje, diria que eu fui uma criança quase autista, eu tive muita tragédia na minha infância (...) tive uma migração... (...) ficava lendo o dia inteiro, meio desligada. Demorei muito tempo para "me ligar". "Me liguei" no Dror. O Dror foi como se tivesse terminado a minha migração, eu cheguei! Mas eu cheguei e queria ficar e eles queriam ir embora... [16]

Em alguns depoimentos, fica ainda mais claro o problema da falta de identificação de certos jovens judeus com os rapazes e moças de seu meio, especialmente entre aqueles que já tinham incorporado a idéia de serem judeus e, por isso, basicamente diferentes dos não-judeus, o que implicava em limites (e temores) no relacionamento com os *goim* (comportamento este altamente estimulado pelos pais). O ingresso no Movimento juvenil judaico teria sido a solução (ao menos provisória) para esse problema. Além disso, participar do Dror também seria a saída para a falta de identificação desses mesmos jovens judeus com os outros judeus de seu meio original, com quem, forçosamente, conviviam nas sinagogas (pronunciando palavras que pouco atingiam o coração), nas famílias (com os parentes a lamentar os mortos e desconfiar dos vivos), no cotidiano pouco atraente das lojas e das escolas e nos livros de história (em que o *povo judeu* aparecia quase sempre como vítima passiva).

O Movimento me possibilitou, acima de tudo, "sair de Sorocaba". Quero dizer, eu estava em Sorocaba, mas não era sorocabano, porque nunca me passou pela cabeça morar em Sorocaba. Em Sorocaba, não tinha escola judaica (...) estudei em escola pública... A gente [minha família] fazia parte da comunidade judaica de Sorocaba, apesar de estar claro para mim, desde aquela época, que o que eu tinha em comum com eles era simplesmente o fato de que nós todos éramos judeus. Não era o grupo dos meus sonhos (...) (quando você vive de uma maneira mais global, você vai tendo a oportunidade de conviver com pessoas mais interessantes, quando você tem uma comunidade pequena você não tem muita opção de quem você escolhe, é com aquilo que você vive). Como eu me sentia pertencente à comunidade judaica, eu acabava tendo uma vida pequena fora da comunidade. (...) aos 9 anos de idade, eu comecei a ir aos acampamentos do Dror. Era uma coisa muito marcante: não somente eu estava em contato com outros judeus, de São Paulo etc. e tal, mas também eu estava fora de casa! Aos 15 anos aproximadamente, eu comecei a viajar para São Paulo para participar das reuniões. (...) [O Dror] era uma coisa a que, eu julgava, eu pertencia, muito mais que a Sorocaba (...), no Dror, existia um ambiente, uma sociabilização – está aí – o fato de se encontrar mais gente, de se discutir, de se encontrar com rapazes e moças (e até ter lá uns casinhos...) [me atraia muito no Movimento]. [33]

Com 13 ou 14 anos [1954], me animei com o Movimento: era um ambiente no qual eu me sentia bem, seguro – de alguma forma, talvez eu reproduzisse o terror dos meus pais, uma certa desconfiança para com os não-judeus (...) Eu gostava de aquilo [o Movimento] ser uma convivência em que eu podia ser amigo dos rapazes e eventualmente namoricar alguma menina sem medo de que estivesse incorrendo num código inadequado com relação àquele que foi ensinado pelos meus pais. Eu não tenho dúvida nenhuma, hoje, de que eu fui educado basicamente como um judeu tradicional, mas eu rompi muito cedo com a religião. Então, a minha ligação com o judaísmo passou a ser uma ligação etnocêntrica, nacional. E eu estava em busca de uma identidade nacional e em busca de uma normalização da minha prática social, pois eu me sentia extremamente inibido nas minhas relações com os não-judeus. Eu acabei tendo, de fato, vários amigos não-judeus e acabei desempenhando um papel cultural importante [na minha escola], mas eu sabia que haveria um limite além do qual eu não poderia ir (isso me era lembrado sempre pelos meus pais): a confiabilidade com relação aos não-judeus era limitada, e, mais grave que isso, talvez, ou tão grave quanto, era que eu não podia ter namoradas, não podia realmente fazer um investimento sério em meninas não-judias. Isso me foi ensinado de uma forma muito enfática; eu tinha idéia de que, se algum dia eu fizesse isto [namorasse uma não-judia], seria uma coisa gravíssima com relação a toda história do povo judeu, eu estaria ameaçando a continuidade do judaísmo, eu estaria fazendo uma desfeita tão profunda aos meus pais que seria inimaginável... Isso era, portanto, um traço muito importante na minha formação, de uma forma talvez muito primitiva para mim aos dez anos, mas que ficou na minha cabeça quando eu tinha 16 ou 17 anos. (...) O meu rompimento com a religião foi logo depois da minha Bar Mitzvá (...), não foi para mim uma coisa profundamente difícil, mas foi socialmente complicado, porque ou se era uma coisa ou se era outra naquela Sorocaba dos anos 50. Aí, eu fui ver o que era o "verdadeiro" judaísmo, segundo o que se ensinava no Movimento: era o judaísmo nacional (...) Eu queria ter orgulho do meu judaísmo, eu não queria ter vergonha ou medo (...). Então era isso o que me atraía profundamente no Movimento: eu queria normalizar a minha relação com o mundo (...) queria poder andar na rua e confiar nas pessoas que estavam a meu lado e ter amigos para quem eu pudesse contar as minhas angústias, as minhas ansiedades. (...) [os limites de meus relacionamentos no Brasil] me magoavam muito, eu tinha amigos que eram amigos de coisas superficiais, (...) as amigas podiam dar em namoro e namoro com elas não dava, porque não eram judias. (...) Eu queria ser um ser humano, não comum, mas normal, essa era a minha grande ansiedade. E o Movimento me parecia ser o caminho para isso. (De fato, a segurança de conviver com meus iguais, que eu não tinha em minha cidade, consegui encontrar no Movimento... namoriquei algumas meninas... fui bastante amigo de outras). [27]

O grau de autonomia dos jovens com relação aos adultos obtido dentro do Movimento juvenil era também algo extremamente atraente aos que participavam do Dror. Numa época da vida em que se era chamado a "ficar de molho", aguardando a chegada da vida adulta com suas promessas de que aí então haveria possibilidades de escolha do próprio destino, maior independência e maior participação política e social, o Movimento chegava à juventude apresentando oportunidades de "atuar já", sem esperar muito mais pela "maturidade social", afirmando que os jovens já podiam fazer escolhas importantes, já podiam participar politicamente e fazer valer suas opiniões e, mais, que era especialmente da juventude a energia necessária ao empreendimento revolucionário do porte proposto aos *chaverim*. Numa espécie de versão oficial da história dos primeiros tempos do Movimento, o livro *Bror Chail*, publicado em 1956, explicava aos leitores o que havia trazido ao Dror aqueles que, mais tarde, se tornaram membros desse *kibutz* em Israel:

(...) foi uma idéia ética, humana, o grande impulso que nos trouxe ao Movimento. (...) Toda juventude exige uma missão, e mais que todas, a juventude judaica, mais vibrátil, mais sensível espiritualmente. A pobreza em si da vida que levávamos, o praticismo limitado de uma coletividade que depressa enriquecera (...), o estreitismo provinciano de um meio ambiente encerrado em suas próprias satisfaçõezinhas, conceitos e preconceitos, indiferente pelo que se passa ao redor, no mundo, a falta de um ideal. E de repente, a grande utopia, a convulsão heróica do reerguimento do Estado Judeu, e um reerguimento em bases de igualdade e justiça social (...), no *kibutz*, a sociedade mais livre (...) isso abalou toda a parte melhor e mais idealista de nossa juventude, fê-la erguer-se e dispor-se de corpo e alma à grande missão que os tempos lhe ofereciam.

Na fala dos contemporâneos, vemos a importância que adquiriu para muitos um espaço exclusivamente juvenil oferecendo aos jovens a possibilidade de "participar já", gastar energia, ter voz e vez, traçar para si metas diferentes das que seu meio lhes propunha...

Tínhamos um jornal mural e cada *kvutzá* editava um próprio. Era algo efervescente... a gente escrevia... todo mundo sentia necessidade de se expressar. Era como se montássemos uma cultura própria nossa. Isso era muito atraente e nós nos envolvíamos muito. [21]

(...) a idéia de estar com a verdade... discutir sobre as injustiças da vida... (na Reunião da Lapa, nós mandamos até uma moção de apoio à Internacional) achávamos que podíamos palpitar sobre tudo e sobre todos... isso tudo atraía muito. (Hoje, eu acho isso tudo muito engraçado...) [10]

Diferentemente da sociedade em volta, o Movimento trazia para os jovens a possibilidade de se exprimir completamente numa fase da vida em que (hoje se reconhece) o ser humano é relativamente subjugado e numa fase da vida em que se tem enormes capacidades. O Movimento juvenil deu ao jovem a possibilidade de ele se expressar completamente, ricamente. Simplesmente, porque o Movimento juvenil criou uma tarefa que só jovem podia realizar. Gente adulta não pode entrar no *kibutz*, isso não é para eles. É preciso ser jovem para largar tudo e começar de novo. [11]

O Dror era realmente um negócio fascinante para uma juventude que não tinha muita alternativa de outro caráter que não fosse esportivo... [uma oportunidade] de fazer outra coisa que não fossem as obrigações escolares. O Dror era uma alternativa muito atraente, porque ele te dava um ambiente muito caloroso, te dava uma missão, dava sentido à vida e você se sentia entre iguais. [13]
O que era bom no Dror é que lá a gente tinha um espaço em que a gente era gente grande, quero dizer, em casa, na família, não tinha muito espaço para a pessoa ser autônoma e lá a gente se sentia autônoma com orgulho, sabia o que queria, isso era muito importante (...) Além disso, lá se aprendia (...) [a] ser socialista também, porque a consciência política foi muito desenvolvida. [18]

Era um Movimento de jovens para jovens, orgulhoso de sua independência. Além disso, no Dror, uma atenção especial era dada aos que pareciam ter alguma dificuldade, faltavam às reuniões ou tornavam-se desatentos. Os *madrichim* costumavam encontrar seus *chanichim*, pouco mais novos que eles, fora dos períodos de reunião, especialmente quando havia algum problema, para conversar sobre o assunto, qualquer que fosse, de dificuldades com a família até orientação sexual ou dúvidas sobre o futuro, talentos e vocações. Muitas vezes, o guia acabava se intrometendo nas brigas entre o *chaver* e sua família, procurava conversar com os pais, tentando ajudar a resolver os conflitos. O sentido de responsabilidade de uns sobre os outros era algo muito incentivado no Movimento e não só entre guia e educando, mas entre os próprios companheiros de *kvutzá*.

O "trabalho pessoal" que uns faziam com outros era uma coisa importante prá nós todos: nós estávamos todos em briga com os pais, todos sem exceção, essas brigas tinham razões as mais diferentes (por exemplo, poder chegar em casa tarde da noite...). (...) Era um Movimento de jovens em idade de crise, 13, 14, 15 anos, uma fase de definição sexual, definição profissional, definição em relação à família um monte de coisas. Eu acho que ele funcionou maravilhosamente nesse sentido de se ter com quem conversar, em quem se apoiar, com quem eventualmente tirar suas dúvidas, receber orientação se você quisesse. [13]

No Dror, sentindo-se entre iguais, os jovens podiam se contrapor à autoridade familiar e receber apoio e solidariedade do grupo.

Na medida em que você tinha briga com seus pais, [no Movimento] você tinha razão (pelo menos você conseguia uma justificativa ideológica para tua insatisfação [risos]). Era um momento em que as pessoas jovens precisavam se auto-afir-mar. Era um negócio gozado, porque, quando se sentavam os dez, 11 e começa-vam a falar do que estava acontecendo na casa de cada um, se via que era tudo igual... [13]

Olha, eu acho que essa [a juventude] é uma época em que o que nós queremos mesmo é fugir da família. Talvez isso seja um outro fator de explicação do suces-so do Movimento: ele vem numa época em que o jovem quer fugir da família e ele não tem espaço para fugir... E quando a gente entrava no Movimento, a gente esquecia a família, não queria nem saber, e a família quase não participava. O Movimento era também um modo de você declarar uma autonomia em relação à família. [23]

Se o Dror se mostrava para alguns como uma alternativa à *mesmice,* ao futuro reservado ao jovem de classe média na sociedade brasileira, para as moças, esse aspecto pareceu ser ainda mais relevante.

Eu tenho impressão de que eu permaneci lá [no Movimento] mais porque eu tinha horror de ser burguesa, ou seja, ter uma vida medíocre, casar, ter filhos, ficar velha, ficar em casa, aquela vidinha... então eu achava que iria fazer uma revolu-ção socialista, iria morar num lugar diferente (...). Eu achava que seria uma vida alternativa e revolucionária! (...) O que me atraía nas posições do Movimento era a diferença da mesmice aqui. Quando eu olhei minhas primas, vi que elas tinham uma vida que eu considerava totalmente imbecil (arrogância da gente, não é?) elas eram ecos já da juventude coca-cola, elas eram, a meu ver, perfeitas nulida-des... não se interessavam por coisas sérias feito eu... e a vida delas era muito superficial. [26]

E ainda, com relação às moças, o Dror era visto como uma alternativa sedu-tora aos caminhos reservados a elas pelas relações de gênero dominantes.

Os movimentos juvenis eram muito adiantados para sua época, especialmente numa sociedade muito provinciana como era São Paulo naquele tempo. Inde-pendentemente do objetivo Israel, o que caracterizou os jovens do Movimento foi a fuga da futilidade. Nos anos 50, as ambições dos jovens rapazes se resumiam a profissionalização e ascensão social, para as moças havia uma diferença maior ainda que entre os rapazes de dentro e de fora do Movimento: uma moça, nessa época, era educada para arranjar um bom marido e para nós [no Movimento], casar era uma coisa de menos, não era tão importante. Os rapazes com vinte anos ainda eram um pouco jovens para se casar, mas as meninas nessa idade já estari-am aptas. No Movimento, não havia essa preocupação, elas amavam sim, mas não esperavam se ajeitar na vida através do casamento. [6]

Havia no Movimento uma possibilidade diferente para a mulher. O Dror também era uma opção para as mulheres nos anos 50. Eu achava que [o Dror] dava uma liberdade, uma igualdade à mulher muito maior do que eu via fora (na minha casa, na vida das mulheres, na vida das jovens que não iam ao Dror, que eu achava que eram muito fúteis, se preparavam para o casamento já aos 15, 16 anos, se pintavam, só iam a bailes), isso era uma coisa absolutamente fascinante: a possibilidade de você também exercer seu potencial como ser humano. O casamento ou uma relação amorosa contavam também, mas não era o que movia... não era mais o destino da mulher. (...) Essa consciência de que o Dror era uma coisa diferente para a mulher eu já tinha na época. Certamente isso foi muito marcante. [20]

Amizades e amores também mantinham certos jovens no Movimento (assim como brigas pessoais podiam provocar afastamentos). A idéia de que a vida no *kibutz* seria boa, porque, afinal, *todos os meus amigos estariam lá* também tinha muita força no imaginário de vários *chaverim*.

O carisma dos *madrichim* e das lideranças também seduzia os participantes. Não são poucos os que, recordando, citam um ou outro nome do Movimento como detentor de uma influência poderosa em sua trajetória pessoal.

Eu tinha um amigo socialista com quem trocava idéias e que depois virou líder do Movimento, o Bernardo Cymryng (um cara extremamente inteligente, com um carisma fenomenal, um cara destinado a ser líder político mesmo). Ele me convenceu a largar a medicina, ir para a Hachshará e emigrar para Israel. [5]

Os acampamentos organizados pelo movimento eram atividades atraentes e muito apreciadas (adolescentes judeus e seu monitor em um acampamento de verão drorista).

Não pode deixar de ser mencionada também a grande força de atração e motivação que as atividades do Dror exerciam sobre os jovens, proporcionando um verdadeiro aprendizado que os levava a ligar-se emocionalmente ao Movimento e identificar-se com suas propostas. As idéias educacionais e o cotidiano no Movimento serão examinados nos próximos capítulos. Por hora, basta mencionar a existência de uma grande variedade de atividades que ofereciam oportunidades de diversão, aquisição de "capital cultural", desenvolvimento físico e artístico dos membros do Movimento e criavam espaços para diversos tipos de atuação.

Até os 12 anos [1952], quando começaram a me "proselitar", eu só fazia esportes, tinha... uma vida bem de Tatuapé... (...) Entrei para o Dror por volta de 1953, quando o Éden Lam (que também tinha 13 anos) e seu irmão vieram bater na minha porta, se apresentaram: "Somos do Movimento... você não quer conhecer?" (...) eu nem imaginava do que se tratava e coloquei uma certa resistência. Eu estava ocupado com esportes, basquete, natação, e nem me lembro por que eu acabei indo pela primeira vez... talvez curiosidade... em um certo domingo, o Éden foi me buscar em casa – era assim o procedimento – e eu fui para uma reunião da sua *kvutzá*. Pegamos o bonde e fomos até o Bom Retiro. Chegando lá, foi paixão à primeira vista, já na primeira reunião! (...) os atrativos? nem sei, foi um conjunto de coisas: eu descobri que havia um mundo de gente que pensava, que discutia, o que era novo para mim... eu estava acostumado a ir ao Corínthians jogar basquete e brincar na rua com crianças que não estavam nem aí com nada e de repente eu chego lá e vejo um monte de gente discutindo um assunto e fiquei muito impressionado. A figura que mais me impressionou foi o Benjamim Ostrovietski: tinha um ar de intelectual desde criança, baixinho de óculos (hoje é embaixador de Israel em Portugal) – mais tarde, a gente gozava seu hábito de andar com livros debaixo do braço: "um porta-sovaco" – quando eu cheguei, a primeira coisa que ele me perguntou foi o que eu andava lendo... "Como? Eu ando lendo gibi" e ele me olhou com um ar de desdém... Eu fiquei maravilhado com o próprio grupo e o ambiente... a sede, seus jornais de parede, seus murais... me deixaram fascinado, então nunca mais deixei de ir ao Movimento. [31]

Entrei por acaso a convite de um primo meu, que estava em uma *kvutzá* monitorada pela Elena Camerini: "Vamos lá, é legal." E no início não significava nada além de reuniões agradáveis em que se brincava, se jogava, se flertava. Eu não tinha nem 15 anos, comecei a gostar do grupo e fui ficando. Depois dos 16 anos, [o Dror para mim] tornou-se algo mais sério, à medida em que eu fui escutando os motivos e fui ficando muito ligada a Israel. Fui entendendo o que havia acontecido com os judeus no Holocausto. Fui me apaixonando pela idéia de socialismo. (Puxa! Como mudaram as coisas! Naquela época, o socialismo estava no auge.) Comunismo, socialismo... a gente achava que o mundo iria ficar assim. E para mim, e acho que para todos nós, a redenção começaria em Israel, no socialismo... e passava pelo *kibutz*, que seria um exemplo para o mundo todo. O socialismo passou a ser uma das coisas talvez mais fortes que me mantinham no Dror. [20]

Outra coisa que [nos] prendia lá eram as excursões, uma coisa fantástica, sensacional (os *tiulim*, passeios de um dia, os passeios de dois ou três dias) e as *machanot* (acampamentos de 15 dias). Nos passeios de um dia, fazíamos as mais diversas coisas por aqui. Nos de três ou quatro dias, subíamos as Agulhas Negras, em Itatiaia. Fizemos acampamentos em Petrópolis... Esses acampamentos deixavam marcas inesquecíveis: uma coisa muito intensa, uma farra que não acabava mais... a turma ficava esperando por essas ocasiões que eram muito importantes. [23]

Em momentos diferentes eu gostava de coisas diferentes no Dror. Uma das coisas de que eu gostava muito aos 13, 14 anos eram as "maratonas intelectuais" que existiam nas *machanot* (...) como eu lia muito, gostava mesmo de ler, o pessoal gostava da minha participação, era um momento em que eu brilhava bastante e me sentia muito bem. Esse era um tipo de coisa que não existia fora do Dror. Nesse período, eu tinha me tornado um mau aluno na escola (...), porque eu era bastante intelectualizado e achava a escola uma droga... (...) Essa área intelectual me atraía bastante no Movimento. Eu não achava nem um pouco interessantes as grandes caminhadas a pé ou os acampamentos feitos em lona – isso não me atraía especialmente – ou fazer cocô em privada suja, nunca considerei isso muito romântico ou muito "natureba", nunca me atraiu, embora, talvez, atraísse outras pessoas. [27]

Sh'lichim dos movimentos costumavam ir a Sorocaba... Aos 11 anos, eu cheguei a ir para uma *machané* do Kibutz Hameuchad, porque seus *sh'lichim* vieram nos procurar e os meus pais gostavam que a gente fosse para ter contato com crianças judaicas e também, assim, a gente tinha um programa para as férias... De São Paulo [1949] começaram a vir os *madrichim* do Dror nos fins de semana e nós fazíamos reuniões. Esse foi o começo... mais como uma amizade e uma espécie de atividade social do que cultural ou ideológica. O fato de eu ter entrado no Dror e não no Hashomer Hatzair foi pura coincidência (...). Aos 15 anos, comecei a participar das atividades em São Paulo, eram reuniões de minha *kvutzá* quase todos os fins de semana (...). Daí eu comecei a entender o Movimento do ponto de vista ideológico sionista socialista. Comecei a ler mais livros... [22]

Aos 13, 14 anos entrei para o Dror e todo o resto de bagagem judaica que adquiri foi no Movimento e daí para frente. Minha entrada foi casual. Sábado, eu costumava jogar futebol na rua... naquela época, o Dror costumava ter monitores que iam para os bairros onde havia uma concentração judaica e tentavam agrupar a garotada entre 8 e 14 anos para atividades (...) minha mãe, com medo de que eu me assimilasse, insistiu muito para que eu deixasse de jogar futebol com os "mulatos da rua" e fosse ter com meus "amigos judeus"... Houve um curto período de namoro entre eu e esse grupo, achei interessante a atividade e me engajei. (...) Para os jovens da época em que o cotidiano era Ademar de Barros (no máximo Jânio Quadros), futebol e o *Estado de S. Paulo,* que era o ápice da informação (...), o Movimento, apesar de ser um grupo muito restrito, trazia um horizonte muito mais amplo... (...) De certa maneira, comecei também a liderar. E, desde então, fiquei no Movimento e fui para Israel sem nenhuma interrupção, num engajamento cada vez maior. [25]

Quando o Dror foi para a Rua Prates, soube que as crianças se reuniam lá para brincar... meu irmão já estava lá. (...) Entrei no Dror com 7 anos no grupo de *tzofim*, que se reunia nos fins de semana. Depois, comecei a participar de festinhas. Depois, na adolescência e juventude, o que me manteve no Movimento foi que, de uma certa forma, eu já estava doutrinado. O que eu queria era fazer *aliá* e viver com o meu grupo em comunidade. (...) Dentro de nossa própria *kvutzá* tínhamos uma caixinha comum para a qual todos contribuíam. O conteúdo do Movimento me atraia, a maneira de viver, suas propostas. Eu passei a achar as coisas fora do Movimento muito vazias. Meu centro de vida passou a ser o Movimento. [29]

Ao serem questionadas sobre por que entraram no Movimento e o que as mantinha lá, as pessoas dão respostas muito variadas. É difícil definir qual a "motivação original" ou a "razão mais importante" ou "mais verdadeira" (se é que isso pode realmente ser feito, e esse nem é o objetivo). Preferi enriquecer a análise fazendo uma montagem de trechos dos depoimentos que elucidam as diversas motivações dos *chaverim* no Dror: afinidades ideológicas e aspirações revolucionárias, possibilidade de sonhar, influência familiar ou de lideranças juvenis, razões de sociabilidade e identidade étnica e etária, estilo de vida alternativo, motivações pessoais, opção de lazer, envolvimento com as atividades, receptividade à *ação educativa* drorista.

É claro que, para cada pessoa, pode ter havido uma escala dentro de suas próprias razões e que estas podem ter sido redefinidas ao longo de um período relativamente curto de tempo (por exemplo, da necessidade de amigos à convicção ideológica) e que o que levou o jovem para o Movimento pode ter sido diferente do que o que o mantinha, depois, lá. Na maioria das vezes, para cada *chaver*, as razões alegadas não eram únicas, misturavam-se. No conjunto, também percebemos que as motivações eram várias – de ordem política, histórica, sociológica, psicológica – e seria arriscado procurar estabelecer uma hierarquia geral entre elas. Havia, é certo, um núcleo provavelmente bastante motivado por razões políticas, acreditando na necessidade da Revolução – pensando que *o que queriam da vida não poderia ser conseguido sem mudanças fundamentais na sociedade* – mas, como foi demonstrado, isso não pode ser generalizado para todos os droristas e todos os momentos de sua passagem pelo Movimento.

Pessoalmente, digo que o que me levou ao Movimento foi a Guerra. Eu tinha 13 anos quando fui tomada por um sentimento profundo de culpa: por que eu sobrevivi a tudo? uma sensação de sobrevivência carregada de culpa e de que deveria haver uma resposta vingativa ao Holocausto. Tudo o que aconteceu não deveria ficar sem resposta. E, a mim, o Movimento ofereceu essa resposta. (...) Estas são as razões "históricas" que me levaram ao Movimento. Naturalmente, as "razões" são complexas: quando se é jovem, se deseja essa "coisa" meio congregária, ficar junto com outros. Mas é difícil saber exatamente o que pesou mais [na escolha de participar do Movimento], e por que eu sim tive uma determinada consciência judaica e optei pelo sionismo como resposta e minhas duas irmãs mais velhas (adolescentes que vivenciaram a Guerra de fato) não. [12]

Alguns chegam a dizer, geralmente com relação a outras pessoas, que, entre as diversas motivações dos jovens para participar do Dror, estão, *muito antes do idealismo*, a oportunidade de resolver problemas pessoais e *as neuroses* de cada um. Entretanto, como diz um ex-*chaver*:

> É difícil responder [quais os motivos para entrar no Dror e permanecer no Movimento], porque têm as razões que a gente pensa que são verdadeiras e as razões que são as verdadeiras e que a gente nem sabe. [23]

O fato é que, de tão atraente, o Dror seduziu até alguns não-judeus que se integravam ao grupo e, em certos casos, chegaram a emigrar para Israel. O caso mais notório foi o de Senda, um japonês que começou colaborando com seus conhecimentos agrícolas na Hachshará...

História do Dror no Brasil

A trajetória do Dror, até o início dos anos 60, pode ser dividida em três fases[46].

primeira fase

Após a etapa de constituição, o Movimento passa por um momento caracterizado pela expansão que coincide com o clima emotivo e mobilizador da coletividade judaica no Brasil na época do pós II Guerra e da Independência de Israel, em que é capaz de despertar o interesse de um número significativo de jovens. Nesse período, os *chaverim* discutem e rediscutem questões como nacionalismo judaico, coletivismo, revolução, igualitarismo, apreendem à sua maneira a ideologia pioneira e as diretrizes das organizações sionistas e *chalutzianas*, tomam contato com alguns autores e obras clássicas do sionismo socialista. Iniciam a estruturação do Dror tendo como referência os movimentos juvenis europeus e passam a incorporar e educar outros jovens (desde o início da adolescência) com vistas à realização de seus objetivos. Grandes encontros nacionais são realizados e instaura-se um esquema de repeti-los de tempos em tempos.

Nessa primeira fase, inicia-se a *cristalização* das bases ideológicas do Movimento – como gostavam de chamar os *chaverim* referindo-se ao processo de aprendizado, definições e redefinições relacionados ao pensamento que caracteriza o Dror no Brasil – que se estende ainda por alguns anos. Esse é também um período muito criativo, em que as lideranças procuram suprir a falta de instrumentais educativos e de orientações de leitura e estudo e formulam os materiais e doutrinas do Movimento de acordo com suas condições e interesses. Os departamentos e comissões de *chinuch* (educação) trabalham com afinco na tentativa de elaborar programas educativos. O objetivo desses programas é dar uma certa uniformidade ao conteúdo educacional e orientar os instrutores em suas atividades com os *chanichim*. Em pouco tempo, esse trabalho mostra-se bem maior e mais complexo do que se imaginava a princípio, mas, aos poucos, vai sendo realizado, passando a ser um dos principais responsáveis pelo sucesso do Movimento.

Padrões de comportamento e elementos de uma cultura específica do Dror são esboçados nessa época. Na tentativa de *aclarar as diretrizes* e definir métodos educativos, vemos o Movimento em verdadeiro movimento, delineando seus contornos por meio das vozes e escritos de seus *chaverim* e a partir de sua experiência cotidiana. Assim, por exemplo, se a necessidade é *aprender mais*, procurar explicações e caminhos, organizam seminários, buscam fontes de inspiração (o nacionalismo como tradição *milenar* dos judeus?, o romantismo de Gordon? o cientificismo de Borochov? os primeiros *chalutzim*? a trajetória de Berl Katzenelson?). Se a seriedade dos estudos e debates detém constantemente os jovens em *reuniões abafadas* em *locais acanhados,* o escotismo, os passeios e as atividades ao ar livre ganham defensores em nome do desenvolvimento do apego à natureza e à terra. Se o momento exige *seriedade, aproximação com o judaísmo*, escreve-se contra a *preguiça*, as piadas e as *brincadeiras em excesso*. Se está ficando sisudo demais, é então hora de *deitar sobre a grama*, dançar, cantar e fazer festa. Há um grande espaço para opiniões distintas. E se os *chaverim* já são contra tudo o que é *burguês*, e procuram *desligar-se das correntes* que os liga à *vida burguesa*, ainda divergem sobre o conteúdo da palavra burguês. Nos passeios pelo Horto Florestal, algumas moças ainda se atrapalham com suas *longas saias modernas* antes que fique definido não ser esse um traje adequado à candidata a pioneira.

Para criar uma maior identificação dos *chaverim* com Israel e com o *chalutz*, as lideranças do Movimento vão procurando e sugerindo novos hábitos, costumes, leituras, danças e canções que passam a ser vistos como *do Movimento* em oposição ao que não condiz com os objetivos ou não pertence ao Dror. A rivalidade com relação ao Hashomer Hatzair, que se tornará uma constante na história drorista, vai ficando cada vez mais clara. Palavras em hebraico vão sendo introduzidas no vocabulário dos jovens.

É dessa época também a implantação da experiência da vida coletiva no Brasil com inauguração da Hachshará do Dror. Fazendas de preparação para a vida no *kibutz* como esta eram uma praxe em vários países do mundo onde existiam movimentos juvenis *kibutzianos*. Ein Dorot é a primeira do Brasil, seus *chaverim* estão diante de uma situação absolutamente nova, sem muita idéia de como começar a não ser por uma concepção intelectual de como deveria ser um *kibutz*, tendo de enfrentar desafios impostos pela natureza, o trabalho braçal e a convivência nos moldes coletivistas.

Fala-se muito, então, em *dar uma orientação ideológica firme e evitar dúvidas àqueles que, em virtude dos acontecimentos dos dias atuais, saem de seu estado de indiferença e sentem que devem nos ajudar em nossa obra* sendo, portanto, necessário que os mais velhos, responsáveis pela educação e pela liderança, se instruam e se preparem para estar à altura de suas tarefas (especialmente com a expectativa de partida dos primeiros *chaverim* para Israel, cresce a preocupação com continuidade do Movimento no Brasil). Já se ouve, nas reuniões das *kvutzot* mais velhas, as expressões *revolução pessoal* e *auto-realização* (no sentido de ruptura com padrões de comportamentos aprendidos e expectativas sociais e familiares em favor da incorporação dos ideais socialistas e sionistas)[47].

segunda fase

Os três primeiros anos da década de 1950 são marcantes na história do Movimento. Contêm elementos dos primeiros tempos, do desenrolar do processo de *cristalização* e também prenúncios da "decadência" do período posterior em que o entusiasmo sionista diminui gradativamente entre os judeus, muitos jovens abandonam o Movimento, famílias ficam assustadas com seu "radicalismo", os *kibutzim* deixam de ser apenas sonho para os "brasileiros" e a coletividade judaica, mais acomodada, vai perdendo aos poucos o interesse por revoluções afetando também boa parte de sua juventude.

Por outro lado, é quando o Dror se define como um movimento de objetivos e ações mais concretas, decididamente voltado para a vida no *kibutz*: em maio de 1950, após três dias de reunião no bairro da Lapa, os jovens de São Paulo com mais de 17 anos decidem, no voto, que os ideais e as atividades do Movimento são praticamente incompatíveis com os estudos universitários. Logo, 40 *chaverim* de São Paulo abandonam seus cursos universitários e pré-universitários para se dedicarem à militância integral no Movimento. Outros abandonam o Dror. Os mais velhos levam aos mais novos e a outros *snifim* as discussões dessa reunião, fazem campanhas de esclarecimento e por fim define-se a nova postura do Movimento. Para os mais jovens, garotos e garotas, a orientação torna-se clara: encaminhar-se para cursos profissionalizantes em colégios técnicos ou procurar formas de treinamento em ofícios considerados úteis ao *kibutz*. A disparidade entre os objetivos do Movimento juvenil e os de grande parte das famílias judaicas fica evidente, o futuro de ascensão social e profissional que muitos pais vislumbravam para seus filhos fica ameaçado.

A criação da Hachshará, em 1948, havia encontrado uma certa resistência por parte dos que acreditavam que o Movimento deveria se estruturar melhor antes de abrir mão de seus líderes mais velhos e foi fruto principalmente da insistência dos *chaverim* de Porto Alegre que, esperando emigrar o mais breve possível, engrossaram as fileiras do primeiro *garin*. De fato, a continuidade do Movimento no Brasil, depois que os primeiros militantes mais velhos partissem para Israel parecia estar ameaçada. Em 1950, a empolgação sionista já não era tão forte entre os judeus como havia sido dois anos antes. Muitos *chaverim* mais velhos do Dror estavam cursando ou pretendiam cursar a universidade, tendendo a afastar-se da idéia de *aliá* à medida que permaneciam no Brasil dedicando-se aos estudos, construindo aqui sua vida afetiva e vacilando em seu ímpeto revolucionário tão logo vislumbravam um futuro promissor nas carreiras escolhidas. Bernardo Cymyring já estava na Hachshará quando levantou o assunto e pediu que a direção do Movimento convocasse uma reunião com as camadas mais velhas de São Paulo para discutir a proposta de dedicação exclusiva ao Movimento e seus objetivos. Chegou-se à conclusão que isso implicaria, entre outras coisas, no abandono dos estudos universitários e na chamada *profissionalização*, o aprendizado de ofícios como mecânica de máquinas, carpintaria, enfermagem, zootecnia, avicultura, apicultura etc. Os que defendiam a proposta argumentavam que o *kibutz* não necessitava de muitos médicos, engenheiros, professores e sim de uma maioria de trabalhadores braçais. Acreditavam que, mesmo o Movimento juvenil, não poderia viver de candidatos a comerciantes e profissionais liberais ou de camadas mais velhas, as lideranças, envolvidas mais com os estudos que com as atividades da militância. A questão que de fato se colocou na Reunião da Lapa foi a da definição: se o caminho era a *aliá* e o *kibutz*, esta decisão não só não poderia ser adiada, sob o risco de não se cumprir, como exigia que cada um se empenhasse mais para que ela se concretizasse coletivamente. Até se chegar à conclusão, que forjou a nova cara do Dror a partir de então, foram dias tensos de longas e calorosas discussões em que eram levantadas desde questões teóricas até problemas pessoais.

Foi uma maratona, mais ou menos cinqüenta pessoas reunidas, horas e horas. Só se parava para um lanchinho e as necessidades imediatas. Ia de manhã até a noite. O Bernardo fazia uma preleção e depois havia debates gerais. O Bernardo dirigiu o tempo todo até ficar afônico. [9]

De noite, as salinhas transformavam-se em dormitórios, onde cada um se arrumava como podia, debaixo das mesas, em cima das mesas... A comida era feita por um grupo de companheiros mais jovens, que não tomavam parte nas discussões (...) quando os "cozinheiros" perceberam do que se tratava, ficaram tão profundamente impressionados que esqueceram da comida e ficaram na reunião. (...) Após horas de debate conjunto, iam os convictos pegar os inconvictos para martelar-lhes pessoalmente a Verdade ainda por algum tempo. [Sigue Friesel. *Kibutz Bror Chail*: história do Movimento e do kibutz brasileiros, Jerusalém, Departamento da Juventude e do Chalutz da Organização Sionista Mundial, 1956.]

Eu era uma pirralha e participava só porque morava no vizinho e tinha a missão de fazer comida e cuidar da infra-estrutura tipo papel, papel higiênico, sabonete etc. A curiosidade não me permitiu não acompanhar as discussões. De alguma maneira eu sabia tratar-se de um momento histórico. (...) Ter um filho "doktor" era o sonho de todas as famílias. As formaturas eram um grande evento e os rapazes formados eram disputados pelas moças.(...) E de repente um bando de jovens de menos de vinte anos decide atropelar o sonho que era tanto dos pais quanto dos próprios filhos. [Anna Verônica Mautner. "A segunda-feira que abalou o Bom Retiro", em *Na'Amat Brasil*, nº 8, São Paulo, nov. 1995.]

A grande maioria dos *chaverim* de São Paulo que estavam na universidade, alguns até já bem adiantados, no terceiro ou quarto ano da Medicina ou Engenharia, decidiu abandonar os estudos, entre eles um dos principais líderes do Dror na época, Samuel Karabtchevsky, o *Carabina*. Os mais novos, que permaneceram no Dror, optaram na ocasião por não entrar na faculdade, sequer prestar vestibular. A resolução foi coletiva, a escolha era individual. Ninguém seria expulso do Movimento se decidisse, por conta própria, continuar a faculdade, mas, de fato, tornou-se muito difícil prosseguir os estudos universitários sem se afastar do Movimento e dos companheiros que o considerariam *individualista* ou *fraco de caráter*. Apenas três jovens foram poupados dessa difícil escolha, pois foram considerados pelo coletivo *gênios*, rapazes com real vocação e talento para as profissões escolhidas, arquitetura (Vittorio Corinaldi), física (Jorge Sussman) e medicina (Iosef Kuczinski), e puderam adiar sua *aliá* em função dos estudos embora se comprometessem com uma participação maior na militância. Esses casos causaram grandes debates sobre os critérios de exceção e os conceitos de vocação e talento, mas terminaram aceitos[48].

A postura de deixar de lado os estudos universitários em função da *aliá* e do *kibutz* já havia sido adotada por alguns *chaverim* mais velhos antes da reunião da Lapa (Rifka Auerbach, por exemplo, em 1949, havia largado por conta própria seu curso na USP e a política estudantil para fazer parte do primeiro *garin*). A idéia de aprender um ofício que pudesse ser útil no *kibutz* também já ocorrera a alguns dos *chaverim* mais novos (no Rio de Janeiro, Alberto Dines, antecipando-se à Lapa, após trabalhar em uma oficina de tratores, ingressou num curso de mecanização agrícola). O que fez esta reunião, além de cobrar uma definição imediata de cada um, foi praticamente estabelecer uma atitude padrão para todos.

Essa mudança de rumos produziu tamanho choque na vida dos jovens *chaverim* e nas expectativas de suas famílias, que a "decisão da Lapa" foi tratada como uma *revolução* em quase tudo o que se escreveu ou se disse a partir de então sobre aquele momento. Afinal, na maioria dos casos, o futuro doutor ou engenheiro seria a primeira pessoa na história da família a ter um diploma universitário tido como porta de entrada para a estabilidade e a segurança tão desejadas. A reação dos familiares e demais adultos da coletividade judaica foi forte e imediata.

(...) na manhã seguinte, a comunidade judaica tremeu. (...) Muitos pais desejavam que os filhos fossem verdadeiros *chalutzim*. Estes tremeram de júbilo. Mas a maioria, mesmo os sionistas, desesperaram-se diante da decisão. [Anna Verônica Mautner. "A segunda-feira que abalou o Bom Retiro", em *Na'Amat Brasil*, nº 8, São Paulo, nov. 1995.]

Houve terríveis cenas familiares, tornadas ainda mais difíceis porque tanto pais quanto filhos não eram insensíveis às esperanças e expectativas uns dos outros.(...) as semanas e meses seguintes foram muito difíceis. [Eviatar Friesel. *The days and the seasons*, Detroit, Wayne State University Press, 1996.]

Depois da reunião da Lapa (eu tinha 15 anos, ainda não estava na faculdade), voltei para casa dizendo que iria ser tratorista. Meus pais ficaram putos! (...) Os planos deles para mim era que eu fosse médico ou engenheiro. [17]

Vários pais foram tirar satisfações e cobrar providências das entidades sionistas. Alguns ameaçaram fisicamente o líder do Movimento. Discussões nas famílias. Mães choraram desconsoladas. Pais cortaram mesadas. Muitos jovens sofreram com as brigas e o peso das decisões, tanto os que permaneceram no Movimento quanto os que resolveram abandoná-lo deixando para trás amigos e ideais acalentados; os que ficaram procuraram se unir para enfrentar a oposição. Vários saíram de casa. Uma Comuna (um local para morar, uma caixa comum, um grupo de estudos) foi criada para reunir e manter todos os militantes integrais do Movimento, aqueles que abandonaram os estudos universitários e passaram a trabalhar para o Dror, os que sofreram *represálias de ordem econômica* por parte dos pais, alguns que saíram ou foram expulsos de suas casas, outros que não tinham bem onde morar. Aqueles que tinham algum emprego assalariado ou continuavam recebendo mesada, passaram a depositar seus ganhos na caixa comum que servia para as despesas diárias dos militantes integrais e suas viagens de proselitismo: *o chaver entrega a soma total de seus ganhos e retira uma quantia para seus gastos mínimos.*

Fui um dos que largou a faculdade (...) Aí tivemos que enfrentar a reação dos pais. Meus pais não agiram muito drasticamente, mas teve gente que teve de sair de casa. A coisa foi feia. Eu já tinha resolvido que ia sair [da Escola Paulista de Medicina], estava me preparando para contar para os meus pais quando minha mãe perguntou: "Por que você não foi à escola hoje?". Ela não sabia de nada ainda, mas havia encontrado na rua a mãe do Nuchem [Fassa] e ele já tinha falado para a mãe dele que havia largado a escola, apesar de ter entrado em primeiro lugar na Faculdade de Medicina da USP. Minha mãe entrou em pânico, chegou correndo em casa e me fez a pergunta. Eu respondi: "Eu não fui porque não quis". E ela, como já desconfiava...: "Eu te dei meu sangue etc. etc." Então eu expliquei para ela, mas ela nunca se convenceu. A história saiu na imprensa judaica, não dava para esconder. Minha mãe não entendia e não se conformava. Meu pai discordou, mas disse que a decisão era minha. As pessoas da família me chamavam para conversar. Meu tio rico me criticou. (...) vesti um macacão e fui aprender mecânica num Colégio Técnico. Chegava em casa com o macacão cheio de graxa para o desgosto de minha mãe. (...) Nos organizamos em uma Comuna (usávamos esse nome só de gozação). O meu pai, muito camarada continuava me dando dinheiro, semanada, e eu colocava tudo na Comuna, porque eu não tinha gastos, morava no Bom Retiro, não pegava condução, comia em casa, mas havia gente cujo quarto nós precisávamos pagar. Havia mesmo solidariedade, cada um dava o que tinha. [7]
Saí de lá convicto de que era o caminho. Tanto que cheguei em casa e logo comuniquei a meus pais. O meu pai achou que eu tinha enlouquecido e que a culpa era do Bernardo [Cymyring] que, enquanto esteve estudando comigo para o vestibular, ficou solapando minha inteligência e me doutrinando sub-repticiamente. (...) As coisas em casa encresparam quando larguei a faculdade. Meus pais acha-

ram que foi uma loucura, que não daria certo, que era um erro, e fizeram uma série de objeções ideológicas e pragmáticas. Para eles, eu deveria terminar a faculdade mesmo se quisesse ir para Israel, "Seja médico lá e não agricultor". Claro que, no fundo, como todos os pais, eles preferiram que eu não fosse, mas a idéia da *aliá* não os agredia tanto. Talvez eles achassem também que, com o tempo, eu desistiria até da *aliá* ou que, como adulto, eu já poderia decidir meu destino. Nisso tudo não havia só capciosidade, havia uma série de convicções pessoais, de gente vivida e sofrida, como "ter uma profissão acadêmica para não depender do comércio". (...) Depois da Lapa, eu acabei saindo de casa e fui morar com outros em um local alugado, o Shituf, que ficava perto da Estação da Luz, na Rua Mauá, num prédio de apartamentos, uma espécie de albergue onde todos que haviam saído de casa tinham pousada. (...) Eu fui para o apartamento um pouco por querer e porque sentia que seria melhor. (...) Nem todos quiseram ou precisaram sair de casa (...). Até eu, se quisesse, poderia ficar em casa, mas quis evitar o desgaste de discussões diárias que aborreceriam meus pais e tirariam minha liberdade. Continuei tendo contato com eles, às vezes minha mãe me dava um dinheirinho, com meu pai a ruptura foi mais violenta. [9]

Alguns acabaram voltando atrás em sua decisão, em razão de dúvidas pessoais e pressões familiares, mas

Em geral, a maioria de nós resistiu. Deve ser dito, em favor dos pais, que quase nenhuma ruptura irreconciliável se fez entre eles e seus filhos. E, além disso, não houve nenhum rompimento entre o Movimento e a comunidade judaica. [Eviatar Friesel. *The days and the seasons*, Detroit, Wayne State University Press, 1996.]

Alguém que pertencia à camada dirigente do Movimento na época, conta que *a reação na rua foi muito grande* e nem mesmo de Israel os *chaverim* do Dror no Brasil receberam o apoio esperado (embora isto não tenha sido muito divulgado pelas lideranças).

Os comunas diziam que isso era uma atitude anti-patriótica, porque eles eram contra o sionismo (a seção juvenil do Partido Comunista dizia que o sionismo era um movimento do imperialismo americano) e quando as pessoas saíram da faculdade eles caíram de pau em cima da gente. Achávamos que em Israel teríamos apoio, mas eles meteram o pau na gente dizendo que isso havia sido a maior besteira e que o país precisava de pessoal profissionalizado... Dentro do próprio Movimento, houve gente contra (mesmo porque havia um certo bairrismo [rivalidade] entre os *snifim* de São Paulo e de Porto Alegre): um pessoal do Sul, do primeiro grupo que foi para Israel, dizia que Israel precisava tanto de sapateiros quanto de médicos e engenheiros, porque era um país em formação. Nossa atitude não foi tão apoiada como a gente queria (...) [mas de fato] o grosso acabou aderindo à largada dos estudos e à profissionalização operária ou agrícola. [7]

Do ponto de vista do Movimento no Brasil, a Reunião da Lapa deu certo, pois apenas uma minoria não aderiu na ocasião ou desistiu logo após. A adesão da maior parte dos jovens foi muito importante para o Dror, não só por ter mostrado a força do coletivo como por ter acrescentado aos quadros da militância integral *gente de alto gabarito intelectual* que procurou se qualificar para as novas atividades e objetivos de vida. Nesse sentido, o Movimento se fortaleceu.

> (...) a apatia cômoda e criminosa em que uma grande maioria dos judeus se encontrava foi perturbada por esses "loucos" que tiveram a coragem de pôr em prática suas idéias. (...) É de fato uma atitude desagradável para todos aqueles que acreditam ou acreditaram na redenção dos homens e dos judeus, mas que criaram a crença de que tudo já foi feito: já há um estado, uma bandeira, um cônsul reconhecido... como se isso resolvesse o problema. Como se tudo estivesse resumido em criar um gueto nacional e oficial, não um país adiantado, livre e justo. (...) Não há reerguimento nem renascimento duma nação sem trabalho e dedicação (...) nem há outra solução para a questão judaica ou melhor caminho para a questão social. (...) criamos nossas próprias concepções de vida à base de novos valores (...) isto não é ser visionário nem mártir, isto é honestidade e coerência. (...) Não deixamos as escolas por crer na ignorância (...) [e sim] para ajudar a clarear a mente de milhões de homens e ajudar a nossa e a vossa libertação do gueto e da exploração. (...) na sociedade que ajudaremos a construir, um bom pedreiro ocupará a mesma posição do intelectual.(...) se queremos fazer uma revolução temos que iniciá-la conosco mesmos (...) somos idealistas sim (...) o somos no sentido de crença e fé num ideal e a conseqüente concretização, sem que isso signifique nada de especial, nem heroísmo, nem sacrifício, talvez caráter e força! (...) ninguém nos norteou nas nossas escolhas, só nossas idéias o fizeram (...) É a juventude que entende nossa língua (...) somos apenas a vanguarda, compete à vós prosseguir pela trilha (...) este é o caminho da nação judaica e do novo mundo revolucionário. [Nuchem Fassa. "O único caminho", em *Dror*, nº 4, jun. 1950.]

A idéia de que, sem a radicalidade da *Lapa*, o Dror não teria atingido seus objetivos sionistas socialistas encontra muitos defensores até hoje.

> Dolorosa quanto possa ter sido a resolução para cada um dos indivíduos envolvidos, numa perspectiva histórica ela se apresenta como o ato de maior significação na vida da coletividade judaica brasileira, talvez o único que deu ao sionismo brasileiro uma dimensão moral de auto realização, levando-o a fincar raízes no solo de Israel. [Vittorio Corinaldi. *Milão, São Paulo, kibutz e arquitetura*, Manuscrito, Israel, 1999.]

Procurou-se *levar a Lapa* para os outros núcleos brasileiros onde as discussões seguiram as mesmas diretrizes com resultados relativamente satisfatórios, variando em cada local. Na ausência de Bernardo Cymyring, outros tais como Samuel Karabtchevsky, Davi Perlov, Nuchem Fassa, Erwin Semmel, Efrain Bariach exerceram liderança.

O episódio da reunião da Lapa continua a ser revivido na memória de seus participantes. Embora seja algo difícil de esquecer, ele foi em parte "ressuscitado" em 1995 por um artigo de uma ex-*chaverá*, a psicanalista Anna Verônica

Mautner (publicado em uma revista distribuída para a coletividade judaica), em parte pelas entrevistas que realizei nesse mesmo ano e no seguinte. Em vários depoimentos, percebi que as pessoas dialogavam também com um interlocutor ausente, o tal artigo. Este texto descreve rapidamente o Dror de 1950 e narra os acontecimentos de maio e as conseqüências da decisão da Lapa para os jovens envolvidos e seus familiares. Os pontos tomados como mais provocativos são aqueles em que a autora chama Bernardo Cymyring de *líder carismático*, afirma que *a nossa hierarquia nos parecia de livre escolha, portanto ninguém se rebelava contra ela* e dá exemplos de como o Movimento juvenil podia ser dogmático e inflexível.

Entrevistado em sua casa no *kibutz* Bror Chail, Bernardo Cymyring (atualmente Dov Tsamir) reage, recusa-se a ser chamado de *carismático*, dá sua própria versão dos acontecimentos e interpreta a sua liderança. Afirma que a *Lapa* foi um passo fundamental para garantir a continuidade do Movimento. Ressalta o grau de sucesso e originalidade que o Dror obteve no Brasil daqueles anos.

Aquilo foi criado todo o tempo e, o que é mais importante, foi criado lá, na realidade brasileira, para aquele tipo de gente e isso foi o que deu ao Movimento o seu impacto. A "Lapa" não foi de modo algum algo planejado – os que falam sobre isso hoje [não narram como eu me lembro que foi]. (...) Na ocasião, eu falei até ficar afônico e continuei falando aos sussurros. Aquilo [que ocorreu na Lapa] foi a busca de uma solução que levasse o Movimento a sair de sua crise.(...) Para mim, estava claro o que eu iria fazer, mas eu não pensava em impor minha idéia aos outros. (...) já havia muito líderes de valor (...). Sei lá se foi sorte ou intuição, o fato é que consegui cantar para o Movimento gente da melhor qualidade, em algumas coisas melhores do que eu. (...) Era um grupo de gente extremamente inteligente. Se eu, naquela época, tive uma qualidade, foi a de introduzir no Movimento uma atmosfera livre onde cada um podia pensar o que bem entendesse. O David Perlov teve uma enorme influência. O Paulo Singer também (...). A Mira [Wainfeld] era uma mulher extremamente influente. O Mester, o Carabina... todos eles tiveram uma enorme influência de acordo com sua personalidade. Não me lembro de qualquer conflito com alguém que tivesse uma idéia diferente da minha. Eu era anti-stalinista. Eu não sei analisar a mim mesmo para saber qual era o tipo de liderança que eu tinha naquela época. Depois eu ouvi histórias sobre ser líder carismático, e eu ri. Naquela época, não havia nada disso, porque tinha gente com mais conhecimento e cultura do que eu em determinados aspectos e foram eles que influenciaram o Dror [nesses aspectos]. (...) Tudo aquilo era um colegiado. (...) Não me identifico de modo algum com a figura do artigo, o grande líder, nunca me vi daquela maneira. As discussões eram feitas e votadas; eu acatava todas as resoluções democraticamente. Que eu tinha uma grande influência, sim, isso não se discute.

Outros ex-droristas não negam a *grande influência* de Bernardo no episódio.

A Lapa saiu da cabeça dele... ele fez uma pressão psicológica para que todo mundo fosse para Israel e ele foi o primeiro a ir. Ele sabia que quem continuasse os estudos universitários acabaria se integrando. Na reunião, ele utilizou o argumento do fracasso do judaísmo alemão assimilacionista... mostrava que tinha a História respaldando seu pensamento (e eu acho que ele tinha razão). Além disso, ele era um orador espetacular, com muita fluência e um raciocínio impecável. [5]

Quando foi convocada a reunião ninguém sabia o resultado, sabíamos que era para se decidir os rumos do Movimento, as decisões foram sendo tomadas à medida em que a reunião ia transcorrendo. A coisa foi ganhando uma dinâmica de maratona de grupo, onde fomos conduzidos a ter de tomar uma decisão. Eu não tinha opinião prévia sobre o assunto, ela foi se formando aos poucos. Eu acabei aderindo. (...) O Dov tinha muito magnetismo pessoal e liderança, conseguia convencer os "hereges" para suas posições, tinha ascendência sobre gente como eu que sentia o êxtase de sua liderança. (...) [Argumentando que o exemplo do *kibutz* poderia afetar toda a humanidade, que o Movimento era um instrumento de realização e que cada um deveria ser conseqüente com suas idéias sionistas socialistas] o Dov conseguiu conduzir o grupo a tomar as decisões que significavam assumir a proletarização e a militância integral. Provavelmente, ele deve ter preparado alguns do grupo, pois uns aderiram antes do que outros... Não lembro quem primeiro levantou-se e disse ter "visto a luz" para que depois fosse criada a tal "corrente da felicidade"... [9]

O acontecimento da Lapa deveu-se em grande parte ao Bernardo Cymyring (o Dov Tsamir, hoje). (...) Mas está claro que para se chegar a decisões como essas não basta um líder, é preciso haver um movimento organizado, de nível, com gente pronta a realizá-las. (...) [Com amadurecimento?] Não, se houvesse amadurecimento ficaríamos nas universidades, é sim preciso ser jovem. É preciso haver a disposição para se arriscar. A idéia foi do Tsamir, mas quem "realizou a Lapa" foi o Samuel Karabtchevsky, o Carabina. [Qual a diferença entre ter a idéia e realizá-la?] O Samuel teve a coragem de sair da faculdade de Medicina no quarto ano. Se ele não tivesse saído, a história não teria sido como foi. O Dov nem estava estudando... No momento em que o Carabina saiu, a idéia passou a dar certo. [11]

Certamente, não pode ser menosprezada a força do coletivo juvenil, motivado, estruturado e que se propunha explicitamente a realizar transformações radicais na sociedade. Em última instância, ninguém pode dizer que foi obrigado pelo Movimento a aderir às suas resoluções e adotar o sionismo socialista como missão de vida.

[O Dror era] uma organização de altíssima conscientização ideológica e de admirável capacidade voluntária de ação e disciplina. (...) A atmosfera de seriedade e de destino (...) envolvia a Reunião da Lapa exercendo uma pesada pressão de consciência sobre cada um dos participantes (...). [Vittorio Corinaldi. *Milão, São Paulo, kibutz e arquitetura*, Manuscrito, Israel, 1999.]

Nessa segunda fase do Movimento, os anos de 1950-53, as teorias do sionismo socialista, especialmente as idéias do marxismo adaptado de Borochov, parecem ter adquirido um peso ainda maior na ideologia drorista. Na avaliação dos próprios contemporâneos, a partir da adoção do *pensamento racional*, da *interpretação histórica científica*, criam-se bases mais íntegras para o Movimento, já não bastando apenas a emotividade dos judeus ou o romantismo de Gordon que impregnavam o Dror em seus primeiros tempos[49]. Em termos ideológicos, o Movimento procura uma maior solidez, cresce a preocupação em estabelecer definições, princípios, concepções e forjar uma *ação educativa* mais uniforme em todas as cidades onde o Dror se faz presente. No pós-*Lapa*, uma nova forma de atuar soma-se ao conteúdo teórico e, na visão do Movimento, tornam-se mais compatíveis.

Em favor da *proletarização*, da identificação com o trabalhador do *kibutz*, as críticas à sociedade burguesa ficam ainda mais agudas. O estudo do hebraico ainda no Brasil ganha maior ênfase (embora nunca chegue a atingir os níveis desejados pelas resoluções das Assembléias, são poucos os que saem do país conhecendo bem a língua). Em 1950, Ein Dorot ganha estatutos, seus princípios e estrutura organizacional ficam definidos oficialmente. A Hachshará torna-se também local de visitas e congressos dos *chaverim* proporcionando uma idéia mais concreta do que seria a vida ligada à terra.

Os programas educativos continuam a ser desenvolvidos pelas comissões de educação ligadas à direção do Movimento e os *madrichim* recebem com maior freqüência indicações sobre os temas de suas *sichot* – como por exem-

O I Congresso Educacional do Dror, em 1950, foi muito importante para a definição das bases educativas do movimento (na fotografia, parte do público que assistiu à abertura solene desse encontro. Os jovens droristas estavam de uniforme).

plo, "História do Movimento Operário", "Congressos Sionistas", "Materialismo Histórico", "A Reunião da Lapa" –, os modos de desenvolvê-los, eventualmente um resumo dos pontos principais a serem abordados e até alguma indicação bibliográfica. Como os programas são feitos pelos próprios jovens, enfrentando as mais variadas questões metodológicas e dificuldades em delimitar temas e conseguir material, há bastante espaço para a criatividade e a impressão de marcas individuais do pessoal que cuida mais diretamente de sua elaboração: Mira Wainfeld, Markin Tuder, Paulo Singer, Jorge Sussman, Sigue Friesel, Helena Corinaldi, Henry Mau.

Preocupado com o caráter ainda um pouco *diletante, empírico* e *circunstancial* da atividade educacional do Movimento, a liderança convoca um encontro nacional para definir a essência da educação no Dror, *fixar o conteúdo da atividade educacional, os valores a que obedece e os meios que utiliza,* e unificar a estrutura educacional do Movimento em todo país. Um dos resultados desse I Congresso Educacional (julho de 1950) é o texto "Fundamentos de nossa educação", aprovado com entusiasmo, cuja redação final fica a cargo do *chaver* Paulo Singer. Escrito basicamente para esclarecer aos instrutores e demais *chaverim,* aos simpatizantes do Movimento e à comunidade em geral as finalidades do Movimento e seus métodos educacionais, o texto traz também um esboço do tipo de gente que o Dror procura *formar* e da sociedade que busca *construir.* O Dror tem claro que procura: transmitir aos jovens judeus a ideologia sionista socialista, levá-los a romper com o estilo de vida a que estavam acostumados, prepará-los para a vida coletiva e conduzi-los ao *kibutz* em Israel. As diretrizes educacionais básicas esboçadas nesse documento são reforçadas no texto da *Plataforma do Movimento* (junho de 1951).

Nesse momento, o Dror não só já tem suas diretrizes delineadas em termos formais, como passa oficialmente a fazer *recomendações* (e não imposições, como seus autores fazem questão de deixar claro: *não somos um Movimento de dogmas*) com relação à aparência, roupas, diversões, comportamento sexual e vícios de seus *chaverim.* Sua postura diante dos estudos universitários é estabelecida também para o Movimento sul-americano: que estes estudos *sejam levados a cabo somente por aqueles que tenham demonstrado real aptidão, vocação e utilidade*[50].

O passo seguinte do Movimento brasileiro com relação à educação é incrementar o trabalho de elaboração de programas (mais completos, diferenciados por faixa etária) e a ampliação do alcance da *ação educativa* em termos de assuntos abordados, atividades complementares e diversificação metodológica[51].

Após um ano de experiência em Ein Dorot, no início de 1950, chega ao "*kibutz* sul-americano" em Israel, Mefalsim, a primeira parte do primeiro grupo (*garin*) de droristas brasileiros. Seis meses depois, chega a segunda parte do mesmo grupo (que havia ficado no Brasil para ajudar o segundo *garin* a instalar-se na Hachshará). Entretanto, por uma série de desavenças com os argentinos de Mefalsim[52], a maioria dos brasileiros desiste desse *kibutz* e opta por fazer um estágio no *kibutz* veterano Afikim. Durante esse período, os *chaverim* entram em acordo com a sua Federação *kibutziana* e resolvem, em fins de 1951, instalar-se em Bror Chail, um *kibutz* fundado por pioneiros de origem egípcia que passava por dificuldades. No início de 1952, o segundo *garin* do Dror brasileiro chega a este *kibutz*. Com o abandono de grande parte dos veteranos de origem egípcia e a chegada dos grupos brasileiros, o *kibutz* passa a ser de maioria brasileira. Bror Chail torna-se, então, representante do Movimento brasileiro em Israel recebendo os novos *garinim* do Brasil e enviando para cá militantes para atividades de proselitismo e orientação.

Enquanto isso, o Dror amplia suas dimensões unindo-se a outros movimentos brasileiros e de outros países e passando a ter ex-*chaverim* seus (como Bernardo Cymyring) na liderança mundial dos movimentos juvenis chalutzianos ligados ao MAPAI em Israel. Nesse contexto, a educação continua sendo uma das principais preocupações do Movimento[53].

Internamente, entretanto, o Dror passa por questionamentos de seus pressupostos ideológicos. O *chaver* Paulo Singer (então Secretário do Movimento e uma das figuras-chave na elaboração da *ação educativa* drorista) coloca-se a favor do socialismo, mas contesta a validade do sionismo como solução para o problema judeu afirmando que a maior parte dos judeus da Diáspora não está disposta a emigrar para Israel, então o sionismo perdeu sua razão histórica; para proteger os judeus do anti-semitismo é melhor ficar onde eles estão; o melhor mesmo é permanecer no Brasil lutando pelo socialismo aqui mesmo, pois o socialismo, por si só, permitirá o bem-estar dos homens, incluindo as minorias. Sem conseguir mudar o caráter do Movimento, Paulo Singer se retira do Dror, em 1952, acompanhado apenas por mais um *chaver*, Vítor Writhman. Ideologicamente, depois da *crise*, o Movimento segue no mesmo curso. (O episódio é relevante, pois tornou-se referencial ainda por muito tempo, embora o Movimento procurasse esquecê-lo)[54].

Nessa época, o Movimento no Brasil perde também alguns outros líderes importantes da geração dos "fundadores" que desistem da *aliá* por problemas pessoais ou que, chegada sua hora, partem para Israel no segundo e no terceiro *garin* (este último, o maior dos três contingentes). A revista *Dror* deixa de ser publicada. Já são outros rostos a definir a face do Movimento.

Em meados de 1953, o Dror avalia sua situação e reafirma posições:

> A passagem do entusiasmo e da crença ingênua (...) para a compreensão, fé e determinação maduras, produto de análises objetivas – mesmo em confronto com o ceticismo geral – foi árdua e custou não poucos fracassos e quedas. Dentro e fora proliferaram os maus profetas do fim iminente (...) [mas] alcançamos a confiança na verdade de nosso caminho e meta, cujo centro de gravidade é Eretz e a *hagshamá atzmit*.(...) Nossos valores e objetivos sujeitos à discussão e revisão, solidificaram-se. [*II Kinus Artzi do Ichud Hanoar Hachalutzi*, ago. 1953].

terceira fase

Em meados dos anos 50, o Movimento já está *cristalizado* e continua enviando regularmente *chaverim* para Israel. Alimenta novos *snifim* (Salvador,

Recife) e perde outros. O passar dos anos mostra ser cada vez mais difícil reviver a época áurea dos movimentos juvenis e conseguir, entre os jovens, a mesma quantidade de interessados em sionismo e socialismo. A diminuição numérica dos *chaverim* é nítida e crescente. Entretanto, nem por isso o Dror deixa de ter militantes dedicados, apaixonados e tão envolvidos quanto os havia nos primeiros tempos.

Apesar das dificuldades por que passa, inserido em uma coletividade mais acomodada e já um pouco mais apática à causa sionista, o Movimento possui uma doutrina mais clara, uma orientação educativa mais centralizada com uma variedade maior de materiais didáticos e uma organização interna definida. Além disso, conta com o respaldo (não tão grande quanto seus dirigentes gostariam) do *kibutz* em Israel e seus enviados, figuras muito importantes numa época em que o trabalho de proselitismo é cada vez mais complicado, os *sh'lichim* servem muitas vezes de incentivo e exemplo, estabelecem um contato dos *chaverim* com a realidade de Israel, colaboram em termos intelectuais, organizacionais e até financeiros, levantando dinheiro para o Movimento entre as entidades judaicas. O trabalho educativo é planificado por períodos mais longos e os programas adotam formas mais *fixas e duradouras*.

Se antes o Dror viveu o período de maior ênfase na "gestação" da ideologia e no estabelecimento de padrões de comportamento (que afetam o cotidiano dos *chaverim*, das vestimentas, leituras e gostos às relações de gênero, dos relacionamentos familiares às opções educacionais), agora vive a fase de "consumo" e "aplicação" dessa ideologia e padrões. A "geração pós-*Lapa*" já recebe a diretriz *proletária* em versão definitiva – *universidade, nem pensar* – e se encaminha normalmente para cursos profissionalizantes (aqueles que pretendem continuar no Movimento e conseguem fazer frente à forte oposição dos pais). O episódio da *crise* que envolveu o jovem Paulo Singer está praticamente enterrado (nas raríssimas vezes que alguém ouve falar no assunto, o ex-*chaver* é visto como um dissidente, que foi intelectualmente importante para o Movimento, mas *traiu a causa*).

Muito do que antes era "recomendação" passa a ser "norma". Livros antes "sugeridos" são agora leitura praticamente obrigatória; ninguém mais se lembra quem descobriu *Jean Christophe* e achou que deveria ser lido pelos companheiros, mas todos sabem que isto *tem* que ser feito.

Os jovens que, a partir de 1955, estão nas camadas mais velhas, assumindo a direção, estiveram no Dror desde a adolescência, foram criados no Movimento, forjados por ele. (Entre as lideranças, segundo contemporâneos, estão Iochi Rappaport, Zício Simbalista, Elisa Suskind, *Zinho* Isaac Karabtchevsky, por volta de 1956, e, mais tarde, Aron Kremer, Moisés Bentkovich, Bernardo Kucinski, Nair El Asari e outros). São frutos de uma *ação educativa* mais definida e consolidada que nas "primeiras fases", quando os jovens da camada superior haviam ingressado no Movimento em idade mais avançada (tendo passado boa parte da juventude fora do Dror) e quase tudo ainda estava por ser criado, resolvido e incorporado, em questões de ideologia e de comportamento (por exemplo: usar gravata? não usar batom? freqüentar bailes? dividir tarefas de cozinha entre rapazes e moças? cantar o quê? dançar como?).

Examinando o material produzido pelos jovens do Movimento e analisando vários depoimentos, percebemos facilmente que, apesar de poder ser considerado herdeiro dos movimentos europeus, o Dror brasileiro não recebeu e simplesmente adaptou doutrinas prontas e acabadas. Uma grande dose de espontaneidade fazia parte da constituição e aplicação das idéias sionistas socialistas. As leituras teóricas seguiam determinadas linhas (Borochov, Gordon etc.), mas estavam sujeitas a fatores aleatórios como bibliografia e traduções disponíveis (um material não muito numeroso), interpretações subjetivas dos membros mais envolvidos com os livros e interessados em questões ideológicas (que divulgavam o que aprendiam) e simpatias pessoais. Em termos educacionais, o próprio Movimento reconhecia a falta de uma *tradição educativa estável* argumentando que *as insuficiências* de seu *empirismo educativo* só podiam ser compensadas pela *qualidade e responsabilidade* de seus educadores[55]. Por vezes, um texto (um romance, uma canção, um autor) "descoberto" por alguém passava a fazer parte das discussões e, mais tarde, tornava-se obra de referência do Movimento. *Chaverim* com dotes artísticos, fãs de música erudita ou com facilidades para danças, teatros, jogos e entretenimento deixavam suas marcas no estilo do Movimento. *Chaverot* sensibilizadas por questões de desigualdade sexual tratavam de cobrar posturas igualitárias imediatas de seus companheiros. Assim, mesmo a proposta *kibutziana*, a oposição aos valores burgueses e o ideal da *proletarização* não vieram prontos em um manual de instruções, surgiram das leituras, discussões e posicionamentos do grupo. Entretanto, o grau de espontaneidade em questões ideológicas, de princípios educacionais básicos e até de normas de comportamento diminuiu ao longo do tempo à medida em que as idéias do Movimento foram ganhando forma, *cristalizando-se*.

Ao "Fundamentos da Nossa Educação" (1950), seguiram-se vários outros textos, cada vez mais detalhados, que apontavam as diretrizes da *ação educativa* do Movimento. Pelo menos dois deles são da "terceira fase" – *Princípios de nossa educação* (1956, redigido por Markin Tuder) e "Educação de nosso Movimento" do livro *Kibutz Bror Chail* (1956, redigido por Sigue Friesel) – ambos enviados de Israel como material de referência para o Brasil.

O tempo também possibilitou o aparecimento de programas mais ou menos estruturados e manuais educacionais, para os diferentes grupos de idade, que definem desde as linhas teóricas do Movimento até a melhor maneira de se ensinar a história de Moisés ou de falar de sexo com os *chanichim*. Surgiram também listas de obras de referência (não só políticas, mas também de literatura, história, arte e psicologia), livro de canções, textos de teatro, e algumas expectativas e regras de aparência e comportamento definidas por escrito.

Até 1955, os programas educativos, as listas de livros e os materiais para as *sichot* são elaborados exclusivamente no Brasil por grupos especiais encarregados e pelos próprios instrutores que se reúnem semanalmente em grupos de estudo, com um orientador educacional (um *chaver* um pouco mais experiente), para discutir os temas, trocar idéias sobre as leituras feitas, o material encontrado e as propostas de trabalho que cada um desenvolve com seus educandos. Entre os educadores há alguns com noções de pedagogia (adquiridas no Magistério), outros com facilidade para ensinar os mais jovens e outros ainda com grande capacidade para atividade escáuticas que contribuem para o relativo sucesso da *ação educativa* drorista. Aproveita-se também alguns temas, atividades e programas que já haviam sido definidos anteriormente no Movimento, cabendo aos *madrichim* pesquisar livros e artigos sobre o assunto para preparar suas palestras.

Nós fazíamos uma cultura paralela, informal, mas que deu frutos extraordinários, gente muito boa descobriu naquela época qual era o seu caminho. [21]

Entre os jovens havia de fato alguns com muito boa formação, não sei se eram autodidatas ou se aprendiam muito rápido... [25]

Os orientadores dos *madrichim* reúnem-se com o Secretário da Cultura para discutir aspectos educativos mais gerais, a programação do ano, o conteúdo dos acampamentos, pedagogia, didática e metodologia.

A partir de 1955, o Movimento no Brasil passa a receber materiais e programas produzidos em Israel, vários deles confeccionados por seus ex-*chaverim*, já com 25 ou 30 anos de idade, membros do *kibutz* Bror Chail (que dedicam parte do seu tempo a estudar, consultar professores e bibliografia, obter auxílio didático etc. e buscam inspiração, entre outras coisas, em materiais dos movimentos juvenis de Israel ligados à Histadrut). Cada programa educativo conta com mais de 200 páginas, em português ou espanhol, encadernadas, e equivale a um semestre ou um ano de atividades educacionais nas *kvutzot* de determinada faixa etária, incluindo mapas, indicações bibliográficas e sugestões de atividades externas.

Os programas vindos de Israel eram muito bem elaborados (acho que até hoje se se submeter a um currículo escolar há o que tirar de lá...) e vinha uma bibliografia sugerida (...) eram elaborados em forma de apostilas muito bem apresentadas e, às vezes, com trechos de livros que a gente aproveitava aqui – a gente podia ler e acrescentar. Isso nos orientava e facilitava muito nosso trabalho. Essas apostilas serviram ao Movimento por muitos anos (pelo menos até 1961) e foram muito úteis. Abarcavam desde o *tzofé* até a idade dos 20 anos. O programa dos *tzofim* saiu elaborado de uma maneira muito precisa: trabalhos manuais, como fazer, qual a finalidade didática etc. (O negócio realmente tinha pretensões!) À medida em que ia subindo de idade, as noções ficavam mais imprecisas e se promovia debate e discussões e a coisa na verdade dependia muito mais da criação local. (...) havia então um texto básico, não que alguém fosse cobrar aquilo do *madrich*, porque ninguém cobrava nada de ninguém, mas era um caminho. [25]

Esses programas passam a servir de indicação aos instrutores que continuam se reunindo como antes e contribuindo com doses de sua criatividade e disposição para o trabalho. Também não impedem que novos livros sejam incorporados como leituras do Movimento, que novos autores sejam descobertos (como Leszek Kolakowiski, cujos textos contestadores do regime soviético tornam-se "leitura do Movimento" em 1958, poucos meses depois de sua publicação na Polônia), que materiais educativos continuem sendo elaborados e que novos métodos de ensino sejam experimentados (como, por exemplo, "a educação através da arte"). Um sinal do grau de autonomia do Dror dessa época é o hábito difundido entre os *chaverim* mais velhos de ler e discutir as "capas dos cadernos" do jornal *O Estado de S. Paulo* que traziam textos de autores como Isaac Deutscher, entre outros.

A análise dos depoimentos colhidos e a pesquisa documental mostram que muitas idéias do Dror foram adquirindo um caráter mais dogmático e rígido com o tempo. Essa tendência parece ter ocorrido também com relação a questões de comportamento. Por outro lado, a quantidade enorme de trabalho que recaía sobre os ombros da jovem elite (lideranças intelectuais, dirigentes, militantes integrais, instrutores) do Movimento – fazer proselitismo, organizar material didático e de divulgação, proferir palestras, coordenar acampamentos de todos os grupos de idade, estudar, discutir, promover atividades, garantir a sobrevivência econômica do Movimento, estabelecer contatos, participar de seminários educativos no Brasil e Argentina etc. – pesava a favor da improvisação e da oscilação ora para a criatividade, ora para a facilidade de adoção de fórmulas prontas.

As preocupações e prioridades do Movimento também variaram ao longo dos anos. Se nos anos 40 e início dos 50 a chama revolucionária recebia alimento dos recentes acontecimentos internacionais, o proselitismo era mais fácil e as questões de *conteúdo* (pela *aliá*, pelo *kibutz*, pela proletarização, a realização pessoal, o papel do jovem) tinham de ser definidas, a partir de meados dos anos 50, quando essas linhas estavam mais claras, a tarefa de conquistar adeptos e ganhar a simpatia das famílias é mais árdua e o Dror preocupa-se muito com as questões de *forma* (como se manter? como atrair mais meninos e meninas? qual a melhor maneira de educar adolescentes?).

Ao comemorar os dez anos de Ein Dorot, o Movimento conta com *snifim* em São Paulo, Rio de Janeiro, Porto Alegre, Belo Horizonte, Curitiba, Recife e Salvador. Mantém boas relações com a direção do Movimento Mundial do qual recebe bastante material e apoio educacional[56]. Reconhece que, embora tenha mais experiência e instrumental educativo, no trabalho prático, nem sempre os *madrichim* têm sucesso em seguir as diretrizes estabelecidas. Em termos ideológicos, avalia: *nesses últimos anos, pudemos notar uma queda nos estudos e conhecimentos ideológicos dos chaverim (...) decaíram os grupos de estudo e os seminários ideológicos.* Quanto à profissionalização: *permanece um ideal do Movimento, mas perdeu terreno diante das necessidades da militância exclusiva nos snifim; ocorre em menor número e intensidade*[57].

O final dos anos 50 não é favorável a movimentos como o Dror. Após uma década como Estado constituído, Israel moderniza-se, amplia-se o capital privado, o exército se profissionaliza, a produção agrícola também e algumas contradições do "socialismo numa única nação" do mundo *kibutziano* vão se revelando. Os *kibutzim,* que perderam muito de seu poder político, são obrigados a passar por mudanças estruturais e organizacionais que afetam vários de seus principais valores institucionais[58]. Entretanto, ideologicamente, o Movimento no Brasil parece estar imune a essas transformações (provocando desilusões posteriores em alguns de seus *chaverim*).

Em fins de 1958, o Movimento considera que o *kibutz* Bror Chail já está *concretizado, completo,* e prepara o envio de seus próximos *garinim,* a partir do oitavo, para o *kibutz* Erez, fundado por nativos israelenses bastante próximo à fronteira com Gaza, que seria o novo *kibutz de base* do Dror brasileiro. De 1959 a 1961 fazem *aliá* os jovens destinados a Erez. Entretanto, são muitas as dificuldades e os desentendimentos dos brasileiros neste *kibutz,* fazendo com que uma boa parte logo desista e volte para o Brasil[59], enquanto outros se mudam para Bror Chail, para outros *kibutzim* ou para alguma cidade no país. Ventos de desânimo atravessam o oceano e atingem o Movimento no Brasil.

Na década de 1960, o Dror perde expressão numérica e sua importância diminui no Brasil[60], o que, ao menos em parte, pode ser entendido pela melhoria das condições de existência da coletividade judaica no período.

Se fossemos nos pautar simplesmente pela avaliação feita nas primeiras páginas do livro *Bror Chail* (uma espécie de veículo semi-oficial do Movimento), constataríamos que, nessa época, o sionismo na coletividade judaica brasileira estaria caracterizado quase que apenas por campanhas financeiras de ajuda a Israel, sem elementos educativos importantes, sem vontade real de participar da construção do Estado; com exceção dos movimentos juvenis, não haveria na comunidade judaica um interesse sério no sionismo, e sim identificações sentimentais inconseqüentes. No Brasil, os judeus não estariam sentindo as ameaças e inseguranças da Europa. Pelo contrário, em geral, a comunidade estaria ficando mais rica e seus membros adquirindo posições sociais mais elevadas, enviando seus filhos ou netos para a faculdade. Enfim, a comunidade judaica no Brasil não estaria enfrentando dificuldades em adaptar-se à cultura do país sem abrir mão de suas crenças e práticas, embora, aplicando o método de Borochov, o livro afirme que o anti-semitismo organizado surgirá no Brasil logo que *a expansão econômica brasileira atinja seu ponto de saturação* determinando *o início da pressão contra todas as minorias possíveis de serem afastadas do mercado concorrente.*

Deixando de lado as projeções e convicções ideológicas e consultando outros autores que nos contam sobre a situação dos judeus no Brasil nos anos 50, temos que esta avaliação, apesar de incompleta, parece ser, em alguns pontos, bem convincente. De fato, vários concordam (e os depoimentos confirmam) que, no Brasil, o grau de anti-semitismo nos anos 50 era relativamente baixo[61]. No período posterior ao término da II Guerra (principalmente na década de 1950) muitos judeus, especialmente em São Paulo e no Rio de Janeiro, conseguiram, *em virtude de condições bastante favoráveis, uma rápida integração econômica, tornando-se um dos setores mais prósperos da nova classe média*[62]. A década de 1950 favoreceu a integração dos judeus à sociedade brasileira: *as oportunidades de ascensão social, via mercado, tornavam-se cada vez mais nítidas, sobretudo para profissionais habilitados e de formação superior;* diante do mercado de trabalho os judeus não precisavam fazer nenhum esforço como grupo específico para defender direitos de igualdade de oportunidades e cidadania. Além das possibilidades econômicas, a integração, nesse período, também foi possível graças à falta de *mecanismos explícitos de diferenciação étnica;* sob o aspecto político, o *país respirava ares de democracia revelando timidamente a formação de um cenário pluralista favorável aos judeus* [63].

Diante desse quadro, muitas famílias judias puderam mudar seu estilo de vida e sonhar com um futuro promissor para os seus filhos. A geração dos nascidos aqui, além de não ter tido o contato como o de seus antepassados com as tradições judaicas, viviam uma realidade muito diferente da juventude de seus pais e avós imigrantes, que abandonaram suas regiões de origem, onde haviam sido discriminados e perseguidos, na maioria das vezes pensando em não mais voltar. Essa nova geração tinha condições de se adaptar e viver com um certo conforto se se dedicasse aos estudos e/ou soubessem aproveitar a demanda profissional e econômica do país adotivo. Assim, os filhos de imigrantes judeus, mesmo que freqüentassem escolas judaicas por um tempo (e muitos já não o faziam), aspiravam, com o apoio dos pais, às *carreiras e profissões liberais e técnicas oferecidas em escala crescente pelo desenvolvimento econômico nas cidades.* Quando ingressavam na universidade, ou passavam a exercer *atividades profissionais comuns com os membros da alta classe média brasileira,* então, a acomodação à vida brasileira parecia completa[64]. É evidente que havia uma parcela da coletividade que, por razões diversas, não tinha conseguido maior sucesso econômico, mas os mecanismos de solidariedade (como bolsa de estudos para os filhos, assistência social e religiosa para as família) já estavam bastante desenvolvidos entre os membros do judaísmo brasileiro, de maneira a permitir a integração na sociedade geral mesmo dos mais pobres.

Parece claro, portanto, que, mesmo havendo na coletividade judaica dos anos 50 simpatias e até militâncias sionistas, mesmo pairando entre os judeus uma certa sensação de insegurança relacionada ao passado judaico recente em geral e a manifestações anti-semitas localizadas em particular, mesmo entendendo o Estado de Israel como um símbolo de identificação nacional, não havia nenhuma força comparável às grandes pressões sócio-econômicas e violências sofridas nos países de origem que motivasse os judeus instalados no Brasil a emigrar imediatamente.

Especialmente logo após a II Guerra, mas também depois, muitos jovens aderiram ao Dror entusiasmados com o sionismo e o *ambiente judaico* (por serem judeus), com suas atividades (por serem jovens) e até com o socialismo (por serem sensíveis à questão social). Boa parte deles, entretanto, percebia, mais cedo ou mais tarde, que não estava de fato interessada em emigrar e viver no *kibutz*[65].

Números

Praticamente todos os números do Dror são meras estimativas. É impossível quantificar com exatidão os participantes. Em vários momentos, o Movimento uniu-se a outros, mudando de nome e, algumas vezes, multiplicando seus membros, também passou por algumas crises e foi decaindo aos poucos à medida em que baixava a onda sionista. Havia sempre jovens mais envolvidos e outros que apareciam esporadicamente participando apenas de algumas atividades como os acampamentos ou os debates ideológicos (segundo alguns, esses debates eram tão interessantes que atraíam não-judeus preocupados com o socialismo, como o jovem Octávio Ianni, que mais tarde, quando o Movimento definiu-se pela *aliá*, teve de retirar-se). Além disso, não eram todos os que entravam no Dror aos dez anos para embarcar com 19 ou vinte definitivamente para Israel. Assim como havia desistências, havia jovens que ingressavam com mais idade e pessoas que se juntavam ao Movimento apenas no momento da *aliá*. O próprio Dror nunca conseguiu saber ao certo o número de seus membros. (Apesar do tamanho e do surpreendente grau de eficiência para o que se propunha, o Movimento não era muito organizado em termos administrativos, não havia listas gerais confiáveis com os nomes de todos os seus participantes.) A cada congresso, repetia-se o apelo para que se estabelecesse um mínimo de controle sobre isso, organizando fichários e arquivos, tarefa sempre relegada a segundo plano diante da enormidade de atividades desempenhadas pelos *chaverim* mais envolvidos.

Sabe-se que o auge dos movimentos juvenis pioneiros no Brasil ocorreu aproximadamente entre 1948 e 1953, período em que tinham uma visibilidade notória na coletividade judaica e eram muito ativos.

Segundo avaliação do I Conselho Territorial, o número de participantes do Dror cresceu, entre julho de 1949 a março de 1950, de 1.200 para 1.500.

No início de 1949, o Movimento contava com 80 membros em São Paulo. Por volta de 1950, o Dror, nesta cidade, teria, aproximadamente, 600 membros (650 em 1951) com idades entre dez e vinte anos (um número semelhante ao do Hashomer Hatzair; outros movimentos juvenis, menores, teriam juntos entre 100 e 200 membros), segundo cálculos posteriores de um de seus ex-participantes[66]. Seriam bem mais, segundo as estimativas de outro: *durante o ano de 1948, o Movimento que até então agregava cerca de 100 jovens em São Paulo, atingiu a cifra de 800, procedentes de todos os bairros da capital*[67] – o que nos leva a pensar, para este ano, em mais de 1.300 *chaverim* no Brasil todo. Em 1956, entretanto, o número de membros do *snif* de São Paulo era de aproximadamente 300 jovens (incluindo os da dirigência e os da Comuna); entre os membros das *kvutzot*, perto de 22% tinham mais de 17 anos. Nesse mesmo ano, o *snif* do Rio de Janeiro contava com 129 membros (pouco se compararmos aos 100 do *snif* de Niterói, um dos menores, em 1948)[68].

Em 1959-60, o Movimento teria apenas 170 membros. A queda com relação a períodos anteriores foi também qualitativa considerando-se a distribuição etária dos *chaverim*: *não temos dados a respeito de 1950, mas é possível esti-*

mar que naquele ano pelo menos 30% dos membros tinham mais de 17 anos de idade; hoje [1961], apenas 17% (30 em 170) têm mais de 17 anos, enquanto 44% estão abaixo dos 13 anos[69]. Em 1963, segundo dados publicados pela Organização Sionista Mundial, o Movimento no Brasil contava, no total, com 770 membros (entre 10 e 18 anos)[70]. (Um número nada desprezível para uma coletividade judaica de poucas dezenas de milhares de membros no Brasil todo).

Segundo depoimentos de pessoas que participaram do Dror em momentos diferentes, em geral, o número de droristas do sexo masculino e do feminino era equivalente.

Até 1963, o Movimento havia enviado em *aliá* aproximadamente 415 jovens[71].

Uma leitura rápida dos acontecimentos relacionados ao Dror poderia dar a impressão de que se tratava de um grupo constituído aleatoriamente, ao sabor de vontades robustas ou dóceis. Mas não foi assim. As raízes do Movimento estão profundamente fincadas na Europa e na Terra de Israel. É nessas regiões que vamos encontrar os ideólogos, os pensamentos e as práticas em que os *chaverim* se basearam para sustentar suas posições, como veremos no próximo capítulo.

AS BASES TEÓRICAS

A inspiração: idéias que vieram de longe

Diversas fontes e tradições serviram de base e inspiraram as idéias e práticas desenvolvidas no Dror: os ideólogos sionistas socialistas, as idéias dos movimentos pioneiros, os primeiros *kibutzim*, os movimentos juvenis e os juvenis pioneiros do início do século xx. Para além de ideologias, contudo, só se pode entender a dinâmica de movimentos como o Dror se nos detivermos sobre a colonização judaica moderna na Palestina, especialmente as chamadas segunda e terceira *aliá,* as origens históricas dos *kibutzim* e as práticas dos movimentos juvenis pioneiros.

Movimentos pioneiros

Os historiadores que tratam da migração judaica moderna para a Palestina dividem este movimento em ondas. A segunda onda (1904-1914), também chamada II *aliá*, com suas idéias pioneiras, além de dar uma nova feição à colonização judaica da Palestina e forjar líderes e heróis (como Ben Gurion, Aaron David Gordon, Berl Katzenelson), tornou-se parte do imaginário dos idealistas sociais. Até a chegada dessa onda migratória (35.000 a 40.000 pessoas) e das transformações que proporcionou na região, a maioria dos judeus que habitavam a Palestina morava em cidades, e destes, pelo menos 60% viviam de doações feitas por religiosos[1].

Os imigrantes vindos da Rússia na I *aliá* (1882-1903), cheios de idealismo (queriam construir na terra de Israel uma comunidade judaica produtiva com base na lavoura, o que, pensavam, propiciaria a renovação do povo judeu), haviam praticamente fracassado. Por uma série de circunstâncias, os empreendimentos agrícolas judaicos dedicavam-se quase que a um só produto (inicialmente uvas, depois cítricos), baseavam-se na mão-de-obra árabe e estavam sob o controle paternalista e burocrático exercido pela associação criada pelo banqueiro Barão de Rothshild para a colonização judaica na Palestina. Havia, então, na região, uma elite de empresários colonialistas judeus administrando grandes plantações sem qualquer idealismo; preferiam árabes a judeus para o trabalho na terra, pois esses eram uma mão-de-obra mais estável, disponível, barata, eficiente e sem a tradição de luta social dos judeus que chegavam da Europa dispostos a trabalhar. Os judeus proprietários de terra e os administradores evitavam contratar judeus como trabalhadores; em conseqüência, muitos imigrantes judeus abandonaram a Palestina desiludidos. Parecia não haver futuro para eles e seus ideais[2].

A situação mudou com a colonização empreendida por judeus da II *aliá*: homens e mulheres, de classes média e baixa, que haviam participado e/ou sofrido as conseqüências da fracassada revolução na Rússia, em 1905. Revolucionários frustrados e perseguidos: como judeus revolucionários, eram atacados nos *pogroms* promovidos pelo governo czarista; como revolucionários judeus, quase nada podiam esperar dos revolucionários não-judeus em sua defesa. Vários deles, então, voltaram-se para a Palestina, onde esperavam poder resolver o problema da discriminação dos judeus, instaurar o socialismo e viver em paz. Os imigrantes da II *aliá* eram, em sua maioria, jovens – russos, poloneses, lituanos, ucranianos (ou melhor, judeus vindos da *pale*, a zona de residência judaica) – marcados pelas ideologias sionistas e socialistas e pelas lutas políticas da época, desencantados com as discussões sem resultados e a repressão que sofriam. Chegaram à Palestina acreditando que o trabalho produtivo na terra deveria ser realizado pelos judeus, pois só assim haveria uma verdadeira colonização e uma autêntica cultura judaicas em *Eretz* Israel. Embora grande parte deles não fosse originalmente da *classe trabalhadora* – eram estudantes e intelectuais – queriam tornar-se trabalhadores *pioneiros*. A idéia da importância do trabalho como fundamento para o renascimento nacional judaico tinha muita força nas discussões de grupos judeus revolucionários dentro e fora da Palestina. Para uns, uma questão "ideológica": entre os judeus, dever-se-ia *constituir uma classe trabalhadora para que se chegasse à revolução socialista*. Para outros, um problema "ético": *só o trabalho de mãos judias na terra daria ao povo judeu o direito moral de permanecer na pátria escolhida que pretendia reconstruir*. Na nova terra, rebelaram-se contra a situação que consideravam de estagnação e desânimo e procuraram soluções para a discriminação imposta pelos proprietários e administradores judeus. Buscavam *conquistar o trabalho*, ou seja, formar uma classe trabalhadora judia que ocupasse o lugar dos trabalhadores árabes nas propriedades de judeus. Os imigrantes da II *aliá* lutaram contra os fazendeiros, as instituições colonizadoras e os judeus das cidades que não lhes davam trabalho por meio de sociedades organizadas, jornais, manifestações políticas e até atos de violência. Nessa luta, foram apoiados por uns poucos jovens agricultores e granjeiros (que se colocavam contra o sistema dominante no empreendimento agrícola judeu na Palestina) e pela Organização Sionista e seu Fundo Nacional para a compra de terras em Israel, o KKL[3]. Foram capazes de modificar consideravelmente a estrutura da comunidade judaica na Palestina e difundir uma ideologia que impregnou o imaginário político e social de Israel e da Diáspora por um longo tempo[4].

Na época do VIII Congresso Sionista (1907), discutia-se, entre outras, a idéia de colonizar a Palestina por meio de colônias coletivas. Enquanto os partidos, os militantes e os ideólogos debatiam as formas, projetos e prioridades[5], em *Eretz* Israel as aspirações dos pioneiros e as condições concretas trataram de definir os rumos da colonização, feita por judeus trabalhadores: colônias coletivas estruturadas de uma forma particular determinada pelo pragmatismo diante das condições locais (solo difícil de ser lavrado, pobre e seco, sol inclemente, malária, conflitos com árabes, concorrência com as grandes propriedades e com a mão-de-obra árabe) e pelo caráter revolucionário e idealista dos colonos (jovens dispostos, com interesses socialistas e nacionalistas, sem capital e sem muita experiência agrícola)[6].

A Organização Sionista proporcionou aos imigrantes as condições materiais para que pudessem desenvolver lavouras mistas e pôr em prática sua vontade de trabalhar e estruturar uma nova realidade social na Palestina. Forneceu-lhes, entre outras coisas, terras para a formação de pequenos agrupamentos coletivos com certas características (as *kvutzot*[7]) que tornaram-se referência para o surgimento de outros semelhantes, redefinindo, assim, o perfil da presença judaica na região. O primeiro desses agrupamentos foi a *kvutzá* Degânia fundada em 1909 por trabalhadores judeus que obtiveram da Organização Sionista um terreno próprio e ferramentas de trabalho. Tal forma de colonização mostrou-se notável: não se tratava, como ocorreu em outras regiões do mundo, de propriedades capitalistas e/ou familiares, da constituição de núcleos urbanos ou de grandes plantações com trabalho assalariado, e sim de propriedades rurais coletivas trabalhadas por pioneiros com um forte sentido de justiça social. Os princípios da *kvutzá* estabeleciam a igualdade entre os seus membros: não havia trabalho assalariado; todos trabalhavam e os ganhos do trabalho coletivo voltavam-se para a *kvutzá* (para satisfazer as necessidades básicas dos indivíduos e melhorar as condições de trabalho e a produtividade); o dinheiro não era usado internamente; os dirigentes eram os próprios componentes do grupo; homens e mulheres tinham direitos iguais; a *kvutzá* se responsabilizava por cuidar de todas as crianças[8]. Mais tarde, Degânia funcionou como modelo para os *kibutzim*. O que começou como uma experiência, tornou-se, posteriormente, um dos símbolos do modo desejável de viver[9] segundo a concepção dos movimentos pioneiros.

Foi também durante a segunda onda migratória que o hebraico se estabeleceu como a língua dos judeus na Palestina, proporcionando a integração dos imigrantes vindos de várias partes do mundo. Os judeus da II *aliá* adotaram esta língua – atualizada pelo jovem russo Eliezer Ben Yeudá – e alfabetizaram nela os seus filhos, determinados que estavam em criar uma nova cultura, hebraica, na Palestina e garantir o futuro do povo judeu[10]. Para *defender os judeus com mãos judias* nas colônias e cidades, fundaram a organização

Hashomer (guarda) cujas histórias de lutas e heroísmo povoaram, mais tarde, o imaginário dos movimentos juvenis[11]. Esses imigrantes também se destacaram como membros ativos nos assuntos da comunidade judaica e conquistaram muito espaço entre as lideranças políticas judaicas da Palestina (e, mais tarde, no governo do Estado de Israel). Também desenvolveram núcleos urbanos e instituições ligadas às bases do movimento trabalhista, à saúde, à colonização, ao reflorestamento e à educação – todas elas marcadas por um forte conteúdo simbólico[12]. Um dos objetivos dos grupos culturais e educacionais que surgiram durante a II *aliá* era criar novos conteúdos e valores para o judaísmo marcados pelo humanismo e os ideais pioneiros que influenciassem, além dos jovens judeus na Palestina, a juventude judaica da Diáspora. Apesar da importância de suas realizações concretas, há quem diga que a principal herança dos pioneiros da II *aliá* tenha sido os valores, símbolos e lemas que pautaram suas organizações e atividades na busca de soluções para problemas sociais e nacionais mais amplos[13].

Foi nesse contexto que se definiram os principais traços do ideal do pioneiro, o *chalutz*[14]: alguém abnegado, disposto a abrir mão de interesses pessoais, aspirações ocupacionais, ganhos monetários, conforto, posição social e bens privados, adotando um estilo de vida material simples e voltando-se para a realização de suas metas sociais. O *chalutz* procura colaborar ao máximo para o bem-estar do coletivo, os ideais nacionais e a criação de uma sociedade mais justa e igualitária. O *chalutz* é capaz de enfrentar inimigos, condições hostis e descrenças, valorizando e executando com devoção seu trabalho sem explorar mão de obra alheia. Sob as bases da nova relação que, como judeu, estabelece com o solo de Israel, o *chalutz* busca contribuir ativamente com o renascimento da língua hebraica, a criação e o desenvolvimento da cultura nacional (em história, ciências, educação, música e dança) e a vida social e política dos judeus em *Eretz*. Acreditando na necessidade de desenvolver ramos econômicos e atividades que considera essenciais para a normalização e independência do povo judeu, o *chalutz* valoriza o trabalho braçal, especialmente o agrícola. Não se apega a valores (*preconceitos*) burgueses relativos aos diversos tipos de trabalho, à hierarquia das atividades ocupacionais, às recompensas materiais, ao ideal de família, ao individualismo etc. Procura viver em um tipo de comunidade, em que os meios de produção e defesa são compartilhados, que acredita ser útil ao desenvolvimento da sociedade baseada na justiça social, servindo como vanguarda e exemplo para outras pessoas e povos. Portanto, o *chalutz* faz parte de uma elite revolucionária.

Iniciada com o final da I Guerra Mundial e o estabelecimento do Mandato Britânico na Palestina, a III *aliá* (de 25.000 a 35.000 imigrantes entre 1919 e 1923) também se constituiu de elementos politizados e ativos da Europa Oriental com os mesmos ideais que moveram os pioneiros da II *aliá*. Era composta predominantemente por jovens que haviam passado por um período de preparação agrícola (orientada por movimentos *chalutzianos*) em seus países de origem e contava com uma grande variedade de grupos, partidos e orientações.

Empenhados em criar para o povo judeu um lugar em que pudessem viver sem perseguições anti-semitas e procurando construir uma sociedade igualitária baseada no trabalho, os *chalutzim* da II e III *aliot*, irrigaram desertos, drenaram pântanos, lavraram os campos, construíram estradas de ferro e rodovias, estabeleceram colônias coletivas, organizaram esquemas de luta armada e desenvolveram a economia da região. Considerando-se mais interessados na implantação do socialismo e no futuro do povo judeu que em seu próprio bem-estar material imediato, os pioneiros da III *aliá* empenharam-se em preparar a terra e as instituições para a chegada de novos imigrantes sendo que, nessa época, os grupos e organizações de trabalhadores obtiveram ainda maior destaque na coletividade judaica da Palestina.

Apenas as comunidades baseadas no *auto-trabalho* (em que não era permitida a contratação de força de trabalho estranha ao grupo) passaram a receber o apoio das entidades financeiras da Organização Sionista[15] por meio do arrendamento de terras, *propriedade nacional,* aos pioneiros por taxas ínfimas e do financiamento para a compra de equipamentos. Com essa ajuda somada a esforços notáveis, os *chalutzim* procuraram mostrar que os judeus podiam ser agricultores produtivos na Palestina.

Novas formas de colonização foram se consolidando com o aumento do número de colônias e seu crescimento. Com o passar do tempo, o tamanho da *kvutzá* (apenas 15 ou 20 membros adultos com todos os direitos e deveres e conhecedores de todos os ramos de atividades) foi sendo considerado inadequado às necessidades dos pioneiros, pois esta só era capaz de acolher poucos imigrantes e mostrava-se um organismo frágil diante de mínimas desavenças internas. Surgiu então o *kibutz,* qualitativamente semelhante à *kvutzá* só que bem maior e, portanto, com mais autonomia, já que permitia englobar membros de ofícios não-agrícolas úteis à comunidade[16]. Um grande número de *kibutzim* (com orientações um tanto distintas conforme os grupos de origem) foi fundado por pioneiros da III *aliá*[17].

Pensadores

Dois nomes se destacam entre os ideólogos que influenciaram os *chalutzim* (e, mais tarde, os movimentos juvenis pioneiros): Ber Borochov (1881-1917), o grande ideólogo do sionismo socialista, e Aaron David Gordon (1856-1922), o maior pensador da *doutrina do trabalho.* Suas palavras não tiveram influência apenas em sua geração, marcaram fortemente a história do movimento sionista e do *kibutziano* e o discurso dos primeiros governantes de Israel.

Embora suas idéias convergissem na busca da solução para o problema da *anormalidade judia,* esses pensadores chegaram a isso de maneiras muito distintas. Gordon, influenciado pelo movimento de volta à natureza, tão importante entre os intelectuais russos de sua época, pregava a vida no campo e o trabalho na terra, em *Eretz,* para o florescimento da cultura judaica. Borochov, influenciado pelo pensamento marxista russo do início do século, concluiu ser a proletarização do povo judeu, em um espaço nacional próprio, a condição essencial e indispensável para a normalização de suas relações de produção. Os dois pensadores enfatizaram importância de uma vanguarda revolucionária de judeus e de seu exemplo para o mundo. Interpretadas pelos *chalutzim*, as idéias de ambos fizeram do *kibutz* a resposta adequada, a sociedade ideal.

Outra figura importante, cujas idéias foram fundamentais para movimentos juvenis como o Dror, é Berl Katzenelson (1887-1944), também de origem russa, que, sem muito teorizar, tratou de questões relativas às práticas políticas e educacionais do povo judeu. Como Borochov, era contra as tendências internacionalistas hegemônicas no movimento socialista, procurava unir nacionalismo judaico e socialismo. Como Gordon, preocupava-se com a cultura do povo judeu. À sua maneira, também procurou apresentar respostas a essas questões. Percebeu o *kibutz* como solução para o trabalho das massas judaicas perseguidas e base política do (futuro) Estado judeu.

Para termos uma idéia das teorias que estavam na base da ideologia drorista, é necessário conhecer um pouco do pensamento desses três autores[18].

Gordon[19]

A ênfase na importância do trabalho no solo para a redefinição dos destinos do povo judeu já existia entre as idéias de alguns imigrantes da I *aliá*, entretanto o *ideal do trabalho* ganhou força com os pioneiros da II *aliá* e as palavras do principal porta voz do movimento de retorno à terra, A. D. Gordon. E, mais que suas palavras, o próprio gesto de Gordon, imigrando em 1904, aos 48 anos, para a Palestina e procurando viver de acordo com o que pregava, serviu de incentivo e modelo a seus adeptos. *Se o homem não entrega tudo ao ideal, esse por sua vez não lhe dará nada e o homem perderá o pouco que lhe ofereceu.*

Para voltar a constituir um povo normal e com uma cultura própria – afirmava – os judeus deveriam deixar a vida das cidades e dedicar-se a trabalhar a terra em *Eretz* Israel. *E quando, ó homem, você retornar à natureza – no dia em que seus olhos se abrirem, você vai olhar fixamente nos olhos da natureza e, nesse espelho, verá sua própria imagem.*

Gordon pensava em cultura num sentido amplo, abrangendo a totalidade da vida. O cultivo da terra, as construções e ações seriam o material da cultura, e deste viriam os elementos para a criação da cultura superior (ciências, artes, filosofias etc.). Para o povo judeu, propunha, então, buscar não só a transformação da ordem social ou do espírito da sociedade, mas também a construção de uma ordem social e de um espírito próprios da existência ligada às *fontes da vida judaica* (a natureza do solo dos judeus, a terra de Israel). Explicava que a individualidade nacional não consegue se desenvolver amplamente na Diáspora, pois nutre-se apenas do passado ou de fontes alheias. *Só na terra de Israel podemos ter cultura viva e própria em consonância com nosso espírito e por nossos meios, realizando, como povo, todo tipo de trabalho* (especialmente o *físico*, o agrícola antes de tudo, que *regenera o corpo e educa o espírito*).

Sionismo, para Gordon, significava *aliá*: só quem emigra pode participar de fato do renascimento nacional do povo. Além disso, pregava a redenção da vida humana dos terrores dos regimes de exploração, a nacionalização do solo e dos instrumentos de trabalho e o princípio do trabalho para todos. Nesse sentido, socialismo e nacionalismo não se contrapõem.

Gordon defendia ser possível uns poucos indivíduos libertadores, pioneiros, que realizam o trabalho construtivo, criarem em *Eretz* Israel uma força que desperte e renove o povo judeu e, servindo de exemplo, desvie o curso da humanidade.

Décadas depois de proferidas, a uma distância superior a um oceano, as palavras inflamadas de Gordon tinham o poder de entusiasmar os jovens idealistas do Dror no Brasil.

Borochov[20]

A análise borochovista da questão judaica, a partir de um raciocínio dito científico, materialista, define um programa básico que contempla tanto o problema nacional quanto o social.

Para Borochov[21], as distintas *sociedades* são grupos humanos que se dividem segundo as diferenças das *condições de produção*[22] em que elaboram suas vidas. As *classes sociais,* por sua vez, são os grupos de uma sociedade que se distinguem pela participação diferenciada no *processo de produção*. Quando uma classe procura alterar sua posição na sociedade, ocorre um *problema social,* fruto de um conflito entre o grau de desenvolvimento das *forças produtivas* e o estado das *relações de produção*, ou seja, a *luta de classes*. Quando uma sociedade (ou parte dela) procura modificar suas condições de produção, ocorre um *problema nacional,* fruto de um conflito entre o grau de desenvolvimento das *forças produtivas* e o estado das *condições de produção*, surge a *luta nacional*. O problema nacional se resolve com a *liberação da nação oprimida* e o problema social, com a *revolução*.

Borochov define *povo* como uma sociedade que cresceu nas mesmas condições de produção e *nação* como um povo que está unido pela consciência da integração de seus membros individuais provenientes de um mesmo passado histórico, ou seja, pelo *sentimento nacional*.

Para as nações livres (que vivem em condições normais de produção) a questão social aparece mais evidente que para as não-livres. Entre os povos oprimidos (os que vivem em condições anormais de produção, sem território, sem liberdade política ou de desenvolvimento cultural) a solidariedade nacional cresce e os problemas de classe existentes são freqüentemente esquecidos. Na luta destes povos pela liberdade nacional, desenvolve-se entre os seus elementos mais progressistas um movimento *nacional*, que difere do movimento *nacionalista* por não ignorar a existência das diferenças sociais e ter como meta não só normalizar as condições de produção pura e simplesmente, mas sim normalizá-las para que a luta de classes possa se desenvolver claramente depois. Pois, após resolvido o problema nacional (ou seja, após se conseguir o restabelecimento de condições normais de produção e, portanto, um lugar normal de trabalho e de luta do proletariado), a estrutura de classes se ilumina e os problemas sociais passam a ser enfatizados (e combatidos pelo proletariado organizado e revolucionário).

Conclui-se do pensamento de Borochov que ele *defende a existência de um estado nacional desde que ele crie condições objetivas para a solução do problema principal, que é o da oposição das classes*[23].

Falando especificamente sobre os judeus[24], Borochov os inclui entre os *povos extraterritoriais* (sem território próprio, a mais geral das condições de produção, ou seja sem a base positiva de toda existência nacional própria). Povos desse tipo – afirma – tendem a assimilar-se (perdendo suas especificidades nacionais); só não são assimilados quando sofrem pressão de forças externas que provocam seu isolamento (que é o fundamento da existência nacional).

Os judeus, quando são úteis à sociedade em que vivem – ou seja, quando desempenham funções não disputadas pelos *nativos* (os não-judeus) – são tolerados e explorados, sofrem pressão assimiladora. No momento em que as forças produtivas *nativas* se desenvolvem, os *nativos* passam a competir com os *estrangeiros*, como são considerados os judeus; a nação extraterritorial perde, então, suas posições econômicas e os *estrangeiros* tendem a ser expulsos. Historicamente, os judeus vão sofrendo a concorrência nos diversos ramos do processo produtivo, ocupando posições ainda não ocupadas pelos *nativos* até que só lhes reste o intercâmbio de mercadorias. Quando a competição chega finalmente nesse nível, eles perdem tudo e têm de emigrar para outro país. Quando emigram, os judeus tendem a se concentrar nas cidades, já que, por fatores culturais e históricos, entre tal povo não existe uma classe campo-nesa, só *classes urbanas*, e acabam fatalmente por sofrer, mais uma vez, o isolamento.

Cada uma das classes que compõem o povo judeu é afetada de maneira diferente pelo problema nacional:
– a alta burguesia, cosmopolita, procura assimilar-se. Mas o anti-semitismo que atinge as massas judaicas (proletarizantes e pequeno burguesas) da Europa Oriental acaba por atingir todos os judeus. Então, os burgueses, a contragosto, tentam resolver o mais rápido possível o problema judaico, auxiliando os judeus pobres por meio da filantropia;
– a média burguesia judaica, preocupada com o mercado interno (e, portanto, com a sobrevivência da língua e da cultura nacional), sofre o fator isolador (leis antijudaicas, boicotes sociais) e acaba por desenvolver uma consciência do problema nacional. Interessa-se, então, por uma política independente e até pela criação de um Estado judaico, mas só começa a agir quando o problema torna-se muito grave. Não tem energia para lutar sozinha pela emancipação nacional, pois é incapaz de realizar grandes transformações sociais;
– a pequena burguesia e as massas proletarizantes são esmagadas pela concorrência nacional, sofrem o desamparo jurídico e o boicote social. Com a superação histórica do artesanato pela indústria, os judeus passam a consumir produ-

tos industrializados. Incapazes de resistir às pressões, proletarizam-se formando um exército industrial de reserva. Perdendo na concorrência para os trabalhadores não-judeus, resta aos judeus procurarem emprego nas empresas judias, que nem são tantas, nem tão relevantes já que, quando existem, são quase que exclusivamente produtoras de bens de consumo. A emigração não resolve seu problema (falta de mercado e de trabalho e concorrência desigual com os *nativos*) que é apenas transferido para outro local, ao passo que as massas judaicas vão ficando cada vez mais pobres. Essas massas proletarizantes, portanto, precisam de um mercado de trabalho nacional, próprio, e liberdade de expressão cultural. A solução seria a emigração concentrada para um território economicamente atrasado onde os judeus pudessem ocupar uma posição dominante, colonizando-o livremente e de maneira organizada. Entretanto, para transformar essa proposta em realidade, só a ação da classe revolucionária: o proletariado judeu.

No caso de um povo extraterritorial, primeiro normaliza-se a questão nacional e depois a social: quando o operariado consegue garantir seu lugar de trabalho, este se transforma em base estratégica de luta e a antiga concorrência entre operários se transforma em solidariedade, a consciência de classe vai lentamente se formando e inicia-se a luta contra o capital. No caso específico dos judeus, a eliminação da sua anomalia, a extraterritorialidade, faria com que eles pudessem trabalhar em todas as etapas do processo de produção, inclusive em setores primários, e tivessem força para lutar contra a burguesia, agora sim, unindo-se aos proletários do mundo todo.

O objetivo último do proletariado em geral é a conquista do socialismo, a solução para o problema social. Para o proletariado judeu, em particular, o socialismo passa pelo sionismo (autonomia territorial e política do povo judeu), a solução do problema nacional para todos os judeus.

Os conceitos empregados por Borochov não têm nada a ver com concepções tradicionais judaicas. Quando fala em Palestina como o lar dos judeus, utiliza justificativas *científicas* e não religiosas ou afetivas. Por que o local receptor da migração judaica imanente concentrada seria a Palestina? Porque é um local em que os pequenos capitais e a mão-de-obra podem ser investidos em formas de produção marcadas pela transição de uma economia urbana para uma rural e da produção de bens de consumo para a de meios de produção, portanto, uma região aberta ao povo judeu tal como é no momento: com sua pequena burguesia, suas massas proletarizantes (a maioria do povo judeu) e seu proletariado (ainda pequeno, mas combativo). Além disso, a Palestina é uma *estância internacional* (receptiva a estrangeiros), que adotará o tipo de economia e a cultura de quem detiver o poder econômico; os imigrantes judeus tomarão para si a tarefa do desenvolvimento das forças produtivas na Palestina assimilando as populações locais. A migração para a Palestina, com certeza, aumentará com o incentivo das organizações sionistas e o fechamento definitivo e fatal dos outros países receptores de imigrantes. Os pequenos capitalistas judeus terão de ir para lá e serão acompanhados pelos operários judeus. Com o tempo, o país se capitalizará nas mãos dos judeus que, então, conquistarão a autonomia territorial e política na Palestina com a ajuda fundamental do movimento de libertação nacional liderado pelo proletariado judeu na Palestina e na Diáspora. Então, o proletariado judeu na Palestina já terá iniciado sua luta contra o capital (tendo como armas o Poalei Tsion, o apoio do proletariado de outras nações representadas na Internacional Socialista e o interesse dos países mais avançados em regularizar a vida política na Palestina). No final, a luta de classes do proletariado judeu voltar-se-á contra a burguesia mundial, quando, então, virá a revolução socialista.

Borochov reconhece que o sionismo, antes de se tornar, com o tempo, um empreendimento popular, seria um movimento tocado por elementos de vanguarda, conscientes e organizados que percebem a necessidade de acabar com a anomalia da vida judia no *Galut*. Mesmo afirmando a inevitabilidade de todo processo que conduz à realização da autonomia nacional e político-territorial e à realização do socialismo, Borochov propõe ao movimento nacional organizado regular (acelerar, racionalizar) o processo de imigração concentrada, de colonização e de criação da sociedade economicamente autônoma e atribui, especificamente, ao proletariado a tarefa de regular o processo de criação de condições para o livre desenvolvimento das forças produtivas e a democratização da sociedade.

Não cabe aqui uma avaliação da validade dessas teorias e previsões[25]. Já nos anos 50, algumas delas haviam claramente se mostrado falhas, mas os movimentos juvenis tratavam de selecionar o que acreditavam ser permanente na doutrina de Borochov. O que nos importa, portanto, é o extraído de seu pensamento pelo Movimento no Brasil: a inspiração e a confiança proporcionadas por idéias surgidas a partir de um método de análise considerado racional e científico (e não apenas de sentimentos); a crença na existência de uma lógica histórica para a idéia da colonização revolucionária em Israel, o único modo de resolver o problema judeu; a consciência da necessidade de os judeus trabalharem nos ramos básicos da produção para que o povo judeu se torne um povo *normal* e de que isso só pode ocorrer dentro de um estado nacional próprio (o proletariado judeu normal, dentro de uma economia nacional normal poderá superar todas as dificuldades, libertará a si mesmo e a todo povo); a proposta de compatibilidade, e mais, de comunhão necessária entre sionismo e socialismo para a resolução dos problemas nacional e social; a convicção da importância da vanguarda revolucionária no processo de implantação do sionismo e do socialismo; a fé no valor do exemplo que os revolucionários em Israel podem dar ao mundo mostrando ser possível viver em uma sociedade igualitária e justa.

Mesmo tendo consciência de que a *aliá* voluntária com objetivos idealistas é feita por pequenos grupos e de que grandes contingentes de judeus da Diáspora só se deslocarão para Israel por interesses materiais ou por não ter finalmente mais escolha, o Movimento mantinha sua opção sionista. Acreditando que apenas a *concentração territorial* e a criação de *condições de produção* resolveriam a *questão judaica*, o Movimento acrescentava que a existência do Estado nacional judaico, *normal,* política e economicamente preparado, seria capaz de garantir a sobrevivência dos judeus empobrecidos ou perseguidos na Diáspora que finalmente migrariam para Israel.

Katzenelson

Se Borochov proporcionava aos droristas a sensação de segurança do *raciocínio científico,* se Gordon insuflava os mais românticos, Berl Katzenelson apontava-lhes caminhos práticos relacionados à conduta, à cultura e à educação sob os princípios pioneiros. A começar pela descrição de sua juventude em termos exemplares (bem adequados aos objetivos do Movimento): um rapaz judeu de origem russa que, não podendo *desligar-se da tradição e do passado de seu povo, nem se afastar da aspiração máxima: a volta a Sion* ou *negar o socialismo e os problemas do operário judeu,* abraçou o sionismo socialista, abandonou seu desejo de continuar os estudos universitários e fez *aliá* em 1909, *ciente de que a hora exigia homens de ação.* Viveu em *kibutz,* exerceu diversos trabalhos braçais pelo país, envolveu-se em política tornando-se um dos principais líderes dos trabalhadores e atuando em postos-chave do movimento sionista. Preocupou-se também com questões práticas do renascimento cultural do povo judeu e a educação da juventude judaica. A conquista da preponderância do movimento trabalhista judaico no movimento sionista deveu muito aos esforços de Katzenelson para quem *só o trabalhador* seria capaz de construir o país.

Adepto de Sirkin, influenciado por Borochov, *chaver* de Gordon na colônia Ein Ganin, Katzenelson costumava ser lembrado não como um simples ideólogo, mas como um homem que unia, de forma exemplar, teoria e prática. De fato, afirmava que *o valor de uma ideologia social reside em sua capacidade de induzir à ação e à reforma da realidade.* Suas idéias, sínteses e adaptações de fontes distintas do socialismo e do judaísmo à realidade de *Eretz* Israel, eram muito apreciadas em movimentos como o Dror.

Em primeiro lugar, Katzenelson acreditava não haver socialismo sem a solução da questão judaica: *não só não é socialista um movimento que deixa chorar uma criança, senão tampouco pode denominar-se socialismo um movimento que não deixa redimido um povo.* Portanto, colocava-se contra todas as versões de sionismo sem socialismo e socialismo sem sionismo e, como vários outros sionistas socialistas, questionava concepções arraigadas no socialismo internacional tais como as referentes aos problemas nacional, agrário e judaico. Concebia o movimento socialista como a busca da reparação das injustiças e a luta por igualdade, liberdade e verdade abarcando todos os aspectos da vida. Assim, defendia as liberdades política, de pensamento e de opinião de modo irrestrito, sem concessões a interesses conjunturais, estratégicos, político-partidários etc. capazes de fazer esquecer ou colocar em segundo plano aspectos tais como direitos das mulheres ou dos judeus, liberdade de expressão, igualdade econômica ou o valor da vida humana. Pois, dizia, somos herdeiros de *todas* as lutas pela liberdade e igualdade da História, seus princípios e conquistas são heranças que devem não só ser mantidas como transmitidas às novas gerações[26].

Desenvolveu a idéia de que o que confere unidade aos trabalhadores judeus são seus objetivos e sua história comum: *o ar do país e a atmosfera do trabalho nos saturaram. O trabalho e as dores da vida nos forjaram. O idioma hebraico se revelou ante nós e nos conquistou. A aspiração ao renascimento nos embriagou. (...) Juntos lutamos, trabalhamos, sofremos com os inimigos, construímos a cultura hebraica. (...) nossas atividades se nutrem na mesma fonte e influenciam uma as outras elevando-se de todas elas a criação social*[27]. E definiu a aspiração do proletariado judeu: *criar a vida do povo judeu em Eretz como uma coletividade de obreiros livres, de direitos iguais, que vivem do seu trabalho, possuem seu patrimônio e governam seu próprio trabalho, economia e cultura.* Assim, os objetivos básicos do movimento operário seriam a nacionalização da terra e do capital, *kvutzot* proletárias livres, revitalização cultural, liderança no movimento sionista, organização da vida cotidiana de acordo com o ideal pioneiro e criação de condições para que as forças de cada indivíduo sejam reveladas e as necessidades das forças do trabalho sejam satisfeitas. Quanto aos métodos, seria necessário tolerância para com todos os que têm o socialismo como meta.

A unidade proposta em torno de um pensamento central no movimento obreiro não significa – para Katzenelson – anular diferenças, estilos e peculiaridades; há espaço para a individualidade, o debate e a originalidade. De um modo mais amplo, seu pensamento procura reunir valores distintos presentes nas II e III *aliot*: o ideal do *indivíduo* independente econômica e espiritualmente e a crença no potencial revolucionário do *coletivo* coeso. *O indivíduo não pode alterar nada a menos que constitua parte orgânica do coletivo unido, e este só é eficaz se composto por pessoas com liberdade de pensamento e, conseqüentemente, força para incidir sobre a sociedade*[28].

Katzenelson defendia a manutenção do patrimônio cultural do judaísmo justificada como bagagem espiritual para a execução das tarefas de reconstrução nacional judaica e de implantação de uma sociedade socialista. Ao se contrapor ao culto do academicismo, ao monopólio religioso da herança cultural judaica, ao conservadorismo obscurantista, à mediocridade do *velho modo judeu de viver*, à utopia assimilacionista e ao comunismo bolchevique, Katzenelson criticava igualmente o pseudo-revolucionarismo que trata como inimiga qualquer lembrança do passado. *É inconcebível uma revolução sem intensa vida espiritual.* Portanto, uma das tarefas dos *revolucionários criadores* seria preservar a memória das grandes realizações da humanidade e de suas lutas pela liberdade. A outra seria examinar o patrimônio cultural judaico e revisá-lo, aprender com suas tradições e agregar-lhes algo, fazendo com que a cadeia da criação histórica não se interrompa e sim se desenvolva em níveis mais altos[29].

Nachman Sirkin (1867-1924) escreveu que o sionismo socialista significa *a permanente aspiração do povo judeu à independência política, à constru-*

ção socialista e ao livre renascimento cultural da nacionalidade sobre a base da sociedade construída em Sion; com o movimento sionista socialista, o povo judeu coloca-se por sobre o mundo, quer iluminá-lo, orientá-lo e redimi-lo através de sua própria redenção[30]. Katzenelson foi além, ao desenvolver tais idéias, apresentava o sionismo socialista como um resultado da combinação da História hebraica e da História geral, somando valores nacionais e de classe a valores humanistas. Da tradição judaica, teria contribuído para o socialismo, entre outras coisas, a própria doutrina dos profetas bíblicos, cujo conteúdo ético e ideológico tornou-se parte do ideal de toda humanidade progressista. Aludindo aos sábios antigos que esperavam que a redenção de Israel fosse a chave para a salvação do mundo, Katzenelson atribuiu ao movimento obreiro hebreu a missão de atuar como vanguarda do socialismo mundial (porque só em Eretz Israel, graças a esse movimento, o trabalhador judeu pode erguer a cabeça). Partindo do legado de busca da justiça social dos profetas, passando por Marx, Hess e outros, o proletariado judeu teria a missão de indicar ao mundo o caminho para a redenção humana[31]. O sionismo socialista não seria apenas a busca da redenção do povo judeu, mas também a luta pela concretização de novas formas de reeducação do homem e valorização de ideais humanistas.

Para Katzenelson, o valor de uma ideologia social reside em sua capacidade de induzir à ação e à reforma da realidade. Palavras como essas incentivavam os chaverim do Dror no Brasil a estudarem e se instrumentalizarem teoricamente de acordo com seus objetivos, ou seja, tendo em vista a ação.

Várias outras afinidades com o pensamento de Katzenelson podem ser reconhecidas entre as idéias pregadas pelo Dror (pelo menos em teoria): valorização da liberdade de expressão e debate; crítica aos dogmatismos e à formação de mentalidades estreitas; busca
da conciliação entre as demandas individuais e os interesses coletivos; o ideal do indivíduo de espírito independente e a crença na necessidade de ação em termos coletivos. Nas atividades educativas do Dror havia muito espaço e incentivo à divulgação de ideais humanistas, ao estudo da História geral das lutas sociais e à valorização de determinados aspectos da cultura e História judaica bem de acordo com o projeto dos revolucionários criadores.

Os chaverim não só reproduziam as idéias de pensadores como Gordon, Borochov, Katzenelson e outros em suas publicações e atividades educativas, como também incorporavam-nas, à sua maneira, em sua ideologia numa "salada" que o Movimento não procurava desmanchar. O Dror estimulava a diversidade de leituras e opiniões nesse sentido e nunca exigiu uma filiação restrita a qualquer pensamento intelectual ou "cartilha", havendo espaço para se gostar mais de um ou outro autor e, entre os que não chegavam a ler os textos originais, simpatizar mais com uma, outra ou várias tendências sionistas socialistas, mesmo desconhecendo a autoria original de tal ou qual idéia. Em algum desses três autores, por exemplo, os droristas podiam encontrar uma resposta que considerassem satisfatória para a articulação entre questão nacional e social, uma razão universalista para a luta dos judeus e uma justificativa convincente para adotarem *Eretz* Israel como a verdadeira terra dos judeus.

Questões de gênero

As questões que hoje chamamos "de gênero" fizeram parte de várias utopias sionistas[32]. Nos círculos socialistas europeus do final do século xix e início do xx, incluindo os judaicos, a idéia da emancipação feminina estava presente em inúmeras discussões que contavam com a participação de várias mulheres[33].

Na Palestina, a contestação de normas tradicionais que pautavam o feminino e o masculino chegou com os sionistas socialistas das II e III *aliot,* desenvolvendo-se nos partidos de esquerda e nos movimentos coletivistas. Várias das mulheres que vieram nessas ondas migratórias tinham um alto nível educacional, traziam consigo a experiência da participação em grupos revolucionários e lutaram contra a realidade hostil a seus propósitos (inclusive certos entraves colocados por seus companheiros do sexo masculino). Conseguiram algumas vitórias fazendo valer várias de suas idéias, não só relativas à emancipação das mulheres (como a possibilidade de participação feminina em todos os tipos de trabalho), como também a mudanças de normas e comportamentos sociais, principalmente nos *kibutzim*. Estas demandas somaram-se a outras que não diziam respeito apenas às mulheres – como as necessidades de preservar o coletivo, educar as crianças, aproveitar a mão-de-obra feminina e criar o *novo homem* – de acordo com a ideologia do *kibutz* formulada conjuntamente por homens e mulheres[34].

Os companheiros do Dror acreditavam no trabalho na terra como algo de fundamental importância para o renascimento nacional do povo judeu (jovens droristas do *kibutz-hachshrá* interrompendo seu trabalho para posar para a foto).

O pensamento *kibutziano* moldado na época do assentamento das primeiras colônias coletivas rejeitava como explicação para a condição inferior da mulher na sociedade tanto os argumentos biológicos quanto os que afirmam que essa condição é fruto da exploração das mulheres pelos homens. O movimento *kibutziano* apontava como a verdadeira causa da desigualdade sexual o *sistema reprodutivo*, que impõe às mulheres restrições sociais e culturais: como as mulheres dão à luz e cuidam das crianças, ficam também atreladas às *escravizantes* tarefas domésticas enquanto os homens são livres para exercer funções extradomésticas, em ocupações de mais *status* e na vida política, cultural e artística; restritas ao trabalho não-produtivo, as mulheres tornam-se econômica e culturalmente dependentes dos homens e, portanto, subordinadas a eles. Diante disso, o ideal *kibutziano* afirmava: embora haja um *imperativo biológico* que obriga as mulheres a parirem e alimentarem os bebês, um sistema social pode e deve ser criado para que as mães fiquem aliviadas da carga de cuidar das crianças. Com isso, terminaria a divisão sexual do trabalho e a mulher adquiriria independência econômica, o que lhe asseguraria igualdade com os homens nos campos domésticos, políticos e culturais. A igualdade sexual requer, portanto, de acordo com esse pensamento, mudanças nas instituições do casamento e da família – proposta esta que o movimento *kibutziano* tratou de colocar em prática. Na tentativa de implementar uma sociedade baseada na igualdade sexual, os *chalutzim* do movimento *kibutziano* procuraram transformar padrões familiares, conjugais, educacionais e de divisão de trabalho[35].

Kibutz

Na época da III *aliá*, o modo de vida do *kibutz* consolidou-se como um dos maiores símbolos para revolucionários judeus que buscavam a sociedade ideal e o maior emblema de identificação do pioneirismo[36]. Passou a ser considerado pelos movimentos *chalutzianos* modelo e impulso para a criação do *novo homem* e de uma nova sociedade em que os pontos de vista são informados mais pela ciência (razão) que pela superstição, a cooperação fraterna está na base das relações sociais, o igualitarismo e a justiça são praticados de maneira radical, todos trabalham (sem salário, sem exploração de mão-de-obra alheia), a democracia direta é a regra, as crianças crescem livres da dominação dos pais e as mulheres são emancipadas.

O estilo de vida adotado pelos habitantes do *kibutz* não surgiu de uma doutrina pronta e acabada, foi criado e desenvolvido por homens e mulheres concretos que procuravam adaptar a realidade a seus anseios, pensando nas questões sociais e nacionais mais amplas, pautando-se por idéias, orientações e debates de seu tempo, vários deles heranças de ideologias e correntes desenvolvidas na Diáspora (que podem ser classificadas sob os rótulos de romantismo, anarquismo, feminismo, trabalhismo, marxismo, socialismo, sionismo).

Desde suas origens, os *kibutzim* evoluíram e foram se diversificando em termos de tamanho, estilo de vida e ramos produtivos de acordo com a variedade de seus membros (laicos ou religiosos, coletivistas mais ou menos radicais, desta ou daquela linha política ou movimento, veteranos ou novos), sua situação geográfica e possibilidades econômicas (em fronteira, em áreas desérticas ou terras mais férteis, em locais mais ou menos marcados por conflitos bélicos), suas "tarefas" surgidas nos diversos contextos e momentos históricos (dominar a natureza, conquistar territórios, lutar contra os árabes, alimentar cidades, fornecer lideranças políticas, receber crianças órfãs perseguidas pelo nazismo, adaptar futuros integrantes de outros *kibutzim*, absorver imigrantes, auxiliar movimentos juvenis), as necessidades particulares e as reivindicações de seus moradores.

São vários os pesquisadores que estudaram a sociedade do *kibutz* e sua evolução ideológica, intrigados com essa proposta insistente de concretizar uma utopia social. Para os propósitos deste livro, seguem apenas algumas características gerais da concepção e das práticas do *kibutz* forjadas na chamada fase revolucionária do movimento *kibutziano*[37].

O *kibutz* é caracterizado pela propriedade coletiva dos bens e pela organização comum da produção e do consumo. Idealmente o *chaver-kibutz* não possui nada a não ser pequenos presentes que ganha e alguns objetos de uso pessoal que pode comprar com a restrita quantia anual que recebe para tais despesas. Fora isso, todos os ganhos vão para o *kibutz* (mesmo quando, por qualquer motivo, o *chaver* tem ganhos fora, estes vão para a caixa comum). As casas, roupas e máquinas usadas pelos *chaverim* pertencem ao *kibutz* – eles não recebem salários, por outro lado, não têm gastos particulares com moradia, vestimenta, saúde e alimentação. Em vários *kibutzim*, mesmo livros, rádios, discos e presentes recebidos pertencem ao coletivo, podendo ser usufruídos por todos.

As necessidades dos membros são providas pelo grupo de acordo com critérios igualitários – todos os membros têm direito às mesmas condições de vida, à igualdade no recebimento de bens e serviços, não importando o grau de importância econômica do trabalho que desempenham.

As decisões relativas à comunidade são tomadas por uma assembléia geral, que se reúne semanalmente, e executadas por uma direção eleita e vários comitês que administram e distribuem tarefas. O poder dos eleitos é limitado por uma série de regras que visam manter a igualdade entre os membros do *kibutz* e a liberdade de todos para opinar. Os interesses do coletivo prevalecem sobre os individuais em caso de conflito entre eles. Todos do *kibutz* são responsáveis pelo bem-estar de cada um dos companheiros e do *kibutz* em geral. As experiências em grupo são mais valorizadas que as individuais, a sociabilidade é considerada mais importante que a privacidade.

No *kibutz*, o trabalho também possui um valor moral e o serviço braçal é muito valorizado. De acordo com a ideologia *kibutziana*, por meio do trabalho produtivo, os judeus se libertam da pecha de intermediários e parasitas, criam raízes em sua própria terra, desenvolvem uma vida cultural e intelectual criativa e transformam-se em um povo capaz de interagir com outras nações em pé de igualdade[38].

Geralmente, os *kibutzim* são fundados por um grupo de colonos ao qual, com o tempo, vão se juntando outros indivíduos e grupos. Têm inicialmente 40 ou 50 membros (nos maiores e mais antigos o número de membros pode passar de mil). Vários desses grupos são alimentados por integrantes de movimentos juvenis que passaram por um período de treinamento em *hachsharot* e em *kibutzim* estabelecidos a mais tempo.

Na "fase revolucionária" do movimento *kibutziano*, a identificação coletiva no *kibutz* é intensa, as relações entre os membros são espontâneas e diretas, os controles sociais são basicamente informais e há pouca diferenciação de funções. O grupo que constitui o kibutz é relativamente homogêneo, formado por jovens de ambos os sexos que deixaram suas famílias e local de nascimento para se unirem a outros que compartilham do mesmo ideal. Ao abandonar sua antiga vida, eles questionaram as tradições e o modo de vida *pequeno burguês*, e colocaram a solidariedade grupal acima dos interesses familiares.

As posições do *kibutz* com relação à questão da família podem ser explicadas em parte pelas condições de existência dos *kibutzim* em seus primeiros tempos, quando havia muitos obstáculos para o desenvolvimento de famílias. O consumo racionado, os conflitos armados, a necessidade de enfatizar os ramos da produção em detrimento dos serviços e de aproveitar ao máximo a força de trabalho das mulheres, a quantidade de homens bem maior que de mulheres, enfim, tudo contribuía para desencorajar as uniões conjugais estáveis e o nascimento de crianças.

Influenciando as atitudes *kibutzianas* com relação à família, pesavam também as críticas ideológicas dos *chaverim* à família estilo tradicional (hierárquica, com divisão nítida de papéis econômicos e sociais) e a preocupação com a possibilidade de a criação de laços familiares dentro da comunidade se contrapor ao envolvimento coletivo (interesses de famílias específicas poderiam chegar a dissolver a solidariedade grupal e colocar em risco os ideais coletivistas).

Enfrentando condições concretas e procurando ser fiel à proposta da formação do *novo homem* (que inclui a emancipação feminina e a igualdade sexual), os membros dos *kibutzim* criaram esquemas para viabilizar a sobrevivência material e social de suas comunidades e, principalmente, para implementar suas idéias. Esses esquemas modificaram as relações familiares limitando as "funções da família", sem aboli-las[39], procurando manter ligações familiares baseadas apenas no afeto, livre de imposições legais e sociais, liberando os filhos da autoridade patriarcal, promovendo a independência feminina e mantendo o bem-estar coletivo como valor fundamental. Quando entravam em choque com este princípio, os fins particulares e a busca da privacidade eram condenados. O próprio *kibutz* passou a ser visto como "uma família": um refúgio, um abrigo das corrupções do mundo, um local de atmosfera propícia para a criação do *novo homem* e a formação de laços fraternais entre *chaverim*. Com o tempo, multiplicaram-se os casais, nasceram as crianças, e o *kibutz* respondeu-lhes tomando para si muitas das chamadas obrigações familiares.

Na prática do *kibutz*, portanto, os serviços são coletivizados. As refeições são feitas e servidas em um refeitório comum, preparadas por todos os membros do *kibutz*, mulheres e homens, que se revezam nos trabalhos de cozinha (esse tipo de trabalho deixa de ser identificado como feminino; as mulheres exercem também outras atividades). As roupas são lavadas na lavanderia coletiva, costuradas em máquinas coletivas, passadas com ferros coletivos. As instituições comunais e os armazéns suprem os *chaverim* em uma sociedade em que o consumismo é rechaçado mesmo quando os padrões de consumo já não precisam ser tão austeros como nos tempos mais difíceis enfrentados pelos *kibutzim*. Como as casas ou quartos são pequenos e com poucos móveis e objetos, não há muito trabalho com a limpeza diária e não há muito estímulo para permanecer nas habitações, isolando-se dos companheiros. Além disso, espera-se que os homens dividam com suas mulheres os cuidados cotidianos para com a habitação e com os filhos. Médicos e enfermeiras são responsáveis pela saúde liberando as famílias dos cuidados domésticos com os doentes. Membros de uma mesma família exercem funções diferentes e não são postos a trabalhar juntos no mesmo local.

No auge da "época revolucionária" do movimento *kibutziano*, as mulheres participavam ao lado dos homens em trabalhos braçais produtivos e no sistema de defesa exercendo atividades tidas como masculinas na sociedade externa. Com o tempo, o esquema de igualdade total foi sendo deixado de lado por outro, o da *equivalência*, que respeitava mais as limitações físicas femininas. Entretanto, exceto em atividades em que a fisiologia tem um peso definitivo – como ter filhos e amamentá-los ou tarefas que exigem muita força física –, em princípio, o *kibutz* procura não fazer distinções com base no sexo e as opções de atuação são iguais para homens e mulheres, especialmente nas esferas administrativas e políticas. O *kibutz* requer tanto de homens quanto de mulheres dedicação ao trabalho e participação nas atividades da comunidade. Mesmo quando, na prática (e conforme os *kibutzim* foram se desenvolvendo), as mulheres são alocadas de maneira preponderante nas áreas de serviços e os homens especialmente nos ramos agrícolas, elas não voltam a exercer os papéis de "dona de casa" ou "mãe de família" no sentido tradicio-nal. Assim, ainda que, em alguns *kibutzim*, uma certa divisão sexual do trabalho caracterize a sociedade do *kibutz* como um todo, ela não está presente na relação do casal ou da família. Homens e mulheres, mesmo quando parte de um casal, são economicamente independentes. Cada adulto membro do *kibutz* tem seu trabalho e cada um recebe sua cota pessoal em bens e serviços. Nenhuma mulher depende de pai ou de marido para viver e recebe o mesmo que todos os outros independentemente do fato de ser casada, divorciada ou solteira, mãe, velha ou moça. Nenhum homem depende dos serviços domésticos de sua mulher. Mães solteiras e seus filhos recebem o mesmo tratamento dado a todas as mulheres e crianças. Enfim, homens e mulheres não precisam se unir por questões econômicas ou de *status* social.

O cuidado físico e educacional da criança é de responsabilidade do *kibutz*. As crianças não moram junto com os pais; comem, dormem e estudam na "casa das crianças", convivendo com outras da mesma faixa etária e sendo cuidadas e educadas por pessoas treinadas para essas funções. Apenas os recém-nascidos são alimentados pelas mães, na fase de amamentação, mas ficam em uma "enfermaria" onde recebem visitas dos pais. A maioria dos cuidados físicos e educacionais das crianças acima de seis meses de idade cabe às enfermeiras e aos professores; os filhos podem passar algumas horas do dia com seus pais quando eles voltam do trabalho ou estão de folga a noite e nos feriados[40]. As relações entre pais e filhos, em geral, não são autoritárias e espera-se que corram sem inibições (bater na criança ou gritar com ela são atitudes mal vistas pela comunidade). As crianças recebem cuidados especializados e, desde cedo, uma educação comunitária. Conforme vão crescendo, as crianças vão passando por várias "casas das crianças" com outras de sua idade; desde o início da adolescência são introduzidas, aos poucos, nos trabalhos do *kibutz,* aprendendo com adultos que não são seus pais biológicos muito das práticas e dos princípios da comunidade. As mães ficam liberadas para continuarem seu trabalho e um número menor de pessoas é alocado para lidar com as crianças e adolescentes[41].

Os padrões burgueses que definem uma dupla moral para os sexos são criticados pela ideologia do *kibutz.* Os relacionamentos sexuais devem ser baseados apenas em critérios de consentimento e afeto mútuo e o casamento deve ser uma união voluntária entre pessoas livres, durando apenas o tempo em que se mantém baseado em uma ligação profunda e sincera entre os parceiros. As relações sexuais são consideradas um assunto particular que só diz respeito aos parceiros envolvidos. As pré-conjugais não são vistas como tabu (a partir de uma certa idade em que os jovens são considerados maduros para tal). Os solteiros podem ter relações sexuais livremente. Quando os amantes, por livre escolha, resolvem se tornar um *zug* ("par" ou "casal"), solicitam uma habitação comum e se unem sem serem obrigados pelo *kibutz* a se submeter qualquer tipo de formalidade ou cerimônia de casamento, passando assim a ser reconhecidos por todos como um par de relacionamento estável ("casados", nos termos de outras sociedades, com exceção do aspecto econômico). Tornar-se parte de um casal não afeta o *status* ou a responsabilidade das pessoas perante o *kibutz.* Não há restrições a separações. As motivações que movem a formação de casais relacionam-se à satisfação de intimidades físicas e psicológicas, ao desejo de estabelecer uma relação estável e duradoura com alguém do sexo oposto sem parentesco de sangue.

O pensamento *kibutziano* defende o ideal do *amor livre – livre das servidões de preconceitos burgueses.* Na época dos primeiros *kibutzim,* em algumas comunidades houve grande liberalidade sexual, o *amor livre* era praticado de maneira radical. Isso foi superado tempos depois, quando, então, aumentou o número de famílias e de mulheres e os relacionamentos entre casais passaram a ser mais estáveis.

Em geral, não há promiscuidade sexual ou acasalamentos indiscriminados no *kibutz* e, desde o início, a liberalidade recebeu contrapesos. Entre estes estavam a contenção sexual e o comportamento discreto importados dos meios (mais tradicionais) de onde vieram os pioneiros e o espírito acético e coletivista do *kibutz*[42]. A doutrina do *amor livre* teve um grande peso na implementação institucional das idéias do *kibutz*, mas o impacto do potencial ameaçador à ordem da ênfase na atração erótica e passional foi "adaptado", e até reduzido, por diversas práticas *kibutzianas*[43]. Assim, mesmo na "fase revolucionária", apesar da completa ausência de restrições formais, somente uma pequena minoria de *kibutzim* (formados principalmente por membros originários de ambientes urbanos mais "liberados") viveram um período de alta incidência de troca de parceiros.

O próprio vocabulário empregado no *kibutz* denota a releitura das relações familiares: *chaver* (amigo, companheiro), *chaverá* no feminino, para designar o cônjuge; *bachur* (homem jovem, rapaz), *bachurá* no feminino, para o namorado ou o companheiro; os termos equivalentes a "marido" ou "esposa" em hebraico não são usados. As crianças são chamadas por todos de *bnei kibutz* (filhos do *kibutz*).

Sobre o *kibutz*, os *chaverim* do Dror no Brasil, em geral, não sabiam muito mais do que as bases da ideologia *kibutziana* e as práticas forjadas ainda na "fase revolucionária" somadas às informações transmitidas por aqueles que regressavam do estágio em Israel, pessoas que não tiveram muito tempo para vivenciar em profundidade relações conjugais, familiares ou mesmo de trabalho no *kibutz* (vários destes declararam que chegaram a se decepcionar um pouco com o que viram, acreditavam, entretanto, que no "seu" *kibutz* seria diferente). Nem depois do ingresso de droristas brasileiros em Bror Chail o Movimento no Brasil mudou muito sua visão ideal da vida *kibutziana* (a não ser em alguns casos particulares, como o de certo *chaver* que conheceu o *kibutz* pelos olhos do irmão em Israel e desistiu de ser *chalutz*. Mas quem deixava o Dror não continuava influenciando os caminhos do Movimento). Apenas em Israel, diante da realidade do *kibutz* próprio ou, no caso dos *chaverim* que entraram mais tarde no Movimento, das histórias do "*kibutz* brasileiro" e de outros *kibutzim*, começaram a surgir outras visões, pouco mais nuançadas, sobre a vida na *coletividade ideal*. Portanto, pode-se afirmar que as imagens da "fase revolucionária" eram as que orientavam basicamente as reflexões droristas sobre questões de gênero, família e vida coletiva.

Movimentos juvenis e movimentos juvenis pioneiros

Os movimentos juvenis institucionalizados remontam à primeira metade do século xx. De fato, é nessa época que se populariza a idéia da especificidade da adolescência, que proliferam as teorias sobre a vulnerabilidade juvenil e que surgem organizações devotadas inteiramente aos jovens. Entre estas, as mais famosas são os escoteiros (ingleses) e os *Wandervogël* (alemães). Fundadas na primeira década do século xx, serviram de inspiração para muitos outros movimentos juvenis com seus jogos, vestimentas, exercícios físicos e rituais, com suas idéias de valorizar *formas mais naturais de vida* (*reencontro com a natureza, libertação dos limites e artificialismos da civilização urbana industrial*, acampamentos, passeios etc.), afastar os jovens do mundo adulto e proporcionar-lhes uma educação específica além da casa e da escola[44]. Os jovens do movimento alemão, por exemplo, defendiam a importância social da juventude para além de ser uma mera fase de transição para a idade adulta. Todo o potencial definido pela idéia então difundida de que é possível trabalhar com *os impulsos puros dos jovens* (juntamente com as "tradições da juventude") e canalizá-los para algum propósito não passou despercebido por formadores de opinião das classes médias e altas, grupos políticos e líderes juvenis. Mesmo aqueles movimentos de jovens que se diziam apolíticos, refletiam valores (de elite e conservadores, no caso dos escoteiros, por exemplo) e não foram poucos os que acabaram desembocando em forças nacionalistas e de direita. Regimes totalitários, partidos e movimentos de esquerda ou de direita souberam aproveitar-se da energia dos grupos juvenis[45] incentivando a formação de movimentos. Especialmente após a I Guerra Mundial, multiplicaram-se os movimentos que rompiam com a idéia da *necessidade de afastar os meninos da maturidade precoce*. Surgiram, então, vários movimentos juvenis politizados e explicitamente comprometidos ideologicamente, alguns com valores muito diferentes dos movimentos de caráter burguês. Nessa época, estruturaram-se os movimentos juvenis sionistas socialistas cujo o objetivo era educar jovens judeus, formar futuros *chalutzim*, a fim de assegurar a continuidade do fluxo migratório para *Eretz* Israel e manter viva a ideologia pioneira[46].

No movimento sionista já havia uma "tradição" com relação à participação de jovens: a maioria dos pioneiros da II *aliá* tinha por volta de vinte anos e um passado de descontentamento e lutas políticas (não só a favor do socialismo, como também contra as tendências burguesas dominantes no movimento sionista e na comunidade judaica de sua época). Os movimentos juvenis sionistas mais antigos datam dos anos 10 e 20 do século xx. E, já no período da III *aliá,* organizavam-se como corpos políticos destinados a influenciar a juventude. Jovens solteiros ou casados sem filhos e não acompanhados pelos pais foram o principal componente da migração judaica para a Palestina até o final dos anos 30. Entre eles, rapazes e moças, havia muitos estudantes de ginásio e universidades, intelectuais e profissionais que abandonaram carreiras e famílias para migrar[47].

Na Diáspora, grupos de jovens despertos para o problema judeu foram criados mais ou menos espontaneamente em locais de atuação do movimento sionista (como a Polônia, Rússia, Áustria, Alemanha). Com o tempo, tornavam-se movimentos juvenis organizados, ligados semiformal ou informalmente a partidos políticos, associações ou movimentos de linhas específicas (tendências sionistas socialistas, revisionistas, religiosas, *sionistas gerais*). Os movimentos juvenis sionistas socialistas formaram-se na esteira dos movimentos pioneiros que passaram a lidar não só com a ideologia em si mas também com sua transmissão em termos práticos. Nesses movimentos, os jovens discutiam e aprendiam a ideologia pioneira, estudavam hebraico, eram socializados nos valores e práticas coletivistas e podiam receber algum tipo de treinamento profissional relacionado ao trabalho braçal e às necessidades do *kibutz*. Sítios e fazendas, as *hachsharot*, verdadeiros mini-*kibutzim* experimentais, eram utilizados para esses fins pelos jovens mais velhos dispostos a migrar[48].

Historicamente, na Diáspora, a ideologia pioneira teve apelo maior entre a juventude que entre os adultos. Em período de transição para a fase adulta, os jovens tinham menos compromissos e responsabilidades sociais, podiam mais facilmente romper com o meio em que viviam, separar-se da família e dedicar-se a um novo estilo de vida em um lugar distante. Muitos jovens mostraram, concretamente, também maior flexibilidade que os mais velhos para mudar sua visão de mundo e mais energia e disposição para o trabalho e a sobrevivência em condições adversas[49].

Os movimentos juvenis pioneiros, como outros movimentos juvenis, operavam fora do âmbito familiar e escolar, procuravam propiciar à juventude novos tipos de identificação, enfatizavam a identidade etária e a coesão grupal, criavam um certo afastamento da sociedade adulta e do meio externo mais amplo com vistas a uma nova realidade social. Ao questionar e procurar romper vínculos com as instituições sociais do meio em que viviam (adultas, restritivas, hierárquicas, de valores *pequeno-burgueses*), os militantes (especialmente nas camadas mais velhas) já se comprometiam com outro projeto social e outro conjunto de valores ligados a uma estrutura institucional que se consolidava, em um processo de construção do qual poderiam (e eram incentivados a) participar ainda como *revolucionários* quando adultos[50].

Esses movimentos contavam com um certo apoio entre familiares e membros de sua comunidade simpatizantes do sionismo e em organizações sionistas, portanto, mesmo na fase propriamente juvenil, o "rompimento com o mundo adulto" não era total. Por outro lado, as propostas de mudanças radicais exigiam dos *chaverim* um grande desprendimento diante da sociedade em que viviam.

Crianças e adolescentes acabaram sendo introduzidos nas atividades dos movimentos juvenis pelo proselitismo para que pudessem, aos poucos, abraçar a causa sionista socialista. Assim, criou-se um sistema de manutenção dos movimentos: quando os jovens mais maduros migravam, os movimentos juvenis na Diáspora não se esvaziavam, eram alimentados por membros militantes formados ao longo do tempo pelos próprios movimentos.

No final dos anos 20, movimentos juvenis como esses também se desenvolveram na Palestina e, na década seguinte (perdendo o caráter relativamente autônomo de suas origens na Diáspora), transformaram-se em organizações juvenis filiadas a movimentos de adultos e ligadas mais estreitamente aos objetivos das comunidades *kibutzianas* já estabelecidas. Nos anos 30, quando o sistema escolar do *Ichuv* (a coletividade judaica na Palestina) deixou de enfatizar a ideologia revolucionária como costumava fazer, os movimentos juvenis passaram a receber muito estímulo por parte dos setores trabalhistas interessados na difusão dos valores pioneiros, na manutenção do seu *status* de elite e preocupados com as necessidades militares e de colonização. Com o tempo, do ponto de vista da coletividade judaica de *Eretz*, os movimentos juvenis passaram a gozar uma grande legitimidade social, além de aproximar seus jovens membros dos outros grupos da coletividade identificados com os símbolos da ideologia pioneira. Vários de seus líderes e instrutores tornaram-se figuras importantes na cultura local e alguns de seus estilos de comportamento, canções e modas acabaram incorporados pelo *Ichud*[51]. A criação do Estado multiplicou as possibilidades de contatos, envio de materiais e apoio aos movimentos juvenis do resto do mundo por parte de instituições israelenses[52]. O Dror no Brasil foi um dos beneficiários dessa nova fase.

A imaginação criadora: idéias forjadas no Brasil

O Dror no Brasil (à Katzenelson) dava mais importância à comunhão de ideais (revolução social e reconstrução nacional judaica) e capacidade de ação que à unidade teórico-filosófica de seus membros. Sendo assim, não importava muito se o *chaver* fosse *socialista ético*, marxista ou anarquista, gordoniano ou borochovista, ou nem se inclinasse mais por alguma linha, sendo movido por outras racionalizações ou crenças, bastando que não se opusesse aos objetivos fundamentais do Movimento.

> ...era uma coisa muito livre. Tinha essa grande vantagem, porque a gente se auto-guiava com uma idade incrivelmente precoce. Nós não tínhamos um modelo fechado tipo PC [Partido Comunista] em que vinha alguém e dizia: "Essa é a verdade e o resto você pode esquecer." Era uma proposta aberta. Havia todo o sionismo, mas era um sionismo bastante discutível e o socialismo era uma coisa muito aberta. [13]

> O grupo mais velho era muito intelectualizado, algumas vezes as discussões pegavam fogo: política sempre deu margem a grandes brigas... a única coisa que se tinha de comum era ser socialista e sionista [pontos pacíficos do Movimento], o resto dava margem a opiniões pessoais: "sionista de que tipo?", "socialista como?"(...) [7]

Gordon e Borochov, por exemplo, eram lidos e igualmente discutidos no Dror apesar de reconhecidas (nem sempre) suas diferenças, que não chegavam a ser vistas como contradições ou incongruências[53]. Gordon atraía pelo apelo a sensibilidade e emoção, falava às tendências mais românticas e voluntaristas dos *chaverim*. Borochov os pegava pela lógica e pelo estímulo dado por sua análise histórica, apontando rumos do socialismo e do povo judeu, sendo considerado mais adequado ao estabelecimento de diretrizes práticas. As vertentes ideológicas do Dror eram várias, mas todas caminhavam para uma mesma direção: o *kibutz* em Israel. Além disso, como os teóricos não foram os principais responsáveis por acender a chama que conduzia os jovens no Movimento (e sim uma série de condições históricas e particularidades já apontadas), na prática, a teoria em si não tinha tanto peso, para esses jovens, ela servia principalmente a propósitos de ação.

Embora nós pensássemos em termos práticos, nós tínhamos que nos fundamentar [era preciso ter o apoio de autores] não dava para falar: "Esse é o ideal do Bernardo Cymyring: (...)" era preciso apelar para algum ideólogo, então você tinha que falar do Ben Gurion, do Berl Katzenelson, do Sirkin, do Borochov, mas não éramos especialistas. [3]

De fato, serviam ao Movimento tanto traduções de fontes primárias quanto vulgarizações mais do que simplificadas do sionismo, socialismo e marxismo. Muitas vezes não havia um aprofundamento teórico maior e de fato a *ideologia* do Dror estava em grande parte sujeita às interpretações, algumas vezes bem particulares de certos *chaverim* "formadores de opinião".

[ler Lênin, Borochov, Stalin, por exemplo] fazia parte do "espírito da época". Nós vivíamos mergulhados nesse tipo de influência... nós não tínhamos universidades onde ir [procurar respostas às nossas inquietações]. Éramos influenciados pelos intelectuais brasileiros da época, pelo material que vinha de Israel e pelo que conseguíamos ler. Inspirávamo-nos em tudo. Houve cem elementos que me influenciaram (de Borochov eu só havia lido um livro e um de Berl Katzenelson). Nós éramos influenciados pelo "espírito do tempo". O que deu certo foi que escolhemos na medida certa a influência de cada um desses elementos. [3]

Entre os próprios droristas mais velhos havia os que se arriscavam a dar seus palpites publicando artigos sobre o socialismo, "as formas de conquista do poder", "o regime soviético", "movimento e revolução" , "social democracia" etc. Um *alto grau de formação ideológica* dos *chaverim* era um ideal acalentado pelo Dror que se posicionava *contra a estagnação*, a favor de uma revisão permanente de conceitos e valores e de uma capacitação que permitisse aos *chanichim* ir *além da repetição de velhas formulações*.

A ideologia do Dror no Brasil é tributária de todas as tradições já mencionadas, embora nem sempre por caminhos tão diretos e notadamente marcada pelas especificidades brasileiras e a "personalidade" de seus militantes. Como foi dito, não havia uma doutrina única a seguir, havia inspirações teóricas somadas a lembranças de velhos que contavam como era na Europa, relatos de *shlichim* sobre como os movimentos se organizavam em Israel, livros que chegavam às mãos curiosas dos *chaverim*, rapazes e moças que traziam suas preocupações para o coletivo e, num momento posterior, material educativo elaborado em Israel.

Entre o Dror do Brasil e o da Polônia, de décadas anteriores, que lhe serviu de inspiração, havia grandes diferenças (o ambiente, as condições e as pressões sociais eram outras) e as semelhanças localizavam-se mais no terreno da estrutura organizacional.

A grandeza do Movimento é que ele foi espontâneo. As idéias que configuraram o Movimento foram se desenvolvendo com o grupo, de acordo com as pessoas que cada vez mais nós conseguíamos trazer para o Movimento na base do proselitismo (...). E o Movimento tinha um grupo de gente fora do comum. (...) uma grande parte das idéias vinha daquilo que eu estudava e daquilo que os

outros (o Paulo Singer, o Davi Perlov, o Sigue Friesel) contribuíam. (...) Nós criamos um movimento autêntico. Não concordei em imitar o que me falavam sobre o Dror da Polônia ou o Hashomer Hatzair, porque estavam errados. Copiamos algumas coisas genéricas como a *kvutzá*, a *shichvá...* o resto fomos aprendendo.(...) A cada momento, uma ruptura ou um passo era uma novidade. Não havia modelo e eu resolvi não aceitar o modelo europeu. (Eles viviam num gueto lá e nós não. Muita gente nossa estava apaixonada pelo Brasil, diferentemente dos judeus da Europa que viviam num antagonismo permanente com a sua sociedade. No Brasil, eu tentei ajudar a "criar o gueto" para ajudar a evitar a assimilação.) (...) antes da "Lapa", o Movimento já era grande e esquematizado em termos de *kvutzot* (era uma formação parecida com o que nós sabíamos que existia no movimento juvenil no resto do mundo, mas foram adaptações autênticas), nós escrevíamos os programas (no Brasil e depois em Israel, para o Movimento mundial, quando eu era o chefe do Movimento mundial). Aquilo foi criado todo o tempo e, o que é mais importante é que foi criado lá, na realidade brasileira, para aquele tipo de gente e isso foi o que deu ao Movimento o seu impacto. [Dov Tsamir/Bernardo Cymyring.]
Do ponto de vista ideológico sionista socialista nós não criamos nada de novo. (...) chegar a Israel, viver em *kibutz*, essas idéias não eram originais, eram importadas (a única coisa que havia de original era a nossa participação no movimento socialista brasileiro). (...) A idéia de realização pessoal era algo muito central em nossa ideologia. (...) (estava claro que mudar do Brasil para Israel, de uma sociedade pequeno-burguesa para o *kibutz*, para novas profissões estava ligado a transformações pessoais) mas também essas posições estavam relacionadas a idéias já existentes no sionismo socialista que vinham especialmente do pensamento de Aaron David Gordon (que nós estudávamos de forma muito superficial). (...) O material que produzíamos era sem dúvida uma simplificação e não uma elaboração das ideologias existentes no sionismo socialista. (...) olhando o passado, percebo que [nossos longos seminários ideológicos] não eram originais e sim uma adaptação da pouca literatura a qual tínhamos acesso: um ou dois livros de Gordon e Borochov, um ou dois artigos traduzidos de Sirkin e isso era tudo. (...) Hachsharot existiam no mundo todo, em todos os lugares em que existiam movimentos juvenis. (...) E não acredito que tivéssemos alguma concepção de família especialmente original. (...) [Eviatar Friesel/Sigue Friesel]

Nem tanto ao céu, nem tanto à terra. Se são nítidas as influências ideológicas presentes no Dror, também é notório o grau de espontaneidade e criação dos seus *chaverim*, na sua seleção, interpretação e aplicação dos ideais pioneiros e da estrutura e metodologia dos movimentos juvenis sionistas socialistas. Um bom exemplo disso são as sistematizações das posturas ideológicas (um tanto distintas das do seu contemporâneo argentino) e dos princípios educativos do Movimento brasileiro – frutos de um desenvolvimento gradual, do acúmulo de idéias, debates e experiências.

Os princípios[54]

Em linhas gerais, o Dror se definia como um movimento *juvenil sionista socialista chalutziano* cujas *metas finais* são: possibilitar a concentração da maioria do povo judeu disperso na Diáspora *sobre a terra de seu passado histórico*; criar uma sociedade socialista em Israel baseada na igualdade econômica e social e na liberdade política e espiritual; contribuir para a realização do ideal socialista em todo o mundo.

Sionista socialista: porque essa ideologia é a síntese que satisfaz às necessidades de libertação do povo judeu e de emancipação da classe obreira, busca a reconstrução nacional e social do povo judeu em seu território e a criação da comunidade socialista internacional.

Sionista: porque é o único caminho para o povo judeu – cedo ou tarde todo o povo seguirá por ele. O problema da anormalidade do povo judeu exige como única solução definitiva a reconcentração territorial dos judeus em *Eretz* Israel com base em uma economia e sociedade sadias, isto é, da criação de um campesinato obreiro e de um proletariado industrial que desenvolvam sua luta pelas melhorias sociais, realizem a transformação social em bases comunais e desenvolvam naturalmente uma cultura nacional judaica sã e independente sobre seu próprio território, a *base estratégica*, em Israel, justamente porque é o lugar em que transcorreu a antiga vida estatal independente do povo judeu e com o qual este povo mantém tradicionalmente uma ligação emocional.

Socialista: porque o socialismo conduz à igualdade e justiça social. Somente no regime em que os meios de produção estão em poder do trabalhador produtivo e no qual existe o dever de trabalhar para todos e o direito de todos à satisfação de suas necessidades vitais, desaparecerão o sistema de exploração do homem pelo homem, as guerras de conquista a serviço das classes dominantes, as classes sociais, o Estado (que será substituído pela fraternidade das comunidades socialistas) e as desigualdades existentes entre nações, sexos e gerações. Sendo o socialismo um movimento de libertação integral em que não se pode suprimir a liberdade de expressão e o homem torna-se o fim supremo de qualquer ação social, o partido e o poder são considerados meros instrumentos da atividade revolucionária. O mundo caminha para o socialismo levado pelas contradições internas do capitalismo e pela luta de classes do proletariado que acabará substituindo o atual regime por outro que elimina a propriedade privada, criando uma sociedade comunal de trabalhadores caracterizada pelo equilíbrio e a correspondência entre as *forças produtivas* e as *relações de produção*. Cada proletariado nacional realizará o socialismo nas *condições materiais* que lhe oferece o seu *lugar de ação*, assim, a revolução socialista será internacional, ainda que não simultânea.

Assumidamente político: porque defende explicitamente uma visão de mundo.

Judaico: porque prioriza as necessidades do povo judeu.

Revolucionário: por propor outra forma de organização da sociedade e negar as bases da atual e também por considerar que a intervenção do homem é necessária para conduzir à transformação da *estrutura material* e conseqüentemente da *superestrutura social e política*.

114

Kibutziano: porque o *kibutz* é a conseqüência necessária da ideologia sionista socialista; é um lugar de realização das aspirações igualitárias e o melhor instrumento para o desenvolvimento do Estado, da economia e da cultura nacionais, criando patrimônio, desenvolvendo a agricultura e a indústria e, ao colonizar pontos estratégicos, contribuindo para a segurança do país e servindo de base à revolução socialista. No *kibutz*, o homem e a mulher são considerados totalmente livres e iguais, não existe propriedade privada ou circulação de dinheiro, a educação e o usufruto da cultura ocorrem em bases igualitárias, o trabalho de cada um contribui para a riqueza comum da qual cada um recebe de acordo com suas necessidades. O *kibutz* é ao mesmo tempo *símbolo teórico* (como o modelo de povoação agro-industrial de caráter socialista e a célula da nova sociedade no corpo da antiga) e *núcleo prático* do sionismo socialista (constituindo a vanguarda e o centro de luta do proletariado judeu e reunindo a parte mais consciente, combativa e organizada da classe operária judaica). O Dror é a favor do *kibutz grande,* comuna aberta a todos que estiverem dispostos a viver nela, sem obstáculos de dogmas ideológicos, base da futura sociedade socialista e o exemplo mais patente das possibilidades de criação de economias socialistas no seio do sistema capitalista[55]. Em termos educacionais, o Movimento procura preparar seus *chaverim* para a futura condição de proletários no *kibutz.* Em termos ideológicos, procura identificá-los com os demais trabalhadores e socialistas do mundo.

Chalutziano: porque demanda ação, exige a transformação de indivíduos burgueses em proletários, por meio da aquisição de uma profissão produtiva, da preparação para a vida no *kibutz* e da predisposição total para as tarefas de construção de uma sociedade socialista em Israel.

Anticomunista: porque é nacionalista e totalmente contrário à submissão cega a um partido, ao autoritarismo, à repressão e ao stalinismo.

Político partidário: ligado ao MAPAI, porque essa ligação facilita a luta política e a realização prática dos objetivos do Movimento, mas *Autônomo,* porque é, de fato, um movimento juvenil.

De vanguarda: porque abre caminhos, embora esteja intimamente ligado e atento à realidade da coletividade judaica na qual se insere.

Educativo: porque tem uma finalidade formativa e trabalha com jovens em idade de desenvolvimento espiritual, intelectual e físico, procurando transmitir-lhes uma concepção de vida segundo uma escala determinada de valores, propondo-lhes uma diretriz e fornecendo-lhes meios para sua realização. A *ação educativa* drorista não aspira simplesmente impregnar o educando de conhecimento, mas sim desenvolver no jovem valores sociais e nacionais, o que significa desenvolver o próprio homem que portará tais valores.

Materialista histórico: porque o materialismo histórico é um modo científico de encarar o mundo. Entretanto, o Dror não impõe aos *chanichim* o materialismo como sua filosofia de vida. O Movimento adota esse ponto de vista somente no que diz respeito à análise da sociedade e da História, abrindo mão de discutir questões religiosas ou metafísicas. Reconhece que não há unanimidade com relação a esses assuntos entre seus militantes e que é prejudicial e autoritário adotar posições dogmáticas com relação a isto. Diferentemente do Dror argentino, que nega explicitamente a religião e se define como um movimento marxista mesmo no terreno religioso e filosófico, o Dror brasileiro deixa o problema da crença religiosa a critério de cada *chaver* colocando-se apenas contra o fanatismo, as religiões organizadas a serviço da classe dominante e do obscurantismo e o rabinato parasita e improdutivo. O Dror considera que, em determinado momento histórico, a religião judaica foi importante, tanto pela legislação social contida em suas normas quanto por sua ação como fator de identificação nacional durante a Diáspora. Entretanto, a legislação dos profetas já foi superada pelo programa socialista e a religião não é mais um fator fundamental de unidade nacional. Portanto, a proposta do Movimento é, por meio da análise científica, lutar contra a superstição do povo judeu e as correntes que pretendem converter a religião em instrumento de sua ação política reacionária; em termos educacionais, limita-se a dar ao *chanich* os meios científicos necessários para se libertar da ignorância, permitindo-lhe total liberdade de crença. Ao mesmo tempo, o Movimento preserva certos valores tradicionais-históricos, tais como os conceitos libertários de certas festividades judaicas e as idéias igualitárias e pacíficas dos profetas hebreus.

Juventude e classe social[56]

É um equívoco reduzir a problemática da juventude drorista diante da sociedade mais ampla, pura e simplesmente, ao "conflito de gerações". Em primeiro lugar, porque, para o próprio Movimento, não havia outra *divisão política da humanidade* que não a *de classes* com suas respectivas ideologias. Portanto, negava, explícita e oficialmente, a divisão do mundo em gerações e a idéia do conflito entre elas como um motor de transformação social. O Dror se autodefinia como um organismo juvenil que agrupa indivíduos *que requerem uma educação particular devido à sua idade e situação, sem que isso signifique uma divisão ideológica de idades.* E não valorizava a juventude em si mesma contra os mais velhos em geral. Além disso, podemos constatar que, ideologicamente, o Dror colocava-se contra o estilo de vida passivo e pequeno-burguês dos judeus da Diáspora, que, imediatamente, era sim identificado com o da geração dos pais, mas não só, pois os *jovens acomodados, egoístas, indiferentes aos interesses nacionais e sociais, preocupados unicamente com conforto material, prazeres e posição social, produtos da sociedade burguesa* eram igualmente criticados. Aos jovens judeus que não participavam de movimentos, o Dror reservava, além das críticas que fazia à juventude em geral, palavras duras de desaprovação por estarem *cada vez mais distantes dos valores de seu povo.* Sabemos também que senhores como Gordon, Katzenelson e o contemporâneo Ben Gurion eram muito admirados pelos *chaverim.*

Como movimento juvenil, entretanto, o Dror acreditava no *poder criador da juventude*, o potencial juvenil, procurando *levá-lo à prática*. O Movimento se considerava um espaço em que o jovem, sem muitas oportunidades de se expressar na sociedade, podia *demonstrar seu valor* com *independência*. Os *chaverim* lembravam-se dos jovens das primeiras *aliot*, dos que lutaram contra o fascismo e dos que ingressaram na Haganá, imaginando-se continuadores de sua obra. Enfatizavam sim o arrojo, a energia e a disponibilidade juvenis. E, entre a juventude judaica, se consideravam *a parte melhor e mais idealista*, destacada de uma geração *apática* e, por vezes, *pessimista*.

De outras organizações juvenis, o Dror procurava aproveitar apenas os procedimentos educativos que considerava convenientes. Inspirava-se, por exemplo, no treinamento dos escoteiros para o desenvolvimento do físico, da iniciativa e da coragem, na sua *educação prática* e nos seus jogos capazes de *educar brincando*, ao mesmo tempo em que abominava os valores pequeno-burgueses do escotismo, suas teorias *falsas e antiquadas* sobre a educação separada entre os sexos e, em sua ação educativa, a ausência de *preparo para a vida* e de propostas para mudar a sociedade. O Dror discordava também dos grupos que valorizavam a *juventude pela juventude*, afirmando que, nas condições de vida do povo judeu, diante das *tarefas impostas aos jovens da atual geração, não há lugar para uma rebelião total da juventude contra a geração anterior,* e sim para uma revolta *contra a palidez do Galut*. E explicava a existência do Movimento como uma conseqüência da insatisfação de certos jovens diante das condições e estilo de vida da geração mais velha e da falta de ideais dos jovens em geral.

A missão do Dror seria, então, *colocar a juventude judaica no único caminho que lhe pode proporcionar a realização de algo verdadeiramente produtivo: a obra redentora do chalutzianismo*. Para isso, entre outras coisas, o Movimento procurava fazer ver ao jovem que ele, em suas escolhas de vida, acabava se tornando freqüentemente *instrumento da vontade paterna,*

seu caminho está voltado para (conforme decidiram seus pais e o encaminha a própria dinâmica da sociedade burguesa) conseguir uma profissão que lhe permita com menor esforço conseguir maior soma de dinheiro, [posições mais elevadas e vida mais tranqüila] (...), no lugar onde lhe é mais fácil, no *Galut*. [Markin Tuder, *Princípios de nossa educação*, 1956]

As críticas mais duras e as "campanhas de oposição" ao modo de pensar e ao estilo de vida "dos pais" surgiam em decorrência das posições tomadas pelo Movimento em favor da *aliá* "dos filhos" nos moldes pioneiros, o que levava, freqüentemente, a conflitos familiares.

As circunstâncias *galúticas* determinaram, no correr dos séculos, a fixação de uma maneira de pensar característica de nossos pais. A escala de valores da burguesia judaica chega a ser mais rígida que a correspondente burguesia não-judaica. Para nossos pais, é colocada num pedestal a procura de posições materiais cada vez mais cômodas e estáveis a seus filhos. Desejam eles colocar-se em posição social igual à do meio burguês em que vivem, o que só pode ser conseguido com estabilidade financeira. Daí a concentração de todos os anseios paternos na consecução de um título, profissão liberal ou alta situação no comércio. [Samuel Karabtchevsky "A nossa chalutziação", em *Dror*, junho 1950, nº 4]

Uma forte oposição com relação à geração "dos pais" era decorrente da imagem do judaísmo europeu que se forjou principalmente após a II Guerra e predominou por toda década de 1950[57]: *pessoas conduzidas como carneiros ao matadouro*. Essa imagem de medo e passividade era a antítese do *novo homem*, judeu corajoso, capaz de lutar por sua liberdade, o retrato que a jovem geração judia, envergonhada de seus antepassados e com o pensamento em Israel, procurava traçar para si.

> (...) quando eu tinha 12, 13 ou 14 anos, eu ia a *machanot* [do Dror] e ouvia coisas que me impressionavam: "o judeu orgulhoso de si" e não "o judeu que ia como um cordeiro ao matadouro do Campo de Extermínio". Eu queria ter orgulho do meu judaísmo, eu não queria ter vergonha ou medo, ser judeu não tinha que ser uma coisa negativa. E me diziam que (...), em Israel, eles tinham orgulho do que faziam e enchiam o peito ao dizer que eram judeus e não se submetiam aos inimigos. Eu queria ser uma pessoa assim (e já que eu era judeu, para ser uma pessoa assim eu tinha que viver em Israel).
> (...) eu olhava os judeus adultos com um misto de desprezo e de dó. Uma cena da qual eu nunca vou me esquecer: eu fui vender vinho no Bom Retiro junto com uma moça do Dror. Batemos numa casa, oferecemos o vinho e o fulano disse:
> "Não vou querer."
> "O vinho é muito bom, é *kasher*, bom para Pessach..." – nós dissemos.
> "Eu não quero mesmo."
> "Mas é para ajudar o Dror... Israel..."
> "Eu não estou preocupado com isso, minha visão é outra." E então, eu não lembro se alguém disse alguma coisa que o fez dizer: "Vocês têm que me respeitar, porque eu passei por campo de concentração."
> E eu olhei para ele, espantadíssimo! Não sei se cheguei a falar alguma coisa (se eu cometi essa grosseria...) ou se eu só pensei que, de certa forma, ele mereceu seu destino: "Como um cara, que consegue sobreviver à II Guerra Mundial, não ajuda o Movimento Dror, que é o que vai salvar todos os judeus do mundo? Um cara que sofreu por viver na Diáspora, por não viver no seu próprio país e não se realizar como judeu tem que ajudar os que estão fazendo isso, porque nós vamos ser os vanguardeiros e vamos talvez carregar um cara como ele para a salvação." A gente tinha tanta certeza das nossas verdades. E eu tinha na época 15 anos e do alto da minha verdade eu falei, ou pensei: "Você vai sofrer outro campo de concentração se você não for para Israel." [27]

(Outros conflitos entre os jovens do Dror e os "adultos" que os cercavam surgiam, mas não tanto em decorrência de uma determinada postura ideológica do Movimento com relação ao mundo adulto, quanto por questões de relação de poder entre "pais" e "filhos" que levava a discussões por motivos que envolviam projetos de vida, regras domésticas, desempenho escolar, comportamento sexual etc.)

Revolucionários × burgueses[58]

Como foi dito, a grande briga drorista era contra a ideologia burguesa. O Movimento procurava fazer com que os *chaverim* se libertassem dos valores burgueses em favor do *chalutzianismo*[59]. Desprezava o individualismo, a concorrência e a super valorização do sucesso econômico. Acusava o ideal do *self made man* de falso e reacionário, a negação absoluta de todas as conquistas da humanidade. E o capitalista de ser, na maioria das vezes, hipócrita e sem escrúpulos (capaz de pregar moralismos ao mesmo tempo em que provoca guerras e especula com a fome do povo), interessado apenas no lucro obtido com a exploração de seus operários. O burguês, na visão drorista, despreza e teme seu semelhante, que lhe disputa a posição, e vê, na coletividade, apenas um instrumento de satisfação das ambições pessoais, fonte de seu lucro e objeto de sua exploração. Sua escala de valores baseia-se na quantidade de dinheiro que cada um possui, enquanto, para os revolucionários, o valor de cada um é medido por sua dedicação ao benefício geral, ao aperfeiçoamento da sociedade e da espécie humana.

Além da dedicação ao coletivo, o trabalho braçal, o desapego material, a aparência simples, o contato com a terra e a natureza eram muito valorizados na ideologia drorista. Estabilidade financeira e *status* na sociedade de classes estavam longe das motivações que levavam os *chaverim* mais comprometidos com o Movimento a buscar uma preparação profissional coerente com o que acreditavam ser as necessidades prioritárias do *kibutz*: trabalhos agrícolas, mecânicos e técnicos. Na sociedade coletiva, a importância do trabalho realizado seria medida em termos de competência e dedicação à tarefa realizada, *o indivíduo vale pelo que é, não pelo que aparenta ser, como acontece na sociedade burguesa.*

Segundo o ex-*chaver* e, hoje, historiador israelense Eviatar Friesel, a idéia da *proletarização,* no Dror, guardava algumas especificidades:

> É a única idéia da nossa ideologia que realizamos na hora e no lugar. (A palavra existia, Borochov já a havia usado em outro contexto...) Para nós, proletarização significava uma revolta contra o modo de vida burguês médio e pequeno e havia um momento original, de criação própria, nisso: o reconhecimento do fato de que, se nós não abandonássemos a sociedade burguesa na qual nós vivíamos e que nos conduzia para as universidades, nós não chegaríamos a Israel. (Essa idéia também existia no Hashomer Atzair. A diferença entre nós e o Hashomer, nesse ponto, é que eles perceberam isso como um ditado da Central do Movimento em *Eretz* e nós chegamos a isso por nós mesmos.)

A *profissionalização* tornou-se, nos anos 50, praticamente uma regra no ideal drorista. A *proletarização* – tida como identificação com a classe trabalhadora (início da consciência de classe) – acreditava-se, seria uma conseqüência. A proposta do Dror era o indivíduo, a partir de suas inclinações e capacidades, escolher uma ocupação que estivesse também de acordo com as demandas concretas e ideológicas da sociedade *kibutziana*. Dentro dessa proposta, parecia claro que interesses artísticos e científicos também seriam devidamente contemplados no mundo do *kibutz* (único lugar em que tais inclinações podem se manifestar livres das pressões sociais). O desafio seria desenvolver o estudo e o aprimoramento intelectual e cultural desde que não colocassem obstáculos à realização dos objetivos do Movimento como era o caso, acreditava-se, dos estudos superiores feitos no *Galut*, estes sim duramente questionados. O *problema da vocação* era equacionado, em vários textos do Dror, da seguinte maneira: para os jovens em geral, o critério para a escolha profissional é encontrar, dentre as profissões mais rendosas, qual a mais adequada às aptidões pessoais; para os *chaverim*, entretanto, o critério deve ser escolher, dentre os ofícios úteis ao bem coletivo, o que mais respeita as inclinações particulares. No caso de existirem necessidades individuais não-produtivas como, por exemplo, estudar astronomia ou filosofia, o *chaver* deve optar por um ofício produtivo e aproveitar as chances dadas pelo coletivo para satisfazer seus interesses de ordem cultural.

Auto-realização

Outro conceito importante no Dror era o da *hagshamá atzmit* (auto-realização). A realização pessoal de cada *chaver* era considerada importante para a realização do próprio Movimento cujo objetivo final era fazer com que seus membros chegassem à *aliá*. Mas não era apenas a *aliá* do indivíduo que caracterizava a sua realização, pois a *hagshamá atzmit* era também entendida como uma verdadeira revolução pessoal pela qual o sujeito teria de passar até chegar a Israel e incorporar-se à sociedade socialista do *kibutz*: *não pode ser socialista quem não realiza o socialismo em sua própria vida*. *Hagshamá* significava romper com a vida pequeno-burguesa, distanciar-se da família e do Brasil, abandonar o desejo de seguir uma carreira liberal, abrir mão de facilidades financeiras e migrar para Israel. Significava também ter convicção da necessidade premente de trocar *a vida fútil da Diáspora* pela vida *kibutziana*; acreditar que a comodidade material de nada vale em comparação ao conforto espiritual dado pela vida dedicada ao ideal pioneiro:

> [a idéia de] *hagshamá atzmit* (um conceito bastante refinado) era um convite às pessoas a crescerem e saberem se questionar ("questionamento" era uma palavra que eu já usava aos 15 anos). Significava uma atitude intelectual, na qual estava implícita uma questão existencial (...), que abrangia a escolha de sua identidade nacional, de sua atividade física (trabalho) e de sua condição pessoal ([as inquietações de cada um], o seu lado íntimo). [15]

Ale v'aghshem eram as palavras de saudação utilizadas pelos *chaverim*. Querem dizer: "Suba (no sentido de fazer *aliá*) e realize-se." Dentro do conceito de auto-realização, estava implícito que o burguês não se realiza, porque busca bens materiais, dinheiro e poder, enquanto o *chalutz* sim, pois busca outro tipo de riqueza, a satisfação de estar fazendo sua parte para o bem do coletivo ao mesmo tempo em que dá vazão às suas necessidades mais íntimas (sejam elas intelectuais, científicas, estéticas ou afetivas).

Em termos teóricos, a *realização pessoal* não entra em contradição com o interesse coletivo, porque a idéia é: mantenha sua identidade e construa o coletivo (como tijolos, independentes que fazem parte de uma construção maior). Seguindo esse raciocínio,

> O sistema *kibutziano* é o que de melhor maneira pode proporcionar a resolução dos problemas individuais e coletivos. Coletivos, pelo seu importante papel na luta de classes, pelo seu construtivismo revolucionário e pelo seu poder de fixação do indivíduo à terra e à nação. Individuais, porque proporciona a cada um a possibilidade de desenvolvimento completo, material ou espiritualmente. [Samuel Karabtchevsky. "A nossa chalutzianização", *Dror*, nº 4, jun. 1950].

A *hagshamá atzmit* seria a coroação dos esforços educacionais do Movimento.

Igualdade sexual e novas relações familiares

A igualdade entre os sexos, a emancipação feminina, a busca de novas relações familiares (entre cônjuges, entre pais e filhos) e de relacionamentos afetivos livres de preconceitos burgueses também faziam parte dos princípios do Dror. Entretanto, não eram temas desenvolvidos de forma independente, estavam sim subordinados ao ideal socialista e *kibutziano* acalentado no Movimento. A igualdade sexual, por exemplo, não era um assunto em si, em torno do qual se escrevessem páginas e páginas em tom "feminista" ou que ocupasse longos parágrafos oficiais de plataformas e programas gerais. Estava implícito que as desigualdades entre os sexos teriam fim, assim como todas as outras formas de injustiça, na sociedade socialista. O ideal do *kibutz* incluía uma comunidade democrática e igualitária de homens e mulheres livres, com condições concretas criadas para uma vida mais feliz.

> A igualdade da mulher com o homem, que o *kibutz* concede, não significa carregar tanta pedra como ele (ou ter tantos músculos) (...) e sim ter as mesmas possibilidades de pensar e agir. [Helena Corinaldi. "A *bachurá* e o Movimento", *Dror*, órgão da juventude judaica, nº 5, nov. 1950.]

A respeito do papel da mulher nessa nova sociedade, os droristas adotaram a postura pioneira que vigorava em *Eretz* e os ideais da tradição *kibutziana* (embora soubessem que alguns princípios totalmente igualitários já haviam sido abandonados: as mulheres já não faziam trabalhos tão pesados como fizeram questão de realizar nos primeiros tempos mais radicais da "fase revolucionária", embora esses não lhes fossem negados). É bom lembrar ainda que, em Israel, as mulheres também participavam do exército. *É impossível formar uma nação na qual a mulher não seja ativa junto com os homens nos direitos e deveres. Também ela deverá defender a si e a seus filhos* – havia declarado Ben Gurion[60].

Por outro lado, assim como Davi Perlov e Vittorio Corinaldi são lembrados como os responsáveis por incitar preocupações artísticas no Movimento, nomes como Mira Wainfeld, Helena Corinaldi, Sigue Friesel e Paulo Singer são apontados por contemporâneos como os fomentadores das preocupações com questões como emancipação feminina, igualdade sexual, família, moral burguesa, prostituição, provocando debates e colocando-os como temas de programas educacionais. *Shlichim* de Israel também trataram de difundir esses assuntos. Com o tempo, os temas acabaram se incorporando à cultura do Movimento e sendo desenvolvidos por outras "gerações" de *chaverim* igualmente interessados.

A presença da arte ou de questões de família e "gênero", por exemplo, entre as preocupações do Movimento eram vistas como uma decorrência natural da proposta de reeducação global e revolucionária dos indivíduos. A idéia do Movimento juvenil era *alargar os horizontes* de sua prática educacional para que os *chanichim* tomassem *posição no mundo*, saíssem *dos campos estreitos de sua realidade* e se libertassem *de recalques sociais criados por uma sociedade artificial e cheia de preconceitos.* Fazia parte da vontade de abarcar, no processo de construção do *novo homem*, a totalidade das manifestações humanas. A idéia do *novo homem*, nas palavras de Mira Wainfeld, envolvia *absolutamente tudo*:

> ... chegava-se até a questões de sexo etc. (...) Naquela época isso tudo estava incluído... O *kibutz* respondia ao *novo homem* no sentido marxista (acabar com heranças, igualdade de oportunidades, possibilidade de cada um começar do ponto zero etc.). Eu me lembro de uma discussão sobre prostituição entre o Paulo [Singer] e o Davi [Perlov] (que já naquela época ridicularizava a questão) sobre se o fim da exploração capitalista acabaria com a prostituição (...). Eu me preocupava sim (...) [com questões como a liberação da mulher], mas não sei dizer até que ponto eu era capaz de formular isso teoricamente. Sim eu levantava essas questões, mas no *frame* da totalidade de que falávamos, nem me passou pela cabeça que poderia ser diferente [uma questão isolada ou de destaque especial]. (...) era automático pensar que numa *nova sociedade* tem que ser assim [com oportunidades iguais para os sexos, novas relações familiares etc.] (...).

O Dror chegou a recomendar "oficialmente", em termos educacionais, o estímulo ao *sentimento de igualdade e respeito nas relações entre chaver e chaverá*[51]. Era também contra a separação de meninos e meninas por dificultar o convívio futuro entre os sexos. E fazia questão do que chamou de co-educação sexual:

> O Movimento crê ser de fundamental importância para a realização de suas finalidades a atividade diária conjunta de *bachurim* e *bachurot* [rapazes e moças], em igual nível de trabalho. Procurando com isso, dar a ambos os sexos as mesmas

possibilidades em todos os campos da atividade humana, libertando a *bachurá* da situação de inferioridade em que a atual sociedade a coloca. Por isso cria exclusivamente *kvutzot* de ambos os sexos. [*Plataforma do Movimento*, 1951.]

Até a orientação sexual e a busca da resolução de problemas decorrentes do sexo, segundo a concepção educativa drorista, poderiam ser melhor desenvolvidos em *kvutzot* mistas.

Os programas educativos do Movimento incluíam *sichot* de temas como família, condição da mulher, casamento, amor livre, prostituição e educação sexual[62]. Infelizmente, não chegaram às nossas mãos textos ou roteiros efetivamente usados pelos *madrichim* nas *kvutzot* com o conteúdo desses assuntos. Temos que nos contentar com alguns poucos artigos assinados e com depoimentos dos ex-*chaverim* que se lembram de discussões, opiniões, alguma bibliografia mencionada.

Na verdade, a não ser com relação à igualdade de oportunidades para ambos os sexos, não havia uma posição "oficial" do Movimento sobre os assuntos mencionados acima. O que existia era um espaço aberto para a discussão de algumas tendências ideológicas marcadas pela inspiração revolucionária. Assim, "pairava" no Dror uma postura crítica diante da moral burguesa ("dupla moral sexual", exigência do casamento formal, valorização da virgindade feminina, hierarquia de poderes no interior da família, direito de herança etc.), da divisão tradicional de papéis sexuais e da prostituição (apresentada como exploração de mulheres, um *mal degradante*, um *dos maiores crimes* da atual sociedade).

Com relação às *bachurot*, garotas do Movimento, havia uma expectativa de comportamento diferente do esperado das moças moldadas para se tornarem *a típica mulher da sociedade burguesa: acomodada, preguiçosa, fútil, orientada para um só fim: o casamento*. As *chaverot* deveriam dedicar sua energia não apenas a vestidos, bailes e mexericos, e sim a esportes, livros, trabalho e ocupações sérias. No Dror, deveriam participar de todas as atividades com envolvimento e entusiasmo[63].

As condições sociais em que vivemos, a nossa educação e a família nos transmitem certos critérios que correspondem à sua condição burguesa. Critérios estes formados à base de sentimentos, tradições e interesses imediatos compostos de sentimentalismo freqüentemente exagerado e doentio, entre nós judeus, e de permeio com o "materialismo" mais estreito de visão curta e baixa. Concepção de vida enfim que reflete o gueto, não o material, que já não se vive na América, mas o espiritual, do qual ainda não saímos. [Paulo Singer. "Observações sobre as sichot", *Marxismo* e *Materialismo histórico*, s.d.]

Da educação no Movimento, esperava-se que suplantasse a recebida no ambiente familiar, avaliada como insuficiente ou prejudicial ao jovem e aos ideais pioneiros.

No sistema social vigente, a família se tornou o único lugar onde o homem não encontra os choques das concorrências e ambições que caracterizam uma sociedade baseada na livre iniciativa econômica. [O homem] social por necessidade, é obrigado em conseqüência, a fechar-se no círculo de suas relações familiares crescendo a criança num entardecer confuso e suspeito de amores e egoísmos fraternais, paternais e maternais e recalques [como bem mostrou Freud] (...). Na família,] toda formação do jovem é feita para moldá-lo aos desejos e ambições dos mais velhos, sem respeito às suas tendências pessoais. (...) A educação familiar é exercida pelos elementos femininos da família (por causa da divisão de trabalho da sociedade burguesa). Ora, dada à lastimável posição de inferioridade ocupada pela mulher na sociedade burguesa, ela é o último elemento social que deveria estar encarregado da educação dos filhos. (...) [É necessária] uma radical transformação na educação: modificação em todas as escalas de valores e concepções sobre o homem, a mulher, a vida, a arte, o trabalho, a humanidade (...) [Sigue Friesel, "Educação e sociedade", *Dror,* nº 5, nov. 1950.]

(...) a necessidade cada vez mais premente de conhecimentos leva o jovem a ultrapassar o nível cultural de seus pais (...) a vida familiar não satisfaz mais as necessidade psicológicas do adolescente nos nossos dias. O poder formativo da escola sofreu uma queda [cada vez mais preocupada com matérias científicas e técnicas; a escola leiga não transmite uma concepção de mundo aceitando automaticamente as que já existem]. Por outro lado, a influência da sociedade aumentou extraordinariamente seja através das novas relações de produção, das grandes urbes (...) ou através dos variados meios de difusão: imprensa, rádio, propaganda, a rua (...) o que se constata é que não há mais uma influência dirigida num único sentido (...) o jovem moderno corre de um extremo a outro sem orientação. Por vezes, a angústia o domina, pois não se encontra dentro do emaranhado de complicações. A neurose que predomina em certa parte de nossa juventude é fruto de todo esse processo e o Movimento juvenil é uma exigência [para orientar o jovem numa certa direção e dar-lhe uma formação]. Pois as duas tendências educativas em vigor [a que coloca a sociedade no centro – e a torna conseqüentemente disciplinada e realizadora, mas cria indivíduos sem pensamento próprio ou revoltados não integrados – e a que coloca o indivíduo como fim – fruto do liberalismo, baseada na concorrência, conduz ao individualismo extremado] não satisfazem e não há síntese possível entre elas. [Beniamin. "Síntese em educação", *Páginas para o madrich*, maio 1959.]

Novamente, o modelo era o ideal do *kibutz*, onde

o ambiente familiar ficará arejado das circunstâncias que o tornam vicioso (...) o crescimento do jovem se fará livre de recalques psíquicos e falhas da educação hodierna (...) a orientação virá de elementos especializados (e não de professores com capacidade duvidosa que se dedicam ao magistério por incapacidade de exercer profissões mais lucrativas) e guiará o jovem até o ponto em que suas próprias pernas o levem para adiante (...) o jovem estará confiante no mundo que o cerca, porque saberá que haverá um lugar também para ele (com todas as suas tendências e gostos pessoais) viver de maneira digna e proveitosa na sociedade organizada e planificada à base do trabalho de todos, em que a diversidade de ocupação não implica numa diversidade social vertical. [Sigue Friesel. "Educação e Sociedade", *Dror,* nº 5, nov. 1950.]

Por uma nova educação[64]

A escola também era alvo da crítica drorista que a tinha como uma instituição conservadora favorável à perpetuação da ordem social, um forte instrumento de dominação da classe no poder. O Dror propunha uma *ação educativa* claramente politizada que predominasse sobre todas as outras influências recebidas pelo jovem no *Galut* formando seus *chaverim* nos valores da sociedade revolucionária e preparando-os física e mentalmente para lutarem por ela de maneira consciente. Portanto, o Movimento colocando-se como *educativo com finalidade política*, pretendia dar ao *chaver* uma *concepção de vida* para além do terreno político-ideológico, abarcando os demais setores da atividade humana, propiciando-lhe uma nova escala de valores e modelos de ação. Opunha-se radicalmente à educação burguesa em termos de forma, conteúdo, técnicas e valores, embora fosse a favor da preservação de conceitos, obras e produções artísticas que, por seu significado e importância para a humanidade, estivessem acima da época que os concebeu.

Procurava fazer com que os *chaverim* se sentissem parte integrante de um amplo grupo social *identificado, no plano internacional, com a classe operária mundial, e no plano nacional, com o povo judeu.* O principal objetivo educacional do Dror era formar revolucionários integrais, os *chalutzim, indivíduos capacitados a assumir seu lugar na vanguarda proletária e conduzir para a vitória o proletariado judeu ao lado de seus irmãos de todas as nacionalidades.* Em outras palavras, preparar os *chaverim* para a vida proletária, a militância no *kibutz* e a luta por *um Estado judeu socialista num Mundo socialista.*

Para que o projeto *total de vida* apresentado a cada *chaver* se concretizasse, o Movimento considerava importante também atuar sobre o caráter dos educandos tentando formar pessoas íntegras, conseqüentes, dedicadas *a seu povo e classe*, honestas, companheiras, persistentes, responsáveis e, segundo a personalidade de cada um, inteligentes, entusiasmadas e corajosas.

Ao abraçar o ideal pioneiro, esperava-se que o *chanich* se identificasse com seu coletivo e aliasse seus interesses pessoais aos do grupo social, superando assim o *pseudo-dilema burguês: o indivíduo 3 o coletivo* (percebendo-o não como uma luta de homem 3 homem, mas como uma realidade da luta de classes), sem entraves de *ordem personalística.* Pois *a responsabilidade individual é a base da realização do coletivo* e *indivíduo e coletivo devem ser duas entidades que se auxiliem e se apoiem.* O *chanich* no Dror estaria também buscando a sua *hagshamá atzmit* por meio de todos os esforços para integrar-se ao Movimento e participar de seu desenvolvimento até chegar o seu momento de *aliá.*

Entretanto, a ação educativa drorista deixava a cargo do *chaver* a responsabilidade principal por sua decisão de migrar e por sua luta interna para romper com os laços que o prendiam à família, ao ambiente da Diáspora, à vida pequeno-burguesa e às aspirações por vezes incompatíveis com as do Movimento. O Dror não se propunha a resolver pelos *chaverim* e sim a auxiliá-los apenas, dando-lhes os elementos para que tivesse certeza de que se encontravam *no caminho da verdade, na vanguarda do povo, acima da mediocridade e do "bom senso" dos acomodados e indiferentes*, com meios de *libertar-se e libertar aos outros*.

Diante disso, a atividade educativa do Movimento buscava não somente desenvolver no indivíduo suas qualidades potenciais, como também transformá-lo fundamentalmente. Em primeiro lugar, propiciando condições para que ele possa iniciar o processo (que se completa no *kibutz*) que o leva a *mudar de classe social*, a proletarizar-se. Em segundo, pela distância geográfica entre Brasil e Israel, levando-o a encarar uma mudança radical de vida (inclusive a resolver com maturidade problemas que costumavam surgir geralmente em idade muito mais avançada, como o afastamento familiar, escolha profissional e de estilo de vida). Em terceiro, exigindo para a vida no *kibutz* uma modificação completa nos hábitos e sentimentos do *chanich* ou seja, *uma nova vida interior completamente oposta* a que ele se acostumou na sociedade em que vivia. Em função desses elementos, o Movimento esperava que ocorresse o fortalecimento dos laços entre o indivíduo e seu coletivo.

> Somente quando o indivíduo pode contar com o apoio do coletivo em todas as circunstâncias poderá reunir as forças internas necessárias para sua revolução integral. Somente quando o coletivo pode contar com uma dedicação de seus membros em todas as circunstâncias estará apto a inspirar confiança e prestar ajuda ao *chaver* quando for necessário. [*Plataforma do Movimento*, 1951.]

Em textos droristas, havia uma certa noção da magnitude de todas as transformações exigidas pelo ideal pioneiro ao jovem do Movimento brasileiro: mudança geográfica, climática, de língua, abandono da *vida relativamente fácil de filho-de-família burguês trocando-a pela vida de trabalho no kibutz*. A ideologia drorista cobrava que essas transformações todas não fossem enfrentadas de forma passiva.

Da sua parte, o Movimento se propunha a desenvolver um sistema educativo que desse aos jovens os meios, orientações e apoio, para enfrentarem suas dúvidas e seguirem no caminho do *sionismo realizador*. Entre os *princípios educativos* droristas estava o de formar jovens coerentes com os pontos de vista e objetivos propostos pelo Movimento, capazes e conscientes. Por outro lado, o Movimento era explicitamente contra criar autômatos para a *aliá*, meros "realizadores" de idéias, *slogans* e lemas sem sentido para os indivíduos. Assim, justificava sua oposição ferrenha a procedimentos educacionais que dessem lugar a fanatismos *prejudiciais em rapazinhos púberes que presunçosamente se acreditam donos da verdade absoluta* ou que criassem jovens obedientes sem iniciativa própria.

> A experiência com juventude ensina que todo jovem possui certa tendência para o dogma, a afirmação rápida. Quanto mais num grupo juvenil dedicado à ação concreta, exigindo imensas transformações em tempo curto. Houve movimentos

que, inclusive, aproveitaram esta tendência juvenil como forma mais fácil e segura de atingir seus alvos. Nós, deliberadamente, escolhemos o caminho mais difícil simplesmente por uma razão concreta: se acreditamos no *kibutz* como célula de uma sociedade nova, como a forma de vida social mais avançada dos nossos dias, é nossa convicção de que apenas um homem de mente aberta e vida íntima livre é capaz de examinar e duvidar, (...) [de ter certezas que] se firmem sobre a convicção pessoal e não sobre o dogma embutido – apenas o homem assim é capaz de ser o portador e transmissor da grande verdade que sua forma de viver representa. [*Plataforma do Movimento, 1951.*]

Mesmo quando redige seus princípios ideológicos e educativos em "manuais", o Dror os apresenta como uma *orientação, uma base para estudos e discussões*, nunca como uma versão definitiva e acabada.

Com um programa educativo que pretendia atingir todas as esferas da vida, o Dror cobrava de seus *chaverim* que aplicassem, no cotidiano (e ainda no Brasil), os ideais sionistas socialistas. Ou seja, que esses ideais pautassem condutas nas relações familiares, nos relacionamentos com as pessoas do sexo oposto e as do mesmo sexo, com os mais jovens e com os empregados domésticos, nas atividades sociais e econômicas e nas posições culturais, artísticas e políticas. Cada ato do *chaver* deveria estar, portanto, de acordo com as concepções de vida do Movimento que procurava educá-lo para ter atitudes dignas, princípios morais e éticos e posições revolucionárias em todos os tipos de manifestações humanas.

Para atingir seus objetivos, o Dror procurava desenvolver uma *Educação*: *Nacional*: referente a judaísmo, sionismo e Israel. Incluía História judaica, valores e tradições, língua hebraica, geografia, política e cultura israelenses. Estes elementos eram tidos como meios de luta contra a assimilação e a favor do aprofundamento da *consciência nacional* do *chanich*, fundamentais para criar uma identificação emocional com o povo judeu em termos de passado e de futuro.

Social: cujo objetivo era modificar o modo de pensar e agir do educando para, em última instância, *fazê-lo mudar de classe social*:

Abandonar a forma de pensar e viver do jovem burguês e se integrar às aspirações, pensamentos e formas de vida da classe operária (...). Este processo é longo e difícil, pois significa uma verdadeira revolução em toda sua vida, somente será integral no *kibutz*, em *Eretz* Israel. Mas como todo processo educativo, tem de começar cedo. E quanto melhor preparado estiver o *chaver* antes de sua *aliá*, mais fácil e rápida será sua integração à classe obreira em Israel. [Markin Tuder, *Princípios da nossa educação*, Kibutz Bror Chail, Hanhagá Elioná – Ichud Hanoar Hachalutzi, 1956.]

Para isso, o Movimento procurava:
– incentivar o trabalho produtivo;
– orientar os *chaverim* no sentido de sua identificação com a classe trabalhadora (operários e camponeses) e do seu comprometimento com a

profissionalização (voltada principalmente para a adequação à realidade do trabalho agrícola), que, além de preparar os *chaverim* para a vida de trabalho no *kibutz*, permite-lhes uma melhor integração no espírito do proletariado;
– desenvolver o pensamento crítico com relação ao meio social e aos valores da sociedade burguesa e o sentimento de revolta contra as injustiças sociais;
– conscientizar os jovens em favor das idéias socialistas e do projeto *chalutziano;*
– iniciar o processo de *proletarização* (que termina no *kibutz*, pois são por meio das condições de vida materiais que em geral os indivíduos formam seu processo mental).

Do caráter (ou educação para a adoção de um comportamento moral): desenvolvida não por meio de leis, fórmulas e juramentos (como entre os escoteiros), pois o Dror renega a forma militar de obediência à hierarquia, mas do incentivo à coerência e integridade dos indivíduos em seu cotidiano. A educação do caráter seria desenvolvida por meio:
– da valorização da força de vontade, auto-disciplina (disciplina baseada na consciência e responsabilidade), concentração, envolvimento, iniciativa e organização;
– do incentivo à *simplicidade* na aparência *sob o critério da utilidade;*
– do desenvolvimento da capacidade de autocrítica espontânea e particular[65].

A *liberdade* era um valor que a atividade educativa se propunha a preservar. Do ingresso e participação no Movimento, até a aceitação de tarefas, das propostas e dos conceitos à decisão de *aliá*, a expectativa ideologicamente explícita do Dror era que tudo fosse voluntário, sem qualquer forma de coerção. A *discussão livre* e o *esclarecimento mútuo* é que deveriam levar à resolução de problemas e à definição da posição do *chaver* em relação ao Movimento.

O nosso caminho educativo não é compatível com nenhuma forma de divisão hierárquica. A divisão que fazemos em *sh'chavot* é uma mera divisão para facilitar nossa atividade educativa. O respeito devido [por um *chaver* mais jovem a outro de mais idade] não é outro que o devido normalmente a um companheiro mais velho (...) [suas relações devem ser] de igual para igual. O Movimento deve ser um lugar em que o *chanich* se sinta uma pessoa igual às demais, contrariamente à escola e à família, onde ele está submetido à autoridade do professor ou dos pais, como uma pessoa de [menor valor] (...) [O nosso movimento juvenil deve ser] um ambiente de liberdade completa [em que o jovem possa desenvolver a sua personalidade]. [Markin Tuder, *Princípios educativos do nosso Movimento*, 1956.]

Intelectual: desenvolvimento da capacidade dos educandos para responder a problemas novos criados pelas circunstâncias. Em outras palavras, o Movimento queria que seus *chanichim* tivessem uma formação ideológica sólida somada a uma formação cultural geral – o mais universal possível – incluindo artes, literatura, ciências físicas e sociais. Mais que "transmitir" conhecimentos, o Dror se propunha a despertar interesses e colocar ao alcance dos educandos os meios para satisfazer a vontade de conhecer por meio do incentivo e da orientação para o hábito de leitura, o estudo voluntário, a pesquisa e a análise crítica de conceitos. O objetivo era formar um *homem culto*, que encarasse o estudo como forma de aprimoramento pessoal e de melhor participar da vida social, a partir da compreensão adquirida dos fenômenos sociais e da tomada de posição sobre eles. O Movimento juvenil, diferentemente da escola, não tinha meios de obrigar alguém a estudar (sendo de fato contra eles), não fazia provas, nem conferia notas preferindo *estimular vontades* e, pela interferência do *madrich,* ajudar os *chanichim* a buscar material de estudo e organizar seu aprendizado pessoal.

Física: desenvolvimento da capacidade física e sensorial, da disposição para atividades ao ar livre, da coragem, da autoconfiança. Lança mão dos esportes coletivos em geral, passeios e treinos de defesa pessoal e coletiva. As atividades escáuticas e os jogos, além de motivar e divertir, eram considerados muito importantes na formação dos *chanichim* das primeiras faixas etárias, pois exigiam sua participação ativa, desenvolviam a disciplina, a organização, a honestidade, o senso de orientação e a capacidade de observar, entender a natureza e conviver com ela. O contato com a natureza era visto também como promotor do aprimoramento pessoal.

Sexual: podemos constatar que os parâmetros que nortearam a educação sexual no Movimento variaram de acordo com as posições dos educadores. Poucas foram as determinações consensuais e menos ainda as definitivas. Destas, o que pode ser dito é que as questões sexuais não só tinham espaço no Movimento, como também isso estava entre seus princípios de *educação global* para o *novo homem*[66]. O Movimento se propunha a dar aos *chanichim* conhecimentos sobre o sexo em seus aspectos fisiológicos, sociais e psicológicos. Também procurava esclarecer sobre os *males* decorrentes do que chamava de vícios sexuais, especialmente a masturbação (quando praticada em excesso[67]) e a prostituição (seus aspectos morais, sociais e higiênicos). Em certos momentos, o Dror chegou a condenar "oficialmente" esses dois *vícios,* em outros, limitou-se a fazer recomendações contra esses males ou simplesmente se absteve de tratar do assunto. É bom lembrar que não havia modo de o Dror coibir práticas como essas, mesmo que quisesse, e esta não era de fato a proposta de um Movimento que dizia buscar a conscientização de seus *chaverim* mediante esclarecimentos. Nesse espírito, a não freqüência a bailes aparecia como uma orientação do Movimento – justificada, em certos momentos, por serem estes um ambiente de degradação moral e as danças de salão, um derivativo artificial das funções sexuais (em outros momentos e contextos, como será visto adiante, as críticas a bailes no Movimento eram outras).

No Dror, os conceitos (ou *preconceitos*) da sociedade burguesa a respeito de sexo eram examinados sob outra ótica, vários deles eram criticados e alguns, na prática, subvertidos. O objetivo educacional drorista era o encaminhamento do *chanich* para *uma vida sexual saudável.*

Soluções satisfatórias para os problemas sexuais eram tidas como possíveis apenas numa sociedade pautada por uma nova moral, sem entraves de ordem econômica, o *kibutz.* Conforme um dos argumentos, a sociedade burguesa, ao mesmo tempo em que procura adiar o casamento de jovens já sexualmente maduros, os coloca em contato com o *problema sexual* – por meio de revistas pornográficas, do cinema e de certos ambientes – incentivando sua curiosidade e criando tabus que conduzem à contradições "resolvidas" com a masturbação e o recurso da prostituição. No *kibutz*, entretanto, os *chaverim* recebem orientação sexual e exercem atividades sadias em que podem empregar sua vitalidade e energia. Tão logo estejam maduros, aos 17 ou 18 anos, não encontram obstáculos de ordem econômica que os impeçam de se casar ou, se isso não se dá, de ter relações sexuais *livres*[68].

Para além de todos esses pontos mencionados, dentro do Movimento, os procedimentos educacionais variavam e os posicionamentos a respeito de práticas sexuais também. Os textos também não nos "ajudam" muito, não são muito claros e não entram em detalhes. Justificam-se: *não é nossa intenção concluir o tema, apenas iniciar um estudo mais profundo em torno do mesmo*.

Podemos encontrar em dois textos de orientação para *madrichim* (aos quais, portanto, nem todos os *chaverim* tinham acesso)[69], a preocupação de atenuar as necessidades sexuais ou desviar a energia desencadeada por elas entre os jovens ainda não suficientemente maduros (em termos sociais, intelectuais, profissionais e afetivos) canalizando-as para outras atividades, diminuindo assim a tensão e o interesse excessivo por sexo num período em que o indivíduo ainda não está preparado para exercer plenas funções na família e na sociedade. *Sublimação* foi um termo empregado.

Outra preocupação que aparece nestes textos é a de procurar, por meio da educação drorista, estabelecer um vínculo estreito entre relação sexual e amor (apesar de se reconhecer que o desejo sexual é algo natural que surge com o amadurecimento biológico).

Entre as características do homem e suas vantagens sobre o animal [que faz sexo pelo sexo], se ressalta a capacidade de amar um só ser do sexo oposto e com ele programar a vida futura conjunta e a felicidade da família que ambos formarão. (...) O ideal do amor deve ser elevado como fator educativo e amoldador de toda a personalidade. ["Educação sexual". *Páginas para o madrich*, maio 1958.]

Nas entrelinhas podemos ler: incentivo à monogamia e às uniões "conjugais" juvenis (a partir de 17 anos, o *casamento cedo*) forjadas por laços sentimentais.

Enfim, o Dror se impunha a tarefa de transmitir aos *chaverim* uma educação de acordo com suas finalidades nacionais, sociais e culturais, ao mesmo tempo em que buscava a formação de personalidades *conscientes ideologicamente e independentes espiritualmente*. No próximo capítulo, veremos quais as metodologias, os conteúdos e alguns dos efeitos da *ação educativa* drorista.

AS PRÁTICAS SOCIAIS

Ação educativa[1]

Para desenvolver sua *ação educativa*, o Dror lançava mão de uma série de procedimentos que envolviam desde as suas já mencionadas estrutura e organização educativas até seus programas educacionais e atividades cotidianas. A metodologia adotada era fruto do aproveitamento e adaptação de diversos instrumentais empregados por outras organizações, educadores e grupos juvenis como também do aprendizado decorrente da própria experiência acumulada pelos instrutores do Movimento.

> Deverá nosso companheiro jovem ligar-se e seguir o caminho do Movimento por sentir que o ambiente humano, nacional, cultural e ideal encontrado nele é mais elevado e mais valioso que qualquer outro de fora. Considerar-nos-íamos derrotados como movimento de renovação humana se o preço da ligação de nossos jovens ao Movimento tivesse que ser o estreitamento ou esterilização espiritual, devido ao abuso de métodos educativos inteligentes, mas artificiais ou inescrupulosos. E assim julgamos (...) porque representa a mais profunda coerência com nossa orientação ideológica de movimento sionista socialista realizador. [Sigue Friesel. *Kibutz Bror Chail*: Jerusalém. Departamento da Juventude e do Chalutz da Organização Sionista Mundial, 1956.]

O Dror afirmava explicitamente não aceitar os métodos que se utilizam de símbolos (*slogans*, culto a objetos, bandeiras e personalidades) para o condicionamento educativo, tornando-os superiores à idéia que representam e criando ligações emotivas sem conteúdo (numa referência ao que presumia serem os métodos empregados por movimentos *antidemocráticos ou antiprogressistas políticos, religiosos ou educativos,* comunistas, nazistas e fascistas). Adotava apenas alguns poucos símbolos, com o objetivo alegado de identificar o Movimento e expressar uma ligação emotiva preexistente. Eram eles: a saudação, a bandeira e o uniforme do Dror (blusa escoteira azul-celeste e calça ou saia azul marinho e, posteriormente, blusa azul com cordão vermelho), a bandeira de Israel e os hinos Hatikva, Techezackna e Internacional cantados em hebraico.

Apesar da crescente centralização das diretrizes educacionais (em termos de formulação de princípios e definição de conteúdos e métodos), a figura do *madrich* sempre exerceu um papel fundamental na *ação educativa* drorista, pois era ele quem a colocava em prática. Reconhecida esta importância, cuidados eram tomados para que os *chanichim* ficassem sob a responsabilidade de alguém considerado suficientemente preparado, culto, maduro, dinâmico, com suficiente *intuição psicológica* e comprometido com as orientações e os valores do Movimento. Mais que "professor" ou "líder", esperava-se que o *madrich* se colocasse na posição de *amigo orientador* de seus educandos, alguém bastante próximo a eles, cujas sugestões fossem respeitadas simplesmente por partirem de alguém confiável e experiente. O companheiro mais velho deveria ser *guia* do mais novo, *mas nunca tomar seu lugar como ser pensante*.

Poderiam ser instrutores *chaverim* de ambos os sexos, acima de 13 anos e sempre de faixa etária superior à de seus educandos. A liderança do Movimento, além de encaminhar aos *madrichim* material educativo, procurava organizar encontros freqüentes e seminários especiais para orientação e troca de idéias sobre psicologia infantil e da adolescência, *concepções mais atuais sobre educação*, métodos de ensino e conteúdos como sionismo, geografia da Palestina etc.

> (...) já em 1948, foi organizado em São Paulo um Seminário Educacional para que aprendêssemos técnicas educacionais, porque o *madrich* era como um professor, educador, líder e meio chefe escoteiro, tudo ao mesmo tempo. Até esse momento, usávamos [no Rio de Janeiro] apenas a intuição e alguma coisa aprendida com os mais velhos... e tínhamos os programas das *sichot* (preleções) que, inicialmente, vinham de Porto Alegre e, depois, passaram a vir de São Paulo (...) [No Seminário, tivemos] aulas de pedagogia (dadas por uma *shlichá* argentina...) e de danças e canções em hebraico (um ingrediente importantíssimo na nossa capacidade e segurar os jovens)... [15]

Nos seminários, os programas eram apresentados e discutidos e os guias recebiam uma orientação geral de como aplicá-los. Os *madrichim* também contavam com o auxílio de companheiros e coordenadores educacionais no preparo das atividades semanais. Dentro da programação, entretanto, as *sichot* ficavam nas mãos de cada *madrich*, corriam pela sua criatividade e competência. Em termos práticos (os depoimentos confirmam), o *madrich* era relativamente livre para atuar em sua *kvutzá: como havia muita liberdade, havia muita criatividade também. O Movimento não se burocratizava. O bom madrich era, entre outras coisas, alguém criativo que sabia estimular os educandos. O madrich que não conseguia deixar as crianças satisfeitas acabava deixando de ser madrich.*

Dois *madrichim* não prepariam a mesma *sichá* do mesmo modo. Se uns puxavam mais para o lado intelectual, outros pendiam para as atividades esportivas ou artísticas. Havia os que se dedicavam mais. Havia os mais carismáticos. Certos *madrichim* e *madrichot* ficaram famosos por seu talento de educadores, sendo lembrados até hoje por ex-*chanichim* e antigos companheiros. (Alguns educadores e educandos estabeleceram na época laços afetivos tão fortes que prevalecem nos dias de hoje.)

O *acompanhamento pessoal* dos *chanichim*, parte da *ação educativa* do *madrich* no Movimento, era praticamente tão importante quanto o trabalho nos grupos:

> (...) se você via alguém que estava com dificuldades, que estava faltando às reuniões, que não prestava atenção... era uma norma falar com ele individualmente o tempo que fosse necessário. Então a gente ia geralmente para o Jardim da Luz (...) e dava grandes voltas por lá falando dos problemas pessoais, da família, das aspirações... era uma forma importante de tentar entender o outro (embora estas palavras não fossem usadas) (...) os guias faziam isso sistematicamente com seus *chanichim*.
> (...) o Movimento era profundamente educacional, a preocupação era de formar gente, não só politicamente, ia muito além disso, era orientação sexual, orientação profissional, até orientação religiosa se fosse o caso (o Movimento não era religioso, mas nada impedia que se alguém tivesse com problemas religiosos pudesse discutir isso com seu *madrich*)... [13]

> (...) se havia um menino que tinha brigado com a mãe, porque a mãe não deixava ele vir às atividades do Movimento, a gente pedia um encontro com os pais do menino... ia lá, convencia, dizia que não tinha perigo, que era uma coisa boa... A gente dava assistência ao pessoal mais jovem, todo tipo de assistência que eles precisassem. Às vezes tinha uma jovenzinha em crise – gente de 14 anos –chorava, não sabia o que fazer, não se encontrava (havia muito esse conceito "não me encontro, não sei quem sou!", coisa daqueles anos) e você conversava com ela para tentar ajudá-la. [14]

O *talento* do *madrich* era incrementado com leituras que visavam o seu aprimoramento pedagógico. O próprio Movimento recomendava bibliografia com essa finalidade (definida a partir de pesquisas e leituras de jovens do próprio Dror), publicava textos de orientação sobre características da juventude, personalidade da criança, interesse sexual na fase da puberdade, pensamentos de educadores etc.. E mesmo *chaverim* chegaram a escrever seus próprios artigos sobre metodologia educativa, a traçar comparações com a educação no Dror argentino etc[2].

O sistema de *kvutzá* – a unidade educativa do Movimento – foi adotado para ser, especialmente entre os mais jovens, *o grupo de vida do chaver no Movimento,* seu espaço de vivência em comum e aprendizado de valores coletivos, de aquisição do conteúdo drorista e, segundo as pretensões do Dror, *onde o jovem resolverá seus problemas de vida.* A expectativa implícita era a de que as pessoas de cada grupo desses adquirissem cada vez maior importância na vida do jovem drorista, tornando-se seus amigos mais próximos, seus companheiros de brincadeiras, atividades e inquietações dentro e fora do Dror.

Para isso, havia uma preocupação de constituir *kvutzot* com um número equilibrado de rapazes e moças e um tamanho adequado para satisfazer o desejo de relações pessoais mais amplas e, ao mesmo tempo, permitir a expressão do *chanich* e o trabalho eficiente do *madrich*. Além disso, o Movimento procurava criar em seus *snifim* um ambiente atraente, alegre, que mantivesse os jovens no Dror e que acabasse sendo considerado por eles como sua *segunda casa,* que freqüentavam *espontaneamente pelo único motivo de se achar à vontade lá*. (É verdade que a gravidade das opções exigidas e a importância conferida ao trabalho sistemático no Movimento tornavam, como muitos ex-*chaverim* reconheceram, o ambiente sério, principalmente entre os mais velhos. Entretanto, sempre havia espaços para danças, jogos educativos ou descompromissados e brincadeiras organizadas ou espontâneas, o chamado ambiente juvenil.)

ampliando o Movimento

Chaverim de todas as idades atuavam no processo de recrutamento de novos membros. Essa atividade consumia uma energia significativa dos droristas.

Um dos procedimentos mais comuns do que chamavam de proselitismo era visitar as famílias judaicas existentes em um determinado local, antes ou depois de ter falado com os garotos, para tentar convencer os pais a deixarem seus filhos freqüentar o Dror. Nessas visitas, os argumentos mais utilizados eram os da maior possibilidade de contato dos jovens com um meio judeu (algumas vezes, falava-se dos perigos da assimilação), de aprendizado da *cultura judaica* e de socialização juvenil. Embora não fosse segredo, no momento de ganhar a simpatia de pais e filhos, os *chaverim* evitavam falar diretamente em *kibutz, proletarização* e *aliá,* procurando destacar os aspectos lúdicos e culturais das atividades no Dror. O Movimento apresentava-se implicitamente também como um espaço de lazer e educação juvenis a custos muito baixos, algo bastante atraente para famílias sem muitas possibilidades de arcar com grandes despesas. Certos pais, convencidos, chegavam a colaborar oferecendo um local para as reuniões.

> (...) quando ia se fazer uma *kvutzá* nova num determinado bairro, havia grupos de *hitrachavut* (que era como se chamavam os grupos para a "formação de amizade" e o proselitismo): a gente participava de uma reunião, por exemplo, numa sinagoga, com grupo de pessoas mais velhas para quem a gente pedia autorização para se reunir ali e para visitar as famílias judaicas que existiam lá, e eles nos davam a lista de jovens na idade adequada... A gente fazia primeiro amizade com os pais e, depois, chamava as crianças, que geralmente vinham envergonhadas, meio ressabiadas... e então a gente reunia um grupo de jovens naquele bairro. Quase sempre éramos bem recebidos pelos pais. Nesse momento, o que valia era o charme de cada um (...). Eu me relacionava bem e é evidente que, quando tinha uma garotinha mais bonitinha..., havia muita confusão de sentimentos... aquelas garotinhas de 13, 14 anos estavam despertando para sexualidade e quando en-

contravam um rapaz charmoso gostavam mesmo. E mais uma vez eu fui chamado atenção pelo pessoal da minha *kvutzá*, com inveja: "Escuta, você está se aproveitando das meninas?". "Eu não, só estou fazendo *itrachavut*". [21]

Outra forma de conseguir adeptos, considerada a mais eficiente, era conversar pessoalmente com os jovens nas escolas, nas ruas, nos seus pontos de encontro e por ocasião das festas de confraternização da coletividade judaica e dos feriados religiosos quando as famílias iam rezar. Plantado dentro e fora das sinagogas, o pessoal do Dror procurava travar conhecimentos, apresentar suas idéias e conseguir interessados para o Movimento.

No Rio de Janeiro, o proselitismo era um trabalho organizado e uma tarefa muito importante. (...) valia tudo para atrair garotas para o Movimento, até namorar se fosse preciso – tanto que algumas meninas da burguesia já estavam prevenidas por seus pais: "Passear juntos sim, visitar o Dror, não". Nas nossas reuniões, prestávamos conta desse trabalho: "fui até à sinagoga...", "falei com tais pessoas...", ou "vai haver uma festa lá no..., vamos lá e se for o caso até dançamos com as moças" aí, valia até freqüentar bailes, não pela farra, mas para conseguir adeptos. [15]

Nos primeiros tempos do Dror, o *proselitismo* era uma tarefa relativamente fácil e de resultados compensadores. Quanto mais distante do episódio da II Guerra e da proclamação do Estado de Israel, mais difícil se tornava o recrutamento. Por outro lado, geralmente os pais não colocavam obstáculo à participação das crianças nas atividades do Movimento mesmo sabendo que se tratava de um ambiente juvenil[3], sionista e socialista. As oposições cresciam à medida em que os filhos se aproximavam da idade de interromper os estudos e se preparar para emigrar.

educação nacional

Para cumprir os objetivos da *educação nacional* – tendo em vista o problema que diagnosticava como deficiência de conteúdo nacional e falta de capacidade criadora própria, decorrentes do processo de perda da identidade judaica da juventude na Diáspora – o Movimento admitia lançar mão de recursos, os mais variados, que pudessem servir de meio de *ligação emocional e racional* entre o *chanich* e o *povo judeu*.

O Dror procurava esclarecer os jovens e seus familiares sobre os perigos da assimilação e a importância da educação nos valores judaicos. Propunha-se a colocar os educandos em contato com as criações culturais, filosóficas, literárias e artísticas do *povo judeu*. Nessa direção, por exemplo, tentava comemorar, *de forma mais viva possível*, festas e datas nacionais, tradicionais (aceitas pelo valor emocional) e modernas, aproveitando para introduzir os *chanichim* na arte e nos símbolos nacionais. Sempre que possível, tratava de revesti-las da nova roupagem adquirida em Israel, especialmente no *kibutz*, "transformando-as" em festas da Liberdade, da Natureza etc. Para o Movimento, a importância de se comemorar o *Shabat*, por exemplo, ligava-se não ao caráter religioso geralmente atribuído à ocasião e sim ao seu significado de ser um dia especial de descanso para todos.

O Dror assumia para si a tarefa de colocar os *chanichim* a par da situação do judaísmo e das comunidades judaicas no mundo e mostrar-lhes *a realidade de Israel* (suas realizações econômicas, sua nova cultura, seu *folclore renovado*, sua política interna e externa) por meio do estudo de temas específicos, da discussão de artigos de jornal e noticiários e da divulgação de músicas, obras literárias e danças. Alimentava também suas próprias publicações em português com informações sobre Israel. E orientava o trabalho voluntário de seus *chaverim* em favor de organismos judaicos internacionais como, por exemplo, a participação nas campanhas de arrecadação de dinheiro para o KKL.

O Movimento dispunha-se a incentivar o aprendizado do hebraico, proporcionando aulas, sempre que possível, ou encaminhando os *chaverim* para cursos externos, promovendo a familiarização com termos em hebraico na vida cotidiana e abrindo espaços para a conversação nesta língua.

Na *educação nacional* drorista, a História, como era de se esperar, desempenhava um papel fundamental. O Dror procurava transmitir a seus *chanichim* a História judaica da Antigüidade à Israel Independente, passando pelas *tragédias e vitórias* do povo judeu, o movimento sionista, a resistência ao nazismo etc. (Nesse aspecto, é fácil constatar um viés bastante nítido na escolha de temas e na forma de abordá-los, pois, como diria E. Hobsbawm, explicando o uso da História para objetivos políticos como a criação ou o fortalecimento de identidades nacionais, *a História é a matéria-prima para as ideologias nacionalistas ou étnicas ou fundamentalistas, tal como as papoulas são a matéria prima para o vício da heroína. O passado é um elemento essencial, talvez o elemento essencial nessas ideologias. O passado legitima.* O viés não era privilégio do Dror já que, segundo este mesmo historiador, *a história da fundação de Israel deixou de ser escrita como propaganda ou polêmica sionista aproximadamente quarenta anos depois de o Estado começar a existir*[4]. E o Dror recebia toda essa influência. Por exemplo, na educação drorista, a História judaica antiga é relacionada à História do sionismo moderno, como se houvesse de fato uma continuidade entre elas[5], o que reforça, em termos de representações, a legitimidade do Estado judeu.)

Uma das dificuldades em promover a *educação nacional* no Movimento residia no fato de que, em palavras droristas, faltava *conteúdo judaico* aos próprios *madrichim*, devido ao processo de assimilação[6], ou seja, os próprios instrutores muitas vezes tinham que estudar para conhecer as tradições ou a *nova cultura* israelense e "aprenderem" a ser judeus. Portanto, as ligações dos *chaverim* com o judaísmo faziam parte de um processo de construção da identificação nacional e não de algo preexistente como, contraditoriamente, alguns documentos procuravam fazer crer.

educação social

Quanto à *formação social,* o Dror procurava, a começar pelas crianças, incentivar o hábito do trabalho manual e da vida no campo, *rude e sossegada em contraste com a ruidosa em movimentada vida citadina.* As *kvutzot* realizavam atividades como a construção de maquetes ou plantação de hortas, freqüentavam exposições com conteúdos relacionados à técnica, ao trabalho e à vida dos trabalhadores, visitavam oficinas e fazendas.

Quando atingiam a idade considerada adequada ao início da *profissionalização* (após o término do curso ginasial), os *chanichim* recebiam orientação para fazerem cursos técnicos ou agrícolas, estágios em fazendas ou granjas. Paralelamente, atento a seu objetivo de provocar nos *chaverim* uma *mudança de classe social,* o Movimento procurava despertar a sensibilidade dos *chanichim* para as questões sociais, a crítica à sociedade burguesa e a revolta contra as injustiças através do incentivo à leitura de artigos de jornais, contos e romances de cunho social, à observação das condições de vida e luta dos trabalhadores e explorados, à produção de textos sobre o assunto e ao estudo da História Geral destacando seus aspectos sociais.

Numa fase posterior, os de mais idade (e somente eles), que já estariam capacitados a compreender e tomar uma posição consciente, eram introduzidos pelo Dror na ideologia socialista a partir do estudo e da discussão de temas como *a origem da propriedade privada, a história da luta de classes, a crítica à ordem social burguesa, os caminhos para a sociedade socialista.* O Movimento dispunha-se, dessa forma, a orientar o sentimento de revolta (despertado anteriormente) para a busca da *solução.* Esse processo educacional intensificava-se conforme avançava a idade dos educandos. E, segundo a ideologia do Dror, era necessário que ocorresse ao mesmo tempo em que a vida material do *chaver* se transforma: quando ele passa a desenvolver uma profissão manual, a mudar seus hábitos e modo de vida, a viver do seu próprio trabalho. Só assim começariam a surgir as *condições objetivas* para a incorporação da *verdadeira e conseqüente convicção socialista* (bem de acordo com a leitura drorista do marxismo e da relação que este estabelece entre pensamento e condições de vida materiais). A *proletarização* só era vista como completa no *kibutz,* longe do antigo estilo de vida da Diáspora, entretanto todos os esforços no sentido de abandonar o *estilo burguês* e aproximar-se da classe operária – como, por exemplo, compatibilizar escola e trabalho, realizar pequenos serviços, ter um emprego produtivo – eram incentivados pelo Movimento. E, finalmente, como esta *revolução pessoal* só era tida como válida se plenamente consciente, um estudo ideológico profundo deveria acompanhar a *profissionalização* atribuindo-lhe sentido.

O ápice da educação, no Brasil, para a vida de *trabalho produtivo* era a experiência na Hachshará.

educação do caráter

A preocupação com a *educação do caráter* era especialmente forte com relação aos *chanichim* mais novos. Demandava o acompanhamento do *madrich* que deveria atribuir-lhes tarefas nas quais tivessem que manifestar suas *qualidades de caráter*. Assim, a partir de jogos, interpretações de contos exemplares, discussões em torno de situações reais e episódios históricos – atividades que exigem iniciativa e responsabilidade – o instrutor observava o comportamento e as opiniões de seus *chanichim* sendo responsável por corrigir rumos e apontar, conforme o caso, os procedimentos aceitáveis de acordo com os parâmetros de honestidade, força de vontade, auto-disciplina e coragem que o Movimento procurava desenvolver nos jovens.

Como esse tipo de formação educacional não dependia tanto de estudos específicos e atividades elaboradas como a *educação nacional* ou a *social*, o trabalho pessoal de análise e aconselhamento feito pelos *madrichim*, no dia a dia, juntamente com o estímulo à iniciativa e o senso de autocrítica do *chanich* eram tidos como fundamentais para a *educação do caráter* e a adoção de comportamentos dignos e de princípios morais e éticos – de acordo com o Movimento, bem entendido.

Assim como o aprimoramento *físico* era considerado um elemento importante na *formação do caráter* (ao contribui para melhorar a auto confiança, a coragem e a iniciativa do jovem diante de qualquer tarefa), a *simplicidade* na aparência – entendida como o uso de vestimentas simples e sem enfeites – ajudaria a aperfeiçoar a essência dos indivíduos.

educação física

> Como ajudar a criança a não ser galútica, a não ser um judeuzinho do Galut: um ser fraquinho, coitadinho e magrinho? Vamos levá-lo para a natureza, vamos desenvolvê-lo, vamos fazer esportes. (...) A criança tem que praticar esportes, porque a gente quer criar um tipo de judeu diferente... Então, você fazia uma atividade esportiva, uma macabiá, ou um dia de esportes... [14]

Embora a *educação física* fosse uma proposta para todas as faixas etárias do Movimento, ela atingia especialmente os mais novos. O Dror aproveitava a experiência do movimento escáutico, mas procurava substituir a competição individual pela cooperação nos grupos. Assim, os jogos e os esportes coletivos tinham a preferência por estimularem o sentimento de equipe e o companheirismo.

Os cuidados com a saúde, o desenvolvimento atlético, o convívio harmonioso com a natureza eram desafios que se impunham também entre os mais velhos principalmente em longas caminhadas e no trabalho nas terras da Hachshará[7].

O Dror considerava o fumo prejudicial, fisiológica e psicologicamente, e se esforçava para educar seus *chaverim* desde cedo contra ele. Entre os já fumantes, as campanhas antifumo não faziam tanto sucesso, exigindo a tolerância dos mais radicais que propunham que não se fumasse em nenhuma das atividades do Movimento.

educação sexual

A *educação sexual* envolvia esclarecimentos sobre a fisiologia humana e o amadurecimento sexual, discussões em grupo sobre aspectos sociais e morais da atividade sexual e orientação individual (considerada *imprescindível* na busca de soluções particulares, adequadas a cada caso).

(...) o *madrich* deve procurar se pôr a par do problema de cada *chanich* e aconselhá-lo na sua solução de forma particular tomando o cuidado de não encontrar soluções fáceis, *standards* que não sejam reais e aplicáveis. Desta forma podemos encaminhar o *chanich* para uma solução positiva de seus problemas sexuais opondo-nos à influência que este recebe de fora, colocando-o [o sexo] como uma questão natural e não misteriosa, orientando-o para um sentimento de amor verdadeiro. [Markin Tuder. *Princípios da nossa educação*, Kibutz Bror Chail, Hanhagá Elioná – Ichud Hanoar Hachalutzi, 1956.]

Deve haver confiança e entendimento entre o *madrich* e os *chanichim*. O *madrich* deve ser cuidadoso para não "pregar sermões" ou impor leis, mas deve desencorajar certas práticas e dar boas razões de por que elas são indesejáveis. O mais importante talvez seja o líder ser um exemplo (...) porque seu comportamento terá muita influência entre os membros do seu grupo. ["Sex education", *Proposta educativa conjunta*, 1963.]

Os assuntos a as abordagens dependeriam das idades. Em geral, eram os próprios jovens do Dror que se encarregavam de estudar a questão e definir o conteúdo a ser transmitido para os menores. Para tratar do tema, os *madrichim* procuravam adquirir conhecimentos de biologia e psicologia relativas a cada uma das fases por que passavam os *chanichim* desde a infância (reconheciase: *há poucos princípios gerais que se aplicam a todos os grupos de idade*) aventurando-se em leituras e discussões, textos de psicologia, comportamento social e fisiologia. O Movimento também convidava especialistas, médicos e psicólogos conceituados, para dar palestras sobre sexualidade aos seus *chaverim* e colaborar com seu trabalho de educação sexual em várias das cidades em que atuava. Esses especialistas, por vezes traziam material, brochuras e livrinhos, que passavam a ser incorporados na preparação das *sichot*.

educação intelectual e educação artística

Havia uma preocupação clara em fazer das reuniões com os mais novos atividades dinâmicas e mais atraentes que as das escolas. Os recursos mais utilizados eram a leitura de contos, os trabalhos manuais (confecção de miniaturas, álbuns botânicos, enfeites, desenhos etc.), os passeios e visitas, as comemorações, as canções, danças e representações teatrais, os esportes coletivos. Para a transmissão de conteúdos, os *madrichim* costumavam adotar a *conversa direta através de perguntas e respostas* proporcionando aos *chanichim* oportunidades de se expressar e emitir opiniões[8]. As propostas de atividades contidas nos programas educativos para *tzofim* eram bastante detalhadas e, além disso, os instrutores podiam contar com outros materiais como as brochuras *Teatro para tzofim* e *Jogos* publicadas para facilitar seu trabalho. Esta última, classificava os jogos por tipo (*de salão, ao ar livre, em volta de fogueiras* e *para desenvolver os sentidos*) e adequação etária e explicitava suas regras, desenvolvimento e propósitos educativos[9].

A metodologia empregada com os adolescentes estimulava as discussões e procurava, segundo queriam instruções dadas aos guias, *exercitar sua capacidade de discriminar e refletir* sobre idéias e questões morais evitando o discurso ideológico reservado aos mais velhos. A diversidade de atividades era mantida (passeios, idas a cinema, teatros, audição de música erudita, atividades ao ar livre, danças etc.) e enriquecida com as discussões sobre os *livros do mês* (que deveriam ser lidos por todos), as palestras desenvolvidas pelos próprios *chanichim* e os exercícios de *julgamento* (em que cada um dos lados defendia com argumentos uma opinião diferente)[10]. Para o trabalho com garotos acima de 15 anos, um programa educativo recomendava a ênfase nas *explicações racionais* e nas *interpretações*; além de literatura de ficção, livros de História e Sociologia passavam a fazer parte de suas leituras[11].

Entre os *ovdim* (por volta dos 18 anos), considerados aptos a ter, por exemplo, *conhecimentos de marxismo* – visto como critério de análise social a ser aplicado na apreciação dos fatos históricos e cotidianos – a "metodologia de ensino" aconselhava que cada conceito fosse precedido de exemplos que o justificam, que a *superficialidade das vulgarizações* fosse evitada, que obras originais de Marx e de Engels fossem lidas e comentadas e que os *chanichim* tivessem acesso a textos que empregam a *análise materialista histórica* (como *A questão judia*, de A. Leon). Os assuntos podiam variar mais, ao sabor dos interesses dos *chanichim*, e boa parte das *sichot* ficava a cargo dos próprios educandos, supervisionados pelo *madrich*[12].

> (...) numa idade mais velha a gente falava muito... (meu Deus do Céu!) tudo naquela época era assunto. Eu me lembro, por exemplo... [que discutíamos] temas incríveis como a "pena de morte", a "eutanásia"... [14]

A orientação geral era para que fossem evitadas a todo custo as *respostas fáceis aos problemas levantados pelos chanichim*. Sempre que possível, o *madrich* deveria tentar fazer com que eles mesmos procurassem as respostas – *fundamentadas num conhecimento mais profundo* – por meio da leitura, estudos e pesquisa. O *madrich* acompanharia os estudos de assuntos de interesse particular do *chanich* colocando à sua disposição o material necessário ou ensinando a localizá-lo e utilizá-lo ou ainda formando, entre os *chaverim,* grupos de estudo de determinados *ramos da cultura*. O Movimento – diferentemente da escola, considerada *repressora*, com sua obrigatoriedade e seu sistema de *estímulos artificiais* (provas, notas, promoções e repressões) – procurava incentivar o estudo voluntário e independente de temas que interessassem aos *chaverim*. O *madrich* deveria também estimular o hábito de leitura através de indicações bibliográficas, debates sobre determinados livros, comentários e críticas[13].

A capacidade de expressar idéias através da palavra oral ou escrita era um valor alimentado no Movimento. Desenvolvê-la fazia parte dos objetivos educacionais do Dror que, para tanto, incentivava a participação dos *chanichim* em *sichot*, debates e trabalhos escritos de toda espécie: jornais de parede, boletins específicos das *kvutzot*, boletins informativos de distribuição interna (editados pela direção e pelos *snifim*), jornaizinhos das *sh'chavot*, publicações mais amplas do Movimento como a revista *Dror* e, mais tarde, o *Jornal do Dror*. Isso explica a variedade e quantidade de textos produzidos pelos *chaverim* versando sobre os mais diversos assuntos, de política internacional a comentários de livros ou crônicas divertidas relatando um passeio ou piquenique, de artigos ideológicos à tentativas de produção literária ou poética[14]. Com apoio dos companheiros, Henrique Sazan publicou, em 1956, seu próprio romance, *Uma criança está chorando* (Waldemar Kutner fez a gravura que ilustra a capa do livro), que narra a história de André – um jovem violinista que se torna militante de um grupo pacifista e morre defendendo suas idéias – e Bernalda, sua namorada – que, grávida de André, prossegue na luta contra a ameaça da III Guerra Mundial e pela construção de uma nova sociedade, bem no espírito drorista.

Os *snifim* do Movimento procuravam também manter uma biblioteca própria, cujas estantes reservadas aos livros sobre Israel, sionismo e sionismo socialista eram alimentadas, em boa parte, por edições da Organização Sionista Mundial ou do MAPAI – o que, sem dúvida, direcionava a formação intelectual dos *chaverim* com relação a esses assuntos, mas não de modo determinista, pois eles também tinham outras fontes de pesquisa como, por exemplo, obras da Biblioteca Municipal. Com freqüência, o Movimento realizava seminários com gente do próprio Dror ou convidados de fora, completando e enriquecendo os temas dos programas educativos.

> (...) por exemplo, o assunto alienação: fui até a USP e [como *maskir*] convidei o filósofo Gianotti para nos ensinar, porque já estávamos estudando um pouco de Marx. Alugamos os galpões da Festa da Uva de Jundiaí e, durante três dias, o Gianotti deu seu seminário para 60 ou 70 jovens que lotaram o espaço. As moças ficaram entusiasmadas com ele e enamoradas (porque ele era bonito) e nós ficamos com dor de cotovelo... [risos] mas foi muito interessante. [25]

Freqüentar bibliotecas, museus, exposições de pintura, cinemas, teatros e concertos de música erudita era algo bastante comum na vida dos *chaverim,* incentivados pelo espírito do Movimento que valorizava tanto a produção *erudita* quanto a *cultura popular*. Os *chaverim* procuravam driblar o custo dos ingressos economizando dinheiro, tentando entrar de graça, ocupando os lugares mais baratos dos teatros ou oferecendo-se para atuar como claque.

> ... a gente ficava completamente por dentro das atividades culturais que aconteciam em São Paulo... lá de cima, no "poleiro" do Municipal, vimos a Ópera de Pequim, o Teatro Italiano... [31]

A educação nacional – envolvendo conteúdos de judaísmo, sionismo e israelenses – era uma forma de o movimento criar uma identificação maior dos jovens com o povo judeu e evitar a assimilação. A comemoração de datas e festas judaicas era um dos pontos altos dessa educação.

Quando a comemoração de festas judaicas envolvia apresentação de discursos, peças de teatro, danças e canções, também favorecia outras propostas do movimento, como o desenvolvimento da capacidade de expressão, a valorização das artes e do patrimônio cultural, os trabalhos intelectuais e manuais, a cooperação, o envolvimento, a disciplina e a camaradagem (foto da Festa da Colheita comemorada pelos *chaverim* em 1949).

A educação artística – entendida como a *educação da sensibilidade para a apreciação de obras de arte* – era uma das preocupações do Dror, que chegava a organizar projeção de filmes e proporcionava palestras sobre temas de arte, além de abrir oportunidades para a formação de corais, pequenas bandas, grupos de danças folclóricas judaicas ou de teatro e para a expressão artística através do desenho, da pintura, da modelagem, da música e da fotografia.

... havia sempre coisas para todos fazerem, cada um de acordo com seu talento... (era algo efervescente!)... todo mundo sentia necessidade de se expressar... eu, o Kucinski e outros mantínhamos um jornal mural... Desenhávamos, pintávamos... todos participávamos e acabávamos desenvolvendo habilidades que não sabíamos ser possíveis. Nós fazíamos uma cultura paralela, informal, mas que deu frutos extraordinários: gente muito boa descobriu naquela época qual era o seu caminho. [21]

A gente ia bastante a concertos no Municipal (...). Foi um período em que eu comecei a valorizar coisas como música clássica, teatros, filmes (indicados e depois discutidos). Conversávamos sobre livros, shows e peças de teatro. Alguns atores hoje importantes eram do Dror (...) [e lá organizavam grupos de teatro], como o Hugo Jordanovsky (que é um ator de teatro importante em Israel, hoje Hugo Iarden) e o Abraão Farc (que é ator de telenovelas aqui no Brasil). Esse pessoal foi encontrando espaço dentro do Movimento. [27]

O Dror incentivava muito atividades culturais. Cinema e literatura eram apoios essenciais. (...) por causa do Davi Perlov, freqüentamos a cinemateca do MASP (o Davi, hoje, é um cineasta importante em Israel), através dele nós tomamos conhecimento dos clássicos. Nós íamos à Cinemateca à noite assistir ao *Encouraçado Potenkin* para depois discutir... [13]

Se não fosse pelo Movimento Juvenil, talvez eu nunca soubesse que existia uma Cinemateca, que exibia filmes especiais, fora dos cinemas comerciais. [29]

Íamos muito à Cinemateca da cidade (uma coisa muito boa!) ver filmes sobre Revolução Espanhola... ao Cine Jussara, onde passaram os primeiros filmes do Ingmar Bergman... filmes franceses... (Era o máximo!) [26]
O Movimento era muito eclético e fazia muita questão de que o chaver não tivesse só conhecimento técnico. Acabávamos virando cinéfilos. Assistia-se de tudo, desde musicais até... não havia uma "censura" no Movimento, o que havia eram recomendações para determinados filmes, de arte, europeus... franceses, que não eram muito comuns... [21]

Não foram poucos os que declararam ter despertado seu gosto pessoal para a música erudita nas audições promovidas pelo Movimento juvenil. Desde cedo, os ouvidos dos *chaverim* recebiam doses de escalas e harmonias. Um programa educativo sugeria que os *tzofim* ouvissem *músicas descritivas* (nas quais o compositor se propôs a descrever algo através de sons) ou *de constru-*

ção fácil (caracterizadas pela repetição); para o primeiro caso, recomendava entre outros: *Pedro e o lobo,* de Prokofiev, *Carnaval dos animais,* de Saint Saens, *O vôo do besouro,* de Rimsky-Korsakov e *Aprendiz de feiticeiro,* de Paul Dukas, para o segundo caso, minuetos, valsas, rondós e pequenas marchas de Mozart, Bach ou Haendel.

O interesse especial por música e o talento individual de alguns *chaverim* deixaram suas marcas no Movimento juvenil.

Minha vocação para a música apareceu antes de eu entrar para o Dror, aos quatro anos e meio. Quando eu entrei no Dror, não só havia espaço para eu me desenvolver (...), como também a música era muito prezada no Movimento, sobretudo Beethoven. E eles me pediam... e eu me lembro que eu dava algumas aulas, audições, colocava discos, explicava... Quando eu dava concertos, o grupo ia assistir, apoiava, era muito bom... Quando tinha que plantar, mexer na terra (...) eu ficava com medo de machucar a mão... e tinha um pianozinho lá (no sítio em Teresópolis) e um rapaz que tocava violino – então me davam umas horas e eu ficava ao piano com esse rapaz, ou seja, eles respeitavam bastante esse lado meu [de pianista] sim. (...) Me lembro das reuniões, e de eu estar sempre tentando levar as coisas para a música, eu e o Isaac Karabtchevsky (...) nós tentávamos levar a música para o Movimento... [20]

O Isaac Karabtchevsky foi um madrich que me influenciou bastante não só como *madrich,* mas também com seus ensinamentos de música. Ele nos ensinava a tocar chalil, um tipo de flauta doce, levava a gente ao Pró-Arte, em concertos, em cursos de música, formava corais em que cantávamos juntos sob sua direção... [29]

Outros tipos de música, além da erudita, eram valorizadas no Movimento juvenil, como certas manifestações da MPB – *não o samba ou as músicas de carnaval e sim música "folclórica", "de raiz" ou do tipo Dorival Caymi* (sobre os pescadores, os trabalhadores pobres etc.) – e as músicas populares israelenses. Em 1959, o Dror publicou um livro (*Shirom,* 268 páginas) de canções judaicas (sabáticas, hinos e marchas, ao redor da fogueira, pastoris, de amor, de datas comemorativas, bíblicas e "sionistas") em hebraico e com tradução em português, que chegou a ser vendido para a coletividade judaica.

A arte em geral encontrava bastante espaço nas preocupações do Movimento.

... um exemplo de discussão comum no Movimento: "o que distingue um artista do artesão?" (Tínhamos uma visão muito romântica do artista que sofre e vive para sua arte). [17]

O Davi [Perlov] pintava. Ele nos aproximou muito da categoria artista, do mundo do artista, dos direitos do artista, de aceitar o artista, de entender que o artista não é um burguês. E eu me lembro que, por exemplo, a gente contava para as crianças a história da formiga e da cigarra, e a moral ali é "tem que trabalhar", mas a gente sempre conduzia a conversa com as crianças para dizer: "não é só trabalhar; o artista, aquele que canta ou aquele que pinta, que não faz um trabalho convencional, ele também é alguém nosso, não está certo esta maldade da formiga com a cigarra (...) o artista tem que ter o seu lugar também na sociedade, tem que ser reconhecido, tem que ser protegido". [14]

Além das discussões sobre arte e artistas previstas na programação educativa, vários *chaverim* se sentiam à vontade para escrever artigos sobre arte, música e arquitetura nas publicações do Movimento. Henry Mau teceu comentários sobre a música popular israelense[15]. Vittorio Corinaldi escreveu sobre a relação do Movimento com as manifestações artísticas:

> No nosso movimento não aceitamos fórmulas para encarar seja qual for a manifestação humana. Mas [com relação à arte] (...): condenamos o charlatanismo de produções mascaradas com o rótulo de arte pela arte e as que visam unicamente interesses partidários. Damos valor àquilo que preenchendo os requisitos de obra de arte possua ao mesmo tempo um valor social. ["Arte e Movimento", *Dror*, nº 6, fev. 1951.]

Nair El Asari, orientadora de *madrichim*, procurou educar *por meio* da arte:

> A gente pegava o material todo dos programas e reformulava, refazia, recriava... Para preparar o material educativo, também fazíamos pesquisas em bibliotecas e passávamos para os *madrichim*. (Nesse aspecto, existia muita liberdade, que era um princípio do Movimento). Na época, eu era ligada muito à arte e gostava de preparar material sobre isso. Eu usava o livro *Educação Através da Arte*, do Herbert Read, não para alimentar a ideologia propriamente dita, mas para fazer, através da arte, um homem mais feliz e mais perfeito, dominar seus aspectos mais animalescos. Eu acreditava muito na função social da arte. Para os chanichim conhecerem arte, eu fazia exposiçõezinhas – sobre Picasso ou Paul Klee, por exemplo. Depois, dava papel para as crianças desenharem... Era o meu toque pessoal no Movimento, as pessoas adotavam minhas idéias e compartilhavam delas, mas vinha muito da minha parte (...) eu achei na biblioteca um livro sobre o desenvolvimento do desenho infantil, trouxe isso para o Movimento e dei um curso para os meu orientandos.

os programas

Vale a pena nos determos sobre os programas educativos (*tochniot*) do Movimento, que ainda hoje chamam a atenção pelo alto grau de elaboração que denotam e por suas concepções e pretensões traduzidas em conteúdos e atividades sistematizadas com o objetivo de influenciar e mais, de formar pessoas, tornando-se um dos instrumentos mais importantes da *ação educativa* do Movimento. Por meio dos *tochniot* o Movimento transmitia sistematicamente aos *chanichim* ao longo dos anos (dez aproximadamente, para os que ingressavam na infância), conhecimentos gerais e ideológicos.

Até meados dos anos 50, os programas eram redigidos por um grupo determinado e depois submetidos à aprovação da assembléia nos congressos educativo e geral. Lembranças de ex-*chaverim* dão uma idéia do grau de criatividade envolvido na elaboração desses programas. Paulo Singer recorda-se:

[Para fazer os programas] havia uma certa dificuldade em se conseguir bibliografia e material. (Como nós éramos jovens inexperientes, eu acho que qualquer bibliografia já estava bom para nós.) (...) eu sei que inspirei pra burro o Movimento na parte educacional (...) Eu me guiava muito pelas minhas leituras pessoais. (...) Nós líamos coisas muito semelhantes, não por obrigação, mas porque eram as leituras que emocionavam os jovens muito politizados dessa época. (...) os avanços [intelectuais] que haviam eram avanços meio coletivizados, cada um de nós que descobria um novo universo através de um autor importante, socializava, escrevia, fazia seminários ([entre 16 e vinte anos] é uma idade ótima (...) em que se está descobrindo o mundo e nós descobríamos mais ou menos coletivamente). O que caía na mão era socializado e acabava entrando um pouco nos programas. Havia liberdade para serem encaixadas coisas nesses programas. Havia um núcleo sionista, evidentemente, que era mais ou menos padrão. (e sobre isso eu li muito pouco, porque, de fato, não havia muita literatura). Havia um traço socialista, necessário, e nesse a gente tinha toda a liberdade, então, nessa parte, a gente avançou muito. E havia perguntas filosóficas e um pouco de psicanálise (na medida em que o Sigue [Friesel] se interessou por isso e trouxe essa problemática para dentro de nós).

Normalmente, nossas fontes eram fontes modestas, era o que havia. Estávamos vivendo um momento democrático no país, então, você tinha uma certa profusão de análises alternativas. (O Partido Socialista era muito pequeno, publicava muito pouco, mas havia um jornal chamado *Folha Socialista* que a gente lia e que era interessante). (...) o pessoal me pedia para preparar material especialmente sobre marxismo, materialismo histórico, política internacional, noções de economia... essas coisas sobre o que eu lia mais...

Nos primeiros tempos do Dror, o *madrich* recebia uma lista com o título de cada *sichá*, indicações sumárias de como desenvolvê-las e às vezes alguma bibliografia. Os programas que chegaram, mais tarde, do Movimento mundial sediado em Israel já eram bem mais completos. Entretanto, não é demais ressaltar que a aplicação dos programas exigia um esforço grande dos *madrichim* na realização das "aulas" e atividades.

As versões destinadas à educação dos mais jovens eram mais detalhadas, enquanto se esperava dos mais velhos que definissem com maior autonomia seus interesses e caminhos educativos levando em conta seu posicionamento diante dos objetivos do Movimento.

À medida em que ia subindo de idade as noções ficavam mais imprecisas e se promovia mais debates e discussões... e a coisa [a atividade educacional], na verdade, dependia muito mais da criação local. (...) Durante a semana, marcava-se uma reunião do *Chug* de *madrichim* (...), e então discutíamos o assunto que seria o daquela semana (...). Depois, a gente ia atrás de artigos ou livros sobre aquele assunto e um falava para o outro, inventava um pouco e cada *madrich* dava o seu. (...) A gente tinha sempre a sensação de estar criando um mundo. Mesmo havendo uma certa hierarquia, não havia burocratização (isso eu sei, porque os Movimentos juvenis comunistas eram muito burocráticos e o nosso não), e era fantástico, cada vez tinha uma novidade, uma idéia a ser discutida, elaborada, alguém que trouxe alguma coisa... (...) quando apareceu Kafka, foi uma farra (...)

tinha um sujeito que lia muito (e hoje é professor de literatura e mora no *kibutz*), o Moisés Bentkovich, ele foi o primeiro que começou a ler Kafka, não sei de onde ele tirou, mas espalhou para todo mundo... [25]

Os programas, além de procurar respeitar as diferenças etárias (interesses e capacidades), seguiam uma direção determinada: caminhavam do geral para o particular e do concreto para o abstrato não só no desenvolvimento de cada tema, mas também ao longo dos anos que compreendiam todo o processo educativo do jovem no Dror cuidando para que as demandas da educação *nacional, social, de caráter, intelectual, física* e *sexual* fossem contempladas neste processo. Dessa maneira, o foco principal da programação para os *tzofim* (a primeira faixa etária) era *conhecimentos sobre a natureza* e *as criações do homem* e o currículo de estudos da última camada jovens mais velhos do Movimento tratava de assuntos como *movimento kibutziano* ou *problemas políticos em Israel*. Em linhas bem gerais, os programas dos educandos das camadas intermediárias incluíam, na seqüência: *o homem perante a natureza, o homem no espaço e no tempo* (geografia e história), *ideologia* (critério de interpretação do mundo e análise das sociedades). São "linhas gerais", porque, assim como as *sh'chavot* não foram sempre as mesmas os programas também se modificaram ao longo do tempo em termos de conteúdo específico para cada faixa etária.

O *II Kinus Chinuchí* (1951) propunha um programa de quatro anos para *tzofim* e apresentava sugestões de atividades para todos os encontros de fevereiro a dezembro. Nos dois primeiros anos, entre os temas a serem desenvolvidos – por meio de contos e brincadeiras no primeiro ano e de "aulas expositivas" e "saídas" (visitas a fábricas, bairros operários, zoológico, orquidário, bosques etc.) no segundo ano – estavam: *plantas e animais, amizade e ajuda mútua, liberdade, trabalho, arte, judaísmo* e *vida em Israel*. O segundo ano ainda incluía: *Brasil* (*os seringueiros, os índios, as indústrias* e *os gaúchos*), *povos do mundo* e *comunicações*. No ano seguinte, as crianças aprenderiam sobre as diferenciações sociais estudando *a rua* (bairros, subúrbios), sobre os produtos alimentícios, o trabalho agrícola, a caça e a pesca observando *a feira,* sobre a máquina e os aspectos sociais do trabalho procurando entender *a fábrica,* sobre a história da escrita partindo da *livraria* etc. No quarto ano, além dos conteúdos mais gerais (como *natureza, arte, trabalho*), os *chanichim* ficariam conhecendo figuras importantes do sionismo, heróis judeus e poetas de Israel. Os temas *nacionais* judaicos estavam sempre presentes nas atividades das crianças e geralmente acompanhavam o calendário das comemorações mesclando festas tradicionais e nacionalistas (*Pessach, Yom Haatzmaut, Simchat Torá, Yom Kipur, Rosh Hashaná e Chanucá*). Tanto quanto essas datas judaicas, o Primeiro de Maio também era comemorado com grande ênfase no Movimento em geral.

O conteúdo reservado aos educandos com idades entre 13 e 15 anos apoiava-se na disciplina histórica e ia das *teorias de formação do mundo e da evolução das espécies* ao tema *indústrias* passando por assuntos como *as in-*

venções do homem primitivo, as origens da agricultura, a manufatura e *a divisão de trabalho, o comércio, a formação das línguas* e *as fontes de energia.* O segundo ano de Dror para os garotos dessa faixa etária finalizava com o tema *nacionalismo judaico* concluindo um percurso que se iniciava com o *trabalho intelectual* (que incluía conhecer um pouco a obra de médicos-cientistas famosos – como Osvaldo Cruz e Louis Pasteur – e grandes artistas – Beethoven, Van Gogh, entre outros), seguia com as *idéias sociais* (as histórias de Moisés, Lincoln, Zumbi, Garibaldi e dos Macabeus) e passava pela *História do povo judeu*, da sua *formação na Antigüidade* aos *pogroms na Europa* e *emigrações para a América*.

Para os propósitos educacionais do Movimento demarcados em 1951, a partir dos 15 anos, os *chanichim* estariam maduros para discutir *problemas sociais* em termos históricos e de análise atual: *ética e moral social; a família, a mulher; prostituição; educação em geral*. O programa educacional a eles dirigido também incluía *Freud e psicanálise*. Por volta dos 16 anos, os *chanichim* teriam uma idéia dos aspectos mais importantes da história e da cultura de diversos povos e países do mundo (países árabes, Antigüidade oriental, Grécia e Roma, Itália, França, Espanha e Portugal, Alemanha, Inglaterra e Estados Unidos, povos eslavos) e de suas relações com os judeus. Teriam também mais contato com o pensamento de Gordon, Borochov e Katzenelson e com a história mais recente e a geografia de Israel.

Os jovens acima de 17 anos já ouviriam falar de *Marx e Engels*, de *materialismo histórico*, dos conceitos marxistas de *classe social, capital, mais valia, valor* etc. e do *processo moderno de produção* (incluindo: organização do trabalho, sindicatos e cooperativas, iniciativa privada e estatal, socialização, estatização e nacionalização, monopólios e concorrências, salários, greves, internacionalismo). Estariam ocupados em discutir arte (história, manifestações de arte relacionadas à política e à luta de classes), literatura, cinema e ciência, mas também o sionismo socialista, os movimentos juvenis e as questões específicas de um movimento como o Dror. Antes de chegar a *magshimim* (faixa etária dos 19 aos 23 anos em que boa parte já se encaminhava para ou estava na Hachshará), os *chanichim* já teriam participado de encontros dedicados a discutir a situação econômica vigente em Israel.

Embora não fossem restritos a um determinado grupo de idade, a camada mais velha do Movimento seria a principal interessada em encontros especiais para estudar e debater aspectos específicos da vida no kibutz – família, casamento, amor livre, nova pedagogia –, da ciência voltada para o *kibutz*, da arte lá produzida e da posição social do artista e do cientista no modo de vida *kibutziano. Os movimentos pioneiros, a auto realização, o sentido da proletarização, as posições políticas, os blocos de poder e os organismos internacionais* também seriam assuntos estudados com mais profundidade pelos mais velhos do Movimento juvenil.

Após a "definição curricular" de 1951, vieram outras. Embora as diretrizes educacionais gerais continuassem as mesmas, os novos programas apresentavam algumas diferenças de conteúdos específicos na tentativa de serem mais fiéis às possibilidades e propostas do Movimento. Em meados dos anos 50, os programas já eram bastante detalhados, incluíam resumos, objetivos específicos, textos, bibliografia e sugestões de atividades[16].

Nas duas primeiras camadas de idade, os temas nacionais, como instrumental educativo para a formação da consciência nacional, tornaram-se prioridade e foram reforçados. Para os *chanichim* de até 13 anos, as festas e comemorações adquiriram maior importância assim como a História judaica antiga, com seus momentos mais interessantes, personagens e lendas. Os assuntos de caráter geral (*técnicas e invenções, arte, natureza, agricultura, grandes rios, primeiras civilizações* etc.) continuaram, mas, na medida do possível, procurava-se estabelecer paralelos entre estes e aspectos da história e cultura judaica e da realidade israelense. Para se ter uma idéia do "estilo" da educação ministrada no Dror, bastam alguns exemplos do desenvolvimento de *certos conteúdos judaicos* em programas educativos adotados na segunda metade da década de 1950. *Pessach,* por exemplo, era visto como a Festa da Liberdade, e Moisés como um dos maiores líderes patriotas do povo judeu (e não como uma figura mística das Santas Escrituras); o aspecto religioso era praticamente esquecido e ganhavam destaque as questões mais ligadas ao nacionalismo (a religião como forma de resistência judaica durante a Idade Média; paralelos entre o povo judeu vagando no deserto antes de chegar à Terra Prometida e a história judaica recente) e aos costumes israelenses (como os *kibutzim* comemoram a festa). O papel desempenhado pelos movimentos pioneiros era um assunto que se sobressaía na comemoração das datas nacionais que recordavam eventos mais recentes como o Levante do Gueto de Varsóvia ou o Dia da Independência. Da figura dos heróis nacionais como Trumpeldor, elogiava-se a coragem, a disposição para o trabalho e sua preocupação com os destinos do povo em geral – um exemplo para os jovens. A História do povo judeu era ensinada tendo em vista o objetivo implícito de mostrar, em primeiro lugar, que existe um povo judeu, que tem história (e pátria!), e que existe uma identidade nacional pairando acima das diferenças dos judeus no *exílio* (seja na *Espanha* até à época da Inquisição, na *Europa Oriental* e suas pequenas aldeias, na *Europa Ocidental,* na *América,* na *África* ou no *Oriente*) – *o madrich deve finalizar (o tema "a Golá no mundo") mostrando que o ponto central que os une é Eretz a qual, cedo ou tarde, judeus de toda parte do mundo acabarão afluindo, pois é a sua terra e somente lá poderão sentir-se livres e iguais aos outros povos.* Essa História desembocava no movimento sionista, no extermínio de judeus na II Guerra e no *kibutz.* O próprio Dror brasileiro passou a fazer parte dela: dia 6 de maio os *chanichim* comemoravam o Dia de Bror Chail, aprendendo sobre a trajetória do *kibutz,* seus ramos produtivos e a vida das crianças lá.

No grupo etário seguinte (jovens dos 13 aos 15 anos, os solelim), por exemplo, todo um semestre de reuniões nas kvutzot passou a ser dedicado ao *heroísmo de Israel,* na *Antigüidade e na atualidade.* Da Antigüidade, foram selecionados alguns episódios que ilustrariam a idéia de que a *sede de liberdade é a base do heroísmo judeu,* a essência de suas batalhas: *Moisés* (destacando o valor da liberdade e o conteúdo humano dos Dez Mandamentos); *os profetas e suas idéias sociais* (contra a riqueza, a opulência e a injustiça social, exemplos de luta para elevar espiritualmente o homem e melhorar as relações entre as pessoas); *a revolta dos Macabeus* (como um símbolo da luta pelo direito de viver em paz de acordo com uma concepção de vida judia); *o levante de Bar Cochba* e o *cerco de Massada* (exemplos da rebelião judia movida pelo desejo de liberdade mesmo sem perspectiva de vitória). Da história recente, os *chanichim* ficavam conhecendo *o movimento de autodefesa judeu na Rússia czarista* (quando os judeus deixaram de aceitar passivamente as perseguições, reagindo e fazendo renascer o orgulho de Israel) que lançou as bases para *a autodefesa organizada dos judeus contra os árabes em Eretz*. Conheciam também as figuras heróicas de pioneiros dedicados ao trabalho produtivo e a combater pela defesa dos judeus: *Alexander Zaid, Enzo Sereni* e *Hanna Scenesz* (além de tudo, mulher, escritora, poetisa, que lutou para salvar o seu povo e morreu nas mãos dos nazistas). Os heróis anônimos que participaram da *aliá ilegal* no tempo do Mandato inglês (capazes de suportar terríveis sofrimentos, os *olim*, ou de se articular para salvar irmãos judeus, os *chalutzim*) e da rebelião do *Gueto de Varsóvia* (rapazes e moças que salvaram a honra dos judeus não se deixando conduzir à morte como cordeiros) eram dados como exemplos aos *chanichim* de que o povo de Israel é capaz de lutar e não foi vítima todo o tempo – algo que, como já vimos, tornou-se muito importante para a melhoria da auto-imagem dos judeus depois do Holocausto e que era constantemente reforçado pelo Movimento juvenil. E finalmente, os *chanichim* aprendiam que a *Guerra de Libertação de Israel foi a luta de um povo que, ameaçado por inimigos, mobilizou suas forças supremas para defender sua existência, no solo que lhes pertence e que foi revivido por seu trabalho*. Era importante enfatizar que esta havia sido uma guerra de defesa, *guiada por um sentimento moral de amor à liberdade*, já que a ideologia drorista condenava as guerras em geral. Enfim, toda essa valorização do heroísmo de Israel – ao pressupor a existência de uma linha histórica de ação judia a favor da liberdade e, quando isso não foi possível, ao menos da defesa da honra, – cumpria a função educativa de não só reforçar a identidade nacional como fazê-lo de maneira positiva e envolvente. Os jovens eram incitados a orgulhar-se de serem judeus (herdeiros de um povo também heróico) e a contribuir com sua parte nesse *esforço milenar*. O Movimento tratava de apontar-lhes o caminho.

Em meados dos anos 50, os temas *sociais* passaram a ser tratados com mais cuidado entre os *tzofim* (embora permanecesse o objetivo de despertar no educando a *reação de combate diante da sociedade que o cerca, o senso de discordância, revolta e procura de caminhos mais verdadeiros*), pois reconhecia-se que a infância ainda não é a época *da revolta e da insatisfação* e que não cabia ao *madrich provocá-la antes do tempo e artificialmente*, devendo *somente aproximar o chanich de alguns problemas sociais que existem e que ele pode perceber com facilidade como a vida das crianças pobres e a dos trabalhadores que ele encontra na rua, cujo valor deve aprender a reconhecer*. A oposição à ordem social deveria crescer aos poucos entre os educandos mais jovens, em primeiro lugar, em termos afetivos completados, mais tarde, pela *força das idéias*. Assim, a partir de, por exemplo, um tema como o orfanato – despertado pela narração da história de *Oliver Twist*, de Dickens – os *chanichim* conversavam sobre os direitos das crianças à educação e à satisfação de suas necessidades materiais e emocionais e, em seguida, tomavam conhecimento da trajetórias das milhares de crianças judias órfãs após a Guerra que encontraram seu lar e uma vida nova em *Eretz, principalmente nos kibutzim*, por meio da Aliat Hanoar. As narrativas sobre crianças que trabalham e não podem estudar e se divertir como as outras, *por serem muito* pobres, procuravam sensibilizar os *chanichim* para as questões sociais. A visita programada a uma fábrica tinha dois propósitos: interessar os *chanichim* pelo funcionamento do maquinário técnico (introduzindo o tema evolução das máquinas) e chamar-lhes atenção para *as condições pesadas e tensas nas quais a maior parte dos operários trabalham*. O mês de maio era todo dedicado ao *trabalho*: o Dia do Trabalho, os motivos e as formas de protesto dos operários, as diferenças entre o trabalho judeu em *Eretz* e no *Galut – o judeu no Galut não faz trabalho produtivo, em Eretz nós nos ocupamos em todas as ocupações necessárias indistintamente*. Era importante que os *chanichim* acreditassem no valor do trabalho da mesma forma que os pioneiros. Podia-se ler no programa dos *tzofim*:

Quem nos salvará da fome?
Quem nos alimentará com pão?
Quem nos dará de beber leite?
A que a benção?
A quem a graça?
Ao trabalho e ao ofício!

Vai ter com a formiga , ó preguiçoso:
olha para os seus caminhos e sê sábio.
A qual não tendo superior, nem oficial, nem dominador,
prepara no verão seu pão: na sega ajunta seu mantimento. [Provérbios 6,6]

Os próprios garotos, orientados pelo *madrich*, eram levados a estudar e falar aos companheiros sobre o *trabalho* (*coletivo!*) das formigas e das abelhas. As conversas sobre as leituras de *valor moral* tinham como objetivo ensinar a importância da solidariedade. E desde os primeiros dias de reunião da *kvutzá*, o *madrich* era orientado a ligar a criança ao grupo, atribuir-lhe responsabilidade pelo bem estar do coletivo, incentivar a cooperação de todos, estimular sua preocupação com os destinos do povo judeu e sua simpatia por Israel:

(...) agora, que estamos todos juntos pela primeira vez, gostaria de falar com vocês o que deve ser o nosso grupo, a nossa *kvutzá*. Ela será o que nós quisermos que ela seja. (...) Nós daremos as idéias, nós as levaremos avante. Poderemos fazer jogos, brincadeiras, trabalhos manuais, poderemos todos juntos visitar lugares bonitos e curiosos, poderemos fazer muitos passeios. Vamos ter um teatrinho, poderemos juntar dinheiro para comprar uma bola, enfim tudo o que nos interessar. Para isso, é necessário que cada um saiba da responsabilidade que tem nesse grupo. Ele é uma coisa nossa, depende de cada um (...). E porque nós todos nos juntamos para formar um movimento tão forte? (deixar que eles respondam, se estiver certo completar, senão explicar) Estamos todos juntos porque somos judeus, os que estão aqui e não estudam em escolas judias talvez já tenham percebido que em algumas coisas são diferentes das outras crianças (...) mas aqui somos todos iguais e mesmo quando ainda somos crianças podemos fazer alguma coisa pelo nosso povo, a começar pela nossa *kvutzá*. Precisamos trazer mais gente para ela, para o nosso Movimento ficar ainda maior, e quanto mais coisas nós conseguirmos, será mais uma vitória para ele. (...) Muitas discussões vão surgir (...) O *madrich* deve sempre perguntar a opinião do *chanich* e fazer com que ele participe (...) [*Programa de tzofim*. Hanhagá Artzit, s.d.]

Entre os *chaverim* acima de 13 anos, a educação social adquiria um peso maior. Um exemplo: Por volta dos 15 anos, após aprenderem sobre os esforços empreendidos pelos judeus a favor da liberdade ao longo da História, os *chanichim* mergulhavam no tempo e lugares distantes estudando *as lutas de libertação* no mundo ("das quais somos herdeiros", como diria Berl Katzenelson). A revolta de *Espártaco* (um símbolo de luta pela justiça social, a primeira rebelião popular militarmente organizada contra a classe exploradora) e a luta contra o colonialismo na *Índia* de Gandhi e na *China* (uma mescla de luta social e nacional) eram temas das *sichot* que tinham como objetivo explícito: *identificar o chanich com todos aqueles que lutam pela liberdade e mostra-lhes a crua realidade da exploração e da injustiça social em todas as épocas e continentes.* Aproveitava-se para ensinar aos educandos também um pouco dos costumes, história, geografia, riquezas naturais e estrutura social de cada local através de obras literárias, mapas, ilustrações etc. Da *Índia* tiravam o exemplo de uma luta pacífica contra a exploração. Da *Revolução Chinesa* aprendiam, entre outras coisas, que ter seguido o caminho da ditadura comunista revelara-se um grande equívoco. O tema ainda incluía: *os movimentos de libertação da Polônia* (uma luta constante contra potências opressoras); *a Revolução Francesa* (apesar de burguesa, atiçou o espírito revolucionário das massas e acabou com o absolutismo); *a Revolução Russa* (um exemplo de revolução libertária cujos fins foram desvirtuados pelo governo que suprimiu as liberdades e não promoveu a igualdade social)[17]; povos da *África* (a escravidão; o racismo; as lutas anticolonialistas); *a escravidão na América* (destacando os aspectos da exploração humana e racial, a rebeldia dos escravos nos Estados Unidos e no Brasil, a permanência do problema da discriminação racial nesses dois países); *a verdade sobre a conquista e colonização da América* (ressaltando as barbaridades cometidas em nome das coroas da Espanha e Portugal, as conseqüências para a população indígena, o sistema comunista da civilização Inca, a revolta de Tupac Amaru)[18]. Uma programação de fôlego que, para além da "pregação ideológica", incrementava os conhecimentos dos jovens de uma maneira muito rica, distinta, por vezes oposta, do aprendido nas escolas[19].

A programação seguinte aconselhava o *madrich* a aproveitar o conteúdo escolar dos *chanichim* para abordar de um modo diferente – com ênfase menor nos acontecimentos e maior nas explicações que levam em conta a *dialética – o desenvolvimento da sociedade: da Idade Média aos nossos dias*[20]. A abordagem seguia basicamente uma visão marxista da História. Eram 18 *sichot*, começando com *o desenvolvimento do feudalismo na Europa* e concluindo com *o imperialismo e as guerras nacionais, a crise e o futuro do capitalismo*, e, por fim, *a luta pelo socialismo*. Além de um texto básico e sugestões de como encaminhar cada *sichá*, o programa trazia um apêndice com trechos escolhidos de documentos históricos, textos literários e de obras de acesso mais difícil e indicações bibliográficas para cada assunto: livros acadêmicos e de divulgação, biografias e literatura de ficção (alguns títulos vinham comentados, alguns sugeridos apenas aos instrutores). As oito páginas de bibliografia sugerida nesse programa apontavam desde autores de obras clássicas de História como Henri Pirenne até os de obras bastante panfletárias como Max Beer, passando por Engels e Marx, para falar dos mais difundidos entre os *chaverim*. (Nem todos os livros dessa lista eram acessíveis ou despertaram interesse.) Em "literatura", a lista trazia desde obras que dificilmente seriam lidas pelos jovens como a *Summa teológica*, de São Tomás de Aquino, até os favoritos dos droristas como Os *Tibault*, de Roger Martin du Gard, e as diversas obras de Romain Roland.

É bom deixar claro que os programas traduziam expectativas máximas e nem todos os *madrichim* tinham competência técnica para desenvolver tudo de acordo com o esperado. Além disso, *sichot* sobre um mesmo tema podiam variar de um *madrich* mais intelectualizado para outro com menos leituras do mesmo modo que, por exemplo, a decoração do local de reuniões variava de acordo com os dotes estéticos do *madrich* e seus *chanichim*.

dificuldades

Nem sempre as diretrizes do Movimento acabavam postas em prática. Nem sempre a transmissão dos conteúdos conseguia escapar ao simplismo e ao dogmatismo que o Dror tanto condenava em seus princípios ideológicos (embora, por vezes, reforçasse no conteúdo de seus programas). Nem sempre as propostas educacionais, tão claras no papel, podiam ser cumpridas. Esbarravam em dificuldades, algumas das quais lamentadas nos boletins das *kvutzot* ou nos relatórios dos *snifim* aos congressos gerais, que diminuíam ou aumentavam com o tempo e variavam muito de um local para outro: falta de vontade de uns para estudar, pouco preparo ideológico de outros, muito trabalho com poucos resultados, desorientação devido ao pouco contato entre São Paulo e o interior, empecilhos financeiros ou necessidades de *militância integral* que impediam a *proletarização* da dirigência, grande flutuação de *chanichim* nas *kvutzot*, publicações irregulares, escassez de talentos artísticos na *kvutzá*, ineficiência na aplicação do conteúdo de certos programas, trabalhos prejudicados com a ausência dos líderes que partiram em *aliá*, problemas na adaptação nas escolas técnicas, desorientação e diletantismo provocados pelo crescimento muito rápido do Movimento (1951), falta de continuidade na estrutura educativa (1953), diretrizes ideológicas prejudicadas pela queda das inquietudes sociais e nacionais (1959). Na questão do hábito de leitura, por exemplo, as lideranças pareciam nunca estar satisfeitas, de 1950 a 1959, as queixas não mudaram: poucos *chaverim* lêem o suficiente (leia-se: o desejável), alguns só o fazem no momento de preparar suas *sichot*[21]. As tentativas feitas no sentido de ensinar hebraico aos *chaverim* no Brasil ficaram sempre muito aquêm das expectativas (por falta de bons cursos e professores, por problemas inerentes ao aprendizado da língua) e eram insuficientes para quem tinha planos de passar o resto da vida em Israel.

Diante das dificuldades reconhecidas, os *chaverim* mais envolvidos do Dror tratavam de apresentar soluções. A proposta mais recorrente era a de incrementar a conscientização político-ideológica, como se a maioria dos problemas se reduzisse, no limite, ao grau de politização e preparo intelectual dos indivíduos[22]. No *trabalho individual* de acompanhamento, apoio e convencimento também eram postas grandes expectativas de superação de problemas.

Em nenhum momento, entretanto, pelo menos até 1960, o Movimento abriu mão da amplitude de seus objetivos educacionais *globais* atrelados à idéia da formação do *novo homem* e do preparo de pessoas dispostas não só a trabalhar no *kibutz*, mas a participar da construção de uma nova sociedade e uma nova cultura.

Leituras

Pense-se na freqüência com que a leitura alterou o curso da História – a leitura de Paulo por Lutero, a leitura de Hegel por Marx, a leitura de Marx por Mao. Esses pontos sobressaem num processo mais amplo e mais vasto: o esforço infindável do homem em encontrar sentido no mundo que o cerca e no interior de si mesmo. (Robert Darnton, *O beijo de Lamourette*.)

Os livros tinham um peso muito grande na formação da opinião dos *chaverim* e, como esta inspirava-se em vários daqueles, no caráter relativamente aberto das idéias no Dror. A leitura era muito valorizada e estimulada no Movimento.

De uma certa forma, todo mundo tinha que andar com um livro embaixo do braço, era o complemento, senão você se sentia meio aleijado. (...) [se o *madrich* recomendava um livro,] todo mundo tinha que ler aquele livro. A gente procurava livros doados para formar uma biblioteca, ensinava as crianças que era bom ter uma biblioteca e era bom ler. (...) Dentro da *kvutzá*, a gente fazia discussões sobre o que estava sendo lido. Às vezes, um livro ia passando de mão em mão até ter sido lido por todo mundo. [29]

Os orientadores procuravam induzir o pessoal a ler bastante não importando o que fosse. Obviamente, o Movimento tinha a "sua literatura"... e havia uma série de livros que eram indicados, simplesmente porque eram bons (...) Fazíamos também críticas, em jornais de parede, sobre determinados livros... [7]

Em geral a gente tentava ler muito. Era, eu diria, quase uma obrigação, por causa de uma certa concorrência, você queria estar "in", você queria saber das coisas, então, se aquela pessoa estava [lendo] e aquela pessoa sabia, você também queria. Por outro lado, você estava participando de algo que te obrigava a uma curiosidade muito grande. Então você freqüentava bibliotecas, pegava muitos livros, tanto no campo da cultura geral como no campo mais específico do sionismo e do socialismo. [19]

(...) até mesmo os autores de literatura eram meio obrigatórios (por pressão social). Quem não lesse era lixo, ficava de fora dos papos. Autores da literatura universal eu já lia muito, independentemente do Movimento, lia os badalados do Movimento e os meus, e, de repente, livros meus ficaram badalados no Movimento... [17]
Havia listas de livros indicados para cada idade e eram leituras bastante exigentes para os jovens. Eu só sei que as pessoas tinham que ler, se não liam eram "por fora", ou pelo menos tinham que fingir que tinham lido certas coisas (...), porque isto era um valor muito importante. Éramos leitores vorazes. (...) [e quem não conseguia acompanhar os programas e as leituras do Movimento?] Havia os "burros"... mas quem era "normal" tinha que acompanhar e a gente olhava com bastante desprezo as pessoas que ficavam para trás nas leituras e que não entendiam as discussões básicas que a gente levava. Havia também os "intelectuais" que eram pessoas que só se preocupavam com isso e andavam o tempo todo com um livro debaixo do braço. (...) as faixas etárias eram marcadas não apenas pela aparência, eram marcadas também por "ah! você tem 15 anos, então você já deve ter lido isso, isso e isso". [27]

Quem gostava de ler sentia-se à vontade nesse ambiente em que a leitura, além de valorizada, era, ao mesmo tempo, uma atividade privada e social. *O Movimento potencializava o gosto pela leitura.*

(...) a gente ia para a Biblioteca Municipal, que era um nosso ponto de encontro, e era a hora em que você se sentia ligada aos melhores do mundo quando você entrava lá e consultava a bibliografia... [14]

A grosso modo, podemos dizer que a "literatura do Dror" passou por duas etapas. A primeira: em que sua bibliografia "básica" estava sendo construída de maneira meio caótica, nenhum pouco sistemática, a partir das inquietações e interesses dos "fundadores" e do que era acessível a estes jovens no Brasil.

Nós estávamos abertos aos ventos, nós ouvíamos e líamos. Para os padrões brasileiros, nós sabíamos bastante, éramos avançados, estávamos em contato com a *inteligenzia* e sofríamos todo tipo de influência... [3]

155

...a gente lia coisas da moda também, as coqueluches da época. O Movimento não era um gueto intelectual, continuava participando de tudo o que acontecia na rua. [9]

Havia escolhas que vinham muito dos papos que a gente tinha entre nós, com amigos, e uma das coisas que mais se papeava era sobre os livros que nós tínhamos lido ou estávamos lendo. Não era obrigatório "acompanhar as leituras", mas tínhamos todos motivações muito semelhantes. Eu lia mais Marx do que os outros, porque eu gostava e outros achavam chato. Em compensação um amigo meu lia muito Freud... [13]

A segunda: quando já havia praticamente "listas de livros" – forjadas a partir das tendências consolidadas na primeira fase e reforçada pelas sugestões bibliográficas que acompanhavam os programas enviados de Israel – leituras pelas quais quase todos, conforme a idade, teriam passado (ou pelo menos ouvido falar). Entretanto, não são fases estanques já que, na verdade, estas "listas" iam ficando cada vez mais encorpadas com o passar do tempo e as novas "descobertas interessantes" quase sempre bem-vindas.

Para tentar recuperar quais livros eram lidos no Movimento juvenil valemo-nos das fontes: a memória de ex-*chaverim,* os comentários sobre livros presentes nos textos assinados por jovens do Dror e as sugestões bibliográficas impressas em programas educativos, sendo que esta última fonte teve que passar pelo crivo das lembranças (pois podemos crer que nem todos os livros listados eram acessíveis ou interessantes para os jovens do Dror no Brasil). Chegamos então a alguns títulos que, mesmo não tendo sido lidos por todos, podem servir para obtermos um perfil do "leitor do Dror". O "campeão" das lembranças, que vários chamaram de o *livro de cabeceira dos droristas,* não é nenhuma obra política, sionista ou socialista, e sim um romance que narra, em quatro volumes, a trajetória afetiva, artística e intelectual de um jovem músico "indomável" do final do século XIX, *Jean Christophe*, do escritor francês Romain Roland.

(...) quando percebeu pela primeira vez que havia pessoas que mandam e outras que são mandadas e que ele e os seus não eram das primeiras, todo seu ser se revoltou. Foi a primeira crise da sua vida; (...) quanto mais procuravam discipliná-lo e fazer dele um bom burguês alemão, mais sentia necessidade de emancipar-se. Sua ambição seria rolar na relva como um potrilho.

Para ir ao fundo das coisas é necessário afrontar o respeito humano, a polidez, o pudor, as mentiras sociais, sob as quais o coração jaz abafado. Se não se quer melindrar ninguém, é preciso resignar-se durante a vida toda a não dar aos medíocres mais do que verdades medíocres que eles possam assimilar; é necessário ficar-se aquém da vida.

Uma grande variedade de autores e estilos literários estava presente na formação dos *chaverim* desde os mais novos dentre estes que ouviam de seus *madrichim* histórias de E. Amicis, H. C. Andersen, Oscar Wilde, Monteiro Lobato, Sholem Aleichem e de autores israelenses, conheciam poesias de Bialik e os contos da *Moledet* (uma revista infanto-juvenil produzida pela Organização Sionista). Quando já eram capazes, os *chanichim* eram estimulados a ler obras como *Coração, Os meninos da Rua Paulo, Robinson Crusoé, Tom Sawyer, Robin Hood, A cabana do pai Tomás, Ivanhoé* e *A vida das formigas e das abelhas*, de Maeteriink.

Com o passar do tempo, o grau de complexidade da bibliografia dos jovens do Dror aumentava. Suas leituras podem ser classificadas em três tipos: as teóricas (de sionismo e socialismo), as obras de formação (judaica, histórica, política, sociológica, psicológica etc.) – incluindo-se nesses dois grupos também os livros, as brochuras e os panfletos de popularização e divulgação de idéias – e os romances ("clássicos da literatura", "sociais"). No Movimento juvenil, lia-se, por exemplo:

Borochov
Berl Katzenelson
A. D. Gordon
N. Sirkin
T. Herzl
Max Nordau
Ben Gurion
Martin Buber

K. Marx (*Salário, preço e lucro, A guerra civil na França, As lutas de classes na França,* capítulos de *O Capital*)
Marx e Engels (*O manifesto comunista*)
F. Engels (*As guerras camponesas na Alemanha, Socialismo utópico e socialismo científico, A origem da família, da propriedade privada e do Estado*)
Lenin
Stalin
Bakunim
Trotsky (*História da Revolução Russa, História da minha vida, A revolução de 1905, Stalin*)
Rosa Luxemburgo (*Reforma e Revolução*)
A. Leon (*A questão judia*)

Max Beer (*História do socialismo e das lutas sociais*)
Alexander Manor (*O Imperialismo, Fontes do sionismo socialista*)
S. Dallin (*A Rússia de Stalin*)
Sun Yat Sen (*Os três princípios do povo*)

Freud

J. P. Sartre
Simone de Beauvoir

Romain Roland (*Jean Christophe, Gandhi, Índia, A alma encantada, A Vida de Beethoven* etc.)

Roger Martin du Gard (*Os Tibaut*)
Arthur Koestler (*O zero e o infinito, Ladrões na noite, Cruzada sem cruz*)
Jonh Reed (*Os dez dias que abalaram o mundo*)
Jean Valtin (*O fundo da noite*)
Pearl S. Buck (*A boa terra*)
Howard Fast (*Meus gloriosos irmãos*)
André Malraux (*A condição humana*)
John Steinbeck
Pierre Van Passen
João dos Passos
Richard Lewellyn
Ernest Hemingway
Stefan Zweig
A. J. Cronin
Falkner
Brecht
Tomas More (*Utopia*)
Emile Zola
Tolstói
Tchecov
Gogol
Gorky
Dostoiewsky
Vitor Hugo
Charles Dickens (*Oliver Twist, História de duas cidades*)
Flaubert
Balzac
Camus
Pablo Neruda

Érico Veríssimo
Jorge Amado
Graciliano Ramos
Eça de Queiroz

Sholem Aleichem
Shalom Ash (*Moisés*)
Bíblia (livro de Isaías etc.)
Hanna Scenesz
Bialik

Grimbaum (*História do sionismo* – 3 volumes)
Dubnov (*História judia* – 10 tomos)

A leitura dos romances era o que, de fato, fazia mais sucesso entre os jovens. Vários ex-*chaverim* colocam Romain Roland e Roger Martin du Gard como autores que tiveram uma influência enorme em seu modo de pensar na juventude (embora nem todos acreditem ter, hoje, o mesmo gosto de antigamente, alguns achando melhor nem tentar reler estes livros). *Todo mundo lia* Jean Christophe. *Todo mundo lia* Os Tibaut. *Foram livros muito importantes para nossa formação. Trouxeram revelações. Tinham um apelo humanista, pacifista, revolucionário e idealista, maior do que qualquer outra coisa que tivéssemos lido.* Arthur Koestler, reconhecidamente, também foi decisivo para a formação política de muitos e o caráter do próprio Dror brasileiro, com sua crítica atroz ao comunismo stalinista e à perda dos direitos do indivíduo em favor do coletivo simbolizado pelo Partido.

Além disso, os romances *devorados* no Movimento, em especial os de *boa literatura*, são apontados como parte importante na formação do capital cultural daqueles que tiveram o privilégio de fazer parte de um grupo juvenil em que a leitura era considerada tão importante.

(...) a leitura dos romances... aí sim era uma maravilha, porque tinha coisas ótimas, boa literatura... Alguns deles eu nem entendi direito, com certeza. De outros, eu fiz leituras muito ricas. A gente não lia só um ou outro livro, era em série: "agora vamos ler os russos", "vamos ler os franceses", "agora os ingleses", "depois, os contistas americanos realistas"... [27]

Os escritores que faziam crítica social, em geral, eram bastante apreciados no Dror. Entre os romancistas brasileiros, os de esquerda ganhavam destaque nas preferências literárias dos *chaverim*.

Os textos teóricos, políticos e ideológicos eram considerados de alta relevância dentro Movimento. A variedade era grande e nem todos liam ou apreciavam todos os "ideólogos básicos": Marx, Engels, Borochov, Gordon e Katzenelson. Alguns esforçavam-se para decifrar os originais, outros contentavam-se com as simplificações (que, às vezes, nem sabiam serem tão esquemáticas), as popularizações e os resumos e outros ainda apenas com as palestras *altamente esclarecedoras*. As "leituras teóricas" no Movimento eram uma mistura de tudo isso e mais:

Lia-se tudo: Kropotkin, Bakunin, Lenin... aqueles livrecos que os comunistas publicavam... popularizações do pensamento marxista leninista feitas pelos russos... *Reforma e Revolução* da Rosa Luxemburgo... Todo mundo procurava entender o que estava escrito nos manuais socialistas e comunistas, nos panfletos e panfletistas do marxismo... (...) *O Capital* a gente se esforçava para entender. Esse era o aspecto que nos empolgava no Movimento: a bagagem que a gente podia adquirir (...) eu, com 15 anos, tive a pachorra de tentar ler os livros d'*O Capital*... Havia uma preocupação muito grande com a formação... Mas era uma formação muito selvagem, cada um pegava para ler o que dava na telha, conforme sua atividade e conforme a oportunidade (...) Havia um interesse dos *chaverim* por quase tudo, que não ficava restrito só a uma elite, eu acho que o próprio Movimento já era uma seleção (com raras exceções, quem ficava já era interessado). [25]

Sobre isso, é interessante observar as diferentes interpretações que ex-*chaverim* fazem, hoje, de suas leituras teóricas na época, generalizando experiências, embutindo suas autocríticas e críticas ao Movimento, revendo o passado:

Os teóricos todo mundo os lia, de cabo a rabo. A doutrinação era intensa. [5]

(...) Gordon, Katzenelson... a gente sempre estudou os autores teóricos, a gente conhecia toda a teoria, isso era o dia-a-dia nosso no Movimento. [8]

(...) o marxismo verdadeiro eu só fui estudar muitos anos mais tarde, em Israel, foi então que eu entendi mesmo o marxismo e não aqueles negócios vulgares que líamos no Movimento. [3]
Nós naturalmente esquematizávamos muito (...) éramos jovens de 15, 16 anos... mesmo assim tomávamos tudo extremamente à sério, mas é claro que procurávamos a simplicidade, extraindo de tudo um axioma, uma equação, que correspondia àquilo que procurávamos. [12]

Líamos muito pouco de Marx e de Engels, lá dentro eu só li o *Manifesto Comunista* e um texto (ruim) sobre o socialismo utópico e o científico. (...) De literatura marxista, o que líamos mesmo era (um livro, que hoje acho horroroso) *História do socialismo e das lutas sociais* de Max Beer (uma história da humanidade do ponto de vista socialista). [17]

(...) quem conseguia lia Marx, quem não conseguia lia Max Beer. [7]

(...) eu não lia livros políticos, eu tentava, mas eu achava chato de morrer. Eu me lembro de ter lido *Princípios Fundamentais do Marxismo Econômico* e o *Manifesto Comunista,* mas eu achava muito chato. Eu lia era romances, como todo mundo... o tempo inteiro. [18]

Gordon nunca li. O Borochov sim, seu livro era acessível em português, é muito bom (...) o pessoal mais diretamente ligado à educação lia muito Gordon (...) o Borochov era para o pessoal mais politizado (...) [ele casava sionismo e socialismo] para os marxistas de maneira mais aceitável. (...) Para os não marxistas, havia outros [autores] com inclinações de esquerda: o Ben Gurion, que era um social democrata e sionista (...), o Berl Katzenelson, um dos teóricos mais queridos (...). Nenhum deles chegou aos pés do Borochov em termos de consistência teórica. [13]

As coisas mais ideológicas e políticas eu lia e gostava. No Movimento, em geral, as pessoas liam sim. (...) Por outro lado, o que é que a gente entendia disso tudo? Muito pouco. Por exemplo, a questão palestina nunca era discutida, aí, a gente "comprava o peixe" do sionismo... [23]

A ideologia de Gordon, de Katzenelson... nunca li. Meus colegas liam. (...) Eu não, eu não tinha o menor interesse. (...) Para dizer a verdade eu enganava. (...) Eu embromava, dizia que lia e não tinha lido, porque eu não gostava dessas coisas. (...) eu não me interessava especificamente pelas coisas de Israel, eu não queria saber hebraico, e não me interessava pelos ideólogos. [16]

Se eu lia Borochov? Não, mas tinha um sujeito chamado Zício que explicava tudo e eu só olhava pro livro, porque era chatérrimo. E o Zício era um *madrich extremamente* simpático, sedutor e muito bom didata (...) ele era convincente e você se sentia altamente especialista depois de ouvir, capaz de debater tranqüilamente sobre o assunto... (...) Eu lia Sartre! (...) E eu não sei de onde eu tirava essa idéia, não era do *madrich*, porque o *madrich* era sempre um sujeito mais ajuizado que dava para a gente ler coisas mais palpáveis. [26]

(...) tinha as coisas ligadas à parte política, que o pessoal lia. Eu nunca li. O pessoal lia Borochov... mas eu acho que muito pouca gente o leu de fato... Eu acho que o pessoal lia muito mais os resumos do que os próprios livros. (...) eu não me lembro de ninguém lendo. Não era um Movimento intelectual, não era não. Era um Movimento político. [10]

De acordo com vários dos ex-*chaverim,* que depois tiveram oportunidade de estudar em Israel e aprofundar-se na cultura e História judaicas, estes aspectos não eram o forte do Movimento juvenil: a bibliografia disponível era pouca, superficial e não eram muitos os jovens que podiam contribuir com algum conhecimento mais sólido sobre o assunto. O estágio em Israel (*Machon*) colaborava para a formação nesse sentido (por exemplo, com um programa de estudo da *Bíblia* sob os pontos de vista histórico e literário), mas era privilégio de poucos (e nem sempre capacitados para ensinar aos outros na volta ao Brasil).

Além de encontrarmos referências a Freud em textos do Movimento, alguns entrevistados espontaneamente mencionaram ter lido e discutido em grupo coisas desse autor em seu tempo de Dror. A partir de alguns fragmentos de escritos e memórias, temos que, nestas leituras, os *chaverim* estavam mais interessados nas interpretações freudianas sobre sexualidade, família e tabus.

A respeito de família, situação da mulher etc., além da onipresença do modelo *kibutziano*, os *chaverim* fiavam-se principalmente em suas leituras de Engels e, em menor grau, por ser menos difundida, de Simone de Beauvoir.

"Família", "mulher", "prostituição"? Eu me lembro disso, era uma salada... a primeira referência era o estudo do Engels – *Origem da família, do estado e da propriedade privada* – era um livro no qual a gente dava uma olhada... [25]

Um livro que alguns poucos leram, mas sobre o qual todos falavam (porque um fenômeno muito importante no Dror foi a chamada literatura de sovaco: carregar o livro sem lê-lo) foi *A origem da família, da propriedade e do Estado* de Engels (...). Alguns tantos leram e todos comentavam. [17]

"a mulher", "a família"... eu estudei, naturalmente... a gente estudava, mas não o que Engels falou, ou o que os luminares do Partido Comunista falaram... nós tínhamos uma orientação muito feminista... a gente gostava muito era de Simone Beauvoir. [22]

Todas essas observações nos falam sobre a "natureza da experiência da leitura" no Movimento. Embora não possamos repetir com mesma verdade de certos ex-*chaverim* que declararam: *no Dror todo mundo lia muito* – já que outros dizem terem lido *pouco* determinados tipos de livros ou mesmo livros em geral – temos aqui uma idéia da importância atribuída à leitura entre esses jovens interessados em "alterar o curso da História".

Por outro lado, se o envolvimento com as leituras, principalmente as teóricas, e a participação nas discussões ideológicas era um sinal de grande interesse, não era o único, pois havia muitas outras formas, para além das atividades intelectuais, de se comprometer e atuar no Movimento juvenil.

Atividades[23]

O cotidiano no Movimento envolvia basicamente as reuniões semanais das *kvutzot* que, em geral, ocorriam aos sábados à tarde. (Os que chegavam mais cedo, aproveitavam para brincar, jogar, ouvir música. E após as reuniões, os que não precisavam voltar logo para casa prolongavam seus momentos com o grupo: os companheiros saíam para comer juntos, passear ou ir ao cinema). Além disso, havia a possibilidade de participação em uma série de outras atividades do Dror, de acordo com interesses pessoais e possibilidades de cada *chaver*. De certo modo, havia espaço para a atuação de todos. A oferta era razoavelmente grande e o trabalho militante necessário também. Ser *madrich*, elaborar material educativo, participar de peças de teatro, equipes de jornal ou coral, arrebanhar *prosélitos* ou organizar um churrasco para levantar fundos, por exemplo, demandavam boas doses de tempo e dedicação.

Em geral, eram os próprios membros dos grupos, juntamente com o orientador, que decidiam sobre o que fazer com o "tempo livre". A dinâmica era flexível o bastante para incorporar atividades não previamente programadas como discussões de notícias de jornal, saídas em grupo para aproveitar a programação cultural da cidade, festas por qualquer motivo ou debates improvisados.

(...) discutíamos até altas horas da noite e não só entre nós, mas também com gente de outros movimentos: a gente tinha grandes paus intelectuais com o Hashomer... Havia alguns lugares do Bom Retiro onde a gente costumava se encontrar – os mesmos em que se comia aquela salsicha suculenta, ou aquele pedaço de pizza – para bater papo e discutir. [21]

A gente vivia lá no Movimento noites e dias. A gente saía da escola e, quando podia, já ia direto para lá... e, lá, ficava lendo e discutindo... ou ia para o [Teatro] Municipal para ver concertos... Era uma vida cultural intensa. Noite e dia, discutia-se, visitava-se exposições, lia-se livros... [8]

Depois dos encontros, a noite, os rapazes acompanhavam invariavelmente as moças até suas casas, o que muitas vezes significava percorrer longos e inesquecíveis trajetos pelas ruas da cidade.

Às sextas-feiras, *após escurecer*, várias *kvutzot* também costumavam se reunir para *recepcionar o sábado*, segundo a tradição judaica. Algumas o faziam de forma especial (o que exigia toda uma preparação durante a semana), incluindo canções, danças de roda, apresentações de pequenas peças, leitura de poemas e, às vezes, um lanche.

> Como em todo grupo, havia gente mais e menos interessante; e sextas-feiras tão pobres, mas tão pobres, com o pessoal muito chato, que não tinha o que fazer lá [risos], em contrapartida, outras eram muito boas com palestras, conversas,... cantava-se muito... tinha audição de músicas (eu me lembro de *Porgy and Bess,* que leva um tempo adoidado, então, muita gente adormeceu...). Como em todo lugar, tinha gente com mais sensibilidade, com menos sensibilidade, com mais cultura, com menos cultura, com mais capacidade e, quando juntavam os chatos, evidentemente que a reunião era predominantemente chata [risos], quando eram outras pessoas, então, podia ser muito legal. [28]

Por volta dos 15 anos, os *chaverim* eram "convidados" a ter um envolvimento maior, a serem responsáveis por grupos mais novos, estudar e aprender sempre mais, atuar em várias tarefas de militância (como colaborar com o Dror em outras cidades), além de encaminhar-se para a *profissionalização*. Os que aceitavam o convite, aumentavam em grande medida seu tempo dedicado ao Movimento. Encontros iniciados à luz do dia, por vezes, acabavam tarde da noite, ou até de madrugada.

> Realmente o Dror dava a oportunidades muito boas de vivermos muitas emoções, muitas experiências em grupo... as palestras eram importantes, eu não perdia uma... lembro de fins de semana inteiros em que a gente quase não dormia... cantávamos, dançávamos... éramos muito alegres. [20]

As atividades da *kvutzá* eram complementadas pelos encontros de *chaverim* por ocasião de acampamentos, festas, seminários, apresentações teatrais, passeios etc. Os encontros gerais tinham, entre outros, como propósito explícito fazer com que os *chaverim* se reconhecessem como membros de um grupo mais amplo, do qual fazem parte jovens mais velhos e mais novos, adquirindo uma noção da força do Movimento.

Os *chaverim* também marcavam presença nos eventos da coletividade judaica nas ruas, escolas ou clubes, animando as festas com dança e música, participando em desfiles e festivais folclóricos e colaborando de diversas formas com campanhas para aumentar a renda de organizações sionistas.

> Os festejos [de Chag Habikurim] tiveram início com o desfile das organizações juvenis sionistas impressionando a todos os presentes pelo garbo, disciplina e entusiasmo dos jovens. Pela primeira vez os chaverim do Dror se apresentaram com seu uniforme. (...) A festa continuou com um programa de canções precedidas dos hinos do Brasil e de Israel (...) Mas a nota típica foi a venda dos bazares. Uma grande concorrência vigorava entre as diversas organizações (...) multipli-

cando os esforços para conseguir uma renda máxima para o KKL. A barraca do Dror destacava-se sobretudo pela atividade dos *chaverim* que não mediam esforços para o sucesso da campanha (...) [tirando, ao final,] o primeiro lugar nas vendas. ["Batnuá", *Boletim do snif do Rio de Janeiro*, 10.1948.]

...[o Dror] chegava, por exemplo, na festa de Purim, a levar mais de trezentas... talvez quinhentas pessoas só de São Paulo... (muita criançada, a bem da verdade... nas *sh'chavot* dos menores o número era sempre maior)... [Éramos tantos que] no Bom Retiro, nós chegamos a ter duas sedes (uma na Rua Prates e outra na Rua Silva Pinto) e havia os que vinham das *kvutzot* de Pinheiros, da Penha, da Lapa, de Santana, da Vila Mariana... [29]

Aos domingos, com freqüência, realizavam-se passeios (*tiulim*) ao ar livre, que incluíam brincadeiras espontâneas, piqueniques no mato, banhos de rio e poses para foto...

(...)R., que, além de ser o *maskir*, também é o fotógrafo da turma, bate uma chapa do pessoal. (...) em 10 minutos chegamos em Interlagos. M', que é o mais pioneiro, guia-nos até o local em que vamos acampar (...) uma vez estabelecidos, M" arma sua rede e depois vai nadar com alguns *chaverim*. Uma parte das *chaverot* resolve fazer uma exploração pelas redondezas (...) de volta, as meninas encontram uma conversa animada... que termina quando os rapazes voltam do banho esfomeados (...) Quando seu estômago está cheio, R. se lembra de que é *maskir* e, pela primeira vez no dia, pede silêncio. Para quê? Ora, estamos num *tiul*, em contato com a natureza, haveria momento melhor para falar de Gordon? E, vocês sabem, um *tiul* de uma *kvutzá* do Dror não pode passar sem uma *sichá*, ainda mais quando nele está presente o "maior teórico do Movimento", que sempre tem necessidade de expor suas capacidades oratórias (...) Gordon é analisado durante uns 20 minutos (...)
(...) é interessante verificar o contraste formado pelos *chaverim*, em nada elegantes perto dos "grã-finos" [que encontramos depois]. É mais interessante ainda olhar para esses "grã-finos" quando a turma, tomada repentinamente de ânimo, começa a cantar canções *chalutzianas* e culmina em "horas" e "zum-gali-galis" (...) À hora do crepúsculo, diante do magnífico cenário do sol espelhando-se nas águas e avermelhando o céu, todos se despedem da natureza e tomam o caminho para a cidade. E lá se vai mais um dia da vida coletiva da *kvutzá*. [Elena, "Tiul", *Boletim informativo da kvutzá Berl Katzenelson*, 23.08.48.]

acampamentos

As *machanot* eram um dos principais atrativos do Dror. Os grandes acampamentos ocorriam no período de férias escolares. Os de inverno eram regionais, os de verão nacionais, e estes chegavam a envolver algumas centenas de jovens, incluindo alguns que não eram propriamente do Movimento, mas poderiam vir a ser. Eram momentos aguardados com ansiedade pela possibilidade de passar de uma semana a 15 dias longe da família e encontrar-se com jovens da mesma faixa etária vindos de diversos lugares do Brasil. Alguns grupos já chegavam animados e saudavam os companheiros cantando *eveinu shalom aleichem* (*trouxemos paz para vocês*)... Amizades, trocas de correspondência e namoros também nasciam nessas ocasiões estimulados pelas caminhadas em grupo, pela empolgação dos debates, pelo calor das fogueiras ou pela luz das estrelas.

Os acampamentos eram divididos por grupos de idade, começando por crianças de 9, dez anos. Cuidando da organização e da supervisão, ficavam *chaverim* um pouco mais velhos que os da *shichvá* que estava participando, por exemplo, tratando-se uma *machané* de garotos por volta dos 14 anos, lá estariam guias de 16, 17 anos e, provavelmente, uma ou duas pessoas de 18 ou 19. Outras entidades (judaicas e/ou escáuticas) ofereciam aos jovens na época "acampamentos" semelhantes, entretanto, os do Dror tinham finalidades político-educativas específicas e procuravam reforçar os elos entre o jovem e o Movimento. Nessas oportunidades, os *madrichim* também podiam comparar e avaliar os resultados de seu trabalho. Os congressos do Dror, que reuniam uma centena de jovens das camadas de idade superiores, também ocorriam freqüentemente em *machanot*.

Ideologicamente, os acampamentos eram considerados, entre outras coisas, uma forma de antecipação da vida no campo e do trabalho ao ar livre. Além disso, as palestras (e discussões teóricas, para os mais velhos), sob a responsabilidade dos *chaverim* mais preparados, complementavam o trabalho educativo da programação cotidiana do Movimento.

Os acampamentos eram relativamente baratos, mas quem não podia pagar era aceito do mesmo modo. Todos os sítios ou fazendas eram emprestados por pessoas da coletividade judaica; em São Paulo, até o momento da aquisição da Hachshará, que passou então a receber as *machanot,* os acampamentos costumavam ser em Inhaíba.

Para chegar ao acampamento havia que subir seis quilômetros de montanha, o que por si só já constituía façanha escoteira apreciável. Estábulos, depósitos adaptados, barracas, uma cozinha rústica, e tínhamos cozinha, refeitório, dormida e locais de conferências. Numa baixada ao lado, um lago para banhos. A região ao redor, para excursões e jogos. E, a noite, as pedras (...) Deitávamo-nos nas pedras, cantávamos horas e horas as velhas canções *chalutzianas* (...) noites mágicas de Inhaíba... [Sigue Friesel. *Kibutz Bror Chail*: Jerusalém. Departamento da Juventude e do Chalutz da Organização Sionista Mundial, 1956.]

Eram jovens do próprio Dror que cuidavam da parte organizacional, escolha e preparação do local, abastecimento e manutenção da infra-estrutura.

...como eu era da Maskirut [do Rio de Janeiro], eu visitava fazendas com os companheiros mais velhos para escolher alguma para nossas *machanot* (levando em conta condições de hospedagem, distância, transportes etc.)... até que encontramos um senhor muito rico, que, sem sabermos, participava de uma

atividade clandestina de envio de armas para Israel (...), ele nos cedeu sua fazenda que ficava adiante de Petrópolis. A primeira noite em que fomos lá, fizemos um bom pedaço do trajeto a pé, carregando mochilas, tarde da noite, no mato, liderados pelo Ezequiel Orovitz armado de um revólver, tomando chuva e cantando... (...) Não havia alojamento. Até arrumarmos tudo, dormíamos todos juntos no chão. Constituímos um grupo de "vanguarda": dez pessoas que iam para lá preparar tudo antes. (...) Levávamos madeira, amianto, pregos, martelo, colchões e montávamos os galpões (com divisões para que rapazes e moças dormissem separados), levávamos panelões..., fazíamos sanitários para *bachurim* e *bachurot*, montávamos o chuveiro frio com uma caixa d'água... Era um trabalho heróico: ficar no meio do mato com lamparina... muito esforço e caminhadas a pé com mochila nas costas... cozinhar... tínhamos a sensação do pioneirismo... havia também um aspecto militar... todos nós da "vanguarda" sabíamos atirar e desmontar revólver, não que houvesse uma instrução militar, como tinha o pessoal da direita, mas nos familiarizávamos com um certo treinamento (sem qualquer obrigação) também porque estávamos num lugar quase abandonado no meio do mato, sem luz e sem comunicação (...) mais tarde, começamos a treinar jiu-jitsu (...). Em cada *machané* [do Rio de Janeiro] recebíamos trinta, quarenta pessoas (...). Depois que chegava o pessoal, o trabalho era duro para nós da liderança, sobretudo com os pequenos. Éramos os últimos a dormir e os primeiros a acordar... [15]
... certa vez o "Kutcho" teve que fazer sopa... ao experimentarem, disseram que ela estava sem gosto, então ele pegou seu sapato cheio de barro e pôs dentro da panela sem que ninguém visse e falou que já tinha temperado, todos acharam bom. (...) eu também era um gozador (...) a Ana Rosa Kucinski tinha pavor de fazer comida comigo, porque eu me escondia ou soltava marrecos em cima dela... [31]

Nas *machanot*, em geral, os responsáveis por cozinhar para trinta, quarenta, cinqüenta pessoas eram *chaverim* do próprio Movimento, o que provoca, ainda hoje, recordações de arroz queimado, macarrão com jeito de cola e sopa aparentando água suja. As instalações precárias (e a liberdade por estar fora de casa) remetem a banhos em açudes e lagos, chuveiros de água fria ou dias e dias sem banho.

(...) voltei [para casa] e a minha mãe fez eu me esfregar com escova, porque "...além de estar no mato, se sujando, ainda tinha ficado sem tomar banho!" Ninguém olhava para ver se alguém tomava banho (...) [pelo contrário, quem se preocupava muito com isso era "burguês"]. Então, [aos 11 anos] eu preferi não tomar banho. (...) [Mais tarde, nos acampamentos seguintes,] eu já fiquei uma moça meio mal falada porque vivia tomando banho... [16]

O dia, que se iniciava, antes do café da manhã, com o ritual de hasteamento das bandeiras de Israel, do Dror e do Brasil e os respectivos hinos, era ocupado com inúmeras atividades *ideológicas*, esportivas e/ou de puro entretenimento. Preenchendo praticamente todo o tempo, havia palestras educativas e debates, ginástica, natação, brincadeiras, animadas danças de roda, canções patrióticas, israelenses, brasileiras, juvenis, tradicionais, românticas, alegres...

caminhadas longas, estimulantes, exaustivas, excursões, muitas vezes de manhã a noite, e atividades de inspiração escoteira (embora sem a disciplina e a severidade que caracterizavam o movimento escáutico) como dar nós, acender fogo, usar "sinais de pista", montar barraca, acampar a noite, adquirir noções de primeiros socorros ou de sobrevivência no mato e participar dos jogos coletivos como *roubar a bandeira, surpreender o inimigo* ou *montar guarda* de madrugada (como um treino para a defesa do *kibutz*).

... caminhando cinco, seis quilômetros, dependendo do grupo, nas pausas para descanso, aproveitávamos para falar de algum assunto como "a colonização de Israel", "os pioneiros em uma terra inóspita", "o combate à malária"... Nos jogos como o do roubo à bandeira, cada grupo tinha o nome de um *kibutz* de Israel... Havia sempre uma referência ou outra... tanto que isso tudo ia ficando muito familiar para todos, fazendo com que o caminho escolhido fosse aquele mesmo: a vida de *kibutz* em Israel. [21]

Ao final da tarde, as bandeiras eram recolhidas *com toda cerimônia*. A noite, depois do "jantar", mais danças e canções, em volta da fogueira.

As condições eram bastante modestas, dormitórios comuns (meninos e meninas separados), colchões simples, *sem mordomias*. As dificuldades decorrentes eram tidas como parte do próprio espírito da *machané: chover e entrar água na barraca, passar fome, quebrar a perna catando laranja, ganhar bolhas nos pés e picadas de inseto pelo corpo*... eram coisas tidas como inerentes ao convívio com a natureza e à vida pioneira. Entretanto, embora houvesse muitos que achavam *ótimas* aventuras como essas, alguns não as apreciavam tanto: detestavam *acordar cedo, passar a madrugada sem dormir, ficar mal acomodado...*

Hoje eu penso que era de uma inconseqüência, de uma irresponsabilidade absoluta [a precariedade da infra-estrutura dos nossos acampamentos]. (...) lá perto de São Roque, o dormitório era na parte de cima de uma cocheira, onde ficam os fenos. Na cocheira havia ratos e eu vi os ratos andando em volta das camas que eram montadas por algum "carpinteiro" uma ao lado da outra. Eu tinha extremo nojo. Era um desconforto bem grande... o lugar para guardar roupa tinha que ser a própria sacola.(...) Dava para tomar banho em chuveiros, individualmente... e meninos e meninas tinham dormitórios separados... mas tinha muita gente... O desconforto era a característica... "permitia a preparação para uma vida com restrições". A alimentação era tão boa quanto todo resto: um avacalho! (é possível cozinhar algo simples e decente...). Era o lado feio. Já naquela época, eu não gostava desse esquema: sempre achei que tinha que ter uma coisa mais organizada... Eu não tinha por que estar no meio de ratos... Eu nunca me identifiquei, nunca gostei dessa pobreza. (...) Se eu gostava de ir aos acampamentos? Eu gostava de sair, e não tinha muitas alternativas. (...) [mais tarde, quando comecei a freqüentar sítios e casas de praia de amigos] não demorei muito para descobrir que tinha coisa muito melhor do que o desconforto daqueles acampamentos. E não tinha importância que chamassem isso de burguês, porque aquele contexto – dormir de qualquer jeito, em qualquer lugar, com ratos, com comida ruim – eu não queria para mim, não era algo que eu valorizasse, pelo contrário. Porém, a lembrança da coisa boa ficou: as atividades no decorrer do dia, o convívio... [28]

...a disciplina deles, para mim, sempre soou como uma coisa profundamente ridícula: [na *machané*] acordar cedo, fazer ordem unida – eu achava aquilo o fim da picada, era chatérrimo, bobagem (e é!)... Eu chegava sim a contestar isso na época: não levantava da cama, ou fazia tudo com a maior má vontade... aí então eu ficava marcada. Uma vez, numa *machané*, teve uma marcha, de Petrópolis a Teresópolis, ou vice-versa, e quem mandava nessa marcha era o Fernando [Greiber] e eu acho que fui de chinelo, completamente inadequada... depois de umas duas horas, eu falei " O que é que eu tô fazendo aqui, num calor do cão, carregando uma mochila?", achei de uma tal idiotice que voltei (...): "se eles querem andar que andem". E eles ficavam todos muito entusiasmados e achavam aquilo tudo muito sério... e eu lembro que eu achava uma tolice. Acho que uma vez eu fui expulsa de uma *machané*, porque não me levantei ou não fui caminhar... Mas continuei participando do Movimento. . [e fiz *aliá*]. [26]

Sensacional, fantástica, gostosa, rica e *divertida* foram adjetivos empregados por ex-*chaverim* para descrever sua experiência nos acampamentos do Dror. Mesmo os que fazem críticas ou ressalvas quanto à infra-estrutura precária ou a um ou outro tipo de atividade, admitem ter boas lembranças da convivência com outros jovens, da dinâmica das atividades, do entusiasmo juvenil, das *palestras interessantes*, das brincadeiras, dos *rituais caprichados*, dos encontros com gente de outros estados, da *liberdade*, da *natureza,* da intensidade das *discussões sérias* ou da sensação de estar lidando com *assuntos importantes como o destino do povo judeu e do mundo* – tudo isso junto ou nas combinações mais variadas de acordo com a personalidade de cada um.

Eram jovens do próprio movimento que se encarregavam de escolher o local, organizar os acampamentos e cuidar do abastecimento, da alimentação, da manutenção, da infra-estrutura e da programação das atividades (acampamento em Curitiba, 1957-58).

O mais importante aqui é ressaltar que os acampamentos eram funda-
mentais na vida do Movimento, não só como fator de atração de jovens, mas
também como elemento imprescindível na ação educativa drorista em seus
vários campos de abrangência.

Um último exemplo disto (além dos mencionados nessa breve descrição
das *machanot*) diz respeito às instruções detalhadas recebidas pelos *madrichim*,
por ocasião dos acampamentos, sobre como promover, na *educação social*
dos *chanichim*, a questão da *igualdade sexual*: os instrutores eram orientados
a procurar superar o sentido tradicional que as meninas dão às atividades de
cozinhar, lavar e varrer como sendo próprias *"das mamães"*, substituindo-o
por outro: nos grupos, as meninas são *chaverot* (companheiras) e, nos acampamentos, assumem, juntamente com os meninos, determinadas tarefas idên-
ticas às de *"gente grande"*.

envolvimento

Permanecer no Movimento, empolgar-se com suas atividades, entusiasmar-
se com suas idéias provocava nos jovens, além de um envolvimento crescente
com o Dror, um distanciamento com relação aos outros jovens. Quanto mais o
indivíduo sentia-se identificado com o grupo, mais acentuada era sua diferença em relação aos que estavam fora do Dror.

> ... a lembrança me diz que a totalidade de meu tempo era absorvida pelo Movi-
> mento. Eu ia para a escola no Mackenzie e só me relacionava com outros amigos
> que eram do Dror. Eu morava em uma rua sossegada, com vizinhos que jogavam
> futebol e brincavam de carrinho de rolemã, pular sela, bolinha de gude... aos
> meus 13 anos de idade, ao entrar para o Dror, sem nenhuma premeditação, aban-
> donei completamente esses amigos da vizinhança – nem sei explicar por quê –
> abri mão deles para andar apenas com o pessoal do Dror. [17]

Além dos encontros no Movimento, as pessoas passavam a freqüentar as
casas umas das outras. Os amigos, os interlocutores, os companheiros do tempo livre e até os namorados passavam a ser, prioritariamente, pessoas do Dror.
É certo que cada indivíduo tinha suas predileções e afinidades, entretanto,
conforme o tempo corria, o círculo de relacionamentos pessoais mais significativos ficava cada vez mais restrito ao conjunto dos *chaverim*. A sede do Movimento, como vários disseram, passava a ser *a nossa casa*.

> Minha vida era muito dentro do Dror. Eu passava as noites praticamente todas lá
> (...). Com exceção dos colegas da escola técnica (...), eu tinha muito pouco con-
> tato com gente de fora do Dror. O Movimento era tão intenso... e eu ficava ocupa-
> do o dia inteiro... [13]

> (...) nos fins de semana eu, aos 14, 15 anos, tinha que visitar meus pais... eu ficava
> dividida entre visitá-los ou participar das atividades do Movimento... meu pai bri-
> gou comigo feio, porque eu fiquei umas três semanas sem ir para casa... [24]

As condições materiais dos acampamentos eram bastante modestas: dormitórios comuns (meninos e meninas separados), colchões simples, banhos frios, locais de reunião improvisados (jovens droristas em frente ao "dormitório das moças", montado em um estábulo; Inhaíba, 1947).

(...) a minha atividade principal era o Movimento. Tudo, exceto o estudo escolar formal, era feito no Movimento. O estudo era a coisa mais secundária, uma coisa chata, uma obrigação que a gente tinha que cumprir, porque não havia outro jeito... eu não me dedicava [mais à escola] (antes de entrar no Movimento eu costumava receber prêmios por ser bom aluno). O que me interessava, então, e o que eu estudava eram as coisas que tinham a ver com o Dror... [25]

Aos poucos, isso [a participação nas diversas atividades do Movimento] ia te retirando do "cotidiano dos outros"... na verdade, é como se te desse algo a mais e não como se "tirasse" algo de você (porque os outros jovens não tinham disso). (...) Quando eu comecei a ir para a escola técnica, eu, praticamente, nem ia para a casa, passava quase todo o dia no Movimento (...). [23]

Eu saía da escola à tarde e já ia direto para o Movimento... (...) [a atuação também] dependia muito da situação familiar de cada um; eu tinha muita liberdade, por causa do abandono em que vivia [órfão de mãe, morando com um tio], então eu podia ter um nível maior de dedicação e absorver mais tarefas que outros... [31]

Passar a juventude no Dror significava integrar-se e atuar cada vez mais no Movimento: das menores tarefas executadas pelas crianças à *militância integral* dos mais velhos culminando com a entrada na Hachshará – última etapa da *ação educativa* no Brasil – e a *aliá* em grupos, os *garinim*.

No Dror, pessoas diferentes tiveram diferentes trajetórias. Alguns iniciaram a transformação no seu estilo de vida exigida pela ideologia do Movimento, outros o deixaram antes mesmo de investir em tentativas mais drásticas de mudança como a *profissionalização* e a *militância integral*. As próprias convicções com relação a um ou outro ponto das propostas do Movimento podiam variar.

> (...) quando eu cursava o segundo científico de manhã, à tarde eu me dirigia à uma oficina de automóveis, porque nós, individualmente já tentávamos ter uma profissão... (...). Depois, trabalhei na oficina de tratores e, depois, ingressei, eu e outros rapazes, no curso de mecanização agrícola (...) Era preciso muita convicção para eu me deslocar de um lugar para outro e fazer tudo o que eu fazia. Chegava em casa à noite e logo ia para as reuniões do Movimento. Abandonei, nessa época, a escola e tornei-me militante integral. [15]

> (...) nunca me coloquei concretamente esse negócio da *aliá*, na verdade. Eu achava que eu iria para Israel numa *aliá*, mas era uma coisa distante também. Eu tinha planos, eu queria estudar, por exemplo... A gente era muito jovem, eu era muito jovem. (...) Quanto à minha posição na época eu não posso jurar, mas é possível que eu tenha achado a proletarização uma boa idéia pelo grau de envolvimento que eu tinha. Eu lembro que era o espírito da gente se tornar camponês. Na *machané*, a gente tinha até um pouco de atividade no campo para a gente se acostumar a trabalhar a terra. (...) Eu achava isso legal, importante, apoiava plenamente, mas achava muito chato e cansativo. [18]

> (...) o Borochov dizia que a volta dos judeus a Israel tinha que se fazer como um povo normal (...) E, para nós, isso era absolutamente tranqüilo, estávamos dispostos a ser agricultores. Nunca me passou pela cabeça ser qualquer outra coisa na vida... Para mim, o estudo não era importante.(...) era muito mais importante eu realizar aquele ideal. Eu não trabalhava com um objetivo, trabalhava com ideais. [33]

> (...) terminei o curso técnico de máquinas e motores no Brasil antes de ir para Israel (...) não que eu houvesse sonhado em minha vida ser mecânico, eu simplesmente freqüentava a escola por motivos ideológicos. (...) Encarei esse período na escola como um dever (...) [sem viver nenhum] drama. [25]

Alguns aderiram aos valores e padrões de comportamento do grupo e mesmo ajudaram a forjá-los, outros ficaram mais à margem do estilo hegemônico, enquanto outros sequer aceitaram seus caminhos. Entretanto, podemos dizer, baseando-nos principalmente nos depoimentos, que, a partir de uma certa fase da trajetória de participação, o Movimento passava a ser o centro das atenções dos seus jovens, marcando fortemente seu cotidiano e monopolizando seus planos de vida (pelo menos até surgirem outros, como no caso das pessoas que acabaram saindo do Dror). Exceto para os que nutriam fortes vocações artísticas ou para alguns mais velhos que já estavam na faculdade quando da Reunião da Lapa, a educação do Movimento competia, com larga vantagem, com a educação formal das escolas ou qualquer outra formação recebida fora. Os que, então, optavam por ingressar em algum curso técnico ou adquirir qualquer outro tipo de especialização *útil ao kibutz*, tornavam-se ainda mais ligados ao Dror. E havia os que se dedicavam integralmente à militância, colaborando com dinheiro obtido do próprio trabalho, atuando na direção, coordenando as atividades administrativas e educacionais ou trabalhando durante meses em outras cidades ou mesmo fora do país procurando expandir o Movimento e cuidando de sua *consolidação ideológica* e *estruturação educacional*. Alguns *chaverim* chegaram até a deixar suas casas em função do Movimento.

A grosso modo, permanecer no Dror após a idade de 15, 16 anos já significava um comprometimento maior com suas causas e conseqüentemente uma militância mais acentuada, que variava conforme as oportunidades oferecidas, os interesses e disponibilidades pessoais e o desempenho em cada uma das tarefas assumidas. Pelo fato de ser, não apenas um movimento político e cultural, mas também de propostas concretas de caminhos e escolhas que comprometem não somente a fase juvenil, mas toda uma vida, o Dror exigia um engajamento progressivo, "posto à prova" especialmente em certas "etapas decisivas": o momento de desistir dos planos de fazer faculdade e decidir ingressar em um curso técnico ou estágio em busca de algum ofício, a fase de atuar como *militante integral*, a época de ir para Hachshará, a hora de, finalmente, deixar o Brasil, a ocasião de se estabelecer no *kibutz*. Por outro lado, era em momentos como esses que muitas pessoas abandonavam o Movimento.

Quando eu entrei no Dror já tinha essa tradição de não se valorizar tanto a faculdade (...) Como eu vivi um pouco à parte, pelo fato de eu ser pianista, e terem respeitado isso, nunca ninguém chegou para mim dizendo: "Tem que deixar disso, tem que trabalhar numa fábrica..." . Eu acho que eu também não teria aceito, na verdade nunca ninguém me fez semelhante proposta. (...) [mas larguei o Movimento quando] fiz o equivalente à universidade (fui para Genebra, me formei professora de música) (...) de um modo geral, naquele momento, eu acho que era necessário ter mãos que trabalhassem a terra mesmo, Israel estava precisando era disso. (...) Pensei que talvez desse para conciliar ser pianista e trabalhar no *kibutz*, mas durante um curto tempo. Depois dos 18 anos, eu achei que não era possível. Eu teria que largar a música, e eu não poderia largar! [20]

(...) em função do projeto [drorista], (...) fui aprender profissões técnicas e fui trabalhar de torneiro mecânico, de serralheiro... Essa opção foi tranqüila para mim. (...) Eu me lembro, por exemplo, do caso do Karabtchevsky (hoje maestro), ele tinha um talento musical indiscutível, uma vocação, um desejo de preencher aquele talento e teve de enfrentar um dilema: o Movimento exigia dele que abandonasse a vida musical, porque não tinha espaço para isso, então ele acabou caindo fora... e tinha outros casos menos extremos de pessoas com vocações... queriam ser médicos, por exemplo... e as pessoas no Dror só excepcionalmente aceitavam que um sujeito fosse fazer Medicina (...) porque era uma profissão de elite, da burguesia. (...) de dentro do Movimento nós víamos os que desistiam quase como traidores, a gente entendia, mas no fundo os víamos como pessoas que fraquejavam... [23]

Como eu tive de trabalhar muito cedo, desde os 15 anos, a única coisa que eu podia fazer era dar aulas particulares. (...) então escolhi cursar o Magistério já sabendo que iria fazer faculdade depois. (...) fui criticada no Dror por ter optado pelo Magistério... e as críticas eram feitas de maneira grupal... Fiquei no Dror até os 16 anos de idade (...) A proletarização, nunca foi uma coisa que eu quisesse para mim, embora eu achasse que era extremamente importante para alguém fazer (...) Aos 15, 16 anos, você só tem uma vaga idéia do que é socialismo. Para mim, era o ideal de justiça social: "as pessoas têm que ser iguais. Nós precisamos criar uma sociedade mais justa. O mundo de justiça é o *kibutz*, porque lá todo mundo tem igual, cada um dá o que pode e tem o que precisa. Tem uma coisa melhor do que isso?". Mas a vida de proletária no *kibutz* não servia para mim. (...) Com algumas pessoas, que tiveram ou menos oportunidades ou um grau de expectativa diferente [do meu], deu certo e muitos se encaixaram nesse padrão. [28]

A questão da oposição aos estudos universitários não seria algo tão importante no Dror se isolada do contexto da *aliá* e da propalada necessidade de técnicos e trabalhadores braçais no *kibutz*. Vista sob esta ótica e compreendido o papel que a formação universitária desempenhava no imaginário dos imigrantes judeus no Brasil, é possível entender o problema dos estudos como um dos pontos de estrangulamento mais significativos do Movimento. Diante da postura drorista, reforçada no II Congresso Sul-Americano em 1951, reservando a prerrogativa dos estudos universitários somente aos que demonstrassem *real aptidão, vocação e utilidade,* tornava-se muito difícil prosseguir os estudos e permanecer *chaver* do Movimento. Embora alguns depoimentos afirmem (e nem todos concordam) que o Dror *não era tão radical, era capaz de respeitar muitas das ambições individuais, nunca censurou ou expulsou ninguém por decidir fazer faculdade* e acenem com exemplos de pessoas que procuraram compatibilizar universidade e Movimento, eles vêm da boca de pessoas que participaram das camadas mais velhas do Dror nos primeiros tempos de Movimento e não das que se defrontaram com a questão da *profissionalização* dois, três ou mais anos depois da chamada decisão da Lapa, quando esta já estava institucionalizada, não era mais algo a ser discutido. Nesta época, os jovens, como define um ex-*chaver*, viam-se diante da opção de *pertencer ao Dror, aceitando as normas, ou não pertencer.*

Além do argumento da demanda de mão-de-obra adequada às atividades *kibutzianas,* outros motivos eram levantados (reforçando ou somando-se aos apresentados *na Lapa*) para justificar a orientação contrária ao ingresso em faculdades no Brasil: o melhor momento de se fazer *aliá* seria aos 19, 20 anos, antes de se criar maiores compromissos profissionais ou afetivos na Diáspora – *não haveria tempo de uma faculdade se se quisesse fazer aliá* – e a melhor forma de se fazer *aliá* seria junto com o seu próprio grupo – acreditava-se, e vários casos narrados confirmam, que o sujeito que esperava concluir seus estudos universitários para emigrar teria dificuldades em fazer *aliá* em companhia de outras pessoas que não as de sua idade e de seu grupo original, sentir-se-ia estranho, *outsider.* Perder os laços com os companheiros de *kvutzá* e de *garin* poderia até ser fatal aos planos de emigrar. O caso do *chaver* que, após

173

desistir do curso técnico, sem romper com o Movimento, voltou à faculdade de medicina por mais dois anos é um bom exemplo: ao completar o curso, já namorava uma moça sem ligações com o Dror, cultivava amizades fora do Movimento e, mesmo com intenções de fazer *aliá*, não conseguiu adaptar-se ao seu novo *garin – já não havia ambiente para mim naquele grupo de gente nova (...) a convivência ficava difícil... diante deles, eu parecia um "velho"* ; resolveu sair do Movimento.

Não há unanimidade entre os ex-*chaverim* quanto à idéia de o próprio curso universitário ser considerado *burguês* na ideologia do Movimento na época, mas vários garantem ter sido essa uma das principais alegações para justificar a oposição drorista aos estudos superiores[24].

Os significados da proletarização

O processo de *proletarização* incluiria, em sua "fase brasileira": a busca da *profissionalização* (capacitação para exercer um ofício), os esforços de negação dos valores e do estilo de vida burguês, a identificação com a classe trabalhadora e uma tentativa primeira de adaptação à vida *kibutziana*, o trabalho na Hachshará.

A *identificação* dos jovens com o proletariado, objetivo da *ação educativa* drorista, fazia-se, na prática, muito mais com a sensibilização dos *chaverim* para a questão social por meio de leituras e observação da realidade que com a sua inserção concreta no cotidiano dos trabalhadores braçais, já que poucos jovens, de fato, aventuraram-se a trabalhar em fábricas de grande porte ou em terras que não as de Ein Dorot. Em sua maioria, os droristas pertenciam a famílias de classe média, estando ainda muito próximos a elas e seu modo de vida; mantinham as mais variadas ligações (de caráter afetivo, financeiro, ideológico) com elementos de sua origem social. O proletário que tinham como modelo era o *chalutz* (um ideal bem específico e distante, até geograficamente) e não o "trabalhador brasileiro". E, finalmente, eram jovens, ainda em fase de transição para as responsabilidades e os compromissos da vida adulta e, conseqüentemente, para a identificação de interesses de classe mais bem definidos. Todos esses fatores mencionados dificultavam a aproximação dos *chaverim* com a classe trabalhadora com que se deparavam todos os dias, mas da qual não faziam parte. Entretanto, os *chaverim* esforçavam-se em adotar uma *aparência proletária*, vestindo-se e comportando-se *como fazem os trabalhadores, os não-burgueses, os revolucionários*, ou melhor, como esses jovens achavam que os trabalhadores, os não-burgueses e os revolucionários se vestiam e se comportavam, o que dava margem a interpretações bastante particulares.

A idéia de ir viver no *kibutz* significava trabalhar lá, mas eu nunca havia pensado nos termos que foram colocados na Haflagá da Lapa. Até então, para mim, a proletarização era um conceito abstrato. Eu gostava da idéia da comunidade, *the band of brothers*, o espírito do grupo, da aventura... (...) [A partir da decisão da Lapa], começamos uma vida diferente em torno da proletarização. O Sigue Friesel, que era da Escola Técnica São Paulo, arrumou para nós um estágio lá... fazer ferramentas, cerâmica... (minha vocação de proletarização era pequena, mas passei lá alguns meses – eu me divertia... na época eu tinha todo um *joie de vivre*, eu era jovem, tinha um senso de aventura junto com um pouco de responsabilidade). (...) Lá no Uruguai, a [idéia da] proletarização era uma piada, porque o grosso das pessoas vivia uma situação socioeconômica diferente da nossa. Aqui no Brasil, em geral, nós éramos todos classe média afluente, gente que estava subindo na vida. No Uruguai, as famílias dos *chaverim* do Dror eram, em geral, de operários mesmo... os filhos trabalhavam... [a minha namorada uruguaia] trabalhava numa firma como caixa e estudava de noite. Ela tinha 17 anos, mas era madura, teve uma vida sofrida, era órfã desde muito cedo... Ela influenciou minhas idéias a respeito do Movimento, porque ela não estava tão disposta quanto eu a embarcar nessa aventura do *kibutz*... Sua visão de mundo nesse sentido era diferente da minha, ela valorizava mais do que eu o conforto, a vida sem privações... Tudo isso para mim não significava nada, porque eu nunca tinha passado privações na vida. As privações da minha militância no Movimento eram esportivas, com gosto de aventura, como comer sanduíche de mortadela no bar dos motorneiros no Rio. Essa era a minha refeição lá, mas e daí? Para quem foi um cara bem alimentado a vida toda, isso não [pesava]... e era por livre escolha e não uma privação imposta pela vida, ou seja, o dia que eu quisesse eu pararia. Tinha um sentido totalmente diferente daquele para alguém que passou pela pobreza, pela luta pela vida, pela experiência de morar com todo mundo num quartinho. E a [minha namorada], que teve uma vida assim (...), agia de acordo com essa realidade. [9]

Um exemplo [dessa dissociação entre idéias e vida concreta] ocorreu comigo: quando eu era *madrichá* e procurava passar as idéias do Movimento sobre

Em busca da proletarização, jovens do movimento evitavam as universidades e procuravam cursos técnicos que lhes proporcionassem um ofício e os aproximassem da classe operária (judeus droristas entre os alunos do curso de mecânica de máquinas da Escola Técnica Getúlio Vargas, em São Paulo).

proletarização, batalhando, procurando envolver os *chanichim*..., chegou o Davi [Perlov] e me deu uma grande lavada. Ele disse: "Socialismo?! Proletários?! O que exatamente você sabe disso?", no sentido de que nós tínhamos esse caráter pequeno burguês de falar da pobreza... e com razão, porque a gente falava de coisas das quais não entendíamos nada... No fundo, o Movimento era pequeno burguês (acho que todos os movimentos socialistas eram mais ou menos pequeno burgueses... Quanto menos você conhece o proletário, mais você o idealiza). Havia sempre essa certa dissonância, essa vocação missionária sem de fato se conhecer muito a realidade. O Davi era alguém que, já naquela época, via tudo com uma certa distância, um olhar crítico, o que não lhe tirava o fervor e a dedicação, mas que o mantinha sempre a uma certa distância. (Ele veio de uma família completamente diferente, marginal, o pai era mágico... muito diferente da realidade das famílias judaicas brasileiras em que a maior parte se constituía de donos de lojas ou tecelagens.) Meu pai já estava bem quando eu cheguei ao Brasil, éramos considerados uma família rica. Com relação ao proletariado, eu sentia uma identificação, mas nunca senti o problema na própria pele e a maior parte das pessoas do Movimento era assim como eu. [12]

(...) é muito engraçado, porque eu estava em um grupo desses [o Dror] e, ao mesmo tempo, vivia em um apartamento de luxo e não tinha ligação nenhuma [com o proletariado] (...) (É uma coisa muito louca querer virar a estrutura socioeconômica e não assumir a condição socioeconômica da família para virar um proletário trabalhador agrícola.) [10]

A *profissionalização* de grande parte dos jovens droristas também estava aquém de suas próprias expectativas teóricas.

A proletarização [na minha época]: foi uma idéia muito mais verbalizada que praticada. São pouquíssimos os casos de quem partiu para se profissionalizar: os homens (eu também) foram fazer curso de mecânica... as poucas mulheres... uma foi fazer curso de enfermagem e a outra foi fazer curso de pedagogia não universitário. O resto era conversa fiada... Os mais velhos ou foram direto para a fazenda de Jundiaí ou ficaram trabalhando em tempo integral no Dror em grupos de militância (...) [17]
(...) o Movimento falava muito em conhecer a vida, em não ser fechado numa torre de cristal... na prática significava, por exemplo, quando se falava em proletarização, se almejava (nem todo mundo chegou a isso, mas se almejava) que a gente fosse trabalhar em alguma fábrica, gráfica ou algo assim. Isso era conhecer a vida... Alguns de nós já trabalhavam um pouco, davam aulas particulares ou faziam alguma outra coisa que dava dinheiro. (...) Eu pouco trabalhei em algo rentável. A minha proletarização foi entre aspas: a mãe do Gabi [Bolaffi] tinha uma tecelagem de fazer pulôveres, um negócio manual, muito requintado, cujos modelos ela trazia da Itália. Então, eu passei uns 15 dias aprendendo a trabalhar na máquina e essa foi a minha proletarização. Eu lecionei um pouquinho, dei aulas particulares para alunos fracos, mas não posso dizer que alguma vez eu cheguei a me sustentar nessa época de militância integral. [14]

Por este ser apenas um dos itens na "lista de prioridades" dos *chaverim* (tendo que disputar o tempo dedicado às inúmeras atividades e demandas do

Movimento) e pelas dificuldades em se encontrar cursos ou estágios realmente adequados ao *kibutz* que os aguardava, os jovens que procuravam profissionalizar-se acabavam muitas vezes contentando-se com o emprego ou estágio que conseguiam encontrar, formações incompletas em cursos técnicos subaproveitados ou nem concluídos, noções práticas de um ofício ou outro. Já era muito, devido às circunstâncias, quando chegavam a aprender alguma coisa *útil* ou contribuir financeiramente com o próprio sustento e a caixa comum do Movimento. A capacitação técnica exigida pelo Dror não era um fim em si, e muito menos uma decorrência da necessidade de vender força de trabalho especializada em troca de um salário. Era a ideologia do Movimento que dava sentido à *profissionalização*. Sendo assim, não havia muito rigor na escolha do tipo de ofício nem muito problema em justificar um abandono de curso, por exemplo, em função de um trabalho de *shlichut,* um estágio em Israel ou do ingresso "precoce" na Hachshará, casos que aconteciam com freqüência.

A diretoria geral do Movimento (a Hanhagá Artzit) resolveu que eu teria de ser ou responsável pelas abelhas ou enfermeira, e eu podia escolher entre essas opções. Eu não queria nenhuma delas, mas naquele tempo a gente tinha a *tsav hatnuá* (ordem do Movimento), ou seja, a gente fazia o que o Movimento resolvia que a gente tinha que fazer. Então, eu estudei meio ano de Pronto Socorro na Cruz Vermelha Brasileira, e não fiz o estágio (que seria o mais importante), porque era época de *machanot* e o Movimento resolveu que era mais importante que eu cuidasse do meu grupo, porque eu era a única *madrichá* moça (os outros eram rapazes) do meu grupo de idade (...). Assim, deixei de ir ao estágio do curso e quando eu cheguei na *Hachshará,* fui designada como enfermeira. (...) Eles [os trabalhadores da região] se acostumaram a vir à *Hachshará* e nos pedir ajuda médica, porque em *garinim* anteriores houve médicos e enfermeiras formados que haviam ou largado ou terminado seus estudos antes de entrar na *Hachshará.* Nós não tínhamos essa regalia, porque a orientação do Movimento era para a profissionalização e médico e enfermeira não eram [considerados] profissão e sim uma coisa muito burguesa... e a gente ia ser [proletário]... [Para o Movimento,] a gente aprendendo algo em um curso bem mixuruca já era considerado uma profissão, mas se fosse uma enfermeira diplomada isso já era "burguês demais" e não podia. Então eu, com um curso de duas vezes por semana e sem nenhum treino prático, já era responsável pela saúde do grupo de 25 pessoas que estavam na *Hachshará* e mais de todos os caboclos que viviam em volta e me vinham com bebês para eu dar injeção de penicilina. Naquele tempo, não se usava comprimidos (...). Também não se usava seringa de plástico, era de vidro... eu tinha que ferver numa caixinha de metal... As condições eram muito difíceis e primitivas e a responsabilidade nossa era muito grande. Eu peguei uma responsabilidade sobre mim sem ter a preparação adequada, se eu não matei ninguém, foi por muita sorte. [22]

Por outro lado, vários dos que investiram mais seriamente em uma formação técnica no Brasil, tiveram surpresas desagradáveis ao chegar ao *kibutz* em Israel e constatar a inadequação do que tinham aprendido aqui diante das condições de trabalho lá encontradas.

Analisar a experiência de alguns *chaverim* que buscaram sua *proletarização* via *profissionalização* é procurar vislumbrar a tradução possível dos significados específicos que esse ideal ganhou no contexto do Movimento juvenil. Por serem jovens que estavam tratando ainda e prioritariamente de sua formação educacional e não da sua reprodução como força de trabalho (especialmente os que ingressavam em escolas técnicas, entre outras coisas, por seu compromisso ideológico com o projeto da proletarização e por uma espécie de acordo com os pais, que não aprovariam que os filhos simplesmente largassem os estudos para procurar um emprego qualquer), era muito difícil um jovem *chaver* assumir-se um proletário antes de chegar ao *kibutz*. Por outro lado, não é pouco constatar que o abandono da ambição de prosseguir com estudos universitários, dada a importância que adquiriam na sociedade mais ampla, já era uma troca significativa de valores e um bom golpe nos ditos padrões burgueses. Além disso, por menos que fosse (e nem sempre era pouco) o fato de não ter mais a pura e simples "vida de estudante", fez com que muitos reconhecessem e sentissem na própria pele vários dos problemas, exigências físicas, responsabilidades, privações e preocupações vividos por aqueles que exercem *trabalho braçal* e ofícios técnicos.

Alguns não gostaram da experiência – ou acharam que não gostariam – a ponto de desistir da própria idéia da *proletarização*, enquanto outros não se sentiam de fato convencidos da necessidade ou possibilidade de deixar a faculdade, procurando apenas adiar a decisão. Outros ainda aceitavam (e mesmo hoje admitem) a tese de que Israel precisava de proletários e não de tantos médicos e engenheiros, mas não quiseram, ou não puderam, abrir mão de suas vocações e interesses profissionais. Somente os filhos de famílias com alguma dificuldade financeira optavam por cursos técnicos independentemente das posições do Movimento e, nesses casos, o choque com as opiniões e planos familiares era menor. Vários *chaverim*, mesmo acatando com vigor a ideologia da *profissionalização,* tiveram problemas de adaptação (às atividades manuais e aos colegas, com origens sociais e interesses diferentes) e sentiram-se um tanto deslocados em suas escolas técnicas ou estágios.

... quando eu vi que iria fazer *aliá* e, portanto, teria que ter uma profissão, e resolvi estudar eletrotécnica no Mackenzie. Eu acabei sendo a única moça do curso! ...detestava aquilo lá... detestava eletricidade... mas eu fiquei, porque era profissionalizante (...) eu acabei sendo expulsa porque andei faltando (...) e passei a estudar (6 meses) na Getúlio Vargas, curso profissionalizante também só com rapazes... japoneses. (...) Minha vivência nesses cursos foi péssima!... tinha que trabalhar num torno, colocar um troço no olho... "Ela é moça, não pode..."... as provas eu fazia mais ou menos... e acabou não dando. Não deu mais e eu saí do curso e fui para a *Hachshará*, aos 17 ou 18 anos. [26]

... larguei [o Científico] para fazer escola agrícola em Jacareí, por causa do Movimento. (...) [embora minha vocação fosse ser pianista e pintor.] (...) para ser admitido na escola agrícola, tive de convencer o diretor de que eu acreditava que a redenção do homem estava na terra (usei a ideologia de Gordon, sem mencionar

Israel) (...) fiquei na escola, interno, por dois anos (...) freqüentava o Movimento e perdia algumas aulas, não me importava com diploma (...) mas também eu não me portei na escola agrícola como um agricultor, como muitos que iam lá estudar e que já eram de famílias de agricultores, caras que tinham experiências diferentes da minha... eu vinha falando de socialismo, eles vinham falando de pegar os curumins e fazê-los brigar, por diversão. [21]

... após o [curso] primário eu fui para uma escola técnica judaica chamada Ort (...). Na minha escola, eu tinha postura de superior, porque era uma escola industrial de gente que não tinha nada a ver comigo, [gente] que ia lá pela comida... então, eu não tinha amigos na escola. [31]

...ao contrário do percurso normal de um jovem da época, fui parar na Escola Técnica Getúlio Vargas, onde fiz o curso de técnico em máquinas e motores, ao lado de filhos de agricultores japoneses e alguns jovens de famílias européias, italianos e alemães, todos pobres. A escola dava casa e comida quase de graça, e ainda uma diária. (...) um ambiente intelectualmente pobre, medíocre mesmo, compensado em parte pela tradição dos ofícios e da tecnologia que impregnava profundamente as paredes da escola e suas enormes oficinas. Os ofícios e a técnica me fascinaram. Ali, produzi, com meu colega Isaac Lomaski, meu primeiro jornal como co-editor: um mural ilustrado, sardônico, que imediatamente escandalizou o corpo docente. [Bernardo Kucinski. *Memorial* apresentado para o concurso de livre docente junto ao Departamento de Jornalismo e Editoração da Escola de Comunicações e Artes da usp, ago. 1995]

Mesmo entre os que já foram trabalhar como proletários – em *metalúrgica, oficina de limpeza de máquinas, marcenaria* – houve vários que se sentiram um tanto *deslocados, não aceitos* pelos "verdadeiros" operários. Segundo um ex-*chaver*: *os operários não nos viam como operários, e nem éramos de fato, éramos pequenos burgueses metidos à besta...*

As distinções de gênero que caracterizavam o pensamento social dominante eram reforçadas ou diluídas na busca da *profissionalização* empreendida pelos *chaverim*? Eram diluídas na medida em que a *profissionalização* valia como um ideal tanto para os rapazes quanto para as moças (quebrando com preconceitos existentes contra o trabalho feminino e permitindo, inclusive, que, na época, certas *chaverot* fossem exemplares únicos do sexo feminino em cursos como eletrotécnica ou edificações) e que tanto homens quanto mulheres encarregavam-se igualmente de cozinhar, colher verduras, cuidar de galinhas e outros ramos desenvolvidos na *Hachshará*. Eram reforçadas na medida em que, dadas às inclinações pessoais, forjadas em parte pela educação diferencial recebida no meio em que viviam, e devido ao caráter das instituições externas ao Movimento (escolas, disponibilidade de empregos etc.), havia sim distinções entre a *profissionalização* de rapazes e moças. Os primeiros tendiam para mecânica de máquinas, eletrotécnica, zootecnia, enquanto elas, enfermagem, corte e costura, educação infantil, puericultura, dietética,

179

mantendo, nesses termos, as divisões consagradas de trabalhos masculinos e trabalhos femininos. Como era difícil encontrar escolas agrícolas próximas aos locais de moradia dos *chaverim* e era inviável arcar com os gastos de todos os que fossem estudar distantes de suas casas (contrariando e/ou onerando os familiares) procurou-se dar preferência aos cursos de profissionalização industrial. Em relação às moças, a dificuldade na escolha de cursos era ainda maior devido aos padrões sociais que consideravam próprias das mulheres as atividades domésticas ou as que destas se aproximavam no imaginário social. O curso técnico de química parece ter sido um dos mais escolhidos por *chaverot* que procuraram escapar às ocupações identificadas como femininas.

> ... a gente começou a ter aulas do curso de mecânica da Ort (...) eu fui aprender a mexer num torno, e achei aquilo maravilhoso, adorava mexer naquele torno, eu ficava brincando de fazer coisinhas no torno. (...) Pensei [também] em fazer enfermagem (...) as meninas começaram a aprender manicure, cabeleireira para poderem trabalhar, foram para profissões de enfermagem, começaram curso de cosmética... todas as meninas iam aprender a limpeza de pele... [8]

Em pelo menos dois casos, ao contrário do que poderíamos esperar, o fato de ser mulher facilitou a opção pelos caminhos propostos pelo Movimento, em especial a *profissionalização*, como explica uma ex-*chaverá*:

> Na época [em que eu estava no Movimento] minha idéia era fazer *aliá*. (...) justamente porque a posição deles [dos meus pais] era sionista (...) A questão de abandonar os estudos foi mais complicada, mas, como eu era uma mulher, meus pais não acharam tão ruim como teriam achado se eu fosse um filho homem: naquela época, uma mulher ainda poderia deixar de fazer um estudo superior [sem ter problemas com a família, pelo contrário, nem era tão valorizado que ela tivesse um diploma universitário]... [10]

O próprio Movimento procurava auxiliar os jovens em suas opções *profissionais,* apresentando um leque de escolhas, informando sobre cursos e oportunidades e procurando usar de sua influência junto à coletividade judaica para arrumar estágios e trabalho para os *chaverim*. Alguns poucos se ressentiram do que consideraram uma interferência no que, a seu ver, deveria ser uma questão de escolha puramente pessoal.

Para além de fraqueza, covardia e outros julgamentos estabelecidos por quem se mantinha nos trilhos do Movimento contra os que o abandonavam após tentativas mais ou menos frustradas de buscar a *proletarização*, outros motivos foram apresentados por ex-militantes fervorosos que, a um grande custo pessoal e não sem muita reflexão, deixaram seus companheiros de Dror para seguir por outros caminhos.

> Eu saí do segundo ano do ginásio e voltei para trás para prestar exames e começar no primeiro ano numa escola industrial para me profissionalizar.

(...) Depois que eu me formei em artes gráficas, o meu *madrich* me arrumou um emprego numa tipografia judaica para ser tipógrafo, um empregado... E eu era um empregado como mandava a coisa: eu levava marmita... Não cheguei a questionar meus companheiros que estavam seguindo o *curriculum* normal, eu achei que eu estava no caminho que era da orientação do Movimento e eles, futuramente, iriam fazer a mesma coisa. E havia alguns que trabalhavam (não nesse tipo de trabalho operário) em escritórios ou serviços, porque não havia possibilidades de se escolher tanto. (...) No Movimento, discutíamos a proletarização... o movimento operário... cheguei até a participar de greves... era aquele entusiasmo socialista e ao mesmo tempo com Israel, sobretudo, a vida em comum... Eu tive experiência com a classe obreira: eu fui trabalhar e saí na rua para fazer greve, fiz passeata, andei distribuindo panfletos. Fui para o sindicato dos gráficos (...) e peguei a bandeirinha e saí nas ruas gritando e batendo nas portas para o pessoal fechar e parar... Eu era socialista, eu era obreiro, proletário de ficar com a classe obreira quanto às suas lutas. (...) Até que eu comecei a me questionar: "Até que ponto eu sou proletário? Até que ponto eu posso ficar onde estou e não sair disso?"... "Eu poderia ter um progresso maior?"... "Eu vou viver dentro de um *kibutz*, com a minha *kvutzá*, e para ter alguma coisa a mais vou precisar esperar o *kibutz* ter dinheiro para comprar pra todo mundo."... "Eu não vou conseguir me privar de algumas das coisas que eu quero". Aí, começou a entrar esse questionamento: "Até que ponto eu sou realmente um obreiro de coração, de dedicação?" (...) a idéia de ser dono de meu próprio negócio, dono da minha vida, mexeu comigo e comecei a questionar: "Por que não a cidade ao invés do *kibutz*?"; "Por que uma cidade em Israel e não aqui, já que lá eu vou ter uma série de dificuldades como abandonar a minha família a qual sou tão apegado?" (...) [29]

...em Araçoiaba da Serra havia um curso de tratorista na Fazenda Ipanema e eu estava decidido a fazê-lo. Meus pais insistiram, entretanto, para que eu fizesse colégio e eu entrei no primeiro colegial Científico – estudei até setembro, mas eu fazia tanta bagunça que a escola chamou meus pais para me tirarem ou eu seria expulso. (...)
"Não era contraditório seus pais serem contra seu curso de tratorista se eles gostavam da idéia de você ir para o *kibutz*?"
Era, mas eles tinham claro – coisa que eu não tinha, na minha ilusão, achando que o socialismo era realmente perfeito e que [nele] todo mundo era igual –, eles tinham experiência de vida suficiente para saber que nem todo mundo é igual e que quem tem mais estudo tem mais possibilidade na vida e vive com mais conforto. E eles queriam isso para mim. Então, aceitavam sim que eu me profissionalizasse, mas fazendo um curso técnico de três anos e não simplesmente o de tratorista como eu queria. (...) pelo menos o segundo grau eles achavam fundamental (no que eles estavam rigorosamente certos e eu, evidentemente, era fruto de uma ingenuidade total). (...) o curso técnico foi uma solução de compromisso (...) Comecei a estudar mecânica de máquinas com 15 anos, porque eu tinha que me proletarizar (...). Nessa escola, tinha vários colegas companheiros do Dror: o Aron Kremer, colega de classe, o Nelson Balaban, da mecânica de máquinas, e o Valdo em

eletrotécnica... era muito gozado, porque éramos esses quatro judeus, o Leonardo (um rapaz negro) e o resto, uns 12 japoneses. (...) Na escola técnica, eu nem cheguei a me formar, eu fiz dois anos, repeti o primeiro e repetiria o seguinte se chegasse ao final – eu não conseguia fazer nada naquela oficina... eu ia bem na parte teórica e pessimamente na parte prática... certa vez, quase perdi o dedo num acidente... (...) Eu comecei a me questionar... aquele meu fracasso naquela escola me fez pensar: "Talvez eu não tenha vocação para isso, mas outra coisa talvez eu possa fazer no *kibutz*". (...) eu desisti da escola técnica, porque (...) vi que aquilo não tinha nada a ver comigo. (...) [fui, então, como enviado do Movimento para Curitiba e, no ano seguinte, para Belo Horizonte.] Aí, então, eu resolvi estudar colégio lá mesmo. (...) recomecei os estudos e não pedi autorização a ninguém do Movimento. Resolvi fazer o Clássico e gostei. Já com 17 ou 18 anos, eu comecei a gostar muito de estudar e ver que esse era o meu caminho. No tempo em que eu fiquei em Belo Horizonte eu tive uma relação muito mais ampla com o mundo.. Eu fiquei morando numa pensão e conheci um monte de gente... tive ótimos professores no colégio... No final do ano, eu resolvi voltar para [minha cidade natal] para estudar e, depois, fazer faculdade, mas essa idéia era inaceitável para o Movimento... (...) achei que minha verdade era essa: que essa idéia de me proletarizar era besteira e eu queria mesmo era fazer uma faculdade. Cheguei à conclusão de que eu era um cara que gostava de atividades intelectuais e que eu iria ser muito infeliz se eu simplesmente entrasse num *kibutz* para ser lavrador ou qualquer coisa do tipo. E, no *kibutz*, não tinha lugar para um intelectual nessa época... (...) eu não queria sair do Movimento, eu queria voltar a estudar, dar um tempo, mas naquela época não havia isso... Nós fomos para uma reunião, acho que foi em Curitiba, em 1958, e o pessoal disse: "... a diretoria resolveu que tal pessoa vai fazer isso... tal pessoa vai fazer *shlichut*..." e resolveu que eu iria para a *Hachshará*. Eu não queria ir para a *Hachshará* porra nenhuma, queria voltar a estudar!... e voltei, depois de toda essa experiência, e completei o segundo semestre do colégio e aí continuei meus estudos e nunca mais voltei para o Movimento. Eu já tinha decidido: eu gostava de estudar, de ler, de pensar. [27]

a Comuna

Os *militantes integrais*, *chaverim* que se colocavam prioritariamente à disposição do Movimento, embora continuassem ligados às suas respectivas *kvutzot*, faziam parte de um organismo denominado *Shituf* (Comuna). A Comuna organizava as atividades desses militantes, recebia contribuições em dinheiro e as redistribuía de acordo com suas possibilidades e as necessidades de cada um deles, já segundo o espírito *kibutziano*. Os jovens que dela participaram, portanto, viveram, de um modo ou de outro, uma experiência coletivista antes ainda do período de *hachshará*.

Sua militância variava. Alguns passavam todo o tempo trabalhando no Dror enquanto outros dividiam seu dia entre as tarefas do Movimento e um trabalho remunerado ou um curso ou estágio profissionalizante. A noite, entre outras atividades, havia reuniões de estudo ideológico concentrado.

O coletivismo já começava dentro do próprio *snif,* onde tínhamos uma caixa comum, que funcionava (...) ninguém reclamava, todos sabiam que isso era o princípio básico do *kibutz*: "de cada um de acordo com sua capacidade, a cada um de acordo com suas necessidades". Os menores traziam dinheiro dos pais, os mais velhos de seu próprio trabalho. [4]

... o coletivismo era uma idéia que o pessoal realmente [praticava]... era muito importante... o que eu ganhava fora e em casa também eu dava para essa caixa coletiva que chamava *Shituf* (...) e recebia um "x"... dava para comer um sanduíche lá no bar do Bom Retiro. (...) Tinha gente que precisava trabalhar no Movimento e não tinha tempo de trabalhar fora ou que não ganhava mesadas, então a gente repartia... e eu achava justo... Eu não me lembro de brigas por causa disso. As pessoas concordavam, estavam conscientes. [8]

Por esses e vários outros depoimentos, parece que, entre os jovens que chegavam a viver no esquema de Comuna, não havia problemas ou questionamentos significativos com relação ao funcionamento da caixa comum, revelando a intensidade do comprometimento com o lema *kibutziano* dos *chaverim* que atingiram essa etapa no Movimento o que, em última análise, mostra a força da *ação educativa* drorista. Ninguém se queixou do fato de alguns trabalharem para "sustentar" outros que se dedicavam apenas às atividades do Movimento.

A caixa comum funcionava. (...) todo mundo dava todo o seu ordenado. (...) Para gastos pessoais, tinha *tacsif* (cota pessoal) que não era grande coisa, mas dava até para comprar um disco (...) dependia da prioridade de cada um, geralmente o pessoal comprava um livro, uma camisa, cigarros, alguns iam gastar na zona... [21]

Além das despesas cotidianas de seus *chaverim* (transporte, alimentação roupas, gastos pessoais etc.), a caixa da Comuna bancava também os custos com habitação dos jovens que saíam da casa dos pais em função de suas idéias e atuação no Movimento. Nas moradias sustentadas pelo *Shituf,* viviam rapazes e moças (inclusive alguns casais de namorados que conviviam com jovens "avulsos"), livres do controle familiar, compartilhando a mesma ideologia, o mesmo teto e... os afazeres domésticos.

... tínhamos nossas tarefas diárias de arrumação até lavar roupa, nós não estávamos preparados para isso, mas a gente tentou pelo menos (...) Os apartamentos comunais eram mistos; várias *chaverot* participaram da proletarização... e na hora da divisão de tarefas era igualitário. Teve muito cara que fez uma gororoba horrível tentando cozinhar e outros que se revelaram surpreendentemente bons cozinheiros. [21]

Algumas moças encontravam nas moradias comunais a oportunidade de levar uma vida muito mais livre, em vários sentidos (inclusive sexual), do que a que teriam se continuassem morando com a família e dependendo economicamente dos pais. Em vários casos, essa opção não deixava de representar um forte ruptura com os familiares e a educação recebida em casa ou as representações de gênero dominantes na coletividade judaica e na sociedade em geral. (Entretanto, o ímpeto revolucionário que marcava as idéias do Movimento contribuía para amenizar os custos emocionais decorrentes de tais rompimentos.)

> Quando voltei do estágio [em Israel], continuei morando na casa do meu pai por um período (...) [até que] eu me desentendi e achei que tudo estava muito falso, muito errado e que eu não estava mais disposta a aceitar a autoridade dele, que eu já queria ter a minha vida... aí, eu sai de casa, aluguei um quarto (...) no Rio, a gente vivia numa Comuna (...) Estive um ano no Rio de Janeiro, sustentada pelo Movimento, numa pequena Comuna, uma casa, fortificando a liderança do Movimento. [14]

Alguns *chaverim* apaixonados tiveram a chance de viver juntos como casais (mesmo sem matrimônio oficial) no esquema de Comuna. Isto, entretanto, não lhes garantia conforto e privacidade totais já que as instalações eram sempre bem simples, as moradias eram compartilhadas com outros jovens e sempre havia – competindo com os interesses pessoais e solicitando a dedicação de cada um – as demandas da militância.

> ... voltei para São Paulo,... eu vivia com o [meu namorado] na casa onde ficava a Diretoria central (na sede do Dror, na Rua José Paulino): na sala da frente era a diretoria, ao lado, separado por uma parede era o nosso quarto... Mais dois rapazes moravam em outros quartos na Comuna, só [havia] eu e o [meu namorado] de casal. Quando a gente se casou no civil, a festa foi nessa Comuna aí. [24]

Identidade judaica, identidade nacional

A construção da identidade judaica promovida pela educação drorista dispensava a religiosidade. O Dror, ideologicamente, não só não era religioso como, em certos aspectos, anti-religião (embora se abstivesse oficialmente de podar a liberdade de crença de seus *chaverim*). Basta lembrar seus princípios ideológicos e a forma como as festas tradicionais e o episódios e personagens bíblicos apareciam nas propostas de sua *ação educativa*.

> ... havia uma preocupação nossa contra o clericalismo como uma força social e política. Mas não éramos contra a religião em si mesma (...) de um modo geral, como em tudo, a gente tinha uma posição mais ou menos livre (...) o enfoque era no sentido não de criar uma luta anti-religião, mas, no que fosse necessária, anticlerical, contra a religião enquanto entidade social e politicamente organizada, porque a gente sabia da importância dos partidos religio-

sos em Israel, e da freqüente postura reacionária que eles tinham diante de uma série de coisas. No Dror não havia um sentido de querer se destruir a religiosidade. [9]

O Movimento era anti-religioso ("a religião é o ópio do povo") e estava cheio de agnósticos... (embora houvesse um que conseguia harmonizar religião e Dror: o Aron Thalenberg, apelidado por nós de Rabino). Não participávamos de atividades religiosas da comunidade, comemorávamos o Shabat como um dia de descanso e não no sentido religioso – fazia-se a consagração do vinho, mas isso não era reza... O descanso do sábado era tratado mais como um direito trabalhista que um direito religioso. (...) Ninguém do Movimento ia à sinagoga, pelo contrário, deixava de ir. Não haveria nada contra se alguém quisesse ser religioso, só que ele não encontraria, no Movimento, muito ambiente para isso... [7]

(...) o Movimento foi muito importante em minha vida, porque foi onde eu me politizei e deixei de acreditar em Deus (como todo mundo, eu acho) – não me lembro de o Dror falar contra Deus, mas éramos materialistas, socialistas e não cabia muito misticismo... [18]

No Dror, judaísmo não se confundia com religião. Danças judaicas religiosas, por exemplo, eram rejeitadas. Certas tradições que, em sua origem, tiveram alguma ligação com a religiosidade, perdiam esse caráter quando retomadas pelo Dror, que procurava tratá-las como heranças culturais do povo judeu e, didaticamente, como meios de reforçar a coesão nacional. A Páscoa judaica era comemorada como um símbolo da libertação dos judeus:

(...) havia uma *peulá* na qual se falava da escravidão, do movimento libertário dos judeus, de Moisés como o homem que fez as leis sobre os modos de se portar, e de como o povo unido se tornou um povo... na falta da *Hagadá*, nós criamos a nossa: com trechos em hebraico, explicações, interpretações próprias sobre o Pessach... [21]

Nessa "Hagadá", a ideologia do Dror se impõe e as idéias alimentadas no Movimento juvenil adquirem um caráter quase místico ao "invadir" um espaço religioso e lançar mão de recursos de linguagem comumente empregado para palavras de fé, que no entanto, revertem-se para objetivos bastante pragmáticos:

Entoamos um louvor por termos vivido até esse tempo e por termos visto com nossos próprios olhos o soerguimento de Medinat Israel. Cada indivíduo em Israel sabe que é parte de um todo, uma roda de engrenagem que fará possível a consolidação de nosso estado. Todos plantam e constróem, pois quanto mais se construir mais difícil será desarraigar o povo de sua terra pela força. (...) Nós também, jovens judeus do Brasil, lançamos nossas sementes e temos nosso rincão na obra de criação do Shaar Hanegev [Portão do Negev]. Abençoado seja o homem que constrói e cria, planta e semeia.

Sede forte – para enfrentar a dura vida. Sede judeu – e realizai os valores morais do nosso povo. Não estais sós – ouvem-se já os passos dos que vos seguem (...) Como no passado, hoje os egípcios e os filhos da arábia, juraram destruir o nosso estado e levantaram-se com muitos homens e muitas forças contra nós. Mas não se atemorizaram os filhos de Israel, lutaram com poucas armas e defenderam a vida e a liberdade dos homens. [*Hagadá de Pessach do Ichud Hanoar Hachalutzí Brasil*, s.d.]

Embora alguns ex-*chaverim* digam hoje ser quase impossível ter havido jovens religiosos no Movimento – dado o seu caráter *socialista e anti-religião, ateu, por princípio ideológico, cético, cientificista* e a existência de uma *pressão* no sentido de ser *materialista* – outros, contemporâneos, recordam-se de um ambiente de liberdade em que, quem quisesse, podia continuar cultivando suas crenças, freqüentando sinagogas e obedecendo preceitos religiosos sem receber qualquer censura. Entre uma posição e outra, há os que se lembram de um ou outro *chaver* religioso que procurava disfarçar sua crença para fugir das admoestações ou brincadeiras dos seus companheiros. Alguns *chaverim*, inclusive, pouco versados em tradições judaicas ou textos bíblicos (por não terem recebido tal educação em suas famílias) acabavam tendo a oportunidade de entrar em contato com esses assuntos dentro do próprio Dror, embora com um viés bastante específico.

(...) no Movimento eu aprendi algumas coisas (que, hoje, eu acho ruins): aquele ideal do *chalutz* – o homem obreiro que vai com a espingarda no ombro e a enxada na mão, o guerreiro que não é mais o cara covarde dos guetos da Europa... – fazia com que nós ridicularizássemos muito a religião... e como eu não tinha nenhuma formação religiosa, aquilo para mim era a verdade... todas as comemorações bíblicas que havia no Movimento, hoje eu vejo, tinham um viés do Movimento sionista (por exemplo Chanucá no Movimento era ligada à nova redenção sionista; Moisés acabava sendo um "herói sionista"...). Todo o aspecto religioso por trás disso não era visto (o que é uma pena). [31]

Enfim, o Movimento juvenil oferecia aos jovens uma oportunidade de aquisição de uma identidade judaica que não fosse religiosa.

A identidade judaica alimentada no Movimento juvenil era uma identidade fundamentalmente nacional. Apegava-se à crença da existência de um *povo* judeu consciente de sê-lo, portanto, lembrando Borochov, uma *nação*, identificada em termos de origem e destino. A questão do território (e da reunião dos judeus em determinado local) entrava como uma necessidade relacionada a esse destino comum.

Sob esse aspecto, entretanto, não havia nada na ideologia do Movimento que atentasse contra o Brasil. Não há uma linha sequer criticando esse país que acolhia suas famílias imigrantes e lhes dava oportunidades razoáveis. A questão da *dupla lealdade* (Israel/Brasil) era discutida chegando-se à conclusão de que não se estava sendo desleal ao Brasil ao deixá-lo por Israel e sim salvando o *povo judeu* (o que tranqüilizava os *chaverim* numa época em que *o amor à pátria,* manifestação do nacionalismo brasileiro, estava ligado, entre outras coisas, à permanência no solo do Brasil e à assimilação). Tanto o Movimento sentia-se ligado ao Brasil que apreciava algumas manifestações artísticas brasileiras e preocupava-se com nossas mazelas sociais. Entretanto, os laços para com o novo lar, Israel, eram cuidadosamente tecidos pela *ação educativa* do Movimento, redesenhando um novo alvo de identificação territorial.

Estando no país, e sentindo-se brasileiros, muitos jovens do Dror procuravam *fazer o melhor pelo Brasil* e *não se afastar da realidade brasileira.* Entre outras coisas, tentavam não se abster do envolvimento na política local. Socialistas, apoiaram o PSB (Partido Socialista Brasileiro) nas eleições de que participou, não somente com votos, mas atuando em campanhas, indo a comícios, vendendo bônus a favor do partido e fazendo "boca-de-urna". Em 1950, por exemplo, revista *Dror* e boletins de *kvutzot* recomendavam o apoio ao único *partido não-burguês,* para que este, no Parlamento, pudesse *realizar alguns pontos fundamentais de seu programa imediato: reforma agrária, liberdade sindical e direito de greve.* E o Movimento chegou a manter um representante seu nos encontros deste partido. Esse apoio durou anos, mesmo não trazendo, na avaliação dos *chaverim,* resultados minimamente satisfatórios. Em um momento posterior, discutia-se o apoio a determinados candidatos vistos como mais interessados no bem-estar dos trabalhadores. Entretanto, em função de suas prioridades, o Dror nunca chegou a desenvolver um trabalho social ou político maior voltado especificamente para o Brasil, a não ser colaborar com o encaminhamento de garotos judeus órfãos e pobres para uma vida considerada de melhores condições em Israel. Além disso, para aqueles jovens, a solução da questão social não se restringia a fronteiras territoriais, no *kibutz,* eles estariam servindo de exemplo para o mundo todo.

Isso tudo não quer dizer que alguns não tenham sofrido ao deixar o Brasil, e que esse apego ao país não tenha pesado na decisão de vários que voltaram de Israel desistindo de viver lá, como o caso do *chaver* que, não tendo se adaptado à vida de *kibutz,* ainda tentou ficar em Israel, onde fez exército e, depois, experimentou a vida na cidade...

> (...) mas acabei voltando, até porque o atrativo era muito grande... tinha o carnaval, e tinha o futebol, e tinha as morenas e as mulatas. Escuta, se até gente que não tinha nada a ver com o Brasil sentia atração e veio para cá, imagina a gente! E a gente tinha saudades da nossa rua. (...) eu adorava as músicas brasileiras... [21]

Diante da postura do Movimento (que relacionava identidade judaica à identidade nacional e propunha a emigração para Israel) e de acordo com a história de vida de cada um, as pessoas encararam seus interesses, conflitos e identificações com relação a Israel e Brasil de forma variada e particular, embora os vários aspectos da *educação nacional* promovida pelo Movimento tenham sido referências importantes para os *chaverim.*

Até ir ao Dror, eu me considerava muito brasileira (...) como os outros tinham a religião católica, eu tinha a religião judaica, não mais do que isso. Por isso talvez eu me lembre tão bem dessa palestra [que ouvi no Dror e] que me marcou: "na Alemanha nazista não adiantou a assimilação para os judeus". Então, passei a me sentir dividida, com a balança pendendo mais para o judaísmo – se a gente pode ser morta de uma hora para outra por ser judia, então eu tenho mesmo mais é que ir para o judaísmo, [conseqüentemente] Israel. Naquele momento, foi assim. [20]

[Eu não vivi nenhum conflito]... eu torcia pelo Brasil como qualquer outro brasileiro e eu torcia pelo Flamengo ou pelo Corínthians... Gostava do Brasil e tinha ligações com o Brasil, mas estava claro para mim que eu não iria viver no Brasil [e sim em Israel] (...) [19]

Para mim, a identidade nacional nunca foi um problema: "Eu sou judeu, quero ir para Israel, e quando for para lá vou deixar de ser judeu no Brasil e serei judeu em Israel", muito simples. (...) [a questão de identidade] não passava nunca pela dicotomia brasileiro 3 judeu. [25]

Chegava um determinado momento em que você tinha que decidir [sobre sua identidade nacional]: e era uma briga de foice interna, porque você estava ligado a determinados valores locais e foi educado dentro deles (...) na escola, mas também no bairro, na rua, no rádio, no clube... (você os recebe constantemente e eles passam a fazer parte de você). Quando você aprende história e geografia do Brasil, está formando o teu nacionalismo. E, naquela época, quando a gente chegava na escola, a gente cantava o hino nacional brasileiro (...) também aprendíamos sobre folclore (...) Mário de Andrade (...) Monteiro Lobato... Eu tinha uma relação muito forte com o Brasil. Eu era corintiano fanático de freqüentar sempre o Pacaembu e o Parque São Jorge (...). Joguei basquete e nadei no Corínthians. Por aí, você vê que a influência da rua era muito grande. Quando chegava aquela hora [de saber] para onde você ia, era uma briga intensa... Mais de uma vez eu quis desistir de tudo e, claro, em casa eu ouvia aquela coisa: "Meu filho, você vai para Israel, a gente vai se separar..." e a minha mãe chorava muito. Mas a gente não levou muito isso em consideração (...) Teve um momento em que eu disse " Sou judeu, quero ir para Israel e acho que lá é que eu vou me realizar". [21]

(...) com relação à identidade nacional, o meu coração estava dividido. Eu queria muito ser brasileiro. Eu cheguei aqui aos oito anos, estava desenraizado, era diferente, não falava a língua... tive dificuldades (...). Então me abrasileirei. Quando eu entrei no Dror, eu já era completamente brasileiro, falava português como falo hoje. Aí, veio a história da identidade judaica e (...) eu fiz um acordo comigo mesmo dizendo: "[o sionismo] é uma coisa defensiva, eu vou acabar virando judeu lá em Israel", mas, por enquanto, estou aqui e sou brasileiro. Eu fui uma das pessoas que introduziu o conteúdo brasileiro no Dror (...) eu queria que o Dror pudesse tomar mais conhecimento do país em que estava – e isso foi aceito (...). A orientação do Movimento era ir para Israel, sem dúvida, mas o ir para Israel (...) não era uma coisa de "só os judeus é que interessam e o resto é lixo", havia uma idéia de que você fazia parte de uma luta mundial por um mundo melhor... (Daí a solidariedade para com o Partido Socialista Brasileiro. Daí, se educar os jovens para o tipo de país que é o Brasil...) (...) [eu dizia a mim mesmo:] "o sionismo tem validade, porque não é possível deixar os judeus ainda expostos aqui fora a qualquer louco que os massacre, então é melhor eles irem para Israel". [13]

Aquela era uma época, os anos 50, em que os brasileiros tinham muito orgulho de serem brasileiros, a gente amava o Brasil. (...) não tinha país mais bonito. Era a época do fusquinha e a gente descobriu o Brasil, as praias, e a gente fazia muita excursão, então, não havia realmente um conflito [entre ser judeu e brasileiro], eu acho que é como se somasse. (...) mas a gente foi se tornando progressivamente educado na cultura sionista e nós fomos nos afastando das temáticas brasileiras. (...) No Movimento, não se discutia muito os problemas do Brasil a não ser em ocasiões específicas... quando havia eleição (...) nas greves, a gente ia lá e participava: eu participei de greve desde os 12, 13 anos; da greve dos metalúrgicos, da dos gráficos: ia lá ajudar, pintar faixa... (...) quando a gente foi para Israel, depois que a gente subiu no navio, eles recolheram nossos passaportes para nos dar passaportes israelenses. (...). E eu me revoltei. Eu não aceitei isso... e aí alguns outros me seguiram e realmente quebrou o pau. (...) no fim, eles tiveram que deixar os nossos passaportes brasileiros conosco, a gente não aceitou que nos tirassem a cidadania brasileira... [23]

O sionismo não entrava em contradição com o nacionalismo brasileiro, porque, para nós, estava claro que era fundamental ajudarmos o povo judeu. (...) A minha relação com o Brasil variou. Até os 15 anos (...), era forte e eu era bastante integrado. (...) depois, (...) quando me envolvi com o Movimento, eu deixei de lado minha reflexão sobre o Brasil. Passei a pensar: "não me interessa mais o Brasil. Não dá para eu ir para Israel e tentar resolver o problema do Brasil". Eu estava sempre lendo muito jornal e sempre por dentro que acontecia no país, mas eu lia apenas como leitor de fora, eu me sentia israelense, eu iria fazer *aliá*, portanto, minha área de atuação seria lá. Assim, entre 1956 e meados de 1958, eu não fui brasileiro, fui um israelense. Foi em 1958 que eu comecei a retomar a questão do Brasil.(...) O Brasil foi, pela primeira vez, campeão de futebol mundial e foi um momento muito importante de identidade nacional, aquele orgulho de ser brasileiro, que eu senti com intensidade e profundidade. Aos poucos eu fui "voltando ao Brasil"... (...) A essa altura, eu sabia que queria fazer faculdade (...) e que queria ficar no Brasil, pelo menos por aquele período... talvez eu pudesse ir para Israel mais tarde (...). Ainda restava algum sionismo na minha cabeça. (...) Embora minha saída do Movimento fosse algo bem resolvido, eu saí com tristeza, com uma sensação contraditória (...) me senti um pouco traidor: "optei por uma saída individual contra um saída coletiva" "...os outros vão lutar pela redenção do povo judeu, inclusive a minha, enquanto eu vou procurar a solução mais fácil para mim." (...) e, ao mesmo tempo, eu achava que tinha feito a coisa certa. (...) Então, por um tempo eu parei de pensar tanto no povo judeu, mas ainda ficou esse pensamento, até que eu fui para Israel. (...) Interrompi um ano [da faculdade, em 1961,] fui para Israel e vi como funcionava o país. Voltei no final de 1962. A minha vida em Israel tinha me mostrado que essa questão de identidade nacional não era nada daquilo [que eu pensava antes], tirou um monte de ilusões que eu tinha. (...) Voltei bem brasileiro. (...) Entrei para a política estudantil no final de 62. [27]

Hoje, algumas pessoas que passaram pelo Dror, mas não vivem em Israel, têm dificuldades em definir uma *identidade judaica* para si próprios, por não terem outros elementos de identidade com o judaísmo como, por exemplo, a cultura iídiche ou a fé mosaica.

A identidade judaica é uma coisa muito complicada para mim. Mesmo criando os filhos como *goim*, os meninos sabem que são judeus... Eu nunca me preocupei em dar-lhes uma religião, seria hipócrita fazê-los aprender uma religião judaica quando eu mesmo não acredito. Por outro lado, se você não adere à religião não sobra nada, não tem muito mais. Um judeu não religioso o que é? Adepto da língua hebraica? – que eu não sei falar.(...) Recentemente, eu peguei o livro do Jaime Pinsky (...). É muito bom. O livro dele mostra muito claramente que os judeus acabaram, pela assimilação à cultura ocidental do iluminismo, procurando uma identidade não-religiosa. Mas acabaram não encontrando. Agora, em Israel sim, porque lá eles têm uma nacionalidade, têm um aparelho estatal, um território, uma língua. Aí sim, faz sentido. Mas fora de Israel só faz sentido [dizer-se judeu] se for religioso, senão não sobra nada, mesmo que você queira... [13]

Era muito difícil a questão da identidade nacional para mim. Até hoje. Eu acho que nenhum judeu honesto respondeu a essa pergunta, porque não dá. Que identidade nacional é essa? O que você é? Eu acho que um judeu honesto de fato vai morar em Israel e acabou; aí ele esquece de onde ele é, isso se ele for judeu-judeu! Porque não existe essa coisa só de ser "de religião judaica". Eu não sou religiosa, não conheço nenhum judeu, não convivo com isso. (...) [o judaísmo para mim é] uma ficção, eu sou judia porque eu sou. (...) A coisa é muito confusa. Porque, no meio de brasileiros, você é judia. E no meio dos judeus, você, que não é religiosa, que não professa qualquer coisa, que não sabe iídiche, ou não tem uma família naqueles moldes socioeconômicos, ou não morou num gueto, é uma judia *outsider*. [26]

O Movimento e a coletividade judaica

Falar das relações entre o Dror e a coletividade judaica não é algo simples. Como já foi dito, não havia uma comunidade homogênea e coesa; determinados grupos com certas características tendiam a ver com satisfação a participação dos jovens no Dror, enquanto outros procuravam limitar suas ligações com movimentos sionistas à filantropia. E mesmo famílias que aprovavam o Movimento, por vezes, discordavam da influência deste em seus próprios filhos. Em alguns casos, pais que não colocavam obstáculos à emigração de uma filha, opunham-se à *aliá* de um filho homem para quem tinham planos profissionais.

Em termos gerais, o Dror recebia ajuda financeira de membros da coletividade judaica (os *amigos do Movimento,* que colaboravam voluntariamente). Além disso, era entre famílias, lojas e empresas judaicas que os *chaverim* encontravam anunciantes para manter suas publicações, compradores de seus bônus ou de qualquer outra coisa que inventassem vender, "empregadores" para os que queriam *profissionalizar-se,* hospedeiros para os militantes enviados de outra cidade, senhoras de boa vontade que colaboravam na infra-estrutura de alguns encontros juvenis, emprestadores de sítios para acampamentos. Várias pessoas que participaram do Dror afirmam, com maior ou menor ênfase, embora todas concordem, que o Movimento em si era sim *muito bem visto* e *bastante integrado* na coletividade judaica.

> (...) a comunidade nos aceitava com muito amor, porque foi depois da Guerra e, eles eram sensíveis à nossa causa. O Movimento juvenil tinha muita receptividade, nós éramos "a menina dos olhos da coletividade", um orgulho, "essa juventude maravilhosa que não se assimilou, que tem ideais, que vai para Israel, que canta canções em hebraico e que dança". Nós, aos olhos dos nossos pais, já éramos o começo do novo judeu. Éramos muito bem tratados! Podia haver um pai ou outro [que discordava] (...) mas, não posso dizer que os pais não fossem a favor. A comunidade não só nos aceitava, como dava dinheiro e nos estimulava mesmo. (...) achavam que [no Dror] estava crescendo uma juventude maravilhosa. [14]

> ...ainda hoje a gente encontra pais de *chanichim* daquela época e conversa com eles... bons tempos aqueles em que a gente, como *madrich*, ia falar com os pais... a gente tinha uma boa entrada nas casas, inspirávamos respeito, éramos confiáveis... [29]

O Dror, por sua vez, apesar de acreditar estar participando de uma ação de vanguarda com relação ao povo judeu, tinha por princípio não se considerar um movimento sectário e exclusivista afirmando estar organicamente ligado à coletividade judaica e seus problemas:

> O nosso Movimento é um movimento aberto para a rua, o sionismo realizador é um movimento profundamente popular em sua essência. Do ponto de vista educativo, a falsa consciência de pertencer a uma casta aristocrática de vanguardeiros, afasta o jovem do mundo em que vive, judaico ou não, e o empobrece e estreita. [Sigue Friesel. *Kibutz Bror Chail*: história do movimento e do *kibutz* brasileiros, Jerusalém, Departamento da Juventude e do Chalutz da Organização Sionista Mundial, 1956.]

Entretanto, o Movimento não estava livre da contradição inerente à ideologia pioneira[25], que combina, dentro dos grupos *chalutzianos*, idéias e convicções igualitárias com uma inclinação para o elitismo que favorece tendências sectárias.

Em seus primeiros quinze ou, pelo menos, dez anos de existência, o Dror era uma organização juvenil relativamente grande e importante na coletividade embora não sustentasse *com a Diáspora* (como os *chaverim* chamavam, com um certo desprezo, os judeus no Brasil) um relacionamento muito "íntimo" na medida em que não estava tão preocupado com as instituições culturais que promoviam o judaísmo (em iídiche, português ou hebraico) aqui no país e sim pensando em Israel. Para os *chaverim*, a vida na Diáspora seria passageira, *ainda bem*. Entretanto, o Movimento costumava participar de atividades comunitárias (festas, competições esportivas) juntamente com outros tantos grupos juvenis e instituições judaicas.

> (...) o Dror, nos eventos da comunidade judaica, era requisitado como adorno: "Essa é nossa juventude!" – diziam os adultos admirados e com uma sensação de tranqüilidade – "Apoiamos a nossa juventude!" [25]

Talvez a única oposição direta e explícita sofrida pelo Dror por parte de alguma organização judaica constituída viesse dos grupos comunistas não-sionistas.

> (...) os comunistas da Casa do Povo diziam que nós fazíamos lavagem cerebral nas crianças, (...) discordavam do Estado judaico, a União Soviética é que era o exemplo para eles e o sionismo era um tabu. [4]

De resto, as oposições existentes com relação à atuação Movimento entre os jovens ocorriam no plano familiar ou pessoal e não em termos de instituições comunitárias ou posturas oficiais de seus dirigentes. E diziam respeito muito mais ao fato de o Movimento *carregar os filhos para o kibutz* quando estes atingiam certa idade que a uma crítica à *ação educativa* e às atividades de integração e envolvimento de jovens judeus promovidas pelo Dror. Tanto que muitos pais que permitiram e incentivaram a participação dos filhos, naquele *ambiente judaico antiassimilacionista e que fomentava a cultura judaica,* colocavam-se contra o Dror, mais tarde, no momento da *aliá,* por diversos motivos: tristeza pela separação, temor pelos riscos envolvidos na aventura de viver em um país distante e em guerra, frustração dos planos que haviam feito para os jovens (resistência essa que parecia ser ainda maior entre as famílias mais ricas descontentes com o fato de virem a ter *filhos camponeses*). Era comum a situação em que as famílias, que em geral sabiam dos objetivos finais do Movimento, admitissem a participação de seus filhos (pagando inclusive as taxas necessárias e contribuindo com o Dror) e alguns anos depois, no momento que estes deixariam o Brasil, se opusessem fortemente a ela.

Esta "contradição" (que existia não somente com relação aos filhos, ocorria também com os próprios adultos, que se diziam sionistas, mas não partiam eles mesmos para Israel) era desnudada pelo Movimento juvenil e provocava, por vezes, atrito entre *chaverim* e membros da coletividade.

> (...) quando eu cheguei a Porto Alegre como *shaliach* (um dos primeiros e, naturalmente, me sentia muito orgulhoso), chegava a Porto Alegre o primeiro navio israelense, com bandeira e tudo... e houve uma grande recepção

para seus tripulantes por parte da coletividade judaica da qual eu participei como representante do Dror... Lá, cansei do blá, blá, blá dos discursos e dei minha opinião sobre o que eu achava ser de fato o sionismo... deu uma confusão!... e as pessoas se dividiram entre as que me apoiavam e as que me desaprovavam (eu havia criticado as próprias mesas bonitas da recepção... disse que sionismo era pegar as malas ou deixar que pelo menos os filhos fossem para Israel...). Em Porto Alegre, eu tinha uma grande dificuldade no trabalho com as famílias, porque lá elas aceitavam Israel, contanto que não tocássemos nos estudos de seus filhos. Israel para eles era apenas a alegria de saber que existia um Estado judeu, estavam dispostos a ajudar com contribuições, mas diziam "nos deixem em paz" quando se tocava nesse ponto e se exigia algo diferente... e nós, em nosso entusiasmo de jovens, achávamos que a nossa era a revolução. [19]

Nem os membros do Poalei Tsion, o partido que apoiava o Dror no Brasil, eram poupados das críticas dos *chaverim*: *o Poalei Sion é contraditório, só será sionista se promover a aliá, só será socialista se viver de acordo com o que prega e apoiar totalmente o movimento* chalutziano[26]. O apoio recebido não era algo considerado muito importante pelos jovens do Movimento. Apesar do dinheiro que o Poalei Tsion enviava ao Dror e da *cobertura política* (uma espécie de apoio moral), os laços entre ambos não eram muito estreitos. Nas palavras de vários ex-*chaverim*, o partido não influenciava os rumos do Movimento.

Eu sei é que lá no "nosso partido" haviam uns "velhinhos", que falavam iídiche, e que eram [risos] os "nossos adultos", que nos protegiam, que nos davam dinheiro e em quem, em troca, nós votávamos nas disputas da Federação Israelita Paulista (os mais velhos de nós tinham direito a voto e nós votávamos na chapa do Poalei Tsion ou na chapa que ele recomendava). (...) isso era muito pouco importante para nós (..) O partido devia ser apenas umas trinta, quarenta pessoas em São Paulo, viviam muito no passado, viviam de suas memórias, deveriam ter ido pra Israel, mas por alguma razão não foram, acabaram ficando aqui, então, digamos, sua principal razão de ser, realmente, era o Dror, que representava um futuro. [13]

O apoio que os *chaverim* recebiam de membros do Poalei Tsion ou das Pioneiras chegava a ser, por vezes, quase uma proteção paternal mesclada com a preocupação de que os *impetuosos jovens* não fizessem *bobagens*, atraindo a atenção das autoridades brasileiras para o movimento sionista – o medo da repressão política no Brasil ainda era grande, mesmo num período dito democrático, os judeus não precisavam de muito para sentirem-se acuados.

Em dois episódios, entretanto, a atuação dos *adultos* que apoiavam mais diretamente o Movimento, como esses do Partido, foi considerada realmente importante.

Um deles: quando um rapaz, vítima de um acidente, morreu afogado em um acampamentos do Dror; os *chaverim*, bastante abalados, apelaram para que esses *adultos* fossem explicar o ocorrido à família do garoto.

O outro: quando o Dror teve problemas com o DOPS (a polícia política da época) que investigava seu envolvimento com a Aliat Hanoar (uma instituição sionista, atuante em vários países do mundo, que procurava levar jovens judeus órfãos, desajustados ou com problemas familiares para Israel) então sob suspeita de induzir, ou mesmo forçar, a emigração de menores. Como afirmaram ex-*chaverim*, de fato, o Dror não tinha nenhuma ligação maior com a Aliat Hanoar a não ser uma grande simpatia por suas atividades e uma colaboração lateral; por vezes, um enviado de Israel para ajudar o Movimento juvenil também tratava de assuntos da Aliat Hanoar, ou um *chaver* viajando em *aliá* aproveitava para supervisionar e acompanhar os jovens emigrantes por esta instituição. Entretanto, como a ação da polícia (interrogando *chaverim* e visitando a sede do Dror) foi interpretada como uma ameaça não só a essas duas organizações judaicas, mas também às atividades sionistas em geral e à segurança dos judeus no Brasil, os *adultos* apressaram-se em abafar o caso e o processo não teve maiores conseqüências.

> Eu (o Maskir, naquela época) fui a primeira pessoa do Movimento a ser procurada pelo DOPS mais ou menos em 1957, 58 (...) [para responder] sobre a Aliat Hanoar. (...)... e isso foi um bafáfá em toda a direção sionista, os "velhos" ficaram assustadíssimos! A Organização Sionista daqui ficou assustadíssima (...)... eles pensaram que já haveria uma onda de anti-semitismo e *pogroms* no Brasil... (...) O interrogatório de madrugada no DOPS foi bem difícil! (...) Eles me fizeram, durante quase duas horas, um interrogatório pesado... (...) [constrangedor]... sem advogado... num quarto meio escuro, uma pessoa batendo à máquina e outra pessoa lá te olhando feio e, de repente, trazem um material que você nunca poderia imaginar que estava nas mãos da polícia: revistas do Dror e do Hashomer Hatzair, antiquíssimas... Marcaram para três dias depois outro interrogatório também tarde da noite... Houve todo um bafáfá e [os "adultos"] tiveram que procurar pessoas de dentro do DOPS com muito dinheiro para saber o que é que estava se passando e tudo o mais... Agora eu estou tentando me lembrar... quando eu saí de lá eu já estava vendo aquilo tudo de forma quase cômica ou tragicômica. A comicidade vinha dos velhos sionistas, dos dirigentes da Unificada Sionista, que era a dirigência sionista adulta..., todos aqueles grandes líderes comunitários (...) eles ficaram muito preocupados... e eu tive que sair do DOPS, pegar um bonde, descer do bonde, pegar um táxi, descer do táxi, pegar outro bonde, pegar outro táxi até chegar na casa deles, para despistar, evitar qualquer possibilidade de ser seguido, e contar tudo o que tinha acontecido. (...) (no interrogatório, foi mais tocado o ponto sionista: "Vocês obrigam as pessoas saírem do país? Vocês são uma seita que pegam pessoas e as mandam para fora do país?") (...) Depois desse, teve mais um outro interrogatório, mas aí então eu sabia que a Unificada já tinha se preocupado com o pessoal de dentro do DOPS (provavelmente passaram bastante dinheiro...) e souberam que o assunto não teria muita conseqüência (...) [19]

Com o passar do tempo, o Dror, que encontrava cada vez menos apoio moral e material na coletividade pelo que ele era de fato – um movimento político sionista socialista com objetivos claros de conduzir jovens a Israel –, reforçou seu distanciamento e suas críticas com relação ao *Ishuv* (*apático, descrente, contraditório, burguês*), embora afirmasse empreender esforços para *salvá-lo: somos uma minoria que enxerga adiante da massa a qual pretende atingir*[27].

O diálogo de dois ex-*chaverim* é revelador das tensões e ambigüidades presentes nas relações entre boa parte da coletividade judaica e o Movimento juvenil já de meados para o fim dos anos 50:

> (...) muitas vezes, eu saía de São Paulo e voltava depois de 15 dias (ia, por exemplo, para as cidades do Vale do Paraíba), ia a todas as lojas e lojinhas de judeus e pedia contribuição explicando que eu era do Movimento... E eles contribuíam. E eu entregava um recibinho. (...) Algumas pessoas compravam, outras me davam um "pé na bunda" dizendo: "Estou ocupado ..." Tinha de tudo... nem todos eram amigáveis.
>
> (...) mas muitas vezes eles eram simpáticos a um Movimento de jovens voltados para o judaísmo, preocupados com o Estado de Israel, e que de certa forma dava legitimidade à vida dos judeus na Diáspora; todo mundo achava que, havendo o Estado de Israel, os judeus do mundo todo se sentiriam melhor e seriam mais bem tratados, então, de certa forma, nós éramos a "bucha de canhão", nós éramos os caras que iríamos fazer "o trabalho pesado" por eles... Nem precisávamos explicar isso para os donos das lojinhas, era óbvio, os judeus do mundo inteiro sabiam. Mas, mesmo assim, a gente dava um malho nessa direção.
>
> (...) mas eles tinham um problema com relação à gente: o medo, "Eu não quero que esse cara chegue perto do meu filho, ele vai obrigá-lo a largar a faculdade e fazer a *aliá*." Muita gente dava grana para a gente, desde que a gente fosse embora.
>
> (...) em alguns casos ficavam aliviados quando a gente dizia que só ia fazer campanhas, porque achavam que a gente estava atrás os filhos deles... O cara vinha da Europa, botava todos os sonhos no filho formado e de repente, na hora que ele tem condições de formar o filho, vem um bando e tira o filho dele da faculdade!!... Você conhece a história clássica da pergunta à mãe judia que tem bebês gêmeos: "Qual é o Moisés e qual é o Jacó?", e ela responde: "O engenheiro é o Moisés, e o médico é o Jacó". [27 e 31]

Por tudo o que foi dito, portanto, parece justificável evitarmos aqui o simplismo equivocado de classificar a relação entre os jovens do Movimento e a coletividade judaica, especialmente os adultos da *Diáspora*, como sendo de oposição, de atrito ou de convivência harmônica. O melhor, nesse caso, é contextualizarmos essas relações, complementando as observações acima com mais algumas sobre a idéia que o Movimento tinha de *família,* ou melhor da família da qual provinham os jovens (o que acabava influindo nesse relacionamento) e certas experiências dos *chaverim* em lidar com familiares seus ou de outros jovens.

O Movimento e a família

Com poucas exceções (...) a família em geral era "um saco"; a família de origem, pai, mãe etc. eram "repressores" (porque antes de estar no movimento sionista, antes de ser socialista, a gente era adolescente, e, para adolescente, a família é um saco mesmo. Pai é um saco, não é? É repressor. Mãe também, não é? É. É óbvio. Com certeza. Eu via isso). Nosso relacionamento com a família era essa coisa que qualquer pai, qualquer mãe, hoje ou sempre, reclama: a casa era uma pensão; você entrava, tomava banho e saia – como um adolescente usa a casa hoje, como a gente usava na época, só que, ao invés de ser um adolescente clássico ou de hoje, era um adolescente que ia para o Dror, porque era lá o seu espaço. [26]

Parece não haver mais muita discussão entre os estudiosos sobre a idéia de a juventude na sociedade de classes ser um período propício à remodelação de valores e idéias e a questionamentos da relação do indivíduo com o mundo, *dentro de parâmetros de sua situação imediata de classe,* sendo que muitos trabalhos sociológicos e antropológicos já foram dedicados ao estudo da *continuidade/descontinuidade de valores intergeracionais*[28]. Entretanto, antes que se dê *uma importância excessiva à categoria de idade como origem das diferenças de perspectiva entre uma geração e outra*[29], é preciso levar em consideração as especificidades do grupo juvenil analisado, incluindo a historicidade de suas práticas.

De certo modo, a "oposição à família de origem" e o "estímulo ao conflito de gerações" eram características componentes de um movimento juvenil como o Dror (com todas as ressalvas apresentadas no capítulo anterior). Mas não basta constatar que o Movimento predispunha seus jovens a uma determinada oposição à família de origem ao proporcionar-lhes espaços para o desenvolvimento de modos de pensar e padrões de comportamento específicos. É preciso dizer como e por quê.

Alguns pontos que compõem o quadro de como a família era pensada no Movimento juvenil já foram discutidos nesse livro: a família judaica da Diáspora, por ser pequeno burguesa, trava os ideais do movimento revolucionário e não condiz com a idéia socialista que propõe novas relações familiares.

A oposição à família de origem tal qual aparecia no Dror é, de certa forma, comum a outros movimentos juvenis que procuram criar um *esprit de corps*, forjando uma consciência de grupo voltada para algum modelo de reformulação da sociedade[30]. A ideologia drorista acenava com *interesses superiores* (o futuro do povo judeu e a sociedade de justiça social) que justificariam um combate e até um rompimento com a autoridade familiar caso necessário.

Além disso, em termos mais simbólicos, a construção do *novo homem* – expressão que aparece com diferentes significados em diversos movimentos revolucionários – explica a oposição ao que é visto como *velho, ultrapassado.* Assim, a proposta de construção de uma nova sociedade parte do princípio que se faz críticas a existente. A família de origem seria parte desta, portanto sujeita a contestação de seus filhos revolucionários.

É preciso lembrar também que os *chaverim* brasileiros bebiam na fonte dos pioneiros da segunda *aliá*, jovens que, em grande parte, haviam tido *dissensões com seu background judaico tradicional*, o *background* paterno da Diáspora, para poderem estabelecer na Palestina sua nova sociedade[31]. E mais: a oposição ao *background* familiar é uma tradição não só dos movimentos juvenis sionistas socialistas da Europa, dos quais o Dror é herdeiro, como do movimento juvenil que inspirou fortemente a estruturação destes: a juventude alemã do Wandervögel[32]. Mesclada às idéias desses jovens alemães (como *amor à natureza, apego à vida simples, alegria no trabalho, regeneração do indivíduo e sua emancipação das amarras urbanas e das convenções artificiais*), que entusiasmaram os jovens judeus da Europa Oriental, estava a da *revolta contra a tradição*, traduzindo-se no rompimento com a geração dos pais[33]. Os jovens do Wandervögel, filhos de elite, revoltavam-se especificamente contra o autoritarismo das famílias burguesas e da educação que recebiam nas escolas e procuravam um estilo de vida *mais autêntico* e *próximo da natureza*[34]. A rebelião dos *wandervögel* não chegava a tomar forma de um programa político para a destruição do que acreditavam ser os *falsos valores* e a criação de uma nova sociedade; pregavam simplesmente a fuga para o campo. Os movimentos juvenis judaicos, entretanto, acrescentaram sua releitura destas "influências alemãs" a outras tantas na elaboração de suas idéias sobre a paz possibilitada pelo contato com a natureza (juntamente com o trabalho na terra) e a revolta contra as tradições restritivas (vista como a negação da *vida de gueto* ou da *de shtetel*), somando-as a interesses políticos, nacionais e revolucionários do sionismo socialista, construindo, assim, sua versão *chalutziana*. Esta versão pioneira acabou consolidada nos valores *kibutzianos* do "período revolucionário"[35] (outra fonte de inspiração drorista) que reprovavam a limitação da vida à célula familiar (pois parecia cercear a liberdade), que criticavam a desigualdade entre homens e mulheres nas famílias burguesas, que esperavam que os laços naturais fossem substituídos por laços eletivos, que as satisfações afetivas (que, na *vida de gueto*, provêm da família) fossem encontradas entre os companheiros e que as obrigações para com o *kibutz* fossem maiores que as para com a parentela[36].

Também podemos ver no caráter das relações forjadas no Dror – muito em função dos seus objetivos e do ideal nele alimentado – semelhanças com o que chegou a ocorrer na "fase revolucionária" do movimento *kibutziano*[37]:

– a ideologia tornava-se um fator determinante no surgimento de laços de amizade enraizados na identificação de idéias e uma missão comuns. Parentes e amigos que não compartilhavam dessas idéias iam se distanciando cada vez mais do convívio e das possibilidades de diálogo com os jovens droristas enquanto fortes laços eram criados entre os que se preparavam para viver a mesma aventura, os *chaverim*.

– o objetivo de morar em *kibutz*, exigindo mudanças radicais de modos de pensar e estilo de vida, pressupunha a quebra de laços locais e familiares. Portanto, a ideologia pioneira induzia os *chaverim* a descartarem ligações com a família e o meio social (os jovens emigravam em grupo de iguais e não com a família) de modo a que estivessem aptos para *aliá*.

– o Movimento procurava persuadir os *chaverim* a considerarem os compromissos com o Dror – o Estado de Israel, o *kibutz*, a revolução social – mais importantes que os compromissos familiares.

E há quem sustente (acompanhando certas evidências subentendidas em textos droristas) que, embora o discurso não fosse tão explícito, de fato, o próprio Movimento procurava *substituir a família, superá-la,* no sentido de colaborar para que *a solidariedade grupal criasse um círculo de envolvimento emocional, um sentimento de co-responsabilidade e uma camaradagem tal que,* para os *chaverim, deixaria de existir a necessidade de laços familiares.* Assim, o grupo de solidariedade básico deixaria de ser a família e passaria a ser a *kvutzá* e, mais tarde, o *kibutz.*

A sociedade burguesa era criticada e colocada em oposição à *kibutziana.* O Movimento procurava diminuir a influência do meio em que se vivia – a *Diáspora,* a *sociedade burguesa* – valorizando ao máximo a vida socialista em Israel, entre outras formas, provocando um "conflito com a família de origem".

(...) "nós somos diferentes dos nossos pais", "eles têm uma cultura de gueto", "eles falam iídiche" (embora os meus não falassem), "são estrangeiros, não falam bem português", "são comerciantes, parasitas"... No Dror havia uma ideologia de forte oposição à família. (...) idéias de que os pais representavam o gueto e atuavam em profissões improdutivas. [17]

Com relação à família à qual nós pertencíamos... não era bem uma oposição e sim questionamento de uma autoridade rígida, [a favor da] liberdade. [6]

(...) nunca foi dito assim: "gente, vamos quebrar os laços da criança com a sua família", jamais, porque isso seria uma coisa de uma grosseria, de uma agressividade terríveis, mas a gente revia a família dentro desse contexto de [ser contra a] burguesia (...) – então você [*madrich* ou *madrichá*] analisava com as crianças: "olha, o burguês fala em Deus, mas é hipócrita..., ele fala em moral, mas [anda com prostitutas]" (...) a gente falava muito da hipocrisia da sociedade burguesa contraposta àquela sociedade franca e verdadeira e socialista e igualitária que a gente iria criar e que seria o próximo mundo, o mundo de após-guerra (...) quando se estudava a família, se falava da família burguesa, que mente, que põe os problemas embaixo do tapete, cujos pais exigem que seus filhos façam aquilo que eles próprios não fizeram... [14]

(...) e o que se plantava de coisas contra a família! por exemplo, ... "porque família é uma coisa burguesa e você tem que fazer as coisas pela sua cabeça, se você tiver que abandonar a sua família para fazer aquilo que você tem que fazer [abandone]"... Falavam isso claramente. E os valores familiares não eram importantes, os valores sociais e fazer a sua vida em Israel é que eram importantes. (...) O [...] largou a mãe dele aqui sozinha... e foi para Israel! O coletivo era isso: era viver em função do grupo... e a gente achava o máximo abandonar a família (esta é que é hoje a minha grande revolta...) [10]

Nós negávamos a família. Eu lembro de pelo menos duas discussões (...) em que nós massacramos a família, porque a família era "uma estrutura econômica de caráter burguês"..., (...) [mostrando como no *kibutz* as relações entre as pessoas seriam melhores:] "o amor é uma sensação de duas pessoas ... os filhos são filhos do *kibutz*, portanto, [casal e filhos] são coisas totalmente separadas"... "a família (qualquer família) deixaria de ter função, a instituição família seria substituída pela instituição grupo de solidariedade". (...) Porque a família judaica, segundo a visão do Movimento, era uma família de Galut, de Diáspora, uma família de perdedores, um grupo de derrotados, de fracassados, de humilhados, de gente que foi perseguida durante décadas e décadas na Europa Oriental, que sofreu *pogroms* e não se revoltava, não lutava para pegar o destino em suas mãos, eram pessoas sem orgulho de si mesmas, que esperavam um milagre, quando milagre não existe. E nós tínhamos que tomar o nosso destino nas mãos. Era essa a pregação. A família dos pais, dos avós, era uma espécie de "geração do deserto", na concepção de Moisés. Era uma família que iria ficar por aí mesmo até acabar morrendo, mas os jovens, os novos, esses sim iriam para Israel e criariam a redenção do povo judeu. [27]

Outro ponto potencial de choque entre Movimento juvenil e família, além das polêmicas questões da *proletarização* e da *aliá,* encontrava-se na interferência do Movimento em esferas comumente consideradas do âmbito familiar, os "assuntos de família", como os padrões morais e éticos. Muitas vezes, o que era ensinado em casa era questionado e desaprendido no Dror. Em certas situações, os jovens, mesmo agindo contra os princípios morais da família, procuravam manter as aparências para não contrariar os pais. Em outras, buscava-se conciliar os dois pontos de vista, como, por exemplo, os casais de namorados que, antes de embarcarem para a futura vida no *kibutz*, casavam-se, no civil e até no religioso, *para agradar a família.* Em certos casos, entretanto, o *chaver* ou, mais propriamente, a *chaverá* via-se obrigada a sair de casa para viver *conforme o coração mandava.*

Por vezes, os *madrichim* ou os *sh'lichim* chegavam a interferir na dinâmica familiar de *chanichim* em conflito com os pais ou parentes próximos procurando apaziguar os ânimos; sentiam-se tão responsáveis e seguros de si que eram capazes de visitar as famílias e apresentar seu ponto de vista, salpicado de considerações *ideológicas*, de maneira respeitosa, mas contundente, diante de ouvintes nem sempre tão calmos e receptivos.

Além de proporcionar um espaço de autonomia para o jovem com relação à família – no qual *o pai não manda,* onde se pode *reclamar da família* e dizer *"meu pai não me entende"*–, o Movimento dava apoio aos que queriam sair de casa não só por motivos ideológicos, mas também por questões econômicas ou pessoais, porque, como definiu um ex-*chaver,* *não era todo mundo aquele "filhinho bem comportadinho de uma boa família judaica de classe média",* havia casos de jovens com graves problemas familiares. Alguns chegavam a extremos como: pais separados, filho *abandonado*; pai bêbado que batia na mãe, filhas *desesperadas...*

199

O [...] passou por muitas dificuldades antes de estar no Movimento... problemas familiares... (...) e eu procurei me aproximar dele, não só para trazê-lo para o Movimento, mas, sobretudo, para me tornar seu amigo (...). Ele, por exemplo, não tinha dinheiro nenhum. Naquela época, o meu pai me dava um dinheiro e o meu dinheiro pagava para os dois. Quando a mãe dele faleceu, eu o confortei, era uma amizade além de movimento juvenil... E teve também o caso do [...], que a gente trouxe para o Movimento (e está no *kibutz* até hoje), que veio de uma família muito pobre (...) ele acabou fazendo *aliat hanoar*, com a ajuda da Organização Sionista, e foi para Israel, aos 15 anos, porque não tinha condições mais de vida aqui. (...) Isso é uma das coisas boas que o Movimento conseguiu fazer por gente que estava meio que perdida: encaminhou para Israel, deu um ideal... Nós tivemos outras pessoas também em situações semelhantes (...) a gente se solidarizava com elas. [29]

Eu não me imagino hoje como eu sou sem a experiência no Movimento, ela foi a base da minha formação. (...) foi uma época muito feliz, em que eu estava consciente de estar fazendo o bem. Talvez o Movimento tenha sido para mim "meu pai e minha mãe", porque eu não tinha estrutura familiar. [31]

Se com relação à *família burguesa* ou *pequeno burguesa* abstrata, teórica, havia quase uma unanimidade na posição crítica dos *chaverim*, o mesmo não ocorria ao tratar-se das famílias concretas.

Havia sim uma idéia de achar que a família era burguesa. (Acho que muitos pais sofreram com isso.) (...) Eu estava bem com a minha família... tinha aquelas minhas revoltas (que eu acredito que hoje também se tenha e que sempre se teve, com outras faces)... eu tinha brigas, porque eu achava que o meu pai era capitalista, mas eu tinha laços muito fortes com a minha família que não foram afetados nem de um lado, nem de outro. Nunca me passou pela cabeça sair de casa por isso... lá eu tinha o meu piano e uma liberdade razoável. [20]

Mesmo em termos de posturas "mais oficiais" no Movimento, considerações depreciativas com relação aos pais mesclavam-se, por exemplo, com o reconhecimento do esforço que estes faziam para manter seus filhos ou da necessidade de se respeitar os mais velhos; muitas vezes, as opiniões eram contraditórias. A "oposição à família" no Dror não significava, nesse nível, uma aversão radical: acreditava-se que *a missão* pioneira incluía a possibilidade de salvação dos pais (ameaçados como todos os judeus) e que o *kibutz* receberia os familiares dos *chaverim* dispostos a emigrar assim que apresentasse condições materiais para tanto (um consolo para vários que, apegados afetivamente à família, fizeram *aliá*).

No momento da decisão de deixar o Brasil, muitas vezes, os laços familiares eram pesos fortes no prato da balança que indicava a permanência. Parentes autoritários, pais e avós doentes (ou abusando da *chantagem emocional*), mães aflitas ou familiares em dificuldades financeiras foram capazes de segurar aqui alguns *chaverim*, enquanto outros jovens partiram preocupados ou inseguros de terem feito a coisa certa.

Quando eu entrei no Movimento, eu já tinha a idéia de *aliá*, mas eu tinha também uma ligação muito intensa com meus pais (especialmente com minha mãe) e comecei a ter sentimento de culpa [por deixá-los]... passei a consultar um psiquiatra judeu, que me desaconselhou a emigrar dizendo que minha mãe não teria condições de encarar a separação, porque ela estava muito ligada a mim e eu era um esteio para ela: "Adie a idéia pelo menos, porque isso lhe fará muito mal..." (hoje eu vejo que ele tinha razão, seria uma situação desastrosa). Primeiro eu adiei e depois afastei de vez a idéia de emigrar... [5]

Também houve casos em que, mesmo não encontrando resistência forte dos pais à *aliá,* os próprios filhos desistiram de enfrentar *o sacrifício* que seria abrir mão do convívio familiar que tinham no Brasil.

Eu era bem apegada à família... eu não tinha brigas em casa... e meus pais não faziam nenhuma oposição à minha *aliá.* Quando a [outra *chaverá*] saiu de casa, foi uma tragédia, saiu fugida. (...) [a idéia de desligar-me da família], para mim foi ficando cada vez pior na medida em que eu sentia que adorava meus pais. (...) [largar a família] para mim era uma coisa complicada... [diferentemente de] uma pessoa como a [outra *chaverá*], por exemplo, cujo o pai era super ortodoxo e a mãe ficava na frente do espelho duas ou três horas antes de descer... aí tudo bem, ela tinha mesmo a necessidade de romper com aquela maneira de viver, que para ela não significava nada. Agora, para mim, era diferente... eu me dava bem com a família. Mesmo depois de sair do Clássico para trabalhar na militância integral, continuei morando em casa. [10]

A dificuldade em desligar-se da família de origem cresceu também à medida em que o tempo encarregou-se de mostrar aos *chaverim* no Brasil que levar os pais para o *kibutz* não era algo tão fácil como se imaginara a princípio.

Pensei muitas vezes em levar meus pais para lá. A minha vontade era de que todos nós fôssemos. Houve um momento em que eles estiveram até muito propícios a isso: a vida para eles não foi muito fácil economicamente aqui no Brasil. (...) Mas havia algumas dificuldades... no *kibutz*, eles não estimulavam a gente a trazer os pais (...) Os velhos que vinham eram problemas que estavam vindo: teriam que se adaptar ao *kibutz*, não tinham a mesma força de trabalho, significavam mais despesas do que qualquer outra coisa... Até havia como recebê-los, mas procurava-se evitar. Familiares levados para o *kibutz* geralmente deram problema, não se adaptaram bem e queriam ter comodidades, não tinham aquele preparo e aquela consciência das dificuldades, não queriam mais passar por dificuldades – geralmente, quando faziam *aliá* é porque tinham problemas aqui e queriam resolvê-los indo para Israel. Um lugar comum na época era pensar que todos os problemas seriam resolvidos pela Agência Judaica, ou qualquer outra instituição, tanto que, quando havia qualquer coisa, se dizia: "...mas o Movimento não paga? Israel não paga?" (...) [e não era bem assim]. Por isso é que, no Movimento, foi aos poucos se formando um tipo de projeção da vida da gente lá em Israel que superava as ligações familiares. [21]

(...) por essa mesma época [aproximadamente de 1956 em diante] (...) [em Bror Chail,] começamos a receber pais de *chaverim*. Em geral, os *kibutzim* não queriam receber os pais, porque não tinham condições, preferiam que eles se arrumassem na cidade... Nós, entretanto, achávamos, inclusive ideologicamente, que para uma sociedade funcionar ela deve ter todas as gerações. Na realidade, isso foi muito pesado para nós, porque vieram relativamente muitos pais... alguns poucos contribuíam com seu trabalho... o peso econômico era enorme, porque eles não produziam praticamente nada e recebiam tudo como todo mundo: quarto, suprimentos, comida, saúde. Tentamos por algum tempo (e isso foi bobagem de jovens) tratá-los como *chaverim*... foi um erro, porque eles eram muito mais velhos... a sorte foi que eles não exerceram muito o direito de votar e serem votados, pois eles não sabiam o que fazer e foi bem problemático. (...) Nós introduzimos algo que não havia ainda em nenhum outro *kibutz* e que era para beneficiar pessoas brasileiras que queriam visitar os pais no Brasil, especialmente em casos em que a família passava por alguma necessidade e não podia custear a viagem: um fundo para o qual cada um do *kibutz* contribuía (incluindo os *sh'lichim* e os que estavam cumprindo tarefas na cidade)... com isso, muitos [*chaverim*] viajavam... [2]

Destas viagens (ou de outras, pagas pelas famílias), entretanto, vários *chaverim* acabaram não voltando para Israel, ficaram no Brasil. Os motivos alegados eram variados, mas grande parte dizia respeito às ligações familiares: pais precisando da ajuda do filho nos negócios, mães viúvas necessitando de consolo e amparo, parentes gravemente doentes etc. Sem entrar no mérito de saber se essas eram as "verdadeiras razões" para se abandonar o *kibutz* e os companheiros (não somos psicólogos ou detetives), o que cabe constatar aqui é que os "motivos familiares" eram justificativas presentes, mais ou menos aceitas, no universo mental dos *chaverim*, o que nos dá uma idéia dos limites da *ação educativa* do Movimento no Brasil, sua crítica à família de origem e sua proposta de substituição dos laços familiares pelos de solidariedade grupal.

Assim como muitos jovens sentiam-se divididos entre a lealdade aos ideais do Movimento e o apego à família no Brasil, muitos pais também viviam grandes contradições internas, torturados diante do dilema de apoiar a esperança sionista e separar-se do filho querido... como o pai da *chaverá* que, sendo sionista e tendo ele próprio planos de *aliá*, *chorou desesperado* ao ver a filha partir no navio para Israel.

Eu me lembro, antes de minha mãe morrer: ... meu irmão falou algo como: "Estou cogitando de ir para Israel"... e minha mãe, com lágrimas nos olhos: "Vai filho, vai, porque depois do que aconteceu na Europa, depois que todo mundo morreu, talvez essa seja uma nova esperança para o povo judeu". Viu? Uma mulher judia, mãe, único filho homem, doida por ele, falou isso!!! [14]

O inverso também ocorria: pais ou mães decepcionados com filhos que frustraram suas expectativas. Após ganharem um certo prestígio entre os amigos na coletividade judaica ou reavivarem seus próprios ideais de *aliá*, ao ter seu filho ou filha partindo para Israel, recebiam desapontados a notícia do retorno.

> (...) no Movimento se largava tudo para ser militante. (...) Eu larguei [os estudos e o trabalho] por conta própria – eu era fanática. Meu pai tinha o maior orgulho disso... mas na hora da minha *aliá* foi muito duro para ele, não que ele não quisesse, mas sofreu. Minha mãe ficou doente por dois anos. (...) [Entretanto,] o pior para o meu pai não foi as duas filhas terem ido para Israel e sim voltado de lá: foi um baque. Depois que nós duas voltamos, ele nunca mais foi ativista comunitário, o amor próprio dele acabou, infelizmente acabamos com sua alegria... [4]

Mas em geral, os pais aceitavam a participação de seus filhos no Movimento juvenil porque, naquela época, não era tão fácil encontrar na sociedade mais ampla outros tipos de organização que propiciassem semelhante convívio com judeus e educação judaica. Muitos apoiavam também porque não se sentiam habilitados a orientar os jovens quanto a questões judaicas e sobre como se posicionarem, como judeus, com relação à sociedade mais ampla. E, finalmente, incentivavam a freqüência no Dror, porque acreditavam que esta seria uma garantia contra casamentos mistos (considerados *uma desgraça* para as famílias, resultando no afastamento da comunidade)[38]. Sendo assim, o mais comum era os pais se assustarem diante das conseqüências "inesperadas" da *ação educativa* drorista: o abandono dos estudos, o projeto de viver num *kibutz*.

As reações dos pais (ou responsáveis) diante da confirmação do comprometimento dos *chaverim* com o ideal pioneiro foram as mais diversas, também de acordo o tipo de relacionamento existente entre jovens e adultos em cada família. Variaram, com gradações, do acordo total ao rompimento. Alguns pais, discordando dos filhos, tentaram dissuadi-los com argumentos, chantagens econômicas e emocionais ou violência física. Uns obtiveram sucesso, outros não.

O que é de certa forma surpreendente, mas compreensível, é que nenhum dos depoimentos mencione que os pais tivessem com relação à participação de suas filhas menores nas atividades do Movimento (incluindo encontros e acampamentos) alguma restrição de caráter moralista. Pelo contrário, os que tocam no assunto negam que esse fosse um motivo alegado pelos pais descontentes com suas filhas no Dror, sendo comuns, no entanto, as reclamações contra a vida de trabalho que elas iriam levar no *kibutz – não criei minha filha para descascar batatas*.

É surpreendente, porque nessa época *era grande o medo de que as mocinhas se desviassem do bom caminho sendo que a educação moral e a vigilân-*

cia sobre elas se faziam necessárias, a virgindade era extremamente valorizada na sociedade e as jovens eram alvo de todos os tipos de conselhos que procuravam mantê-las como "moças de família" longe da fama de "levianas" e "mal faladas"[39].

É compreensível, porque os pais confiavam nos *madrichim*, principalmente por serem de um grupo judaico – o sentimento etnocêntrico[40], na época, era muito forte – e os judeus eram tidos como confiáveis. A juventude de movimento judaico era considerada bastante séria. (Pode ser também que os anseios ligados a questões morais existissem por parte dos pais, mas não fossem manifestados clara e abertamente ou fossem sobrepujados pela confiança depositada nos jovens judeus.) Os *madrichim,* por sua vez, tomavam cuidados para tranqüilizar as famílias. E, de resto, o código da moralidade dominante e as sanções que prescrevia às jovens rebeldes eram bem conhecidos por todos.

> Eram outros tempos... se podia levar uma menina para casa à meia noite, à uma hora da manhã, não tinha problema nenhum, (...) os pais estariam esperando em casa, talvez preocupados, mas confiantes, porque ela estava acompanhada por alguém do Movimento. Com os jovens do Movimento acontecia de telefonarem para casa às duas horas da manhã avisando que ainda estavam no Dror... e os pais sabiam que não estavam na rua, bebendo ou fazendo outra coisa. [29]

> O Carabina coordenou o primeiro acampamento a que eu fui... e eu me lembro que meu pai me levou até a estação de trens, olhou para o Carabina (que já era estudante de medicina na época, um homem já) e imediatamente depositou nele confiança e estima... Eu acho que os pais acreditavam que os *madrichim* cuidariam para que tudo estivesse bem (...) que as crianças não fossem fazer alguma tolice qualquer, como naufragar num rio..., que iriam comer e que iriam dormir em hora certa e que não haveria problemas de ordem "moral" (entre aspas), embora eu ache que estes não eram uma preocupação muito presente dos nossos pais... acho que nem lhes passava pela cabeça que poderia haver uma problemática dessas em idade tão jovem. [14]

Convicções e comportamentos

No conjunto dos depoimentos de ex-*chaverim*, encontramos diferentes atitudes com relação ao Movimento juvenil. Em linhas gerais, há os que afirmam ter estado, pelo menos por algum tempo, plenamente identificados com as idéias do Dror, pensando ou investindo seriamente nos planos de *aliá*, e os que tomavam a vida *chalutziana* como *algo longínquo, presente no universo das expectativas, mas não uma convicção tão forte.* Há os que definem o Dror como um grupo alegre e divertido e os que, não deixando de considerá-lo alegre, atribuem como sua principal característica a seriedade.

Procurando o por quê de distinções como estas, vemos que não se trata de um problema de "geração", ou seja, não é que em determinada época houvesse gente mais convicta ou comprometida que em outra. Cotejando as respostas, percebemos que elas variam sim de acordo com o tempo de permanência de cada um no Movimento: quem ultrapassou os 16, 17 anos no Dror (ou nele ingressou depois dessa idade), de um modo ou de outro, parece ter se identificado mais completamente com sua ideologia, era mais envolvido e fiel (ainda que isso pudesse mudar mais tarde). No momento de avaliar *a posteriori* o caráter de seu comprometimento ou o modo de ser dos *chaverim*, isso se reflete. Geralmente, os que saíram antes dessa idade alimentavam, concomitantemente, outros interesses ou não se identificavam tão intensamente com as posições do Movimento. Sendo assim, se dermos, nesse momento, mais atenção àqueles que permaneceram no Dror após os 16-17 anos teremos um quadro mais vivo do significado da militância no Movimento.

Tendo optado por sair da estrada *do judeu galútico, da aceitação da sociedade tal como está, das convenções sociais que conduzem ao marasmo e à burocracia de vida,* eles acreditavam guiar-se por uma outra escala de valores, rumo a uma nova sociedade inspirada pelos *kibutzim* de Israel[41]. Movidos pelo impulso (romântico? utópico?) de renovar o homem, procuravam corresponder aos seus ideais revolucionários; no espírito da *hagshamá atzmit,* tomavam para si os interesses que acreditavam ser os da coletividade pensando, ao mesmo tempo, poder satisfazer os próprios anseios.

> A característica do Dror nessa época (...) era a de que nós levávamos muito a sério esse projeto de construir uma sociedade socialista em Israel. (...) Pode parecer besteira o que eu vou falar, mas... aquele foi um momento em que todo mundo ficou bacana. É como se todo mundo ficasse bonito de repente, de dentro de cada um veio o que tinha de melhor. É uma coisa meio impressionante... era de uma pureza nessa época... (Essa pureza, aliás, foi também o motivo do nosso desastre depois.) [23]

> A primeira palavra que me vem à mente ao pensar no Movimento é exaltação. Havia uma exaltação espiritual profunda. Eu sei que, em geral, se diz que jovens são exaltados, mas eu já passei algumas gerações, conheço a da minhas filhas e netas, e não vejo nada de parecido com a que havia no Movimento... é claro que era um mundo diferente, um mundo em que ainda havia crença em ideologias (o que hoje já não há)... e mais o fim da Guerra... Era, pelo menos para mim, uma época de profunda exaltação. (Tanto assim que eu tive problemas pessoais, tive que abandonar a casa, porque, para meu pai, que era religioso, isso era uma profanação de tudo... a situação chegou a um ponto em que me fechavam em casa e eu fugia pulando a janela... isso tudo aumentava a exaltação, no sentido de procurar respostas e com uma profunda sensação de injustiça, porque eu estava querendo fazer a coisa mais certa e não me deixavam.) [12]

A crença era um motor poderoso da militância que acabava por exigir um alto grau de envolvimento e dedicação pouco afeito a questionamentos e desvios relevantes.

(...) eu me identificava sem dúvida com as posições do Movimento, nisso eu era "xiíta"...eu não me preocupava muito com a profundidade ideológica da questão, aquilo para mim era muito mais fé do que uma verdade científica, eu acreditava que o sionismo e a busca justiça social eram os caminhos obrigatórios. [33]

(...) durante o período do Movimento, eu aceitava [seus dogmas] tudo numa boa, como aspectos pragmáticos que tinham que ser aceitos sem discussão (só mais tarde, com 19, é que eu tive alguns problemas com relação a eles). Não tinha dificuldades em aceitá-los sem restrição. (...) e eu acho que era mais do que simplesmente aceitar, havia um lado de entender mesmo [e concordar com eles] (...). [31]

A postura do Movimento invadia todas as coisas da nossa vida. A nossa visão de mundo era iluminada pela forma como o Movimento se colocava. A tentativa de formação de um homem integral foi uma parte muito importante na vida da gente.(...) Era uma militância! Uma militância política. Existiam algumas regras... eu não lembro se eram implícitas ou explícitas, mas isso não fazia diferença nenhuma, porque eram bem conhecidas e eram bem praticadas (...) a gente chamava tudo que não era prática valorizada dentro do grupo de "coisa burguesa", (...) a realização pessoal se dava dentro do marco grupal... [27]

O Dror era o ponto central de minha vida... larga-se de estudar, de fazer outras coisas para se dedicar integralmente... Fui *madrichá*, me dedicava "24 horas por dia" ao Movimento. Eu me achava uma grande idealista. (...) Acho que a gente tinha a sensação de que era dona do mundo, tinha a verdade (a verdade que tinha sido colocada na tua cabeça) e aí você aceitava aquela verdade e estava acabado. [10]
"Nós, a nossa geração, temos a obrigação de construir um mundo melhor e o mundo melhor vai existir para os nossos filhos e nós somos tijolos desse mundo melhor."... era tipo uma fé (você não conhece, coitadinha, você não é dessa época. Eu me sinto muito feliz de ter vivido naquela época e estar vivendo a vida de hoje, onde eu penso completamente diferente, evidentemente, mas é importante saber o quanto a gente mudou nestes cinqüenta anos. É muita mudança, o pós-moderno é muito diferente do moderno, do que nós pensamos hoje sobre o fanatismo e coisas assim...), porque, naquele tempo, era assim: amor e ódio – "a minha ideologia é boa, a ideologia dele é ruim" – era uma posição mais maniqueísta (...) Nós éramos um grupo de "pensantes", mas éramos "pensantes-maniqueístas", não éramos "pensantes-analíticos" (mesmo que houvesse um ou outro que fosse mais aos detalhes, eram detalhes para reforçar uma posição). Naquela época, não existia esse tipo "analítico"; nós éramos "a possibilidade", éramos o máximo dentro do que havia... muito maniqueístas, porque era a época do maniqueísmo: a gente tinha que refazer todos os valores etc. etc. (...) [16]

O ideal de realização era: nós temos que chegar a ir para Israel para colonizar os lugares que não estão colonizados e nós queremos também produzir um novo tipo de pessoa, formar um novo tipo de judeu, que não o judeu galútico, não um judeu que só cuida de negócios ou vive com livros, que só faz trabalho intelectual ou comercial, mas sim um judeu operário ou agricultor, voltado para a terra... (...) No nosso modo de pensar, por exemplo, os estudos acadêmicos eram proibidos. Se eu resolvesse dizer "Não, eu não vou fazer *aliá* logo... vou fazer primeiro Medicina e depois vou", eu seria afastada e expulsa do Movimento, porque o treinamento e a orientação eram muito fortes e nós não tínhamos o direito de ir contra. Na época, nós achávamos que isso era certo, a coisa mais certa que a gente podia fazer. [22]

... eu achava que criar um lar nacional judeu era uma obrigação do jovem judeu... a verdade é que nós acreditávamos que ali devia ser um lar nacional judaico socialista... (...) e, para nós, naquela época, [isso] era de fato uma realidade muito plausível (...) eu me sentia absolutamente bem com essa idéia, absolutamente identificado (...) Eu tentava convencer outras pessoas de que essa idéia era certa. Eu tentava convencer outras pessoas de que isso seria bom também para elas como estava sendo bom para mim. [19]

Auto-imagem

Essa atitude de comprometimento e esperança, que para muitos envolvidos, tornava-se uma profissão de fé, não era apenas individual e se traduzia na auto-imagem muito positiva do grupo. Os *chaverim* tinham uma forte consciência de sua importância para os judeus e para a humanidade. Acreditavam, como parte do Dror, ser a vanguarda e a elite da juventude judaica brasileira: mais responsáveis, mais conseqüentes, mais politizados, mais intelectualizados, esclarecidos, livres, corajosos, coerentes, verdadeiros. Essa postura, hoje em dia é um tanto exagerada e ridicularizada pelos ex-*chaverim* que, com olhares adultos e marcados por uma perspectiva histórica, tratam-na como arrogante, pretensiosa ou simplesmente ingênua. Entretanto, ninguém discorda que, diferentemente dos outros jovens da época (e, para alguns, dos jovens de hoje também), os *chaverim* tinham objetivos mais amplos e, por que não? mais generosos já que se preocupavam com algo mais que seu próprio futuro e bem-estar.

A auto-imagem elevada é comum a grupos que acreditam (ou necessitam, como forma de autojustificativa) ser detentores da verdade, por exemplo, os revolucionários e os religiosos. Além disso, ao participar de um projeto que se pretende "redentor da humanidade", não há como o militante não se sentir diferente, por vezes até acima, dos que se ocupam apenas de coisas banais ou têm horizontes mais limitados. A auto-imagem muito positiva também fazia parte da tradição pioneira e da própria crença então difundida em Israel da vocação do país (desenvolvido em condições adversas e preocupado em promover a justiça social entre seus habitantes) de servir de guia e salvação para os judeus e modelo para o mundo.

Quanto aos efeitos dessa auto-imagem no comportamento dos *chaverim*, há controvérsias entre os que dizem que não se refletia de modo algum em uma atitude de superioridade diante dos outros que não faziam parte do Dror (mesmo porque este era um movimento aberto e sempre disposto a, ansioso até por, receber adeptos) e os que afirmam que sim, os droristas acabavam adotando ares esnobes...

> a gente se sentia "superior aos mortais comuns". Nós éramos idealistas, os de fora não. Para nós, ser idealista era um privilégio... (...) A gente tinha uma sensação que eu mais ou menos compararia com a de alguém de uma igreja evangélica hoje em dia para quem "Jesus se revelou". Como se a gente conhecesse uma verdade e tivesse umas certezas que os outros não tinham tido a felicidade de ter e nós nos sentíamos tão privilegiados com relação à isso que era muito difícil estabelecer um diálogo com quem não tinha chegado a elas. (...) Nós nos considerávamos uns heróis. Tínhamos certeza de que estávamos promovendo a redenção do povo... [27]

Mesmo dentro do Movimento, havia elementos que podiam incrementar a auto-imagem já positiva dos *chaverim,* por exemplo, distinções entre as idades/etapas da vida no Dror, entre um *garin* e outro, entre *kvutzot*.

> Nós [da Hachshará] nos considerávamos a elite do Movimento, porque o Movimento era uma pirâmide, começava com as crianças menores... então tem "mil" crianças pequenas, que, conforme vão crescendo... vão saindo do Movimento, porque as exigências se tornam maiores... quem chegava a ir para a Hachshará e de lá para Israel era o ápice do ápice da "aristocracia" para nós. [22]

Os outros jovens

As características da juventude dos centros adiantados da civilização capitalista são claras: o imediatismo (...), a irresponsabilidade, o egocentrismo; todas causadas pelas circunstâncias atuais em que se vive: um mundo confuso e heterogêneo, duas grandes guerras em 50 anos, (...) o choque tremendo entre a nova e a velha geração (um produto exclusivo da sociedade capitalista no seu estágio atual) (...), a atmosfera de desânimo e decepção com relação a quaisquer idéias de renovação espiritual ou ética (...) coloca o jovem de hoje numa situação confusa. (...) a juventude não sabe para onde olhar, que caminho seguir. Qual dos "ismos" lhe serve? (...) agarra-se essa juventude desesperadamente às coisas materiais, palpáveis, às sensações imediatas (...), às metas curtas e superficiais... ["Algumas respostas ao sheilon". *Páginas para o madrich,* Ichud Habonim Dror, maio 1959]

> Estas palavras tão críticas resumem as respostas dadas por jovens *madrichim* do Dror sobre o que pensam da juventude de sua época e corroboram as lembranças de ex-*chaverim* que afirmam ter olhado com desdém os rapazes e moças de seu tempo que não se envolviam em lutas revolucionárias, especialmente os judeus que não se dedicavam à causa sionista socialista.

Eu tinha um profundo desprezo pelos jovens judeus que não participavam do Movimento. Eram ratos. Eu até admitia que o cara participasse de outros movimentos, como o Hashomer, por exemplo. Mas não participar de nenhum, ser um burguesinho de merda, só ficar pensando na faculdadezinha de medicina que ele iria fazer para ficar rico e sem preocupações com mais nada, era profundamente desprezível. (...) e nós nos achávamos jovens realmente diferentes, com uma qualidade muito melhor como ser humano: por exemplo, ninguém pensava em dinheiro, absolutamente ninguém tinha preocupação com grana no sentido de juntar e ficar rico, além disso nós tínhamos horror às pessoas que exploravam o próximo, às atividades bancárias...
[27]

Eu chegava para gente que eu conhecia, que estava estudando medicina ou que estava fazendo outros programas de vida e perguntava: "O que você faz fora isso?", querendo dizer: "O que você faz da vida?". (...) A *hagshamá* e a *aliá*, para nós eram os valores máximos, fora disso não tinha mais nada (...) então, quem não fazia *aliá*, quem não atingia essa meta, quem caia no caminho [era tido como fraco] (...) o que os outros faziam não era importante, a gente achava que o máximo da realização de um jovem judeu era construir o país. [22]

Já foi dito como, ideologicamente, os *chaverim* se contrapunham aos outros jovens judeus que não participavam de movimentos pioneiros. Essa contraposição, entretanto, não se dava em termos de exclusão, pois, como explica um ex-*chaver*,

...os outros jovens judeus de fora do Movimento eram vistos como potenciais alvos de nossa ação; fazia parte de nossa ideologia pensar que "toda pessoa é recuperável", isso relaciona-se à idéia socialista de que o homem tem que ser redimido, tem que ter oportunidades. [15]

Na construção da oposição com relação aos *jovens de fora* – praticamente inevitável no processo de definição da identidade do grupo – as práticas cotidianas ganhavam enorme relevo. E mesmo hoje, ao tentar estabelecer uma comparação entre os jovens do Dror e os *de fora,* os que foram droristas ressaltam diferenças (nem sempre as mesmas, mas diferenças). Alguns destacam a maior *formação cultural e intelectual* proporcionada pelo Movimento a seus jovens, outros falam de uma maior *sensibilidade para as questões sociais* e *consciência política* por parte dos *chaverim,* outros ainda mencionam a grande capacidade dos *chaverim* de discutir e desenvolver um pensamento crítico com relação aos valores da sociedade dominante, a seu ver, inexpressiva entre os *outros jovens.*

[a nossa] era uma turma mais valiosa... não [tínhamos o comportamento de] "um garotão que pega o carro, e é um bambambam só porque tem um carro bonito", isso a gente não topava mesmo, pelo contrário, era até objeto de um certo desprezo o sujeito se valer do patrimônio para [aparecer] (...) [5]

Foi lá no Movimento que a gente cresceu. Foi lá que a gente despertou. (...) eu me lembro dos meus amigos do Mackenzie (um colégio de crianças ricas) que não eram judeus e dos judeus que não iam para os movimentos: tinham uma vida completamente diferente da nossa... diferente culturalmente... os valores deles eram outros, eram viagens (naquele tempo começavam viagens para os Estados Unidos, Campos do Jordão...), ter um carro, roupas bonitas... muito pouco daquele pessoal estava preocupado com os carentes, com aquilo que o país estava passando... e, para a gente [do Dror], a justiça social era importante... O Movimento me deu toda essa visão... Eu tenho a impressão que, se eu não tivesse entrado no Movimento, talvez, mais tarde, eu tivesse me engajado em lutas estudantis e políticas... (acredito nisso por me conhecer), mas tudo que eu sou hoje, eu repito vinte vezes, eu devo ao Movimento, tudo em que eu acredito [no trabalho social que ainda realizo] (...) eu aprendi lá. Lá, eu vi um outro mundo. [8]

Há os que, comparando os jovens *de dentro* com os *de fora*, evidenciam o maior grau de autonomia dos *chaverim* com relação à família. Outros destacam a *maturidade* precoce exigida dos jovens do Dror, tanto em termos de tomar decisões importantes sobre seu futuro familiar, nacional e profissional quanto em termos de relacionamentos interpessoais (especialmente entre os sexos).

Hoje eu penso que juventude judaica brasileira não era mais alta ou mais baixa que a nossa, mas nós tínhamos um objetivo e o objetivo muda as pessoas. Sem dúvida (...), olhando para trás, o nível de responsabilidade e as decisões que tomei na vida aos 20 anos nunca mais voltei a ter. (...) Nós decidíamos sobre vida de gente... (...) Nós tínhamos uma capacidade de apreciação e uma das coisas que aprendi, naquela época, é que um jovem de 20 anos pode ser maduro e às vezes até mais que alguém de 50, 60 anos. (E hoje em dia, que eu tenho um posto alto no governo [israelense], e eu vejo como as pessoas decidem e com que bases, ainda não mudei essa minha opinião (...) nós éramos mais sérios.) (...) Éramos extremamente responsáveis. (...) A grande qualidade do Movimento, comparando com a outra sociedade, é que ele exigia de você mais do que a vida exigia das pessoas no Brasil daquele tempo. Deste ponto de vista, creio que nossa vida no Movimento foi muito mais rica do que as outras. Quero dizer que todas as suas qualidades, que talvez não chegassem a se expressar em outro modo de existência, se expressavam no Movimento. (...) Posto isso, quando eu olho para as pessoas que foram dirigentes do Movimento, (com uma única exceção, trágica) vejo que elas obtiveram sucesso mais tarde, às vezes em campos distintos (um se tornou um grande negociante e ganhou um monte de dinheiro), de um modo ou de outro (...) e talvez isso tenha alguma ligação com o fato de terem participado no Movimento. (...) A maioria das pessoas acha que o Movimento as mudou. Não acredito. O Movimento lhes deu sim foi um período de grande riqueza interna, grande capacidade de atividade, grande capacidade de se expressar. (...) [O Movimento não "criou" pessoas mais generosas.] Tudo que é porcaria no caráter humano também se expressou no Movimento, pois o Movimento colocou as pessoas em uma situação de pressão e nessa situação sai tudo, o que é bom e o que é mau. A diferença é que, quando você vive na sociedade burguesa, você se usa muito menos. Em geral, os jovens não se usam. (...) uma pessoa começa a ser usada plenamente quando chega aos 30, 35, 40 anos, às vezes. No Movimento não: aos 18, 19, 22 anos se estava no máximo. Portanto, o Movimento não mudou as pessoas, não as fez pior ou melhor, as fez muito mais semelhantes a si mesmas. A vida era mais intensa e, quem tinha densidade interna, tinha a possibilidade de expressá-la. [11]

Colocando lado a lado dois jovens, um freqüentando o Movimento e outro que não freqüentava, havia uma diferença muito grande: o *chaver* do Movimento era muito mais maduro, muito mais ilustrado, muito mais culto (independente do fato de ele ler mais ou menos, porque aquela troca de informações fazia com que os jovens do Movimento tivessem muito mais brilho). Geralmente um jovem que não era do Movimento só ia se encontrar e amadurecer mais tarde, dentro da faculdade ou de alguma atividade profissional, enquanto que o jovem do Movimento amadurecia muito mais cedo. (...) [Em geral, os rapazes e as moças, nesse período da vida, viviam vidas muito separadas, só iam se encontrar mesmo na faculdade, só iam ter amizades mistas na faculdade.] (...) os jovens do Movimento eram muito mais maduros, até porque o relacionamento entre rapazes e moças dentro do grupo era muito mais intenso: aos 15, 16 anos, aquilo que acontecia com as nossas *chaverot* nós sabíamos, porque era conosco que elas iam conversar, e isso criava um vínculo entre nós. [21]

[as minhas colegas no colégio Bandeirantes não tinham do mesmo modo o contato que nós tínhamos com rapazes dentro do Movimento] Quero dizer, elas tinham contato com rapazes, mas eram como colegas, ou então conhecidos nos bailinhos ou então em ocasiões sociais..., mas dificilmente [esse contato] teria um sentido de companheirismo com homens. (...) [Para nós do Dror era diferente], tanto que eu levei muito tempo para distinguir uma coisa da outra. Eu tinha intimidade com rapazes do colégio, por exemplo, que as outras não tinham e eu não achava nada de mal naquilo, mas na cabeça deles aquilo devia funcionar de outra maneira. Eu não sei se eles me estranhavam, provavelmente –pensando agora – porque era uma época muito puritana ainda, o fim da década de 40 e a década de 50. (...) [O nosso relacionamento com os rapazes do Dror era diferente do que se podia ter fora], embora a gente tivesse classes mistas no Bandeirantes. Naquele período (depois não, porque os anos 60 trouxeram muitas mudanças), mas naqueles anos 50 sim, ter feito parte do Dror fez diferença nesse sentido de relacionamento com os rapazes. [18]

Com relação à parte intelectual, não havia grupo semelhante [ao Dror] e com relação à convivência dos sexos, só os excursionistas tinham [uma vivência] semelhante à nossa (mas eles eram, em sua maioria, filhos de estrangeiros). No geral, a experiência no Movimento era única, porque, além do lado sadio da vida ao ar livre, tínhamos o lado intelectual alimentado. (...) Não havia em outros grupos as discussões aprofundadas, e entre rapazes e moças, como no nosso. (...). Sexualmente não éramos mais liberados [que os outros jo-

vens], porque não havia como nos liberarmos (vínhamos da classe média...),
mas pelo menos nós tínhamos consciência disso... e por isso também éramos diferentes dos jovens do nosso estrato social (classe média ou média
baixa) que, por princípio, tinham convenções mais rígidas do que na classe
média alta de Copacabana [no Rio]. (...) Na prática, ficávamos entre as classes altas e as médias em termos de comportamentos liberais entre os sexos.
Na teoria, éramos mais avançados até do que as classes altas. [15]

Segundo boa parte dos depoimentos, o envolvimento no Dror dificultava o
convívio mais íntimo *com outros jovens*, fosse por falta de tempo para estreitar
estas relações, incompatibilidade de valores ou simplesmente ausência de interesses comuns. Mais uma vez, a disponibilidade para esse convívio variava
de acordo com o grau de comprometimento e a etapa vivida por cada um no
Movimento (esses laços se afrouxavam conforme cresciam os compromissos
do *chaver* com o Dror ou, o contrário, quanto mais a pessoa se afastava do
Movimento, mais se abria à possibilidade de novas amizades e relacionamentos com *jovens de fora*). Entretanto, era perfeitamente possível cultivar amizades fora do Dror, como deixam claro várias narrativas; não havia proibições
assim como não era vedado relacionar-se com não-judeus. Conviver com não-
judeus dependia muito mais do estilo de vida familiar, do tipo de bairro em
que se morava e da escola freqüentada que propriamente do fato de participar
ou não do Dror. No Movimento, havia tanto *chaverim* que só se davam com
judeus como outros que não tinham qualquer dificuldade de relacionamento
com *goim* (no caso de namoros a situação era mais complicada, pois os planos
de *aliá* – além do peso relativo da tradicional oposição da família judaica –
dificultavam a formação de casais *mistos*). Por outro lado, os que nutriam amizades fora do Movimento constatam a distância entre um círculo de convivência e outro, *como se fossem dois mundos diferentes, sem a menor comunicação*. Além disso, os padrões de comportamento adotados pelos *chaverim* criavam dificuldades para o seu entrosamento com outros jovens que agiam de
modo diferente. Portanto, sair do Movimento apresentava-se para muitos como
uma perspectiva assustadora: perder os amigos?!, seria possível construir novas amizades, e com laços tão estreitos? Namoros com gente de fora não eram
desaconselhados pelo Movimento, mas, a não ser que a intenção fosse
proselitismo e cooptação, envolver-se mais seriamente com alguém que não
era um *chaver* estava praticamente fora de cogitação: atrapalharia a execução
do projeto de emigrar e viver em *kibutz*. Ter um namorado fora e cumprir
estes planos eram coisas irreconciliáveis; o sujeito terminaria fatalmente o namoro ou romperia com o Dror. E mesmo em fases anteriores à época da ida
para Israel, o envolvimento afetivo com alguém que não pertencia ao Movimento era problemático, pois a participação no grupo, a vida social coletiva
(*chavruta*) era considerada fundamental. Em contrapartida, alguns casos de
namoro com pessoas de fora, até uma *goie*, são lembrados como tendo rever-
tido as expectativas: quem estava fora incorporou-se ao Movimento, foi bem
aceito e acabou também indo viver em Israel.

Em Santos, por ser um centro político, muitas mulheres tinham esse tipo de participação [política], mas era só isso, de resto a educação das moças era mesmo voltada só para o casamento. (...) Não dava para ter contato com meninas de fora do Movimento ou *góim* – falávamos outra língua e não nos entendiam, nem nossos motivos. [4]

Eu tinha sim amigas na cidade, mas eu não posso dizer que eu era entrosada na sociedade, porque eu não ia a bailes, eu não namorava, eu não participava das mesmas atividades sociais que as moças da minha idade. O meu grupo social era o grupo do Movimento. [22]

No tempo em que eu freqüentei o Movimento mesmo, éramos tão fechados em nós mesmos que a gente conversava com os outros jovens, éramos educados, mas o mundo de fato era aquele do Movimento. Era uma sensação de que aquele era o meu círculo, o nosso, único, especial, e por mais que eu tivesse divergências ou achasse antipático alguém do meu grupo ainda assim ele era da "minha gente". [27]

Sim, eu tinha amigos de fora do Movimento ou que tinham saído dele; no sábado, a gente às vezes se encontrava, jogava pingue-pongue, batia papo; não havia conflito. (...) Com meninas que não eram do Movimento, fora as da família, eu não tinha contato. Geralmente o Movimento me absorvia [quase cinco dias por semana] (...) e eu tinha que estudar... realmente não dava para ter um convívio muito intenso com pessoas de fora. [29]

Eu tinha boas relações com a minha turma da escola técnica. Eu conseguia conviver com os jovens de fora do Movimento, mas já era uma convivência mais limitada. Eu não compartilhava os meus segredos com eles, nem falava do Movimento... Mas o Movimento era tão fascinante que acontecia, vez ou outra, de um *góim* entrar nele (e era bem aceito), vez ou outra, havia algum "brasileiro" que se apaixonava pelo Movimento... [23]

A gente achava que os jovens de fora do Movimento eram uns cabeças ocas. Nós éramos os bons, então não dava para ter amizade com gente de fora, nem com primos... No final, na liderança, não se tinha mais nem colegas de escola (...). Namorar gente de fora do Movimento, nem pensar! [10]

Poucos ex-*chaverim* arriscam-se a dizer como eram vistos pelos jovens *de fora*, simplesmente porque, no Movimento, os jovens não se importavam muito com o que se pensava deles. Outros lembram-se de ter sido chamados de *fanáticos, idiotas, caxias, loucos, idealistas* por parentes ou conhecidos que não participavam do Dror. Entretanto, além dos admiradores que os *valorosos chaverim* tinham na coletividade judaica, havia um ou outro jovem esquerdista, judeu ou não, que ficava muito bem impressionado com o projeto *chalutziano*.

Com pessoas de outros movimentos juvenis, o relacionamento dos *chaverim* do Dror era ambíguo: por um lado havia o respeito por aqueles que, como eles, se ocupavam do povo judeu e que tinham um projeto de vida *útil*, por outro lado, havia o sentimento de *inimizade* contra os que lhes roubavam prosélitos disputados a ferro e fogo. Dentre os movimentos juvenis mais importantes, o Hashomer Hatzair era o mais próximo e, portanto, o mais combatido (entre outras coisas, porque as distinções, que ultrapassavam o plano político, tinham que ser acentuadas), o *rival* nos debates ideológicos, o ponto de referência nos desfiles conjuntos, o termo de comparação primeiro para toda e qualquer atividade e comportamento drorista.

> (...) era como torcer pra time de futebol... "não canta essa música, porque é do Hashomer"... outro movimento era outro time... eram os nossos inimigos. [33]

> (...) nós nos comparávamos: "as nossa meninas são mais bonitas do que as deles", "as nossas meninas podem dançar e as deles não podem", "o nosso grupo de dança é melhor" ... [29]
> eles se consideravam mais puros do que nós. Nós nos considerávamos mais tolerantes. Só o fato de obrigarem seus militantes a andar o tempo todo de uniforme já criava um condicionamento diferente... (...) não tínhamos medo de debater com eles, porque realmente éramos os melhores. [7]

> (...) dizia-se que os do Hashomer eram mais fanáticos em todos os sentidos; tanto que existia uma expressão pejorativa: fulano é *shomraque* (que queria dizer: mais rígido, "mais católico que o papa"). E provavelmente sim, eles eram piores do que nós, porque o nosso era um movimento de base ideológica socialista, mas não tinha aquele peso soviético, e o peso soviético significava mais proibições, mais ortodoxia, levantar mais cedo, cantar mais hinos, saudar mais bandeiras... [26]

> Nas questões morais e comportamentais, eles eram aparentemente mais rigorosos do que nós. Eram mais dogmáticos até sob o aspecto político: mesmo naquela época, adorar o Stalin já era o fim da picada (...) e em termos de relacionamento com o mundo eles também eram mais dogmáticos no sentido de não aceitarem os fatos que se contrapõem ao ideal, eram reducionistas e mais fechados. [25]

Os contatos em Israel com *kibutzim* formados por militantes do Hashomer reforçavam a oposição:

> (...) mesmo em Israel, o *kibutz* do Hashomer era mais extremista e cheio de normas do tipo não poder se pintar, dançar e mil outras coisas... [24]

> (...) lá em Israel demorou muito até eles desistirem de tratar Stalin como Jesus, o cara que materializa a verdade... [25]

Os movimentos Bnei Akiva e Hanoar Hatzioni eram tidos pelos droristas como *sem futuro político, capitalistas judaicos* e... *de filhinhos de papai*. O Betar era considerado *de direita, fascista* e *superado*[42].

(...) um amigo meu era do movimento do Likud que, naquele tempo, era Betar... e até hoje nós brigamos como nós brigávamos em cima do caminhão, quando todos os movimentos saiam do Bom Retiro para desfilar no Pacaembu ou no Ibirapuera (...) nessas ocasiões, a comunidade alugava caminhões em que subiam todos os jovens de todos os movimentos, cada um com a sua camisa, com seu emblema, para desfilar.. e a gente já ia brigando no caminhão... [8]

Igualdade, hierarquia, democracia

Já vimos com que vigor de palavras o Dror condenava a não liberdade de pensamento, o dogma e o abuso da *tendência juvenil* para as simplificações e as verdades impostas. Já observamos, em diversos pontos, como o Movimento se colocava, em termos ideológicos, explicitamente a favor do debate livre, da *democracia radical*, do *esclarecimento mútuo* e da liberdade de escolha. Já examinamos como e a partir de quais justificativas o Dror se propunha a empreender uma ação educativa libertária, por exemplo, valorizando o tema *liberdade* em seus programas educacionais, adotando o ideal da *hagshamá atzmit* e negando, em seus princípios educativos, a existência de uma estrutura que significasse desigualdade entre seus *chaverim*.

Como um grupo, com tais princípios e propostas, lidava com as diferenças internas e as distinções hierárquicas que fatalmente acabam surgindo da estruturação por camadas etárias, em que os mais velhos fazem parte da dirigência, educam e lideram os mais novos?

É preciso lembrar (reforçando o que foi dito no primeiro capítulo) que as distinções econômicas e sociais existentes na coletividade judaica em geral não encontravam ressonância entre os jovens do Dror dissolvendo-se na identidade de grupo judaico, na crítica aos valores pequeno burgueses e na convivência juvenil (de pessoas ainda sem compromisso e posição social completamente definidos e que, além disso, a partir de um determinado momento, esperavam *mudar de classe*)[43]. Em segundo lugar, a reforçar a tendência igualitarista no Movimento juvenil, estavam a intensa identificação coletiva, a informalidade da esmagadora maioria dos modos de controle social e a não burocratização das relações entre os *chaverim* possibilitando conversas espontâneas e diretas com *madrichim*, líderes e membros da dirigência:... *perante chaverim que ocupam qualquer função ou cargo dirigente, sua relação deve se dar com a pessoa, o que ela é e não como com alguém que possui um título ou uma posição superior*[44].

Por outro lado, o Dror não era um conjunto homogêneo de pessoas e nem se pretendia *formador de soldados*. Para além das já mencionadas diferenças etárias, que no Dror ganhavam dimensões significativas (*Os mais velhos eram vistos por nós como adultos! Três anos de diferença nos parecia muito!*), o Movimento era um espaço com distintos graus de interação e convivência (havia grupinhos de amizade e panelinhas inofensivas, baseadas em vários tipos de afinidade) e diferenças de prestígio e poder.

Os da dirigência, por exemplo, tinham maior poder administrativo, o que, entretanto, não lhes conferia privilégios materiais (e até, por vezes, significava mais trabalho e dedicação) e era limitado pelo fato de as grandes decisões serem tomadas em Assembléia, pela vigilância constante do grupo e pelo espírito de oposição ao autoritarismo presente nos jovens *chaverim*.

> [No meu tempo,] havia a alta cúpula, os que cercavam o Dov Tsamir [Bernardo Cymiring] e outras figuras não tão expressivas. Eu cheguei a fazer parte dela, mas, como eu era muito pensador e sempre refletia sobre o significado do direcionamento dado por esse tipo de organização (...) (minha experiência comunista havia me ensinado os perigos do vírus do fanatismo), eu sempre, antes de tudo, questionava; eu não era confiável como um soldado. [5]

As determinações da dirigência eram aceitas com base no reconhecimento da necessidade de haver uma organização mínima e pessoas dela encarregadas. Assim, por exemplo, era razoavelmente admitido que os dirigentes escolhessem os enviados para o *Machon* e o proselitismo em outras cidades ou definissem o local dos acampamentos.

Quando questionados se havia ou não hierarquias no Movimento, ex-*chaverim* dão respostas que variam mais em função do entendimento da palavra do que de um distanciamento da idéia de que havia sim uma escala de poder e prestígio baseada nas diferenças etárias. Quanto mais velhos, mais próximos da cúpula dirigente (embora essa regra admitisse exceções, como garotos um pouco mais novos que se tornavam líderes destacados), havia órgãos executivos (a Maskirut, a Hanhagá), os *madrichim* tinham ascendência sobre os *chanichim* e recebiam orientação de outros mais velhos e assim por diante.

Isto posto, há muitos (e nisso não há diferenças de opinião entre ex-líderes e ex-liderados, por exemplo) que afirmam que, *do ponto de vista de relacionamento, todos eram iguais; não havia privilégios e já que a hierarquia era necessária – porque era um movimento organizado e não dava para se resolver tudo em assembléia geral – era relativamente bem aceita*. Vários destacam a existência de laços que aproximavam *madrich* e *chanich*, mais velhos e mais novos, afirmando, hoje, que as distâncias não eram tão grandes e que os mais velhos interessavam-se em passar suas experiências e conhecimentos para os mais novos. Outros lembram que os "cargos" eram alcançados também por mérito, pelo aval dos companheiros dado em eleições periódicas e democráticas ou pelo grau de dedicação e envolvimento nas atividades do Movimento. Recordam-se que a eleição para "cargos" (tesoureiro do grupo, responsável pela arrumação da sede, encarregado dos passeios etc.) ocorria desde a *kvutzá* infantil; com o passar das idades sua relevância ia se ampliando e que isso fazia com que *o pessoal fosse se acostumando* ao esquema. Por todos esses argumentos, estas pessoas se recusam a dizer que a hierarquia traduzia-se em uma autoridade de algum modo opressiva, tomada como um peso pelos que estavam nos níveis mais baixos que outros.

Boa parte dos ex-*chaverim* concorda que a hierarquia existente não se tornava alvo de conflito por ser muito respeitada, não ser tão rígida e, principalmente, por ser transitória como a própria permanência em uma determinada faixa etária; de tempos em tempos cabeças são cortadas pela *aliá*, portanto, existe a perspectiva de ascensão, basta passar o tempo, basta chegar a vez. Ao ser percebida como ligada à idade, a hierarquia é tomada como natural, e, seus níveis, acessíveis a todos.

Eu tinha uma *kvutzá* minha na qual havia entrado como boné (eu achava o meu *madrich* espetacular), além disso, aos 15 anos, fui *madrich* de *tzofim*... depois de *solelim*... de *bonim* e depois passei a ser *shaliach*... e, de repente, todo mundo virou meu *chaver*, porque, embora enaltecêssemos as diferenças de idade, todos estavam muito próximos. A hierarquia não era um peso, porque se queria chegar "lá" também. [21]

(...) o grupo de idade maior era mais importante que o grupo de idade menor – isso era natural – havia inclusive uma espécie de ascendência ao subir de um grupo para outro, o grupo mais velho é sempre mais interessante: leituras instigantes, surge uma namoradinha, discussões políticas... Então a gente olhava para o grupo mais velho como um estágio a que se aspirava atingir e também um concorrente, porque, de certa maneira, ele exercia um poder sobre você sendo seu monitor e te dando "ordens" (que eram aceitas), tinha horários mais flexíveis, atraia mais as meninas (o que ele usufruía disso dependia da idiossincrasia de cada um...). Essa hierarquia não era sentida como um peso e nem motivo de revolta; às vezes de disputa, mas dentro da normalidade, de forma natural. [25]

(...) eu aceitava as lideranças. Veja, eu não discutia isso. Para mim os mais velhos eram intocáveis. Um dia, numa reunião, o Richard [Kanner, um dos líderes] me mandou um bilhete – que eu guardei... não sei se eu não o tenho ainda hoje – (...) [eu me senti honrada], porque ele queria saber a minha opinião sobre o que estava acontecendo e eu achava que ele querer a minha opinião já era uma coisa fantástica. (...) Se o Sigue [Friesel] disse que Mozart era burguês e ele estava no mesmo Movimento que eu, era mais velho e tinha lido mais livros do que eu etc., ele só podia ter razão. Os mais velhos tinham sempre razão. E aí, a hierarquia se confundia com maturidade. (...) Não tinha uma liderança eterna, porque as pessoas iam indo para Israel (...) e, aí, subiam outras. (...). Não dá tempo de ter oposição e nem interessa a ninguém pois "nós chegaremos lá", "se você ainda não pensa assim, você vai amadurecer e vai pensar desse jeito". E quando você muda totalmente de idéia, você simplesmente sai. [16]

A passagem de uma camada para outra era vista como uma ascensão pessoal e caminho para estar entre os dirigentes. O *madrich* acabava servindo como ponto de referência para os *chanichim* e um *chanich*, sendo *madrich* também, vivia tanto o papel de guiado quanto o de guia.

(...) eu também fui crescendo como *madrich* e tive muitas conversas com *madrichim* que me chamavam de lado... como eu fazia com os menores, eu ouvia dos maiores... chamar de lado, explicar e, de uma certa forma, ir induzindo e conduzindo... Eu via os meus *madrichim* como meus líderes, meus exemplos. O Isaac Karabtchevsky e o Jordanovsky para mim eram caras muito bacanas. (E talvez eu tenha sido algo assim para os meus *chanichim*; tenha tido sobre eles alguma influência (...), na formação deles, como os outros tiveram na minha. Eu fui um professor didático informal, eu foi um guia.) [29]

O prestígio e o poder dentro do Movimento não dependiam só disso e havia, dentro da mesma faixa etária, indivíduos mais destacados que outros, com mais "cargos" e "tarefas", mais envolvidos, com maior capacidade de fazer valer suas idéias e posições, uns *mais líderes que outros*, uns *mais ideólogos que outros*, os que conseguiam ser eleitos ou escolhidos para algo da camada imediatamente acima, os que faziam parte da diretoria... Por exemplo, os que chegavam do estágio em Israel acabavam tendo bastante ascendência sobre os outros, tornando-se líderes quase que automaticamente, baseados nos conhecimentos adquiridos e na experiência vivida em *kibutzim*.

(...) a medida em que você ia subindo nessa "hierarquia [de tarefas]" a coisa ia se tornando mais importante. Havia até, eu diria, uma certa e leve rivalidade: "quem que vai ser? quem que não vai ser?" – era como dentro de um partido político em que as pessoas vão subindo e vão se tornando mais importantes. (...) se o cara era *Maskir* nacional (oh! não é qualquer um que vai ser *Maskir*), a gente respeitava muito. [23]

(...) tinha gente que dava a vida pelas posições de hierarquia no Movimento... havia gente que queria aparecer mais do que o outro... sem dúvida, havia um clima de competição. [10]

(...) a pessoa que tivesse conquistado uma posição fazia questão de valorizar a conquista... Isso nunca me incomodou... eu nunca entrei muito na competição [do tipo:] "eu quero ser o dirigente máximo do Movimento", eu não tinha essa ambição. Meu negócio não era com o Movimento, o Movimento era um meio, meu negócio era Israel. [33]

Sentir-se injustiçado por ter sido preterido para exercer alguma função ou viajar para o *Machon* ou desgostar da distribuição de poder existente (o que ocorria em alguns casos) também eram coisas que dependiam da personalidade de cada um; alguns tinham maior tendência a se incompatibilizar com a autoridade e desafiá-la que outros e a história do Dror está repleta de episódios em que *madrichim* foram contestados por *chanichim*, em que certas decisões da dirigência foram discutidas...

O nome de nossa *kvutzá* era Palmach. Escolhemos esse nome, porque éramos a garotada "porra-louca", muito radicais, botávamos para quebrar, nossa atitude era diferente da dos mais velhos. Eu, o Abraan Moshek

Baunvol (o "Mosca", hoje é o chefe do Departamento Internacional do Partido Socialista de Israel)... e outros ex-colegas do ginásio... Nós tínhamos um *madrich*, mas na *Maskirut* éramos iguais aos outros. Eu e o Mosca éramos (os mais novos) da *Maskirut* e éramos muito ativos. Nosso primeiro *madrich* da *kvutzá* não agüentou nosso pique e passamos, então, a ter uma *madrichá* ótima, a Marian Guenauer. [15]

Normalmente, a hierarquia era tranqüila para mim, a não ser na época da escolha para fazer *Machon*, porque, não adiantava você gritar, era a cúpula que decidia quem iria para o curso e você tinha que aceitar (disseram que eu não podia sair, porque meu trabalho era mais necessário aqui no Brasil). Mas dentro da minha passagem de juventude até chegar lá [na tal época do *Machon*], eu, quando não gostava da coisa, era rebelde. Por exemplo, quando fizeram um jornal de parede com o qual eu não concordei (...) fui lá e rasguei... eles me botaram escada abaixo, me expulsaram, brigaram comigo... Depois eu voltei, lógico... a *madrichá* veio falar comigo... fizeram eu pedir desculpas para ela... "porque ela estava chorando e tinha tido um baita trabalho..." Eu era muito ativo... nas festividades eu fazia muito a parte técnica, corria, montava, fazia muito jornal de parede... dentro de minha *kvutzá* eu era um líder... (...) eu me dedicava muito, por isso podia ser tão exigente. [29]

Dentro de cada *kvutzá* (...) havia uma estrutura mais ou menos democrática. Por exemplo, na minha *kvutzá*, eu tive um *madrich* que foi muito questionado. (...) Eu me lembro que uma coisa me incomodou: eu tinha 15 anos e fui a uma *machané*, talvez a maior delas... era muita gente e de vários estados brasileiros... dava a sensação de que era gente do Brasil inteiro. No primeiro dia, nós fomos separados em *kvutzot* e tivemos que escolher o nome da nossa *kvutzá*. Eu tinha aprendido uma palavra em hebraico que eu achava muito gozada, *melafefon* (pepino), então eu falei: "Kvutzá Melafefon", e o pessoal achou ótimo!... mas o *madrich* enrolou, enrolou, e disse que tinha que se chamar Kvuzá Revivin (o nome de um *kibutz* importante), porque, depois a gente foi saber, os *madrichim* haviam recebido orientação para escolher os nomes "democraticamente" desde que ao final ficassem os nomes que eles já tinham trazido, preestabelecidos. Mas, aí, nós batemos o pé por *Melafefon* e nossa *kvutzá* ficou sendo chamada Kvutzá Revivin Melafefon (um nome totalmente maluco!) [27]
... numa dessas *machanot*, em Petrópolis, nós fizemos uma revolução e destituímos os chefes, tomamos o poder. Fizemos uma revolução por farra; eu e mais um outro lideramos essa revolução... Foi um negócio interessante, porque, ao mesmo tempo em que eles [os organizadores, mais velhos] achavam bacana que a gente tivesse [tido a iniciativa, estavam com medo] (...)... porque havia lá umas duzentas pessoas (crianças no fundo) no meio do mato... [23]

Pode-se dizer que o sistema hierárquico do Movimento era relativamente pouco contestado no dia-a-dia (pelo menos pelos que permaneciam no Dror), embora, hoje, alguns admitam que o poder da direção (ou da Assembléia, ou do coletivo, como veremos adiante) pudesse ter sido abusivo, exagerado.

As transgressões não eram muito freqüentes e quem realmente discordava de alguma imposição importante acabava saindo ou, no limite, sendo expulso. Certo ex-*chaver* conta ter sido *expulso* do Movimento, em uma reunião à portas fechadas com dois membros da direção nacional e um enviado de Bror Chail, após ter discordado violentamente, inclusive com insultos, da repreensão que recebera, entre outros motivos, por ter contestado o que chamou de *dogmas do Movimento* (as proibições de ir a bailes e de freqüentar prostíbulos), por ter empregado *métodos pouco ortodoxos* de proselitismo e por ter aceitado *mordomias* (como ser conduzido por um motorista particular da família em cuja casa estava hospedado) em seu período como enviado do Movimento em Recife:

> "Quem é que vai me julgar aqui? (...) Eu não aceito!"
> "Então, você deve sair do Movimento." [31]

O Movimento era democrático ou autoritário? Pelos depoimentos, pode ser um, outro ou ambos. As respostas variam, assim como as avaliações pessoais sobre os métodos empregados nas tomadas de decisão[45]. Entretanto, todas reconhecem a existência de uma democracia formal no Dror com ingredientes como debates, eleições e representantes legitimados.

As assembléias [reunidas nos congressos] aprovavam os estatutos e os programas que haviam sido escritos antes e depois submetidos ao *Kinus*. [Para o *Kinus*, cada *snif* mandava um relatório antes da reunião] e também com base neles se fazia um temário, que era elaborado por nós da direção, na véspera do Congresso ou durante o próprio (a oito mãos) e que era posto em votação no início (e geralmente aceito, porque não havia outro). Aí, então, cumpria-se o temário. Para cada assunto havia um texto, uma discussão inicial etc. e depois havia uma resolução (que geralmente reproduzia o texto) da qual se extraía um relatório de conclusão. Havia comissões que opinavam sobre o texto e depois era encaminhado para o Plenário. Quando chegava ao Plenário, as discussões eram muito superficiais, alguém podia mudar uma ou outra frase, mas em geral aprovava (não havia nunca dois documentos como no PT, no Movimento não havia "tendências").

Na *Assefá Klalit* (Assembléia Geral), o órgão máximo de decisão por cidade, a direção apresentava seu relatório, fazia uma discussão sobre os problemas, havia uma ordem do dia e depois disso havia uma eleição, não por chapa, a direção que saia [eleita] apresentava uma proposta que em geral era aceita, nada obrigatório, mas não havia [muitas discordâncias]. (...) Em geral, também nunca tinha muita briga, eu me lembro de pouquíssimas vezes em que houve briga... (...) o processo era, digamos, democrático, mas, numa organização educativa, a democracia é muito limitada, porque, naturalmente, os mais velhos têm ascendência sobre os mais novos, por causa da atividade educacional, então, os mais novos, a não ser que haja algum conflito, acabam seguindo o que os mais velhos sugerem ou apresentam. Os mais velhos eram em número bem menor e acabavam se conhecendo muito entre si; então era fácil chegar a um acordo, dividir as responsabilidades, e eu não me lembro de que tivesse havido dificuldades... então, funcionava muito por cooptação. [13]

Democracia? Oficialmente havia sim, mas a técnica era a de martelação (argumentava-se tanto que se acabava convencendo, um indivíduo sem um ego mais forte se deixava levar pela onda)... em termos técnicos, era mais uma lavagem cerebral que uma decisão tomada coletivamente (como hoje no PT: quem decide mesmo são os figurões). [5]

Era um grupo democrático dentro daqueles limites, porque havia um grande peso ideológico (quem não concordava muito se retirava, quem não queria parar de estudar, quem não queria ir para a Hachshará tinha que sair.) O Movimento tinha uma linha, não era um clube para se tomar chá em que cada um pode tentar fazer prevalecer qualquer idéia. Havia um objetivo prévio estabelecido e os princípios gerais eram definitivos. A democracia estava sim nas decisões do dia-a-dia. [6]

[a democracia] era embaralhada, porque havia muita manipulação. Era um grupelho. No auge, o número de pessoas ativas (as que produziam material, organizavam, participavam com freqüência de reuniões) não eram mais de 50! O resto pode ter chegado a 1.500, no auge... [17]

As decisões eram tomadas sempre dentro de uma assembléia em que todo mundo tinha o direito de falar. Eu acho que era bem democrático. Nada se resolvia [sem isso]. Não existia um que tomava decisões por todos. As decisões sempre eram tomadas em assembléia. E, a partir do momento que era tomada a decisão, era respeitada, mesmo que, às vezes, isso fosse não a tua vontade mas a vontade de um coletivo. (...) Realmente queriam que a gente, depois de um tempo, estivesse no caminho deles. Mas eu não acredito nisso como uma manipulação. Eu vejo isso como pessoas que acreditavam em alguma coisa e precisavam, não de adeptos, mas de gente que continuasse e fosse junto para as mesmas idéias. E eles estavam nos oferecendo uma coisa verdadeira: a criação do Estado de Israel e uma forma de vida diferente. E todos eles foram para Israel, e todos eles estão em Israel. Cumpriram o que acreditavam. O Dov Tsamir foi uma pessoa que lutou, fez, foi para Israel e até hoje, quando um mundo de gente da geração dele está fora dos *kibutzim*, ele permanece dentro do *kibutz*, naquilo que ele quis para ele. Então, eu não acredito em manipulação. [8]

Democracia até um certo ponto. Num Movimento juvenil e ainda mais educativo, os dirigentes e os líderes têm muita força, ou do seu carisma ou da sua posição, e do respeito que ou outros, que são educandos ou liderados, têm por eles. Então, conforme a personalidade, às vezes as coisas podiam resvalar – embora não sem atrito e sem debate, não sem resistência – para uma certa autocracia. (...) As questões eram conversadas, discutidas, debatidas e, às vezes, até violentamente brigadas também – não foi em um e nem em dois momentos que a coisa até escorregou para o descontrole físico e para o sopapo (éramos jovens...) – mas a coisa era feita na base da convicção e não por molecagem (...) éramos jovens e éramos todos muito afetivamente envolvidos, a gente vivia tudo aquilo com um grande vigor de convicção, ninguém estava lá brincando, a gente realmente acreditava que era uma grande epopéia, uma coisa séria... [9] Não havia democracia, ou melhor, havia democracia sim... lá na Lapa, foi votado, né? Então, era sempre pela maioria. Mas as coisas vinham manipuladas... eu acho que o grupo, a liderança maior, é que realmente... [tomava as decisões] (...) é, isso sempre acontece, tem coisas que fogem ao teu controle... era uma turma bem típica de adolescentes, quero dizer, adolescente não pensa muito, quando acredita numa coisa vai em frente e a gente era muito assim. [10]

Como em qualquer grupo, havia também no nosso uma elite que sabia mais, que lia mais. Como em qualquer sociedade, há quem dirige e quem é dirigido. Democracia significa apenas que tudo é discutido, tudo é analisado e é pensado junto, mas, no fim das contas, há sempre pessoas que influenciam mais que as outras. Democracia não é clube de discussões; é preciso realizar coisas, então, é claro que existem pessoas que influenciam mais. [11]

(...) eu falo "centralismo democrático", porque eram tomadas decisões sobre a vida das pessoas e eram decisões tomadas por um coletivo dirigente e o cara aceitava a decisão!! E às vezes se separava namorados... Era a direção que decidia quem é que ia para o *Machon*... são todas decisões que afetam a vida das pessoas e elas são tomadas por um coletivo e são acatadas e nada disso se processava individualmente (não era o indivíduo que fazia um *aplication* e o *Machon* o escolhia; a direção decidia *x* vai ser *shaliach* em Recife e *y* vai ser *shaliach* em Porto Alegre e estas pessoas largavam suas famílias e iam para Recife ou Porto Alegre. (...) Quando eles decidiam quem enviar, eles decidiam sobre vários critérios até se o cara estava no último ano da escola, como eu, e seria uma pena ele perder, ou se estava namorando com uma menina e era um namoro sério...) não era um Movimento de brutamontes, mas era uma decisão assim coletiva. Nisso, era um Movimento bolchevique mesmo (...): ele tinha uma radicalidade e uma organicidade que, eu desconfio, já não existiam nos outros países. Não sei a que atribuir isso. Ele era assim, era coisa muito séria. (...) E a Assembléia era soberana nesse sentido. Por isso é que eu digo: o Movimento era muito radical e bolchevique. [23]

Eu acho que havia sim democracia no Movimento, dentro daquela estrutura. Eu fazia as coisas porque eu gostava, eu podia falar, eu podia chegar numa *Assefá* e levantar e falar e berrar – eu fazia muito isso e podia fazer – nem sempre ganhava, mas me ouviam. Eu aprendi a falar. Eu não tinha medo de falar em público não. Eu falava o que eu tinha que falar. [29]

Dentro do Movimento, em geral, era uma estrutura de poder bastante clara (...) Existia a Hanhagá Atzit, o Olimpo, de onde saíam as verdades vindas de Israel ou sei lá de onde, e a gente executava as verdades vindas dela (dentro da *kvutzá*, era mais aberto). (...) Eu não tenho condições de dizer como as decisões eram tomadas, como as coisas eram lá em cima. Minha participação era importante, mas não era um trabalho de liderança, era um trabalho de militância. Eu nunca cheguei a participar da liderança em termos nacionais,

eu nunca fui de fato um dirigente, não cheguei a ditar normas, fazer reflexões ou coisa parecida. Não escrevia programas. A Hanhagá impunha muita
coisa. Na época, eu não tinha essa percepção, eu simplesmente achava que
isso era uma coisa natural. [27]

As decisões [sobre as tarefas de cada um] eram tomadas pelas comissões que
eram encarregadas de certos assuntos com o [auxílio do] *shaliach* de Israel.
(por exemplo: "nós temos uma *kvutzá* de vinte pessoas com 14 anos e vamos escolher deles seis *madrichim*", então se escolhia os que se achava que
eram mais adequados: os que sabem falar melhor, têm mais paciência, lidam
bem com as crianças, têm mais a dar, comportam-se melhor no Movimento.)
(...) naquele tempo, a gente fazia o que o Movimento resolvia que a gente
tinha que fazer.(...) E o pessoal mais jovem tinha que cumprir as resoluções
que eram tomadas. A gente cumpria com muito boa fé. (...) [22]

Havia democracia formal, tudo passava por eleições, mas na verdade havia a
mesma democracia que há no PT, ou seja, os mais iguais é que dão a última
palavra, determinam o que cada um vai fazer... faziam indicações contra as
quais era muito difícil de se ir, mas isso existe em todo grupo organizado. [25]

Liderança, popularidade, prestígio

...entrei na universidade muito mais tarde, com 25 anos de idade, e estudei a
questão dos dirigidos, e li toda a literatura que existe sobre o assunto e até
hoje não sei o que faz de um líder um líder... Durante algum tempo, no
kibutz, fui pastor de vacas, na primavera, quando os campos estão verdes.
Como sou um sujeito que reflete e ficava lá com as vacas cinco ou seis horas
por dia, quebrava a cabeça para saber por que havia sempre uma vaca que
era seguida por todas as outras... O que é carisma?... [11]

Sem pretensões de responder a essa questão sobre vacas e homens, no
Movimento, havia os que eram tidos como líderes, independentemente de idade ou cargos. Havia, ainda, os que gozavam de prestígio e popularidade devido a outros fatores que não seu carisma.

A capacidade intelectual era um talento dos mais respeitáveis no rol dos
dons que conferiam prestígio no Movimento embora não fosse tão relevante
como a habilidade na transmissão de conteúdos e o poder de persuasão. É
bem verdade que o ideal *chalutziano* exigia dedicação ao trabalho braçal,
habilidade no trabalho na terra, mas isso só ganhava maior importância para
os *chaverim* a partir da Hachshará; por outro lado, ser frágil ou preguiçoso e
ter dificuldades em conviver com a natureza ou desenvolver atividades físicas
não era bem visto.

...[as mais respeitadas e ouvidas] eram as pessoas que estudavam, sabiam as
coisas, eram capazes de teorizar sobre socialismo, sionismo, marxismo.
Liam e entendiam (a gente achava que entendiam) e eram muito fluentes no

falar. E eram em geral mais velhos.(...) (Era tudo com muito pouca diferença de idade, mas que faz muita diferença nesta época). Além disso, eram capazes de coordenar uma reunião, de expor um assunto, de responder as perguntas. [18]

Os [sucessos nos] estudos regulares e acadêmicos nunca foram muito respeitados no Movimento, nunca deram *status*. O que dava *status* dentro do grupo era ser coerente com os princípios que todo mundo mais ou menos declarava, e, depois, ter algum conhecimento daquelas bíblias usuais sobre sionismo, socialismo... saber alguns jargões... isso já dava uma sensação de ser diferenciado. (...) Havia uma efervescência intelectual muito grande e interessante (...) e eram as pessoas com mais destaque intelectual que se tornavam os formadores de opinião. Era com eles que você tinha que debater se você queria liderar, você tinha que se defrontar, tanto no aspecto político quanto intelectual, com gente desse gabarito. [25]

Eu ficava muito impressionada quando eu via as mais velhas, moças que tinham cultura, que já tinham lido e que sabiam transmitir tudo aquilo e participavam de mesas junto com os homens podendo discutir de igual para igual, isso me fascinava muito. [8]

O prestígio dentro do grupo era conseguido também em função do grau de dedicação à militância e do sucesso nas tarefas assumidas. Entretanto, outros elementos garantiam o respeito e a admiração dos *chaverim*: vitalidade, simpatia, seriedade, força de vontade. Em alguns casos, beleza também foi importante no sentido de consolidar *uma posição forte* no Movimento, como avalia alguém que passou praticamente toda sua juventude no Dror: *ser ativa e inteligente dava* status, *mas ser bonita também ajudava muito. Como o Movimento era um movimento romântico, nada melhor que encontrar alguém que reúne tudo: bonita, passional, militante, feminina...* Admirava-se também os que tinham traquejo político e os bons educadores.

Eu mantinha uma liderança para com os grupos menores, mas no meu caso não passava pelo aspecto ideológico e sim pelo jeito que eu era, [minha] criatividade, personalidade, sem nenhum aspecto intelectual. Para mim, líder era o que trabalhava e se envolvia mais (o Bernardo Kucinski era um exemplo). [31]

(...) lideranças do Movimento: os que estavam muito ligados a essa idéia [pioneira], (...) quem fazia parte da Maskirut, quem era bom em discussão. Para as moças também isso contava: traquejo com as idéias, saber discutir, ser didática. (...) [destacar-se nos esportes?] Que nada! isso não entrava. (...) O ideal de beleza sempre tem... isso fazia parte da [capacidade de] liderança também... – [lá] você não fazia nada para ficar mais bonito, quanto mais despenteado, melhor – mas eu acho que sempre quem é mais bonito consegue... A Mira, por exemplo, que era bonita... uma pessoa extremamente inteligente e muito linda, realmente atraia muito as pessoas... [10]

Para além dos que gozavam graus maiores de prestígio e popularidade, havia os que, de tempos em tempos, eram vistos espontaneamente pelos *chaverim* como verdadeiros líderes. Não que houvesse qualquer tipo de *culto à personalidade*[46] (embora Dov Tsamir tivesse se tornado uma referência, *quase mitológica*, para as gerações que não o conheceram pessoalmente), não que os líderes encarnassem a unanimidade, mas eram respeitados, estimados, invejados, seguidos, "imitados". A posição de líder advinha principalmente de duas qualidades distintas, e nem sempre presentes concomitantemente nas mesmas pessoas: ser visto como a cristalização dos ideais do Movimento e ter o tal (no limite, inexplicável) carisma pessoal. E, sob esses critérios, os nomes citados pouco variam em cada "geração"[47].

(...) era fácil saber quem era e quem não era verdadeiramente um líder: nas *machanot*, quando terminávamos de comer, continuávamos sentados às mesas por mais algum tempo cantando e marcando o ritmo batendo as canecas... ao esgotar-se o repertório de praxe, um ou outro puxava novas canções... líder era o que conseguia ser imediatamente acompanhado pelos outros. Isso me deixava fascinado... Havia os que tinham espírito de liderança, carisma, como o Bernardo Kucinski, que não conseguíamos deixar de seguir. E havia os que, para nós, consubstanciavam as virtudes do Movimento (eram saudáveis, militantes dedicados, portanto, merecedores de nossa admiração), como o Aron Kremer, que, por dedução racional, resolvíamos seguir. [27]

A Mira [Wainfeld] era uma heroína para mim, sem dúvida... tinha também o Sigue [Friesel], o Nunho [Falbel], a Shulamit, o Erwin [Semel]... "Porque essas pessoas eram admiradas?" Acho que eram carismáticas (...) personalidades mais fortes, heróicas... Elas sabiam transmitir uma direção para o adolescente, nós. (...) A Mira mostrava o caminho do *kibutz* com muita firmeza. Eram figuras assim que apaixonavam. Eram capazes de fazer as pessoas mudarem de vida, de agirem de uma forma diferente... (...) Quando a Mira foi embora no navio [para Israel], uma leva de jovens foi se despedir dela cantando. [20]

Eu diria que, no meu tempo, líderes enquanto tais e aceitos mais ou menos universalmente foram dois: O Bernardo Dov Tsamir e, depois dele, o Davi Perlov. Outros chegaram ao papel de liderança, mas não com o mesmo carisma. O [Samuel] Karabtchevsky tinha um papel de liderança, mas ele era mais bem um dirigente respeitável e respeitado, (...), o Nuchen (Nachum Fassa) e o Erwin [Semel] foram dirigentes do tipo Secretário Geral (...), o Paulo [Singer] chegou a ter um certo caráter de liderança, mas eu acho que foi talvez uma liderança mais ideológica, sem o mesmo carisma amplo do Dov e do Davi. [9]

Querendo ou não, o Dov Tsamir era o nosso herói (...). Ele se impunha automaticamente, mesmo sobre outros com formação intelectual superior. [4]

Houve algumas pessoas que exerceram uma certa liderança e se destacaram. O mais importante deles foi Bernardo Cymyring, que realmente era um jovem muito talentoso, com grande capacidade de liderança (...). Outro muito respeitado era Efrain Bariach: mais burocrata, administrador. O Davi Perlov... não me lembro de ter tomado nenhuma iniciativa especial e ainda assim era muito respeitado (...)... o Nuchen Fassa (...), o Samuel Karabtchevsky... a Mira (...) além da Mira, houve várias mulheres de destaque como a Mariam Guenauer, do Rio, porque foi para Israel ainda no primeiro grupo para o curso de liderança e também porque era muito bacana. Porém, exerceram papel de líderes mesmo somente o Bernardo e o Davi. Os outros chegavam pela idade (...) Esses nomes citados, quando falavam, pareciam ter juízo. [17]

(...) eu tinha uma posição de liderança (...). Eu tinha um certo carisma e uma posição de destaque e, dentro do nosso *garin*, eu era a referência central (eu não era nem o mais esperto, nem o que se dava melhor com todo mundo, mas eu tinha um certo carisma que me punha um pouco acima dos outros). O meu carisma era pessoal, talvez viesse de uma certa seriedade na dedicação às coisas... ao mesmo tempo eu era um cara que aprontava muito também [fazia brincadeiras] (...) No Movimento, havia pessoas das mais diversas estruturas psíquicas, mentais, intelectuais. Você tinha desde pessoas simplórias, (...) do tipo *jlob*, *jlob* em iídiche é aquele cara grandão, forte e desajeitado, burro e boa praça (...) um grande amigo, um cara legal, (...) [mas] uma pessoa muito simples para ser um líder. Tinha um outro cara (...), intelectualmente, acho, superior a mim, mais sofisticado, lia mais, mas pessoalmente muito complicado, meio fechado, não podia ser líder também. (...) Então, quem é que podia ser líder? Um cara que reunia um pouco das condições intelectuais, ou muito, mas que, ao mesmo tempo, fosse menos complicado sob outros aspectos e não fosse um *jlob*... Normalmente, quem tinha qualidades intelectuais mais sofisticadas tinha mais condições de liderança, mas também você tinha que ter capacidade de mobilização (porque a gente fazia muita atividade), despertar confiança nas pessoas, saber liderar uma marcha, uma subida no pico do Itatiaia, inspirar confiança, ... [destacar-se nos] debates políticos... Era também a energia física, a dedicação, mas tinha que ter uma certa capacidade intelectual. [23]

É interessante notar que, com relação às hierarquias na estrutura do Movimento, a questão etária é fundamental enquanto a de gênero é irrelevante, e, no que diz respeito às lideranças, não há indícios fortes de discriminação do feminino diante do masculino.

(...) a gente era da liderança, a gente fazia as coisas, a gente decidia...(...) e certamente, manipulava bem os mais novos.
"Você se interessava por essas posições de liderança?"
Ah... muito, era uma luta.
"E havia espaço paras moças?"
Sim. Nós éramos tratadas igualmente e lutávamos igualmente pelas posições...
[10]

Ideais e modelos

A palavra *madrich* pode ser traduzida literalmente como aquele que mostra o caminho, guia. Já foi dito que o *madrich* deveria ser um modelo para seus *chanichim* e que, de fato, vários foram tomados como tal. Por outro lado, além dos que não faziam muito sucesso em *kvutzot* sob sua responsabilidade, havia os que acabavam sendo censurados por algum deslize (*cantar as meninas mais novas* ou *fumar na frente dos garotos*) ou comportamentos considerados não condizentes com o espírito do Movimento. Certos *chaverim*, por um motivo ou outro, sequer foram cogitados para *madrich*.

Os enviados de Israel, por vezes próprios ex-*chaverim* do Dror brasileiro, deveriam servir de estímulo aos jovens. Em geral, os *sh'lichim* eram admirados, porque já viviam a experiência do *kibutz*. No Brasil, eles eram acolhidos em casas de simpatizantes ou parentes ou hospedavam-se em quartos alugados com o dinheiro de instituições sionistas. Alguns chegavam a ficar dois ou três anos no país. Passavam a maior parte do tempo com os *chaverim* mais velhos. Auxiliavam em questões de organização, educação e ideologia e atuavam em campanhas de arrecadação de fundos para o Dror na coletividade; sua programação adaptava-se em grande parte às solicitações e necessidades do Movimento. Entre outras coisas, os *sh'lichim*, conforme suas capacidades, ministravam palestras, ensinavam hebraico, lideravam caminhadas, davam aulas de defesa pessoal, de danças israelenses etc.. De fato, baseando-nos nos depoimentos, a participação de alguns *sh'lichim* foi considerada importante (foram bons conselheiros e colaboradores) enquanto a de outros simplesmente *não fez diferença*. Vemos também que os *sh'lichim* não eram visitantes todo-poderosos (como os temíveis enviados do Partido, descritos por Arthur Koestler); tinham sim alguma influência, mas não ditavam normas: *o Dror teve sempre muito espírito crítico. Um* shaliach *esteve na* Hachshará *e não agüentou, porque o grupo lá era muito questionador. Não era tudo que vinha de Israel que era automaticamente aceito.* E alguns chegavam a ficar fortemente marcados por sua experiência no Brasil.

> (...) esse enviado era um israelense, um *sabra* (nativo)... ele tinha sido um soldado... ficou vários anos aqui... e como ele era uma pessoa bem próxima a nós em termos de idade, praticamente tornou-se um companheiro igual aos outros. (...) ele acabou falando português muito bem, mas, mais do que isso, ele se politizou no Movimento. Ele veio, como *shaliach*, na época, muito... nacionalista, sionista, essas coisas. O socialismo era uma coisa, tenho impressão, meio secundária lá em Israel, naquelas circunstâncias, por volta de 1950, e para nós [o socialismo] era a coisa fundamental. Então, ele acabou se politizando entre nós e foi ótimo. Aprendemos coisas com ele, e ele aprendeu conosco também. [13]

Em termos pessoais, alguns *sh'lichim* literalmente despertaram paixões, outros foram importantes pontos de referência, enquanto outros ainda simplesmente decepcionaram.

> Eu tive contato com um *shaliach*, o Mordechai Neustad, que foi meu último *madrich* (...). Para mim, naquela ocasião, ele era tão senhor, já tinha esposa, filhos, estava na faixa de trinta e poucos anos. Ele era do *kibutz* Engev. Como pessoa e culturalmente, ele me influenciou de modo muito positivo: ele esteve

aqui numa época, mais ou menos em 1957, em que eu, e não só eu, mas o meu grupo todo, estava indeciso: *aliá*? não *aliá*? E ele foi bem neutro, por isso é que foi bem positivo para mim; ele deixou as coisas para a gente decidir, ele conduzia não influenciando. Não sei se para o Movimento Juvenil isso foi bom, porque, do meu grupo todo, chegaram a fazer a *aliá* apenas duas pessoas das doze que restavam (sendo que um, porque não tinha mais condição financeira de vida aqui e a *aliá* era sua única saída, e o outro, porque ideologicamente era bem convicto (...)) O mérito desse *shaliach* foi que deixou cada um decidir por si, para mim não era uma época boa e um *shaliach* poderia ter me criado maiores conflitos. [29]

Para além de *madrichim*, líderes e *sh'lichim*, entretanto, havia os heróis e heroínas do novo estado de Israel e admirados no Movimento juvenil: Ben Gurion, Golda Meir (líderes políticos, formadores do estado, *chaverim* de *kibutz*); Berl Katzenelson (intelectual, trabalhador, político e educador); Hanna Scenesz, Enzo Sereni (combatentes na II Guerra); Mordechai Anilevitch (líder rebelde do Gueto de Varsóvia); os primeiros *chalutzim*, pioneiros do movimento *kibutziano*; os ideólogos do sionismo socialista. Nessa galeria, havia, pois, espaço para combatentes e pensadores, líderes e proletários, jovens e senhores, homens e mulheres.

E, finalmente, acima de nomes concretos, estava o ideal do *chalutz* norteando os passos dos jovens do Movimento. E, nesse ideal, não havia diferenças definidas para homens e mulheres.

Diversos movimentos juvenis dos anos 30 e 40 tinham como objetivo contribuir para o surgimento do *novo homem* (com sentidos distintos conforme a ideologia de cada grupo), entretanto, faziam distinções entre feminino e masculino. Em conseqüência, ofereciam às moças uma formação que, embora incluísse exercícios físicos, esportes e participação em uma organização política, procurava fazer com que se tornassem *boas donas de casa e mães exemplares* e reservava às jovens uma espécie de "combate passivo" em campos secundários de atuação (como, por exemplo, a assistência aos *guerreiros* ou *revolucionários* homens). Esta tendência acentuava-se quando o ideal acalentado identificava juventude com *virilidade, considerada intrinsecamente ligada ao belicismo e à violência*[48]. Portanto, embora apresentassem à juventude propostas particulares de um *novo homem,* tais organizações juvenis reiteravam papéis femininos tradicionais e não rompiam, no limite, com as desigualdades de gênero existentes na sociedade.

A ideologia dominante nos anos 50, por sua vez, reservava às jovens o ideal da "moça de família", cujo principal objetivo na vida era tornar-se esposa e mãe, deixando de lado ou em segundo plano ambições políticas, intelectuais e profissionais[49].

O ideal do *chalutz*, ao contrário, não reforçava distinções de gênero. A figura do *chalutz* – combatente, capaz de pegar em armas para a defesa, devotado ao coletivo, humanista, proletário, trabalhador do campo, revolucionário, atuante politicamente, culto, fomentador da cultura judaica, habitante do *kibutz*, saudável, livre de preconceitos burgueses e superstições, disposto a abrir mão de luxos materiais, amigo da natureza, corajoso, dedicado à construção do estado judaico e do socialismo, fisicamente o oposto ao estereótipo do judeu do *Galut* – aplicava-se igualmente a homens e mulheres.

Além disso, em geral, as utopias sionistas[50] carregavam uma mensagem de paz e fraternidade universal oposta ao uso do poder e da subordinação, o que, particularmente, não promove uma *cultura machista* identificada com bravura e domínio pela força.

Bachur e bachurá

Rigorosamente, não existia um ideal pioneiro para homens e um outro, diferente, para mulheres. No cotidiano do Dror, isso se traduzia em valorizar igualmente a figura de garotos e garotas, rapazes e moças, que se dedicavam ao Movimento, vestiam-se de maneira despreocupada, eram saudáveis e sem vícios, ativos, inteligentes, participantes, capazes de empreender longas caminhadas, de tomar chuva e ficar de guarda no frio da madrugada (*havia esse lado físico, também para as moças que sonhavam com sua participação heróica na construção do socialismo e do Estado de Israel*), de estudar, de expor idéias e debatê-las, de participar com entusiasmo e competência nas atividades de militância[51] e de trabalhar em quaisquer tarefas que se apresentassem, braçais ou intelectuais.

[o ideal era] o sujeito que colocava o social antes do individual, seu idealismo o permitia sacrificar-se em prol da causa, alguém consciente de suas metas ideológicas, capaz de sacrificar o estudo, por exemplo, para trabalhar pelo Movimento e depois na agricultura, de sair para fazer proselitismo ao invés de ficar tranqüilo namorando...; era querer trabalhar num *kibutz* ao invés de exercer uma profissão liberal... Dentro disso não existia um ideal diferenciado por sexo. [25]

No Movimento, ainda líamos a cartilha dos antigos *chalutzim* (...) No nosso ideal, o padrão de *chalutz* para homem e mulher era o mesmo. Muita *chaverá* nossa quis trabalhar em cima dos tratores arando o campo (muitas até conseguiram, mas nenhuma ficou por muito tempo). (...) Além disso, nós tivemos *chaverot* que enfrentavam coisas que os *chaverim* não enfrentavam até para provar-nos que eram capazes. [21]

O ideal eram as pessoas que acreditavam no que estavam fazendo (eu achava que questionava um pouco demais, eu não me sentia a pessoa ideal); pessoas com segurança, com certezas e que, para atingir seus objetivos, não se importavam com nada, mesmo que passassem por cima de alguém ou de alguma coisa, sabiam que isso não era nada diante do papel que eles estavam desempenhando. Visualmente, é quase uma imagem de um painel do realismo socialista: o sujeito com peito erguido, gola aberta, a moça com um rosto um pouco rígido, mas feminina, peituda até, ambos orgulhosos e cônscios do papel que estavam desempenhando. Pessoas seguras de si, tanto rapazes quanto as moças... E eu, corporificando, pensava em algumas pessoas altas e fortes como "esse sim é um *chalutz* ideal" (sem querer, era até um pouco racista). (Era realmente um realismo socialista! Agora que eu estou me dando conta...) [27]

Esse ideal criava uma certa distância entre as expectativas de gênero hegemônicas, especialmente com relação ao feminino, existentes no Dror e na sociedade mais ampla, abarcando tanto aspectos de aparência quanto de postura e comportamento.

Em artigo bem humorado e bastante descompromissado publicado na revista feminina brasileira *Querida*, em 1958, Jean-Paul Aymon afirma que o *sex appeal*, tal qual se conhece em países como a França e os Estados Unidos, é uma noção que apenas lentamente toma corpo entre os israelenses. Muito ocupados em construir suas casas, desenvolver agricultura e indústria e formar um exército moderno – argumenta – os israelenses não teriam tido até então tempo ou interesse para reconhecer na mulher uma certa feminilidade (nos padrões estéticos franceses ou anglo-saxãos). Nos anos 30 e 40, *a mais bela mulher de Sion era a mais corajosa, a mais dura no trabalho, a "mulher forte das escrituras"*, com amplas cadeiras e coxas musculosas, queimada pelo sol, companheira do homem nos trabalhos mais enérgicos ou a *mulher soldado* uniformizada ou a terrorista *de olhos e braços de aço que transporta granadas no seio, não usa maquiagem e pensa no amor ao mesmo tempo em que conta as balas do pente da metralhadora*. Com a criação do Estado, o ideal da *mulher pioneira que veste a blusa azul das organizações juvenis,* forjado pelo *romantismo sionista,* foi aos poucos contaminado pelo padrão de *beleza graciosa* da mulher *yemenita.* O resultado, segundo Aymon, seria uma mulher *de encantos robustos, embora menos rústicos que no tempo dos pioneiros,* de linhas mais afinadas, mas ainda *pouco sofisticada,* com roupas um pouco mais decotadas e uma certa coqueteria que não a dos institutos de beleza, e que demonstra interesse por cuidar de crianças. Ou seja, uma feminilidade distinta, mas já mais próxima da apreciada na Europa e Estados Unidos e difundida pelo cinema e a publicidade destes países. Podemos dizer que, no Dror, os atrativos femininos guardavam certa semelhança com a tendência de síntese apresentada por Aymon. O modelo drorista de mulher era a figura idealizada da *chalutzá*, marcada pelas transformações históricas na sociedade israelense e misturada com algo da feminilidade valorizada nos padrões brasileiros, que apreciava feições de traços mais suaves e contornos de corpo não tão discretos; uma mulher não frágil, mas sensível, não enfeitada, mas *naturalmente bonita* (não preocupada demais com cosméticos e roupas), não muito agressiva, mas corajosa... se dançasse com destreza e graça, melhor ainda.

"A idéia de feminilidade no Dror era diferente da dominante na época?"
Sem dúvida, não tinha nada de "mulher bibelô", "delicadinha", a gente valorizava as mulheres que estavam junto com a gente, que faziam as caminhadas com a gente, que não ficavam chiando... Nós fazíamos caminhadas de seis, sete, oito horas, de dia inteiro, debaixo da chuva, e aquelas meninas-mulheres formidáveis ficavam junto com a gente, lado a lado, pegavam na enxada, limpavam terreno

para podermos montar as barracas... essas é que eram as legais, das "cu-doce" a gente não gostava muito. [27]

Nenhuma moça quer ser feia e nenhum rapaz quer estar acompanhado de uma moça feia. A moça até podia não ser tão bonita, mas se era "bacana", como eles diziam, então ela tinha valor... se dizia até "beleza é uma coisa que termina e ser bacana é uma coisa de valor eterno...". Mas, na prática, isso só ocorria em termos. Ser "feminina" contava, sem dúvida alguma. (...) a moça queria ser bonita e também era valorizada por ser bonita, a moça tinha o direito de ser sensível, de chorar (...) naquele tempo tudo era legítimo, características femininas compreendidas nos anos 50 eram também aceitas no Movimento. [14]

A Mira fez sucesso entre os homens também porque era bonita... eu não sei se era tanto a beleza dela, mas todo aquele carisma, toda aquela fala, tudo aquilo é que atraía os homens. Pode ser que eles também, claro, se sentissem atraídos por mulheres bem feitas (...) e a gente gostava de se arrumar bonitinha... *sexy*, de ter admiradores e namorado... mas não eram roupas, a aparência, que iam chamar a atenção, e sim aquilo que se podia mostrar de dentro para fora. As meninas que chamaram a atenção sabiam falar bem, tinham cultura, lutavam por aquilo que acreditavam. [8]

Quanto à apreciação dos rapazes, sem dúvida não eram as principais qualidades do "bom partido" ou do rapaz com "futuro promissor", apresentadas pelas revistas femininas da época[52] o que norteava os critérios de valorização no Dror. Como afirmaram algumas ex-*chaverot,* as moças sentiam-se atraídas especialmente pelos rapazes com *força espiritual e capacidade de liderança* (o que também conferia *status* no grupo).

A igualdade entre os sexos era um princípio do Movimento, ponto pacífico, inquestionável. A palavra feminismo praticamente não era usada, *emancipação da mulher* e *igualdade entre os sexos* sim – assunto tratado em palestras e debates embora sem suscitar grandes discordâncias.

Havia uma igualdade entre as meninas e os meninos lá no Movimento. E, depois, os dois [homem e mulher] iriam trabalhar na terra... A concepção de *kibutz,* com os dois trabalhando, era uma coisa realmente revolucionária para a época, era fantástico pensar que a mulher teria liberdade de trabalhar o dia todo enquanto seus filhos ficavam bem cuidados. Eu não pensava muito em ter filhos aos 16, mas achava essa proposta interessante... (quando fui ao *kibutz,* me mostraram como funcionava...) Isso era sim um dos atrativos do Dror para mim. [20]

A mulher era vista dentro do Movimento como uma companheira, aquela que iria trabalhar junto [com o homem para o desenvolvimento do sionismo socialista], a gente nunca foi tratada como aquela que está atrás do homem... as mulheres e os homens no Movimento sempre estiveram lado a lado.
"E você acha que esta característica do Movimento era diferente do que acontecia fora?"
Claro. [8]

De fato, o Dror não só se mostrava uma alternativa sedutora às relações de gênero dominantes para o futuro, no *kibutz*, como viabilizava, no presente, entre seus *chaverim*, a possibilidade de relações de gênero um tanto distintas das que predominavam fora, na sociedade mais ampla. Para começar, a própria ideologia: no Movimento, aprendia-se que homens e mulheres devem ter direitos iguais em todas as atividades. Na prática, o Dror proporcionava um convívio intenso entre rapazes e moças não tão comum entre os *outros* jovens que, por exemplo, estudavam em escolas não-mistas. No Movimento, os jovens eram apresentados a padrões de comportamento mais igualitários. As moças podiam falar sobre todos os assuntos e serem ouvidas, participar politicamente, desenvolver habilidades para além das necessárias aos papéis prioritariamente reservados à mulher na *família burguesa* e encontrar rapazes que valorizavam sua atuação. Os rapazes podiam esperar encontrar companheiras mais intelectualizadas e mais independentes.

O ideal de meus pais, como o de todas as famílias judaicas, era ter condições de estabilidade e mais: ter um filho doutor. Isso valia mais para os rapazes... havia muito menos mulheres na universidade... Ainda havia uma certa restrição (entre judeus e não-judeus): "mulher deve ficar em casa... aprender ler e escrever, mas sem seguir uma profissão." [7]

(...) pessoas da minha idade, da comunidade, estranhavam não só o fato de eu trabalhar e ter uma vida profissional organizada como também o hábito de cada um [rapaz ou moça] pagar a sua conta (era um costume no Movimento). (...) A maioria das outras jovens [de fora do Movimento] sequer tinha um plano de vida, (...) [vivam apenas o cotidiano:] escola, cinema, procurar marido... Entre as moças da comunidade judaica, havia uma grande preocupação em se casar, muito mais do que em geral (dizia-se na época, como piada, que, entre os judeus, todas têm que se casar, porque, para elas, não há convento)... e a educação das moças judias era, de fato, voltada para o casamento; em muitas famílias, acabar o curso ginasial já era considerado suficiente (bonito, fino, culto) para as jovens... vinte, 21, era a idade mais do que certa para uma moça se casar. [Diante disto,] participar do Movimento já era uma revolução. (...) [São Paulo] era uma sociedade conservadora e quase provinciana (...) com uma vida muito restrita. [6]

Nós éramos bastante revolucionárias para a época: sair de casa, largar pai e mãe [sem estar casada]... fui chamada de louca por deixar a família... [4]

Na própria oposição à família burguesa que caracterizava a ideologia do Movimento, vinha embutida a crítica à mulher burguesa, alienada, com preocupações restritas aos afazeres domésticos, ao marido e aos filhos – *a protagonista da Casa de bonecas* – e à seu estágio anterior, a moça *fútil*, ocupada apenas em pensar em vestidos e namorados, *tagarela, mexeriqueira e medíocre*[53].

Apontada por contemporâneos como uma das principais responsáveis por introduzir a questão da mulher no cotidiano das discussões do Movimento em sua época (1949-53), Mira Wainfeld, recusando-se, por *anacrônico*, a caracterizar o Dror como feminista, relata sua visão *bastante particular* sobre *a liberdade da mulher* (sem saber como isso repercutiu ou ficou impresso no Movimento como um todo). Conta ter sido fortemente inspirada pela literatura de Romain Roland, *Jean Christophe* mas, principalmente, *A alma encantada*, um livro que, a seu ver, idealiza a mulher de uma determinada maneira que, na época, lhe pareceu *extraordinária*, mas que, hoje, critica veementemente.

Anita, a personagem, era uma mulher extremamente livre, livre no amor, [livre das convenções sociais], criou um filho sozinha (...). Mas todo seu fervor vai para as emoções. Em comparação com a das mulheres de hoje, sua liberdade revela-se uma liberdade de concepção romântica: o que a move é o coração. É, portanto, livre, mas só nesse sentido, no sentido "feminino" de ser livre, ligada a forças da natureza etc. (...) tanto assim que Romain Roland a chamou de Anita Rivière, como se a vida jorrasse dela...(como consigo lembrar hoje disso tudo se, atualmente, leio algo e esqueço no dia seguinte? O que se leu naquela época tornou-se básico...). (...) (Hoje, esse é um livro detestável, porque ele despista as coisas, porque liberdade não é isso, não é só ser livre no amor.) (...) os problemas sociais da revolução feminina não interessavam a ele [o autor] e também, naquela época, estas questões estavam muito longe do nosso horizonte (...)

Inspirada pela figura da pioneira dos primeiros *kibutzim* e confiando nas promessas do socialismo da época (uma vez modificada a infra-estrutura, *todos* os problemas e desigualdades seriam resolvidos), a *chaverá* não manifestava qualquer preocupação exclusivamente feminista ou fazia disso uma bandeira de luta. Mesmo porque – diz Mira – naquela fase da vida, os problemas que atingiam as mulheres adultas (serviços domésticos, cuidado com os filhos, relações conjugais etc.) não eram sentidos com grande intensidade pelas jovens que, já aos 18 anos, decidiam se fariam ou não *aliá*. A revolução feminista não era uma questão relevante para quem já consumia tanta energia em favor do sionismo e do socialismo. E, finalmente, não havia por que lutar pela igualdade das mulheres no interior do Movimento, como uma reivindicação, já que a *fraternidade* existente entre os *chaverim* tornava a igualdade entre rapazes e moças *uma coisa normal*. Os *problemas da mulher* só foram aparecer de fato como tais, mesmo para outras mulheres que começaram a manifestar *insatisfações femininas*, muito mais tarde, já no *kibutz*.

Ao responder sobre o que alimentava sua inquietação com assuntos como *mulher, família* e *prostituição* e sua rebeldia *missionária* e desprendimento com relação às expectativas sociais e familiares, Mira os atribui a seu temperamento particular, já que tem dificuldades de se lembrar de outras companheiras da mesma idade no Movimento – a não ser, talvez, Helena Corinaldi – que adotassem, com tanta ênfase, as mesmas posturas *revolucionárias* com algumas *doses de feminismo*, talvez até por não terem tido de enfrentar tanta oposição da família como foi o seu caso: *para mim, era da vida acreditar que tudo tem que ser livre e que qualquer sinal de hipocrisia era um impedimento profundo (foi por isso que eu saí da escola, da casa... e do kibutz).*

Fazia parte destas posturas uma profunda antipatia *pelo elemento feminino no Movimento que tinha ciúmes, que cumpria um papel secundário, que se preocupava com "o que fica bem"* e *"o que não fica bem"*, algo muito pequeno burguês. Essa impaciência crítica distanciava algumas moças mais "liberadas" e envolvidas das outras companheiras da mesma idade e as aproximava dos rapazes mais comprometidos com a ideologia e a militância do Movimento, entre os quais eram bastante ouvidas. Por outro lado, tais moças faziam escola entre *chaverot* um pouco mais novas.

Em 1950, Helena Corinaldi lamentava que o trabalho e a atividade das garotas no Movimento fossem *pequeniníssimos;* salvo algumas exceções, as *nearot* e *ovdot* (garotas entre 16 e 23 anos) continuavam, a seu ver, com mesmo modo burguês, acomodado e fútil, de encarar a vida. Incitava as moças a se prepararem – lendo bons livros, ocupando-se seriamente (sugeria-lhes um emprego de meio período), abandonando o hábito das fofocas, interessando-se pelas *sichot* e discussões – para assumir mais responsabilidades no Movimento e alertava: *temos* chaverot *com o velho espírito, e que com tal orientação se dirigem para o* kibutz; *elas nem serão revolucionárias, nem diferentes.* Concluía com um apelo para que os *madrichim* orientassem suas educandas mais novas a esse respeito e que as *chaverot* mais velhas procurassem sair da *mediocridade* e produzissem alguma coisa: *assim modificarão essa situação errada na qual a mulher está colocada já por gerações e gerações. Só então a bachurá do Movimento poderá dizer: eu venci.* Nas "gerações" seguintes, a partir do conteúdo das recordações, temos a impressão de que o problema foi um pouco atenuado, mesmo porque já se tratava de jovens influenciadas desde mais cedo em sua vida pela *ação educativa* drorista.

Observações como as de Helena Corinaldi caminham no mesmo sentido da grande maioria dos depoimentos (sem distinção de sexo) que afirmam não ter havido discriminação contra a participação das mulheres nas lideranças do Dror. Embora se possa constatar uma maior presença masculina nas posições de direção formal do Movimento, é voz corrente que, se as moças não as ocupavam em igual número com os rapazes, era muito mais por falta de interesse pessoal que por encontrarem qualquer resistência mais séria por parte dos companheiros.

Alguns depoimentos acrescentam (não que todos concordem, as respostas contrárias praticamente empatam): as garotas geralmente se expunham menos que os rapazes e ocupavam menos cargos centrais, *eles eram mais ativos.* Atribuem essa timidez feminina ao caráter da sociedade da época, que educava as moças para serem mais contidas, cordatas, menos agressivas ou ambiciosas e não se envolverem muito em política e que, por meio dos pais, controlava mais seus movimentos. Outros mencionaram a especificidade da desvalorização da mulher e supervalorização do homem na cultura judaica (em que, por exemplo, para as rezas, a presença de um menino de 13 anos é considerado mais importante que a de inúmeras mulheres de mais idade) como um fator inibidor da atuação feminina mais significativa nos cargos de direção política do Movimento. O fato de a maioria dos entrevistados declarar não saber ao certo por que havia menos moças que rapazes nos cargos mais altos da direção revela a ausência de qualquer restrição explícita à candidatura de mulheres para ocupá-los.

Moças na liderança? Poucas. Mas algumas tinham um papel muito importante. A Elisa [Suskind], por exemplo, era muito respeitada e algumas outras também. Mas, de fato, o Movimento era muito masculino. (Acho que o Hashomer também). Na direção nacional, acabava havendo poucas mulheres... nem sei por quê... sem nenhum motivo que eu saiba... [23] Nas posições de dirigentes do Movimento havia mulheres... tinha espaço para as moças... havia a Sônia Plut... Entretanto, eu tenho a impressão de que o homem acabava assumindo [as posições de direção do Movimento] mais do que a mulher... mas havia algumas mulheres... não eram muitas, porque elas podiam ir menos às reuniões, tinham que sair mais cedo... (...) isso era mais um problema com os pais do que com o Movimento. [16]

Sim, a mulher participava em iguais condições com o homem dentro do Movimento. (...) Era equilibrado o número de rapazes e moças na direção. Não havia discriminação... Se bem que nenhuma das mulheres foi Maskirá, realmente a posição máxima foi sempre dos homens. Por quê? Não sei. Não havia discriminação, mas não se esqueça que estávamos em 1950, quero dizer, já era um avanço do Movimento mulher poder falar de igual para igual com o homem... [10]

Havia mais rapazes que moças nas atividades de direção. Os homens tinham mais cargos do que as mulheres. Eu não sei te dizer por quê. Talvez porque não houvesse tantas moças que se sobressaíam para ocupar os cargos. Não acho mesmo que fosse algum problema de discriminação, era mais de aptidão para o cargo do que qualquer outra coisa. A gente tem a impressão que, naquele tempo, os rapazes vinham (...) [com mais conhecimentos e traquejo político], tinham mais o que passar. As moças ainda estavam [um pouco distantes] (...) eram criadas diferentemente em suas casas, na escola... A gente, quando entrou no Movimento, mudou um pouco alguns dos valores que a gente tinha, aqueles valores mais supérfluos a gente perdeu um pouco e adquiriu outros conceitos e adotou outros padrões de comportamento. [8]

Podemos dizer que, nesse aspecto específico da atuação em cargos políticos, o comportamento das moças no Movimento refletia as relações de gênero dominantes na sociedade, apesar de ampliar as possibilidades do feminino: as *chaverot* expressavam uma abertura suficiente para a prática política cotidiana, mas não do mesmo modo para assumir os cargos mais altos, salvo algumas exceções.

No Dror, *a igualdade entre os sexos* significava, a grosso modo, aproximar rapazes e moças em termos de educação, responsabilidades e participação, direitos e deveres, o que não quer dizer que não fossem reconhecidas diferenças tais como capacidades físicas e vulnerabilidades (tanto que, por exemplo, todas as moças voltavam para casa acompanhadas por rapazes à noite e não se viam obrigadas a vestir-se como homem, *carregar tanta pedra como ele ou ter tantos músculos*). Ninguém deixa de reconhecer as várias tentativas práticas de incentivo a uma maior participação feminina em todas as atividades do Movimento.

Tanto moças quanto rapazes eram enviados em missões fora da cidade e do país; tanto moças quanto rapazes eram convidados a participar do estágio em Israel; tanto moças quanto rapazes podiam candidatar-se aos cargos de direção. Da documentação escrita podemos apreender que: nas publicações do Movimento, há mais artigos assinados por homens que por mulheres; *chaverim* e *chaverot* participam de modo numericamente equilibrado na elaboração do material educativo que inclui programas e orientações para os *madrichim*; não há preferência por homens ou por mulheres na organização de atividades como festas, passeios e comemorações.

A idéia da profissionalização era válida para as moças também e no momento da escolha das especialidades técnicas não havia nenhuma distinção estabelecida pelo Dror entre ofícios "masculinos" e "femininos". Optar ou não por um curso técnico considerado masculino, como torneiro mecânico ou eletrotécnica, por exemplo, era mais uma questão de escolha pessoal e oferta de cursos que de discriminação de gênero existente nas orientações do Movimento. Propiciava até um certo *status* entre os companheiros uma garota enfrentar um curso tido como próprio para rapazes. Entretanto, em geral, as *chaverot* não se arriscavam muito nas "profissões masculinas", por razões pessoais como desinteresse, insegurança, preconceito introjetado ou por obstáculos externos alheios ao Movimento.

A primeira mulher que entrou na escola técnica Getúlio Vargas (porque nunca tinha entrado uma mulher lá) foi uma menina do Movimento (...) vestiu macacão... lá, gozaram da cara dela o tempo todo. (...) As mulheres também tinham que fazer a opção técnica, se bem que eu não me lembro de muitos outros casos como este. (...) A questão que se colocava na época para o jovem judeu era ser engenheiro, advogado ou médico. E a jovem judia da época não tinha que ser nada disso, tinha que casar e só. Para elas, não se colocava essa questão profissional como se colocava para o homem... elas acabavam escolhendo enfermagem, cuidar de crianças... [23]

A tendência das moças de optar por profissões tidas como femininas é compreensível se levarmos em conta o contexto das relações de gênero da sociedade da época[54], que levava a maioria das jovens de classe média a escolher cursos considerados mais compatíveis com o esperado para a mulher, futura dona de casa, mãe e esposa dedicada. Entre grande parte das *chaverot*, nesse caso, essa mentalidade se manteve a despeito da ideologia apregoada no Movimento. Por outro lado, houve moças, poucas, do primeiro *garin*, que deixaram a faculdade (de medicina, de ciências sociais) em favor do Movimento.

Questionados sobre a existência ou não de divisão de tarefas e atribuições com base no critério sexual, boa parte dos ex-*chaverim* manifestam surpresa dizendo nunca, nem na época, nem depois, haver pensado no assunto (foram despertados para o tema no processo da entrevista). Mas respondem prontamente: no momento das assembléias e da tomada de decisões não havia discriminação sexual; dentro das *kvutzot* também havia equilíbrio, homens e mulheres participavam por igual.

(...) se o Movimento fosse machista não deixaria a Helena Corinaldi chegar a ser responsável pelo setor de educação (eu a achava de uma inteligência brilhante, ela tranqüilamente poderia ser Secretária Geral). A Ana Ilós, também era de uma capacidade política extraordinária e estava na direção. As moças eram respeitadas tanto quanto os rapazes. Havia uma confraternização e um companheirismo incríveis. Não é que as moças pudessem assumir cargos de direção, elas assumiam. A Míriam Kucinski pegou também cargos importantes no setor educativo. (...) Não tinha como haver discriminação de sexo no Movimento, mesmo porque isso é anti-socialista e apesar de não termos sido daquele socialismo de escovas de dentes [comuns a todos] como era o Hashomer, éramos bastante convictos. [7]

(...) é claro que o Movimento era baseado na absoluta igualdade entre homens e mulheres, igualdade formal, e com relação a aspectos não formais eu também não vejo muita diferença. [11]
...havia igualdade, as moças falavam, discursavam e tinham responsabilidades, participavam das atividades educacionais e físicas... tudo igual aos rapazes... (...) No Rio de Janeiro, a Mariam Guenauer e a Hanna Tziknowski eram figuras importantíssimas, líderes mesmo. [15]

Não havia discriminação por sexo [no Dror]. Nunca. Se era uma pessoa de capacidade, ela se impunha, independentemente do sexo. [19]

Dentro do Movimento havia igualdade entre os sexos. Na divisão de trabalho eu acho que era igual e nas atividades de direção também. Havia grandes líderes mulheres, como a Mira, uma das maiores, respeitadíssima. [20]

Se compararmos com o contexto social em que a gente vivia, a igualdade entre os sexos até que era bastante verdadeira no sentido de a mulher no Movimento ter acesso a posições de *status*, voz ativa, participação... [25]

Havia uma preocupação do material educativo em ressaltar esse aspecto de profundo respeito pela mulher e de fazer com que a mulher fosse companheira – no socialismo, pensávamos, não havia nenhuma possibilidade de a mulher ser diferenciada ou segregada. No Movimento, era, sem dúvida, uma aproximação entre os sexos muito superior a qualquer coisa que eu conhecesse fora. Lá, as mulheres não ficavam em uma situação secundária. No tempo em que eu participei do Movimento, eu não cheguei a perceber diferenças importantes. Eu não me lembro de os garotos se considerarem superiores às meninas por serem machos... [27]

Porém alguns depoimentos mencionam limites à participação em termos iguais contando, por exemplo, que o Movimento escalava, no mínimo, um rapaz e uma moça para cuidar das crianças ou adolescentes nos acampamentos menores; normalmente, os rapazes acabavam ficando responsáveis pelas palestras (algo *mais sério*), e as moças, pelas aulas de dança, sem que houvesse qualquer orientação oficial nesse sentido.

Tão importante quanto os cargos administrativos ou políticos, eram os ligados às atividades educacionais. Muitos ex-droristas consideram ter sido equivalente a participação de rapazes e a de moças na elaboração de programas educativos e na orientação de educandos. Mas, novamente, aqui não há unanimidade: vários afirmam ter havido, nos cargos e atividades ligados à educação, uma concentração maior das moças, existindo, inclusive, mais educadoras que educadores homens, enquanto outros dizem que as moças cuidavam mais dos *chanichim* menores e os rapazes tendiam a encarregar-se principalmente dos acima de 14 anos (reproduzindo a tendência do professorado na sociedade mais ampla). Os que afirmam ter havido sim participação diferenciada por sexo nas atividades educativas, apresentam explicações variadas para esse fenômeno: *reproduzia-se o preconceito social reservando às moças o cuidado das crianças; era uma divisão de trabalho "natural" em que cada um se dedicava ao que sabia melhor; fazia parte do costume; as jovens tinham mais aptidão, eram ou aspiravam ser professoras, conheciam pedagogia, tinham mais interesse no assunto; entre os chaverim mais velhos o número de rapazes era maior que o das moças, porque elas estavam mais sujeitas às pressões familiares para abandonar o Movimento.* Todos os depoimentos, sem exceção, afirmam que as instrutoras eram respeitadas pelos seus educandos tanto quanto os rapazes instrutores, mesmo quando *madrich* e *madrichá* atuavam em conjunto. Esse respeito, entretanto, não evitou que certos *chanichim* se sentissem atraídos por seus educadores do sexo oposto e vice-versa; como afirma um ex-*chaver: a* madrichá *não era vista como uma pessoa assexuada, podia despertar ciúmes e paixões.*

Nos acampamentos, meninos e meninas, rapazes e moças participavam das atividades como caminhadas, hasteamento de bandeiras, guarda, sem distinção.

Os acampamentos são uma situação privilegiada para examinarmos a existência ou não de divisão de tarefas por sexo e, assim, ver de que forma e até que ponto a ideologia da igualdade dos sexos no trabalho se concretizava no Movimento juvenil. Com exceção de três pessoas que dizem que na cozinha das *machanot* ficavam sobretudo as garotas, todas as outras se recordam que nos acampamentos não havia "trabalhos femininos" e "trabalhos masculinos", que tanto rapazes quanto moças, sem qualquer distinção, levantavam acampamento, cozinhavam, lavavam, passavam, varriam e limpavam.

Eu cozinhei muita macarronada e lavei muita louça, não tinha conversa... não tinha "serviço de homem", "serviço de mulher". No Dror, os rapazes podiam passar a calcinha das moças e passavam. Fora do Movimento quem passava a roupa era mulher, no Movimento, eu vi o Bernardo [Dov Tsamir] passando calcinha... e mais um monte de roupa que vinha da lavanderia... (...) era para não diferenciar homens e mulheres mesmo. [7]

Embora contassem com voluntárias, em geral, as tarefas mais pesadas – como rachar lenha, operar o arado, esfregar banheiros imundos, cavar fossos – ficavam principalmente a cargo dos homens, sobretudo por uma questão de força física. Resumindo em palavras com as quais vários parecem concordar: *os trabalhos mais chatos todo mundo fazia, os trabalhos mais pesados só os homens faziam. Ninguém gostava de lavar a louça, mas isso não era por ser homem ou mulher, ninguém gostava de lavar a louça em si, porque eram trezentos pratos e nas piores condições possíveis!* Realizar trabalhos que, fora do Dror, eram considerados função de outro sexo, não era motivo de qualquer estigma ou gozação no Movimento, pelo contrário, aparecia como um sinal de desprendimento de preconceitos burgueses e dedicação aos ideais pioneiros.

Na divisão de tarefas nas *machanot*, os rapazes faziam todas as tarefas ditas "femininas". (...) (em Inhaíba, e eu era bom garçom, cozinhava, fazia de tudo). Nesse sentido, a coisa era bastante coerente. (...) [não era nada humilhante ou constrangedor] pelo contrário, era até, de certa maneira, uma honra... As mulheres poderem desempenhar atividades masculinas e os homens poderem desempenhar atividades ditas femininas era algo nosso que a gente defendia muito fortemente. Isso era muito diferente do que acontecia fora. Sentíamos que éramos um grupo muito diferente da comunidade em que a gente vivia. Tínhamos consciência e orgulho disso. [5]

... eu me lembro de ter feito comida e lavado panelas... (eu acho que eu achava um pouco que isso era trabalho de mulher, mas pensava que no Movimento era assim; era trabalho de mulher na sociedade burguesa, mas não no Movimento e "se eu estou no Movimento eu tenho que me acostumar com essas coisas"). Com

Realizar trabalhos que, fora do Dror, eram considerados função do outro sexo, não era motivo de qualquer estigma no movimento, pelo contrário, era visto como um sinal de superação de preconceitos burgueses e dedicação aos ideais revolucionários (rapaz lavando roupas em Ein Dorot, 1949).

13 anos eu cozinhei num acampamento (imagine o que eu sabia cozinhar!). Para lavar pratos, limpar banheiros, não havia absolutamente nenhuma diferença sexual, as atividades eram rigorosamente iguais para meninos e meninas. Mas é por isso: nós sabíamos que éramos diferentes e melhores do que as pessoas de fora: "onde já se viu, a sociedade age assim com as mulheres..." Nós tínhamos consciência [de que tratávamos nossas mulheres de maneira mais igualitária] (...). [27]

Na Hachshará, eram mantidos, basicamente, os mesmos princípios. Rapazes e moças trabalhavam na terra sem distinção. Com relação a outras tarefas, parece ter havido certas distinções por sexo que variaram muito conforme o grupo em treinamento. Por exemplo, em determinado *garin*, a cozinha parecia ser monopólio feminino, em outro, em que isso já não ocorria, ficou decidido que apenas as moças lidariam com as abelhas e os rapazes com as vacas, e embora todas as outras tarefas fossem divididas sem distinção, eram as jovens que se encarregavam de lavar, passar, costurar e distribuir as roupas entre os companheiros.

Em termos de tratamento, alguns dizem que, diferentemente do que ocorria na sociedade mais ampla, as garotas do Movimento eram rigorosamente tratadas como os rapazes, sem subordinação, mas também sem deferência, cavalheirismo ou qualquer proteção ou privilégio.

Eu e minha *chaverá* de *kvutzá* discutíamos por igual, a gente brigava por igual e se xingava por igual... Eu chutei muita menina, eu briguei com muita menina e xinguei muita menina como se fosse garoto; a gente tinha a convivência bem franca. Eu acho que isso devia ser uma postura do Movimento, porque era como eu me comportava, e eu não me lembro de ter sido advertido, de ser chamado atenção, por ter esse tipo de relacionamento de igual para igual com as meninas na ocasião... Agora, dentro da sociedade, era um pouco diferente... A relação de respeito que eu teria com uma prima minha, fora do Movimento, por exemplo, não seria a mesma coisa da que eu tinha com uma menina do Movimento, lá eu podia discutir com ela... [29]

Outros discordam afirmando que a idéia de cavalheirismo – ajudar as moças a descer do caminhão, abrir-lhes a porta, conduzi-las até em casa – permanecia no Dror, fruto da educação recebida e um reflexo da cultura mais ampla, o que, aliás, parece não ter provocado protestos, pelo contrário, agradou as que foram alvo de tais atenções.

Falava-se muito na igualdade das mulheres, mas... o rapaz era sempre cavalheiro, sempre deixava a moça passar na frente... num passeio, um rapaz que era um verdadeiro rapaz, um homem que era um verdadeiro homem, se te caía uma coisa da mão, ele se abaixava para pegar, e se você tinha que passar por um lugar difícil (...) ele esperava você passar, ele te dava a mão, ele te ajudava... Quero dizer, em termos de aspiração, havia muito a igualdade feminina. Na prática, havia muito da bondade masculina, da generosidade masculina, da compreensão masculina diante da moça que era sensível; ela era revolucionária, mas era sensível... No fundo, no fundo, eu não creio que naqueles anos já se pudesse falar de

numa verdadeira revolução sexual como é a de hoje. (Hoje, a minha neta, de 15 anos diz: "Que história é essa de a mulher só cozinhar e o homem sustentá-la?". A consciência de ter uma profissão e ser auto-suficiente a mãe dela já lhe enfiou na cabeça.) Naquele tempo, não havia isto, havia apenas uma semente dessas coisas...
"Você sentia que existia alguma discriminação contra as mulheres dentro do Movimento?"
Não, absolutamente não. [14]

As regras não escritas

O Dror tinha uma preocupação grande de que suas convicções ideológicas se traduzissem em comportamentos adequados por parte de seus *chaverim.* Também interessava-se em manter a coesão grupal e ressaltar as diferenças entre os "seus" jovens, os *revolucionários,* e os "outros", os *burgueses.* E, finalmente, tinha como referência não apenas o pensamento socialista, mas também os movimentos juvenis europeus voltados para uma forma de vida mais natural, acética, e o *kibutz,* com suas casas simples e seus habitantes francos, trabalhadores, bem-dispostos e queimados de sol. De tudo isso, resultou uma postura de Movimento avessa ao fumo, às bebedeiras, aos bailes de salão, ao consumismo e a quaisquer outros comportamentos e valores considerados não-saudáveis, futilidades ou hipocrisias burguesas.

Foi adotado no Dror, como em todos os movimentos juvenis judaicos, um uniforme que logo se resumiu a uma determinada blusa azul. Seu uso diário não era obrigatório (*como no Hashomer*) e na verdade não se implantou muito solidamente, sendo mais difundido entre os mais novos: *uns até exageravam, já andavam de blusa azul o tempo todo...* Muitos dos *chaverim* mais velhos não se importavam ou achavam *ridículo* andar uniformizado, adotavam o traje apenas em ocasiões especiais ou para dar um exemplo de igualitarismo aos *chanichim.*

Os padrões informais (por não escritos) de comportamento relativo a roupas, festas e *vícios* foram se firmando e ganhando detalhes, aos poucos, no Movimento, até se tornarem verdadeiramente regras que pautavam as atitudes hegemônicas dentro do grupo. Isso se reflete no modo relativamente diferenciado como os *chaverim* as vivenciaram de uma "geração" para outra: os das primeiras "gerações", como simples orientações do Movimento, os das seguintes, como normas estabelecidas. Por outro lado, como estamos nos baseando aqui em depoimentos, é preciso ter em mente que a subjetividade tem um peso relevante nas variações das respostas que qualificam o grau de rigor de determinados padrões do Movimento juvenil. O exemplo extremo é o do ex-*chaver* (cuja visão do Movimento é de um grupo bastante democrático e libertário) que, questionado sobre o uniforme do Dror, respondeu: *Uniforme?* – com desdém – *Ninguém pensou nessa besteira.* Entretanto, existe uma foto desta mesma pessoa, na época, vestindo o tal uniforme. Com o mesmo argumento da subjetividade e das variações decorrentes das construções da memória (por não ter encontrado qualquer outra variável explicativa relevante como idade, sexo ou posição hierárquica) entendo as diferenças entre os contemporâneos que, hoje, afirmam não ter havido nada contra ir a bailes, sendo que estes apenas não interessavam aos *chaverim*, e os que dizem que *bailes eram abominados no Dror*, entre os que contam que fumar era algo comum no Movimento (*dava status entre os intelectuais; meus companheiros fumavam como cachimbos; não havia qualquer restrição ao fumo*) e os que não hesitam em declarar que *não se fumava no Dror*.

Levando em conta que o princípio ideológico era *combater hábitos burgueses* e fazendo opções conscientes tomando-se por base o conjunto dos depoimentos e de alguns poucos textos escritos, temos que:

O fumo: era desaconselhado por questões de saúde, mas principalmente por representar um vício, sinal de fraqueza. Não havia uma proibição radical, pois, como os droristas gostavam de afirmar, *não somos um movimento de dogmas como é o Hashomer: apenas confiamos à inteligência e ao critério de cada chaver a aceitação ou não de uma recomendação baseada num conhecimento científico*[55]. Tanto que vários *chaverim* e *chaverot*, inclusive da dirigência, fumavam – *aliás era muito comum naqueles grandes seminários ideológicos em ambientes fechados, chovendo lá fora, e um monte de gente fumando lá dentro* – evitando apenas fazê-lo na frente das crianças. Entre os "fundadores" do Dror havia mais fumantes que nas gerações posteriores. No início, houve uma campanha educativa explícita desestimulando o cigarro; a partir daí, vários deixaram de fumar e, graças a isso, muitos *chanichim* sequer começaram. Na *Hachshará*, etapa anterior à *aliá*, também havia fumantes. A grande maioria dos *chaverim* mais velhos, entretanto, não fumava, e isso numa época em que fumar ainda era "glamuroso" e que os males do cigarro não eram tão divulgados.

Bebidas: tomar bebidas alcoólicas não era um hábito difundido entre os *chaverim*. Não havia no Movimento a "cultura" de freqüentar bares para beber ou de exagerar nas doses de álcool. Embora não houvesse qualquer proibição explícita, pessoas que freqüentaram o Movimento afirmam com convicção nunca ter encontrado algum *chaver* bêbado: embebedar-se era muito mal visto, e, nesses termos (diferentemente da flexibilidade que ocorria no caso do fumo) *ninguém bebia mesmo*. Por outro lado, tomava-se com temperança e sem abusos – tanto que não havia nenhuma proibição registrada – vinho em *Pessach, uma cachacinha no frio das* machanot, *um choppinho depois de uma reunião a noite*, muitas vezes trocado de bom grado por *guaraná e sanduíche de salsicha com molho*.

Drogas: não eram sequer uma preocupação do Movimento. Ninguém se lembra de qualquer *chaver* usuário de drogas (embora tenha sido mencionada a freqüência de certas drogas em determinados meios universitários da época).

Bailes, danças de salão, festas de carnaval: Em geral, não eram freqüentados pelos jovens do Dror. As justificativas variam já que, apesar de conhecida por todos, não ir a bailes não era uma "lei escrita". Bailes, em geral, eram considerados perda de tempo (assim como passar o dia na praia ou jogando bilhar), costume burguês, frivolidade, sinal de mediocridade galútica, não-saudável.

Sobre os indivíduos que se preocupavam muito com bailes e deixavam de lado o Movimento, dizíamos, pejorativamente, que eles tinham "a inteligência concentrada nas pernas". Nós achávamos que, em bailes, não havia nada de *chalutziano*, não era sadio... mas [no Dror] não era como no *Hashomer* que punia o *chaver* que fosse dançar... era apenas uma recomendação... nós dançávamos as danças do Movimento, era sim um Movimento muito alegre e era fácil se começar a dançar em nossos encontros... mas bailes organizados com orquestras não, porque era "burguês". [7]

Minha mãe diz a duas meninas do Dror [que foram a minha casa]: "Num dia desses, precisamos organizar uma festinha". Uma delas responde: "Obrigada, mas a gente não pode, porque isso é burguês." Minha mãe se vira para a menina, olha e fala (de um jeito muito engraçado): "Tonta!" [17]

E *rockn'roll?*

Rock? Nada. Nem pensar. (Eu olho hoje: "Pô, perdi toda a fase dos Beatles!") A gente ouvia música clássica, música de Israel, música folclórica e algumas coisas bíblicas "atualizadas" para o renascimento sionista. [31]

Na época do *rock*, até procurou-se refletir sobre as causas de sua expansão entre os jovens:

É o rock a dança que se condiciona a todas as características dessa juventude: imediatismo, procura de prazer material (...) é sabido que a música tem influência marcante na situação mental dos indivíduos, causando, inclusive, reflexos mentais e musculares característicos. Assim, o rock, pela sua característica rítmica, desperta os sentidos, principalmente o erótico (...) é o rock, em essência, ritmo. A melodia cumpre sua função de acompanhante, provavelmente entorpecente, à exemplo de melodias cantadas na nossa macumba que, pelo seu caráter repetitivo e monótono, introduzem o indivíduo num estado de êxtase. [*Páginas para o Madrich*, Ichud Habonim Dror, maio 1959]

O conceito, mais ou menos, era o seguinte: 1) "estamos formando um proletário que pela sua atividade é proletário, mas não tem que ser ignorante e muito menos inculto", então ouvia-se música clássica. 2) "temos identidade com Israel", valorizava-se as músicas israelenses que falam de heroísmo e da terra, do tipo *"...uma roda, estamos nos dando as mãos e retomando uma corrente milenar"*. 3) não se ouvia música popular brasileira (que naquela época, um período pré-Bossa Nova, era Lupcínio Rodrigues, Nelson Golçalves, Dalva de Oliveira etc.), o que a gente ouvia era música "folclórica" que, segundo alguém, era "a verdadeira música" que o proletário deve ouvir... [27]

Sambar também era algo estranho ao Movimento, embora a explicação fosse outra:

[Gostar de samba] era visto como estranhíssimo, não porque samba também fosse "burguês", mas era um negócio fora do Movimento. Por outro lado, era um "valor brasileiro"... e eles [os meus amigos que gostavam de samba] eram muito queridos no Movimento e eram aceitos assim como uma excrescência, mas tudo bem (tanto que um deles foi para o *Machon*). [26]

As danças de salão eram especialmente criticadas por serem feitas aos pares e não coletivamente e, segundo alguns, por *encobrirem hipocritamente* aproximações de cunho sexual – o ponto, dizia-se, não é ser moralista e sim ser contra a falsidade. *Danças, só as de roda*.

A gente freqüentava bailes de carnaval sim. Dizer que não se freqüentava é uma grande mentira. As danças de par é que não eram muito comuns entre nós. No tempo da *kvutzá*, de vez em quando, o pessoal comemorava um aniversário na casa de alguém e então se dançava as danças da época: um sambinha, um baião, uma valsa... Mas não se estimulava dança de salão não, por causa do problema da proximidade... da sensua-lidade, que não era a nossa cultura. Nossas danças eram as danças de Israel. [21]

Carnaval era considerado carnal, vulgar (alimentávamos o "folclore" – geral, judaico, brasileiro – mas carnaval não era tido como folclore, embora, no Rio de Janeiro, fosse bastante popular). O Movimento era contra os bailes por serem uma coisa burguesa, "se é para haver contato carnal, então vai para a cama direto", então, "o baile não se justifica". (...) Além disso, o baile (...) [não tem] nada a ver com a festa *chalutziana*, que não é só dança, "é dança, canto, discurso, convivência", ("o baile não é convivência...") [15]

Festa era considerado burguês. A gente não dançava [aquele tipo de dança], então ia fazer o quê em festa? Um casal dançar junto, em par, era uma coisa inaceitável para nós, era uma coisa burguesa, a dança nossa era coletiva. (...) e eu me lembro de um *madrich* explicando porque o Movimento era contra baile: "se você quer pegar uma mulher e levá-la para cama, tudo bem, muito bonito, o que não tem cabimento é ser hipócrita – a sociedade burguesa é hipócrita – na dança de salão, os sujeitos ficam se roçando, simulando um ato sexual e não assumem". [27]

Ao delimitar certos padrões e valores, o Dror não era singular já que os grupos mais fechados, em geral, desenvolvem essa tendência como forma de promover a coesão grupal[56].

A convicção, por vezes, era tão grande que alguns *chaverim* duvidavam da possibilidade de alguém ser realmente feliz levando uma vida nos moldes burgueses, freqüentando festas e bailes nos fins de semana (uma certa *chaverá*, ao ouvir os relatos entusiasmados da colega de escola sobre suas aventuras do feriado, perguntou-lhe: *Mas você é feliz?*). Em outros casos, a "regra" drorista era quebrada com maior ou menor sensação de culpa.

(...) claro que os de mais idade, como eu, o Davi e os outros, ainda tínhamos relacionamentos "do outro lado dos muros de Jerusalém", de vez em quando a gente escapava para a "Babilônia" e ainda pegava um bailinho com alguém que a gente conhecia ou coisa parecida. Mas isso era coisa extemporânea (...) podia acontecer uma vez por ano... "Chegaram a me dizer que esses bailes, em que as pessoas dançavam juntas, eram proibidos. Na sua época era assim?" Sei lá. A verdade é que eu talvez me esquecesse de perguntar se era proibido ou não, [risos] então, quando eu ia dançar bolero com alguém, eu simplesmente dançava. [9]

(...) quando entrei no Dror, me envolvi bastante... se bem que eu continuei indo a festas, o Dror não gostava de festas, mas eu era muito festeira (...), eu ia a festas que o Dror acharia horríveis, porque eram burguesas e a gente era muito antiburguês... Quando eu disse para o Arale [Aron Thalenberg] que eu gostava de dançar, ele me disse que achava isso um absurdo, porque era melhor ir para a cama com alguém do que ficar dançando (veja como a gente era radical... tudo bem que a dança naquele tempo era uma aproximação bem sexuada...). Mas eu não deixei de dançar por causa disso. (...) O José era festeiro também e me acompanhava nos bailes, nós éramos como irmãos. Para ele também esse radicalismo do Movimento também não pegava muito. [18]

Eu me lembro que, uma vez, no Guarujá, e eu dancei e achei fantástico – e não entendia muito bem essa proibição. Eu até falei com a Mira, e ela disse: " Realmente, dançar é uma coisa fantástica. Não só danças hebraicas, todas as danças." (...) Eu fui rebelde, dancei algumas vezes, mas não dançava sempre. Era muito proibitiva aquela coisa contra danças burguesas. Houve a oportunidade em que eu dancei e achei ótimo. Mas me lembro que, certa vez, eu fui a uma festa em que eu senti que estava fazendo quase que um pecado, do tipo "comer porco", dançando. [20]

Além do mais, ir a bailes demandava por parte dos jovens um investimento em roupas e penteados que contradiziam outro princípio do Movimento: a *aparência simples*, próxima à do proletário ou *chalutz*, ou melhor, de acordo com as imagens dessas figuras elaboradas no Movimento.

(...) e festas eram festas do Movimento. Não existia outra festa. (...) [festa de] casamento na família também se chamava festa burguesa... então, eu tinha que ficar brigando com minha mãe, porque ela queria que eu fosse em festa arrumada, vestida como tinha que ir e eu não queria ir à festa, porque eu também não queria me vestir do jeito que eu não podia me vestir, que era proibido. [22]

A gente sempre lembra que o Dov Tsamir, que era o líder naquela época, teve que usar terno azul-marinho e camisa branca quando ele [veio se aproximar de nosso grupo de amigos para fazer proselitismo] (...) ele veio vestido daquele jeito e até tirou uma das meninas para dançar, (anos depois a gente ria disso: "olhem o que ele teve que fazer...") Se ele chegasse todo daquele jeito [que se usava no Dror], camisa e calça amassada, sem terno, em grupos que eram burgueses mesmo, em que todas as menininhas e todos os rapazes estavam bem vestidos, ele não teria tido facilidade para começar a conversar e depois levar a gente para o

Dror. (...) Depois que eu entrei para o Movimento, parei de freqüentar aqueles bailinhos. Acabou. E eu comecei a viver [outra vida] (...), e aí o que é que nós dançávamos? Músicas de Israel em volta das fogueiras. [8]

Tinha que se vestir bem esculachado (isso era um pouco o desgosto dos meus pais e dos meus irmãos mais velhos: "Poxa! Uma menina na casa e ela não quer vestir roupa bonita."). Era tudo... roupa bem "de operária" (pelo menos na nossa imaginação), tinha que ser uma roupa muito simples. [20]

As moças não usavam maquiagem[57] e os rapazes não usavam o adereço *burguês* equivalente, a gravata (na sociedade da época, um sinal evidente de distinção social). Como para todas as outras normas de comportamento, há quem se lembre dessas como *recomendações do Movimento*, enquanto outros falam em *regras inquestionáveis*. Alguns afirmam que *não havia repressão,* já que ninguém era obrigado a nada, nem seria expulso caso agisse de modo diferente, enquanto outros recordam-se do controle informal do grupo como uma imposição de limites (por vezes, extremamente forte e exigente)[58].

Nós tínhamos uma turminha de amigas muito "de oposição", então a gente fumava e a Ester Fixx – que era vista por nós como linda-maravilhosa – usava salto alto e meia de seda em reuniões do Dror (uma coisa "impensável!"), e eu achava ótimo. Nessa turma tinha a Ester, a Anna Verônica, a Susana e eu. A gente gostava de fazer coisas como essas um pouco para escandalizar. Não éramos censuradas por isso, mas havia um clima [de desaprovação]... e a gente gostava [de provocar] (...). Eu não ia de meia de seda, mas acompanhava e estimulava a amiga (...). De jeito nenhum o Movimento expulsou alguém ou reprimiu por isso. Só havia a "repressão" do clima subjacente. (...) [Maquiagem] ninguém usava, nem a Ester, embora se arrumasse muito bem. [18]
(...) ou você fazia o que devia ser feito, o que o Movimento mandava, ou não encontrava espaço. (...) eu tenho uma amiga (hoje) que se lembra de ter ido umas duas vezes em reuniões, lá na rua Prates, toda empetecada, bem vestida... e o pessoal olhou para ela como se ela fosse absolutamente doida... ela foi duas vezes e nunca mais apareceu... não encontrou afinidade nenhuma... [10]

No Movimento, exceto dois ou três "babacas", ninguém usava paletó. (...) Eu me lembro que a gente fazia muita maldade com as meninas muito "frescas", aquelas que, por exemplo, nos acampamentos, traziam lençol de casa ou dormiam de camisola – coisas "muito burguesas". (...) Para a [...], que era filha de gente rica e aparecia "meio fresca", inadequada, a gente botava rã dentro dos lençóis dela... ela ia deitar e rã pulava em cima... ela ficava histérica! [27]

Eu, quando entrei no Movimento, usava brilhantina no cabelo. Foi um escândalo, me encheram o saco, meu primeiro apelido foi Brilhantina. Eu parei de usar de tanto que me gozavam (ninguém chegou a me reprimir, parei foi pela gozação mesmo). [31]

Às vezes, o padrão do Movimento, introjetado, funcionava também como uma espécie de autocensura.

A gente não podia se pintar, isso era tabu, proibido, burguês. Pintar-se, não se cogitava, seria quase "um fuzilamento". Às vezes eu tinha vontade de me pintar sim. Passei até a admirar um batonzinho de vez em quando. Cheguei a levar um numa *machané*, usava escondidinha e passava um pouco assim, aqui no rosto. Disfarçando. No lábio jamais, seria muito óbvio. Quando eu tomava um *drink*, em ocasiões de fora do Movimento, eu não sentia como se fosse uma coisa tão pecaminosa como usar um batom. [20]

Alguns (nem todos pensam o mesmo) chegam a afirmar que a "norma do despojamento" resvalava para o descaso com a higiene pessoal... tomar banho, pentear os cabelos, perfumar-se.

O grupo era extremamente sujo (...) Quero dizer, o grupo não se cuidava, era de um [desleixo]... mesmo entre as meninas, que geralmente se cuidam melhor... Isso tinha um quê de ideológico: "o proletário basicamente é sujo, anda esfarrapado, malcheiroso"... [5]

Lembro-me de duas moças de quem se falava mal, só porque nos acampamentos elas se penteavam, tomavam banho todo dia e usavam até (...) talco! Usar talco, passar roupa ou ser prostituta nos parecia a mesma coisa. [Anna Verônica Mautner. "A segunda-feira que abalou o Bom Retiro", em: *Na'Amat Brasil*, nº 8, São Paulo, nov. 1995.]

(...) como com todo jovem que se pretende revolucionário, nossa aparência passou a ser mais relaxada do que era antes quando a gente vivia sob o jugo da mãe lá em casa (menos o Bariach, que sempre andava limpinho, de camisa – sem gravata, porque não se podia usar gravata – de colarinho engomado... e a minha mãe, com grande dor no coração dizia: "Ele é revolucionário, você é revolucionário. Por que que ele pode andar limpo, de camisa engomada e você tem que andar relaxado do jeito como você anda?"). A gente era meio relaxado, principalmente porque a gente morava fora de casa e então, claro, a gente perdeu o hábito das disciplinas domésticas no Shituf, que era uma casa que, nem preciso dizer, não era exatamente um modelo de cuidado e de asseio... nem sempre o chuveiro funcionava, dormia-se num colchão... parecia república de boêmios de Paris. [9]

Eu me lembro... eu entrando lá no prédio com os sapatos rasgados, me achando assim a coisa mais importante do mundo (deviam me achar louca.). Não trocava de roupa, não penteava o cabelo..., porque tudo isso era "burguês". Quanto mais escrachado, melhor.(...) Não havia nada contra tomar banho, mas limpeza não era a coisa mais importante... essa coisa de "vaidade" não entrava. Nos acampamentos, quanto mais esculachado melhor... nisso havia muito de romantismo: "o importante não é o aspecto físico exterior, mas a tua alma". (...) (Dentro do Movimento não tinha esse consumismo que há hoje entre os jovens.) Era uma filosofia muito estóica... na casa da Mira havia um estrado no chão, bem simples, e a gente achava o máximo, um sinal de que "conseguiu se desligar o mais rapidamente possível..." [10]

Com relação ao investimento na aparência podemos dividir, a grosso modo, os *chaverim* em três grupos:

– os "esculachados" (espontaneamente descuidados);

– os que se preocupavam em adotar um novo padrão estético, um novo modo de se vestir e se apresentar (tido como expressão de simplicidade proletária em oposição ao estilo considerado burguês) andando *cuidadosamente mal vestidos e despenteados,* escolhendo premeditadamente roupas que denotassem despojamento aos olhos dos companheiros;

– os que procuravam não abrir mão de reproduzir, em termos de aparência, certos valores dominantes da sociedade mais ampla embora se mantivessem no Dror e aceitassem alguns de seus limites.

> Não era muito estimulado o lado do embonecamento, da feminilidade. Nem batom as meninas usavam (e a natureza nem sempre é muito dócil e bondosa... então, o Dror não era um lugar de muita gente bonita). (...) ... poderia usar uma camisa de seda amarrada de uma forma displicente para que não parecesse consumismo e para não fugir ao padrão subjacente. (...) Na época, eu não me rebelava com relação a isso, também porque eu era filha de pobre: veio a calhar este padrão estético... dentro do padrão, eu estava encaixadinha, nesse sentido, estar lá era perfeito. (...) A tentativa de ficar arrumadinha, bonitinha, era uma coisa que fazia parte do meu universo pessoal que eu levava para o Movimento: eu ia de fivelinha, com um bom corte de cabelo... mesmo nos acampamentos, eu mantinha essa preocupação, na medida do possível, porque tudo era muito despojado. [28]

E como se apresentavam os *chaverim* na época em que o Dror já tinha alguns anos de existência (e, portanto, um padrão mais definido)?

> Quando a gente comemorava o Shabat, todos vestiam calça (ou saia) azul marinho e blusa branca, de acordo com a idéia de nos sentirmos parte de um todo e ninguém procurar se destacar individualmente. Nunca, em hipótese nenhuma, gravata, não se aceitava, era o símbolo máximo da burguesia. O cara deveria substituir o paletó por uma jaqueta de couro (a gente imaginava que um proletário usava isso como abrigo, já que ele não usava paletó), de preferência surrada (o Bernardo Kucinski tinha uma jaqueta tão surrada que faltavam pedaços e, para nós, era o símbolo do *chalutz*, com aquela jaqueta e aquele boné...). Nos acampamentos usávamos, inclusive as meninas, calça curta, short. (...) não havia uma admiração por pessoas que andavam elegantes, a gente achava até algumas delas meio almofadinhas. [27]

> No dia-a-dia, as meninas usavam calça jeans, coisa que não era comum ainda e os meninos usavam blusão de couro. Dentro da simplicidade total, o "tchan" que diferenciava era o casaco de couro. (Eu vivia frustrado, porque não tinha dinheiro para comprar blusão de couro. Quando eu ia namorar, emprestava o blusão do Moisés Pitshovski). O blusão de couro não era sinal de luxo, embora o couro fosse caro e inacessível para muitos de nós. [31]

> Eu usava meia soquete (aquela coisa horrorosa), andava de casaco de couro (eu achava bárbaro) e calça rancheira. [26]

> A gente não tinha que usar roupa bonita ou comprar muita coisa. Ser simples também significava não consumismo. As moças de qualquer idade, naquele tem-

po no Brasil, a partir de 14, 15 anos, andavam de salto alto e meia de *nylon* e maquiagem. Nós, no Movimento, tínhamos que andar de sapato (quanto mais feio melhor), com meia curta e sem maquiagem (hoje eu vejo que a gente se vestia de uma forma muito ridícula.) Naquele tempo, também não se usava calça, ou seja, andava-se de saia com sapato (não era nem tênis), era um sapato bem grosseiro (a gente parecia uma governanta alemã...). E a gente tentava ser o menos atraente possível e o mais modesta possível, porque o lado da atração era também uma parte proibida (então, a gente tinha que ser feia). Não dava para demonstrar vaidade, absolutamente... Eu me lembro de que usava uma combinação de cetim duchesse com renda valenciana bordada a mão (que era uma coisa linda, muito chique) debaixo daquela roupa simples, porque embaixo, ninguém ficava olhando. Como eu era vaidosa, então, pelo menos, usava uma roupa bonita por baixo, a de cima era feia. Só eu sabia que por baixo estava bonito. Por fora era como se fosse –outra vez eu comparo o nosso comportamento ao de freiras num claustro – um uniforme (...). Às sextas-feiras, a gente usava saia azul e blusa branca e tínhamos a blusa azul do Movimento que a gente tentava usar o máximo possível. E os rapazes... nem gravatas nem nada... eles tinham uma gravata no bolso, porque, naquele tempo, quando a gente entrava no cinema, no maior calor do mundo, eles eram obrigados a usar gravata e paletó e, se tiravam no meio do filme, vinha um guarda que os mandava colocar de novo sob pena de serem expulsos. [22]

Havia vaidade? ...havia a vaidade do casaco de couro, "o casaco do revolucionário", que as moças também usavam (e era uma roupa não muito feminina...); havia a vaidade da camisa azul, você punha teu uniforme e ficava louca para estar bem naquela roupa; você não se maquiava, mas você quereria ter os mais bonitos olhos do mundo ou os cabelos mais bonitos do mundo para os rapazes verem... Quero dizer, havia um outro tipo de vaidade feminina, mas havia, sem dúvida. [14]

Não há qualquer indício de que o controle social através da exigência do despojamento na aparência, tal qual interpretado no Dror, fosse diferenciado para rapazes e moças. Com relação a ambos os sexos, o *despojamento* era um valor interno tão forte – ideo-logicamente justificado como parte da *proletarização* – que deveria ser mantido caso se procurasse uma integração harmoniosa com o grupo.

O Movimento aboliu a gravata – não que houvesse uma proibição (não agíamos assim), mas se dizia que o indivíduo tinha que ser simples... Certa vez, fui jantar na casa de um tio rico e tive que pôr gravata. Por azar, encontrei na rua um amigo do Dror que se espantou com minha roupa e eu [embaraçado,] tive que me explicar... [7]

[Decidi deixar o Movimento] Cheguei em casa, desfiz minha mala, tomei um banho, vesti uma roupa diferente do uniforme do Dror e passei batom. Desci para a loja. O batom contou toda história a meus pais. Avisei o líder do meu grupo e tornei-me muitos anos não-pessoa. O primeiro e maior choque foi o encontro com um colega muito amado que ocorreu uma tarde na cidade. Eu não trajava o nosso uniforme e estava de batom. Ele continuava no Movimento fazendo curso de mecânica. Encarou-me e disse, sem parar de andar: "Puta!" [Anna Verônica Mautner, "A segunda-feira que abalou o Bom Retiro", em: *Na'Amat Brasil*, nº 8, São Paulo, nov. 1995.]

Assim, por convicções ideológicas e/ou vontade de fazer parte, identificar-se com o grupo, em geral, os *chaverim* procuravam não fugir muito aos padrões de comportamento hegemônicos do Movimento, especialmente dos "mais visíveis": os relativos a cigarros, aparência, bebidas e festas. Entretanto, parece claro que não havia expulsões ou censuras graves para os contestadores desde que fossem bons *chaverim* em outros aspectos do Movimento.

Estando no Dror, era comum que, como afirmaram alguns, *a vontade* de ir a bailes, arrumar-se de acordo com os modelos da sociedade dominante ou comprar roupas mais caras desaparecesse ou nem se manifestasse: *a gente olhava para aquilo como se fosse a maior besteirada... a gente abominava a sociedade frívola*. Esse fenômeno estava relacionado ao envolvimento na vida de Movimento – *tão intensa que ocupava todos os espaços; tão absorvente que eu nem me lembrava que esse outro mundo existia; toda energia vital ia para o Movimento*. Por outro lado, havia os que faziam "sacrifícios" em nome da ideologia drorista:

Se você é uma boa *chaverá* do Movimento, você tem que se comportar do jeito que estão esperando de você. Não é questão de gosto ou não gosto, os nossos gostos pessoais não eram levados em conta. [22]

ou sentiam-se divididos diante de atrativos *burgueses*.

Cresci convivendo com a formação do Estado de Israel e com a morte de seis milhões de judeus em campos de concentração. (...) Ainda adolescente, me envolvi muito com o sionismo, pensava em ir para uma fazenda plantar batatas, porque todos iam para Israel. Eu tinha 11, 12 anos e estava numa fase cheia de contradições. Também queria ir aos bailes. Mas quando estava no baile tinha um problema de consciência: deveria estar plantando batatas. Sempre tive meu lado burguês (...). [Dina Sfat. *Palmas pra que te quero*, Rio de Janeiro, Nórdica, 1988.]

Os depoimentos jogam luzes à questão de como é seguir regras não muito explícitas (não havia "os mandamentos" como em outros grupos similares), em um movimento que se propõe libertário e que, ao mesmo tempo, necessita de participantes comprometidos e carrega um projeto político bem definido. Havia os que procuravam *viver com rigidez dentro de suas normas,* adotar o *comportamento antifutilidades*, estar no Dror *prá valer*. Estes, em geral, não só viviam modestamente, como de maneira muito estóica. Sem romper com o Movimento, havia os que seguiam as "regras não escritas" sem contestar (muitos dos quais, hoje, até se surpreendem ao saber que nem todos os contemporâneos agiam do mesmo modo) e os que burlavam uma ou outra "norma". Havia os que ajudaram a elaborar essas "regras", os que as aceitaram como parte dos novos valores encampados e os que as seguiram se sem preocupar muito com suas justificativas ideológicas.

O Movimento não estimulava bailinhos. Por quê? É uma boa pergunta. Isso não era questionado. (...) Eu não me lembro de se formarem parzinhos para dançar. (...) E não me lembro de nenhuma justificativa para isso, e como era tão subjacente, era tão escondidinha, ninguém perguntava. [28]

Não nos permitíamos qualquer concessão. Era uma vida ética. Lembro-me de um rapaz dois anos mais velho que eu, portanto um homem, grande, sábio, que, passeando pelos arredores do Morumbi, me falou muito seriamente: Mozart é música burguesa. Nós ficamos com os Bs, Bach, Beethoven e Brahms. E eu, durante muitos anos, já fora do Movimento não levei Mozart à sério só porque o Sigue tinha dito. (...) Toda futilidade foi banida. [Anna Verônica Mautner. "A segunda -feira que abalou o Bom Retiro", em: *Na'Amat Brasil*, nº 8, São Paulo, nov. 1995.]

(...) eu não era uma pessoa séria no Movimento. Talvez pela minha natureza. O lado sério, o lado "fanático" deles eu achava muito ridículo, o fim da picada, eles eram seríssimos! Eles eram o que é um crente hoje: as moças não usavam meia de seda, porque era "burguês"..., era "feio" ter uma casa enorme... E eu, ao mesmo tempo em que tinha a minha casa e estava muito satisfeita com minhas coisas, tinha um pouco de vergonha social de estar lá e de ser diferente deles. (...) (Eu não sentia nenhum tipo de discriminação no Movimento, mas eles me achavam meio grã-fina sim, o que era uma coisa chata, porque a idéia do jovem é ser igual aos outros, fazer parte do grupo, não ser diferenciado). E a disciplina deles, para mim, sempre soou como uma coisa profundamente ridícula: na *machané* tínhamos que acordar cedo... e eu chegava a contestar isso na época, não levantava da cama, ou fazia tudo com a maior má vontade... então eu ficava marcada. [26]

A distância cronológica permite a algumas pessoas uma avaliação, baseada em novos critérios, dos padrões de comportamento hegemônicos no Movimento. Em 1978, a artista e, então, *chaverá* de Bror Chail, Nair Kremer, fez uma instalação em que procurava retratar o espírito do Movimento em seus primeiros anos: constava de uma grande gaiola dourada que continha material educativo daqueles anos ao lado de uma carteira (das utilizadas em sinagogas para estudos religiosos) em que a artista colou capas da revista *Dror* pichadas com um grande sinal de interrogação e uma ilustração de um edifício antigo desmoronando. Com a experiência de ter vivido 27 anos no *kibutz*, hoje, no Brasil, recusa-se, por artístico, a explicar com palavras este seu trabalho, apenas comenta: *o engraçado é que a gente se achava superaberto, o máximo da abertura, mas se se vê hoje em dia... não se podia dançar, nem usar pintura, mil coisas não podia... me lembro de ter rido muito quando reli o material do Movimento em 1978; aqueles princípios que a gente achava tão bonitos nos anos 50 já eram um absurdo pouco mais de vinte anos depois... os próprios jovens do kibutz se espantaram com os nossos princípios daquele tempo.*

O controle do grupo sobre os passos dos indivíduos tende a ser maior e mais eficaz quando se trata de comportamentos "mais visíveis" que com relação a atitudes mais veladas como, por exemplo, recorrer ao sexo pago, algo, em princípio, desaprovado pelo Movimento. Examinar, portanto, o cumprimento da "regra" relacionada ao hábito de freqüentar prostitutas abre novas perspectivas para a compreensão do alcance da *ação educativa* drorista, dos limites da ideologia da *igualdade entre os sexos* e da aplicação das idéias do Movimento na prática cotidiana dos *chaverim*.

No Dror, a postura contrária à utilização dos serviços de prostitutas não se justificava por moralismo sexual e sim pelos riscos que representava à saúde e, principalmente, por se tratar de uma forma de exploração da mulher, do uso de seu corpo como mercadoria, condenado pelo socialismo como uma das faces mais cruéis da miséria e da injustiça social. Esta disposição do Movimento é lembrada pela maioria das pessoas não como uma proibição, no sentido de que ninguém seria expulso ou seriamente admoestado caso procurasse prostitutas, e sim como um mero posicionamento ideológico acatado com maior ou menor rigor dependendo de cada um. Houve rapazes que achavam praticamente inadmissível lançar mão de prostitutas sendo esta a moral dominante no Dror, houve os que recorriam a elas com freqüência e naturalidade e ainda os que se sentiam divididos ante à necessidade de satisfação sexual conforme os costumes da época e sua lealdade às crenças do Movimento. Os primeiros, poucos, tão sérios e convictos, tinham dificuldades de imaginar que seus contemporâneos não pensassem como eles que nunca ou muito raramente se encontravam com prostitutas (talvez tenham uma surpresa ao ler essas linhas). Entretanto, há quem diga não se lembrar de qualquer posição oficial do Movimento condenando o uso de prostitutas por parte dos *chaverim*. Estes também são bem poucos, é verdade, mas seus depoimentos reforçam a idéia da flexibilidade existente no Dror com relação ao assunto. Isto é confirmado pelas declarações de outros (homens e mulheres) afirmando que, em questões "mais pessoais" como esta, *o Movimento procurava tomar uma posição aberta, não era rígido, diferentemente do Hashomer com suas proibições inquestionáveis; o Dror era até muito liberal nesse aspecto, sua intenção não era criar um gueto espiritual, voltado só para si, isolado da realidade.*

Na prática, vemos que, no caso específico da prostituição, a influência do meio mais amplo era muito forte. A maioria esmagadora dos ex-*chaverim* entrevistados declara ter se utilizado do serviço de prostitutas, com maior ou menor discrição, enquanto ainda eram jovens do Movimento[59]. Alguns fazem ressalvas dizendo que, para os droristas, esta era uma atividade esporádica, menos freqüente do que para os *outros* rapazes (Por quê? *Por causa da ideologia do Movimento* ou *por que os nossos rapazes não tinham muito dinheiro*). Outros, pelo contrário, afirmam que recorrer a prostitutas era algo *bastante comum entre os chaverim* que, inclusive, iam em grupo para a zona... *os amigos sabiam.*

De qualquer forma, os jovens procuravam ser discretos e não se vangloriavam ou comentavam suas aventuras sexuais dentro do Movimento com as moças, os educandos ou os companheiros não tão próximos. *Não era algo para se orgulhar; declarávamo-nos não freqüentadores, mas isso não quer dizer que não freqüentássemos... mesmo com toda aquela ideologia, não fugíamos à regra geral.* No Dror, também não havia o estímulo e o incentivo que os rapazes encontravam fora com relação à procura da satisfação sexual por quaisquer meios. Entretanto, para além das manifestações individuais de desejo sexual, os *chaverim* estavam sujeitos aos apelos externos (por parte de familiares, colegas e conhecidos) para que tivessem experiências sexuais, *que seriam ótimas*, antes do casamento.

A verdade é que todo pai judeu trazia a Maria na idade em que o filho precisava dormir com uma mulher. Ele não precisava procurar prostitutas com a Maria à sua disposição. A minha Maria era uma jovem belíssima, tinha uns 14 anos... foi ela que me ensinou. Eu não precisava ir para o prostíbulo. A empregada [doméstica apresentava o sexo aos garotos]. (...) E assim foi com uma grande parte dos meninos dessa camada... [3]

Evitava-se falar no assunto (era muito estranho e... hipócrita), porque não freqüentar prostitutas era uma posição oficial do Movimento (e pode até ser que houvesse um ou outro rapaz que não freqüentasse). Eu sei que aqueles mais próximos a mim iam e que, naquela época, todos os moleques iam, mas não posso afirmar sobre cada um em particular. [17]

Como, em geral, na sociedade mais ampla, era forte a cobrança da virgindade para as moças solteiras, parecia *muito complicado* procurar alternativas às prostitutas ou moças de classe baixa que satisfizessem temporariamente e sem maiores compromissos o desejo dos rapazes.

Os rapazes freqüentavam as prostitutas, porque era inevitável. Eu tinha 15, 16 anos, e, nesse período, era inevitável ter uma experiência sexual [com prostitutas]... embora eu tivesse uma namorada com a qual eu mantinha relações "avançadas". Era impensável transar com a namorada naquela época; acho que entre a geração mais velha talvez sim já fosse possível, na *Hachshará* com certeza sim... A questão das prostitutas era administrada pelos rapazes com um certo dualismo: na verdade, íamos todos em grupo, mas sabíamos também que isso iria acabar – "em Israel será diferente" – estávamos aqui só de passagem... Ninguém cobrava nada de ninguém. Não havia patrulhamento nesse sentido. [15]

Há quem diga, no entanto, que, para certos rapazes do Dror, pagar prostitutas não era apenas uma decorrência da falta de opção em termos de parceiras sexuais (pois, mesmo com namoradas dispostas a ter *relações íntimas,* continuavam procurando outras mulheres para sua satisfação sexual) sugerindo que, sob esse aspecto, estes *chaverim* não eram muito diferentes dos *outros rapazes*: aproveitavam a liberdade concedida aos homens pela moral dominante na sociedade mais ampla, *nada os impedia de dar umas escapadinhas.*
Com relação às aventuras sexuais, em geral, os rapazes do Dror eram iguais aos outros jovens de sua época? Ex-*chaverim* respondem:

Eu tenho a impressão de que cada um de nós lidava de uma maneira meio malabarística entre a virtude e o vício. A virtude, vamos assim dizer, dos anseios do Dror e o vício da nossa herança burguesa ou judaico familiar. [9] Pelo menos uma coisa se pode dizer: era uma juventude mais pensadora, não era uma juventude que embarcava fácil em preconceitos, embora embarcasse. Mas com mais dificuldade. Pelo menos ousava questionar. [5]

(...) o pessoal ia para a zona etc., mas não era uma aceitação irrestrita, havia uma chamada à reflexão. [31]

É interessante notar que os rapazes que parecem ter tido mais dificuldades em aceitar o relacionamento com meretrizes foram educados desde cedo pelo Movimento (o que não quer dizer que todos os que entraram no Dror na infância ou início da adolescência fossem assim, tão disciplinados). Os que ingressaram já com mais idade, especialmente nos "velhos tempos" da criação do Dror, teriam escapado menos às influências externas nesse sentido, ou, como diriam os *chaverim*, já estavam *corrompidos pela sociedade burguesa*.

A idéia de transar com uma prostituta era totalmente inaceitável para mim, seria o fim da picada, seria mercantilizar o sexo e, para nós, que éramos contra a mercantilização de qualquer coisa, mercantilizar o corpo, seria intolerável. (...) Então, durante todo o período que eu fui militante do Movimento em São Paulo eu não transei. Só transei (e com prostituta) quando estava em *shlichut*, afastado de São Paulo, e já tinha 18 anos, tarde para a época. (Antes, eu tinha vontade (...) os colegas me diziam que era muito gostoso... eu estava louco para trepar, mas não tinha com quem e eu não queria que fosse com prostituta, pois era uma coisa inviável no tempo em que eu estava em São Paulo, mas se rolasse, fora isso [prostituição], eu ficaria feliz da vida). [27]

Quanto às *chaverot*, em sua maioria, ficavam alheias ao que os rapazes *aprontavam com as prostitutas*, porque acreditavam no poder de suas convicções políticas, porque pensavam que, como elas, os rapazes saberiam esperar pelo *grande amor*, ou porque simplesmente não eram informadas. As que imaginavam ou sabiam da freqüência dessas práticas protestavam informalmente e cobravam uma atitude *mais digna* dos companheiros ou não se manifestavam, aceitando a situação tão comum na época decorrente da "dupla moral sexual" existente.

(...) os rapazes freqüentavam as prostitutas, é claro, não havia muita saída... a gonorréia era um pavor, mas os rapazes iam à zona, contavam piadas sobre isso e se sabia até qual era a zona que eles freqüentavam. As moças pensavam que a prostituição era um mal necessário, enquanto não éramos liberados ainda. Nós achávamos que a sociedade de Israel iria revolucionar isso, solucionar esse problema, a nossa esperança era de que haveria mais liberdade [sexual] (o que de fato aconteceu [risos], mas não resolveu...). [4]

Dizia-se também, entre as moças, que os *chaverim* procuravam prostitutas apenas enquanto ainda não haviam encontrado *sua bem-amada*.

Falava-se em amor livre, mas isso, em geral, parece não ter mudado muito os dilemas sexuais (a questão da disponibilidade de parceiros e do rompimento com os tabus) dos *chaverim* no Brasil.

Alguns entrevistados lembram o conceito de *sublimação* aventado no Movimento como uma forma de procurar conter os impulsos sexuais dos rapazes (desviando sua energia para atividades físicas ou dedicação à militância). A introjeção deste conceito teria feito com que os rapazes do Dror procurassem servir-se de prostitutas com menos freqüência que seus contemporâneos de fora do Movimento, os *rapazes burgueses*. (É uma hipótese até bem plausível se cotejada com a impressão dada por boa parte dos depoimentos masculinos).

"E esse conceito de sublimação se aplicaria as moças também?"
Não! Nunca se falava... Sexo para as mulheres? Isso é uma coisa muito posterior, muito posterior! "Mulher não tem sexo". "Mulher só é boazinha". [14]

Sexualidade, amor livre, namoros

Não são todos os que se recordam do emprego da palavra *sublimação* no Movimento e é provável que, destes, muitos sequer tenham ouvido falar no assunto já que tal tema era mais desenvolvido em debates restritos ou conversas particulares entre determinados *madrichim* e seus respectivos educandos. Entretanto, a idéia de adiar experiências e substituir satisfações sexuais não era muito estranha ou absurda entre os *chaverim* (especialmente as moças), jovens "de seu tempo", de classe média, de um modo ou de outro ligados à família e à sociedade da Diáspora e ocupados em salvar os judeus e o mundo.

Além de compartilhar, em geral, praticamente a mesma situação social, os *chaverim* eram jovens liderados por jovens, passando, em espaços curtos de tempo, por problemas sexuais semelhantes. Assim, a *sublimação* aventada no Movimento não vinha como uma imposição de cima para baixo e nem acompanhada de muito rigor e admoestações. E também não era uma exigência mais institucional que social[60]. Pelo contrário, adiar e substituir gratificações sexuais entre rapazes e moças do mesmo nível social e garantir a virgindade feminina até o casamento eram, em certo sentido, exigências da moral dominante na sociedade mais ampla mais que do Movimento em si que, na corda bamba entre o temor da represália dos *pais* e suas idéias libertárias, procurava, na medida do possível, fazer com que seus jovens *não fizessem besteira* (não ofendessem em demasia a moral das famílias, não incorressem em gravidezes indesejadas, não pegassem doenças venéreas). É claro que *a causa drorista* estaria em jogo diante de impulsos sexuais descontrolados (que conduzem à desordem, à indisciplina, consomem tempo e energia e comprometem, ao favorecer vínculos individuais, a ligação com o coletivo[61]). Mas esta questão parece não ter sido o mais relevante no desenho do comportamento sexual dos *chaverim* ou na posição dos líderes e dos guias mais velhos do Movimento com relação a isto. A herança familiar judaica e a moral social dominante foram contrapesos mais do que suficientes a tendências revolucionárias no que diz respeito à sexualidade no Movimento.

A atuação do Dror entre os jovens foi avançada no sentido de aproximar ambos os sexos num conjunto de atividades (e idéias) e encorajar a convivência e a amizade entre garotas e garotos de um modo não tão comum na sociedade de classe média da época. O Movimento merece créditos (reconhecidos hoje por ex-*chaverim*) também por ter introduzido a educação sexual em seus programas dirigidos aos adolescentes num tempo em que as escolas não se preocupavam com isso, os pais tinham dificuldades em tratar do assunto com os filhos e, em geral, o tema era considerado tabu, marcado pela ignorância ou cercado de preconceitos[62].

> (...) naquela idade em que a sexualidade começa a se manifestar, por volta dos 12 anos, a responsabilidade do orientador em esclarecer sobre os assuntos de sexo tornava-se muito grande (...) muitas vezes, as dúvidas das garotas eram supridas pelas *madrichot* e as dos garotos, pelos *madrichim*. (...) O Movimento tomava para si essa responsabilidade como tomava a responsabilidade de esclarecer sobre tudo. O orientador arcava com a responsabilidade como se os educandos fossem de sua família. Quando sentia que alguém tinha alguma dificuldade, procurava conversar com ele. Era uma conversa individual e não havia uma conduta oficial a ser seguida. O sujeito tinha que ter sensibilidade suficiente para saber se o educando estava tendo algum problema (...). Todo mundo se conhecia e isso se dava com tranqüilidade. Não havia fórmulas. Procurávamos fazer o nosso melhor. [7]

As orientações sobre o comportamento sexual adequado podiam variar de um *madrich* para outro, ser mais ou menos flexível, mas dentro de certos limites, pois os guias se preocupavam em preservar os adolescentes dos possíveis danos *físicos* e *morais* causados por uma sexualidade muito permissiva. Diferentemente de outros grupos juvenis, no Dror, não havia "mandamentos" ou *slogans* ligados à sexualidade[63]. Confrontando os posicionamentos educativos a respeito de sexo dos textos de 1956 e 1958 (mencionados no capítulo II) com os depoimentos, pode-se dizer que aqueles não eram tomados como leis, e sim como referências (explícitas ou implícitas), e que, com certeza, não eram seguidos à risca nem no cotidiano dos *chaverim* nem nas *sichot* promovidas pelos *madrichim*. (Por exemplo, a *sublimação* competia em desvantagem com os apelos "externos" em favor das aventuras sexuais dos rapazes; o *vínculo entre relação sexual e amor* parece ter feito mais sucesso entre as moças que entre os rapazes; o *"casamento" cedo* não foi a regra, mesmo porque tal disposição entrava em conflito com outras prioridades do Movimento, como, por exemplo, dedicar-se à militância ou adiar a chegada de filhos.)

A partir dos 16, 17 anos, os *chaverim* passavam a discutir o *amor livre*, tema sobre o qual o Movimento não possuía nenhuma "versão oficial", não exigia de sua juventude uma posição definitiva e muito menos a obrigava a uma aplicação prática do conceito. Era, mais do que tudo, algo de que os jovens, em geral, gostavam de falar e tinham liberdade para tal.

A idéia de amor livre difundida no Movimento consistia basicamente de uniões que prescindem do casamento formal e nas quais homens e mulheres gozam de igualdade de condições, ou seja, uma relação distinta do namoro e do matrimônio *burgueses*, relacionamentos em que impera uma dupla moral sexual. *Falava-se que a mulher tinha o mesmo direito que o homem e que o que o homem fazia a mulher também podia fazer.*

Além disso, era mais ou menos consensual que um modo de vida em que vigorassem sem restrições as regras do amor livre só seria possível no *kibutz*. (O tempo no Dror seria apenas uma fase de transição para a sociedade ideal. A idéia de que *o amor livre é desejável, mas que as condições atuais* – leia-se: controle familiar, desaprovação da comunidade judaica, moral dominante – *não permitem sua realização* era usada com freqüência como justificativa para a contenção dos impulsos sexuais dos jovens no Movimento.)

A noção de amor livre que pairava no Dror era um tanto abstrata, sem concretude. Os possíveis aprofundamentos, detalhes e adendos variavam.

Alguns entendiam o amor livre como fruto de uma total liberdade sexual, sem preconceitos e limites de qualquer tipo.

> Falava-se que o amor livre grassava em Israel... que, no *kibutz*, trocavam-se os casais... um sexo assim como o dos *hippies*... [21]

A maioria, no entanto, concebia o amor livre como um relacionamento monogâmico e duradouro entre um homem e uma mulher, baseado no afeto mútuo, que envolve sexo, *sem promiscuidade*. Boa parte dessas pessoas, entendia, inclusive, que o amor livre apenas prescinde do casamento oficial, mas continua exigindo exclusividade e fidelidade mútua, sem a facilidade de separação compreendida por outros.

> Amor livre era com a pessoa que você amava. Não era para ser uma coisa sem leis. Era a permissão de você fazer amor, fazer sexo com a pessoa que você amava, esta era a nossa moral, esta era a nossa ética. [14]

> O casal seria monogâmico, mas só duraria enquanto durasse o amor. [15]

> Amor livre significava não-casamento, no papel, mas sim um relacionamento estável sem obrigações burguesas do tipo mulher ficar em casa e o homem trabalhar fora... [26]
> Se houvesse relação sexual, ela tinha que ser de amor e os dois teriam que ir virgens para ela embora não fosse necessário o casamento; transar por transar não era correto. [31]

Entretanto, mesmo diante das interpretações mais conservadoras, nem todos concordavam com as vantagens do amor livre. Houve mesmo algumas moças, *chaverot* fervorosas adeptas do sionismo socialista, que se chocavam com a idéia da liberdade sexual antes do casamento, mesmo com um namorado fixo e alvo de grande afeição. Várias exprimiram sua desaprovação nas discussões no Movimento. Algumas foram mais flexíveis:

> (...) podia acontecer para quem quisesse, mas para mim não (...) eu tinha aquela coisa de esperar por aquele que fosse o meu grande amor, seria com ele que eu iria começar toda uma vida sexual, depois do casamento. [8]

Uma ex-*chaverá* afirma ter se sentido muito insegura na juventude diante da *frouxidão* do conceito de amor livre no Dror, pois não abarcava a questão da formação de vínculos e do desenvolvimento de uma vida afetiva estável, coisas estas que, na sua visão da época, pareciam cheirar *aburguesamento*, portanto, algo condenado pela ideologia do Movimento. Outra conta ter abandonado o Dror por não concordar com o que entendeu da idéia de amor livre:

> Eu saí do Dror por causa de um *shaliach*, que veio e disse (...) que a virgindade era um preconceito burguês e que a gente deveria ter relações, transar, com os meninos, quero dizer, deveria ter vida sexual livre. Aquilo me chocou muito. Ele falou isso numa discussão (acho que foi numa *machané*...). E eu fiquei muito indignada, porque eu achei que ele não estava levando em conta os sentimentos, os sofrimentos, que esse comportamento poderia envolver. E eu, que, naquela época só via a possibilidade de relação sexual com amor, fiquei muito revoltada e saí do Movimento, porque eu achei que isso aí eu não poderia suportar, eu não faria uma coisa dessas, então não podia ficar no Movimento. Ele falou em relações sexuais sem casamento.(...) Evidentemente eu acreditava muito no casamento e achava que duas pessoas se se gostassem deveriam se casar antes de ter relações... [18] (Envergonhada diante da idéia de discutir o assunto e com medo de ser tachada de *burguesa* por pensar nos possíveis *complexos das meninas,* a seu ver, *inevitáveis depois de abandonadas pelo namorado com o qual tiveram relação sexual* – uma idéia muito comum na época –, a garota deixou o Movimento sem se manifestar.)

O pensamento majoritário dos *chaverim* parece ter sido a aceitação relativamente tranqüila do amor livre – sexo sem casamento formal – em teoria. Pesavam a favor dos argumentos contrários à prática do sexo sem casamento no Brasil as dificuldades pessoais de romper com a moral dominante nas famílias judaicas e o perigo da gravidez indesejada.

Como eram as relações afetivas e os namoros no Movimento?

Pelo menos para a maioria esmagadora dos garotos e garotas abaixo de 17 anos, tratar de relações sexuais com um *chaver* era um exercício puramente intelectual. Havia a possibilidade de flertes e namoros entre os mais jovens no Movimento, aliás, este era um dos atrativos do Dror. Entretanto, grande parte das lembranças remetem a namoros *ingênuos* ou amores *platônicos* entre *chaverim* nessa fase da vida.

O convívio e o companheirismo eram valorizados a tal ponto no Movimento que chegavam a ser implicitamente desestimulados os namoros que, por ventura, afastassem os envolvidos do coletivo. A proximidade cotidiana de meninos e meninas da mesma faixa etária, o que certamente incitava a atração e o envolvimento afetivo entre os sexos, tinha, como contrapartida, o espírito de camaradagem e os controles sociais informais que desfavoreciam a formação de casais entre os adolescentes no Dror.

Há controvérsias sobre se os namorados no Dror andavam ou não de mãos dadas ou enlaçados de determinada forma durante as atividades do Movimento, provavelmente o costume variava em cada pequeno grupo. Beijos e abraços, quando ocorriam, não eram em público. Também não caía bem abster-se de alguma atividade alegando a ausência do namorado ou da namorada.

A vivência no Movimento criava, em geral, entre os rapazes de todas as idades, uma predisposição contrária a ver as *chaverot* apenas como objeto de prazer, com quem se procura, a qualquer custo (sedução, falsas promessas ou desrespeito), ter intimidades físicas sem se preocupar em consolidar qualquer outro laço mais forte na relação ou preservar a discrição para não comprometer a reputação da jovem. Das garotas do Dror, não era exigida tanta dissimulação quanto das jovens em geral (das quais a sociedade esperava um comportamento pautado pelo ideal da "moça de família"), elas podiam ser mais espontâneas diante dos rapazes do Movimento. Daí, vários se lembrarem dos relacionamentos entre os sexos no Dror como *sem malícia, sem maldade, de muito respeito, puro...* O fantasma que amedrontava as jovens da época – o relacionamento com um rapaz "aproveitador", que "abusa da confiança" da moça, insiste em intimidades físicas socialmente reprováveis, para depois "abandoná-la", tecer "comentários maldosos" a seu respeito e deixá-la marcada com o estigma da "má fama"...[64] – não pairava sobre as *chaverot* em seus relacionamentos com rapazes do Movimento.

Isso se ouvia fora, mas não, nunca, no Movimento, porque era uma outra concepção. Se você saía com um rapaz, se havia carícias e beijos, os dois estavam namorando, os dois estavam numa relação de amor... não existia coisas como ele querer "aproveitar-se" da moça... isso não existia no Movimento. [20]

A gente podia dormir junto na mesma barraca, sem que necessariamente o rapaz assediasse a moça, não havia o sentido de "vamos aproveitar a ocasião", o que não quer dizer que um rapaz não se sentisse atraído por uma determinada moça, mas não era para "aproveitar a ocasião" como se a mulher estivesse "dando sopa"... [25]

Mesmo que houvesse tais intenções, o Movimento tinha seus mecanismos de dissuasão de procedimentos estranhos aos seus padrões: a educação, a disciplina e o controle grupal.

O nosso comportamento era muito pudico, até porque quem era "aproveitador" não era bem visto, o coletivo chamava à atenção. Era muito comum a gente chamar à atenção de um determinado *chaver* cujo comportamento não se coadunava. Se ele aceitava, ele estava no grupo; se não aceitava estava fora. Não que houvesse casos de expulsão, era muito difícil alguém ser expulso; se a pessoa não se sentia bem, saia por conta própria. [21]

259

Muitos *chaverim* reconheciam uma diferença nítida no modo como as pessoas do sexo oposto eram tratadas fora e dentro do Movimento (rapazes com relação a moças e vice-versa).

Era uma questão de respeito, porque era "assim que funciona", elas eram *"chaverot da gente"*, então, como é que você vai chegar para uma delas e tentar passar a mão na bunda ou tentar transar?, coisas assim não se cogitavam. (...) Às vezes, a gente achava uma ou outra *madrichá* gostosinha, sem muita malícia, mas a gente não falava sobre isso, só confessava para si mesmo ou, no máximo, para o melhor amigo... não era um valor ficar comentando... Enfim, aquele mundo de malícia que eu vivia no meu colégio, lá no Dror eu não tinha. Era muito diferente. Era como se houvesse o profano e o sagrado; no Movimento, a coisa era meio sagrada. (...) [lá] onde eu vivia, os meninos faziam questão de comentar na frente dos outros o que eles tinham feito com as meninas (amassos, brincadeiras e beijos roubados) e, eventualmente, se tivesse ocorrido uma relação sexual, isso era assunto e motivo de grande orgulho e fanfarronice. Por outro lado, o ambiente do Movimento juvenil, na minha época, considerava esse assunto uma coisa muito particular e que, na medida em que deveria existir igualdade entre os sexos, não deveria ser comentado naqueles tons. [27]

Transgressões, como esconder-se para ver as meninas tomando banho nos acampamentos ou procurar tirar proveito, sem o consentimento do outro, da proximidade dos corpos nos pousos noturnos após longa caminhada, eram exceções, irregularidades que não combinavam com o espírito do grupo.

Havia flertes e namoros entre *madrichim* e *chanichim, chaverim* de idades diferentes, mas é difícil crer que ocorresse, no Movimento, algum tipo de assédio desrespeitoso ou "abuso sexual" devido ao temor da censura grupal e ao mencionado *clima de respeito* existentes no Dror (nesse caso, mais respeito ao outro que às convenções sociais).

Para além das especificidades mencionadas, no Dror, a aventura dos namoros adolescentes transcorria com todos os ingredientes comuns: romance, ciúme, frustração ou contentamento, trocas de namorado, disputas entre mais novos e mais velhos pela atenção do outro sexo etc.

Quando os relacionamentos entre *bachur* e *bachurá*, menino e menina do Movimento, chegavam a envolver maiores intimidades físicas (*amassos, bolinações*), esperava-se que não fossem passageiros. Pelo que já foi dito, e com base numa análise conjunta dos depoimentos e das entrelinhas da documentação encontrada, parece que namoros *mais avançados* neste sentido, entre as camadas mais jovens, não eram muito comuns. Havia alguns, poucos (especialmente entre rapazes mais velhos de 18, 19 anos, e garotas mais jovens, de 15, 16) e, em geral, respeitando um limite bastante claro: sem chegar à relações sexuais *stricto sensu*. Nesses casos de jovens mais "liberados", eram vários os motivos que justificavam tal limite: o perigo da gravidez (tanto pelo medo de ter um filho precocemente e sem vínculos conjugais, quanto pelo receio da provável reação negativa dos familiares perante o Movimento como um todo) e os obstáculos levantados pelos próprios envolvidos (a menina que, apesar de tudo, queria conservar-se virgem, temendo comprometer seu futuro matrimonial; o rapaz que queria conservá-la virgem, temendo ter de assumir um compromisso maior, ou seja, ser ou sentir-se obrigado a casar-se com ela).

Eu nunca transei com uma menina dentro do Movimento, a gente ia até onde podia (...), mas nunca teve uma transa... no Dror, era como era na época e a época toda era muito problemática nesse aspecto. (...) Mesmo que as moças quisessem, os rapazes ficavam com muitas dúvidas... [31]

No Dror, eu não cheguei a ter namorado fixo, eu tinha uns namoricos [que incluíam] tudo, menos "aquilo". Era tudo mesmo, o termo grosseiro era "nas coxas", o termo mais elegante era "relações de démi-vierge": tudo menos "aquilo", porque "aquilo" não podia. (abraços, beijos, era se agarrar e ejacular fora...) (...) Isso ocorria nas *machanot*, nos encontros, em todo lugar, na Praça da Luz, na escadaria do prédio, em qualquer lugar. (...) Não me lembro se as outras pessoas do Movimento sabiam disso ou se era uma coisa restrita aos casais. Eu não me lembro que a gente conversasse sobre isso. Isso não era assunto. A gente falava quanto estava apaixonada, quanto sentia falta, mas não o que fazia... Ninguém falava sobre isso... Eu estou falando de 1952, 53, 54. [16]

Os acampamentos eram uma das ocasiões mais propícias ao início e desenvolvimento dos namoros entre os *chaverim*.

Eu tinha namoradas... depois que todos dormiam a gente fugia para se encontrar (...) Não havia nisso nenhum fundo maldoso, era um tipo de brincadeira que toda a juventude faz (...) do mesmo modo que juntar um grupinho de meninos e meninas para assaltar a cozinha de noite, por farra, uma pequena transgressão... [No Dror] não era um sistema rígido, militar... Punição nesses casos? Nada sério... de manhã, havia a "ordem do dia" e alguém falava "assaltaram a cozinha, quem foi?"... e a gente fazia cara séria para não morrer de rir... [31]

Nos acampamentos dos mais novos, havia um certo controle dos *madrichim* para que os namoros adolescentes não incorressem em condutas reprováveis ou chegassem à prática sexual *irresponsável*. Como com relação a todas as outras dimensões da vida do educando, o *madrich* sentia-se na obrigação de orientar e, se preciso, censurar os desvios. Namorados que marcavam encontros "secretos" nas *machanot* eram motivo de preocupação dos guias.

No Movimento, não havia qualquer restrição a namoros. Apenas achávamos que o indivíduo deveria ter responsabilidade suficiente para namorar da maneira apropriada na época certa, preservando uma moral que era a do Movimento: cada um namora do seu jeito sem ferir as susceptibilidades dos outros... Namorava-se na *machané*, mas tinha de se comportar... a maioria dos pais que deixava os filhos freqüentar o Movimento tinha um grau de confiança muito grande neles... (quando o grau de ignorância pesava, então espalhava-se pela comunidade judaica histórias como aquela de as mulheres no *kibutz* serem todas prostitutas, "andarem" com todos os homens...) (...) O Movimento não era radical, a nossa tendência era aconselhar para que as coisas correspondessem às nossas expectativas e o indivíduo não fosse por um caminho que traria complicações para ele ou para os outros. (...) se acontecesse um caso como esse [de um encontro de namorados mais jovens às escondidas] eu, como *madrich*, teria de pensar nas repercussões isto poderia ter... se eu percebesse que era apenas um namorico (mais de palavras...) nem tomaria alguma atitude... além disso, o próprio grupo se fiscalizava e, de fato, eu nunca precisei fazer nenhuma intervenção desse tipo. [7]

Por outro lado, tais condutas reprováveis não parecem ter sido um grande perigo: meninos e meninas, em geral, guardaram bem as lições de contenção sexual ou nem manifestaram intenções outras que não a de manter o clima de camaradagem. Os depoimentos confirmam que, mesmo com a proximidade dos corpos, não eram nada comuns os casos de intimidade sexual nesses acampamentos.

(...) porque éramos todos companheiros... seria uma coisa horrível alguém infringir esse código de companheirismo, mesmo que se quisesse – eu acho que todo mundo devia querer um pouquinho – mas o companheirismo era acima de tudo. Eu acho que seria como uma traição à idéia do companheirismo... [18]

(...) não é que o pessoal fosse "assexuado", era "ausência de". Isso precisa ser bem entendido, não é que não houvesse, até havia algum ligeiro movimento de atração [entre os sexos], mas a mim não ocorria,(...) [por exemplo, levar com alguma malícia os acampamentos mistos]... e eu não me lembro de nenhum casalzinho formado no grupo se afastar do conjunto [suscitando algum tipo de suspeita] (...). [28]

O esquema era assim: quando era *machané* normal, os alojamentos eram separados por sexo; se, por exemplo, a gente fazia uma caminhada de Teresópolis a Petrópolis, a gente ia acampando pelo caminho, então era uma barraca só...
Certa vez, dormimos numa olaria que havia no meio do trajeto: "É aqui gente! Vocês vão se virando..."... e o pessoal se deitava no chão, botava por baixo o casaco de couro e dormia todo mundo juntinho para se aquecer (...)
Em certas *machanot*, rapazes e moças dormiam juntos (não transavam, só dormiam), misturados (os namorados até dormiam abraçadinhos), de roupa (ninguém usava pijama em *machané*). E, de roupa, a gente se encostava lá o que dava, com quem dava, quando estava a fim, chegava perto, mas sem muita malícia...
Entretanto, o erotismo devia estar à toda... era gostoso.
A gente não explicitava, não era um negócio... a gente não dizia assim: "Vou aproveitar..." . Não. Não era isso. A gente só achava gostoso ficar juntinho... (...)
As famílias não sabiam que o esquema era esse. Os pais não implicavam com nossas saídas, mas também não lhes contávamos detalhes. [31 e 27]

Que eu saiba, não acontecia nada [em termos de intimidades sexuais] nesses acampamentos. Por quê? Talvez o meu grupo fosse puritano demais. Em outros grupos *kvutzot*... se acontecia ou não acontecia eu já não sei, acho que, se acontecesse, seria uma exceção.(...) Numa ocasião, nós fizemos uma saída de um dia... e acabamos o passeio com todo mundo dormindo junto no sítio de uma das meninas... Alguns pais chegaram lá, (...) e encontraram o pessoal dormindo um em cima do outro (mas não tinha nada de mais) e houve um escandalosinho, algo assim como catar a filha e levar embora no meio da noite... (...)

"Vocês entenderam o porquê de eles se escandalizarem?"

É claro, porque a gente sabia que, nas relações com pessoas que não eram do Movimento, [o nosso procedimento] não poderia ser assim... E aí, depois, houve todo um trabalho do *madrich*... explicar, conversar com os pais... e foi tudo numa boa, [as meninas retiradas pelos pais] voltaram todas, pois, de fato, ninguém estava fazendo nada de nada, e foi isso que o *madrich*, no seu papel, explicou para os pais. Depois desse episódio, a gente continuou fazendo tudo igual... acampando normalmente. [29]

Houve uma ocasião em que os "intelectuais" do Movimento foram convocados para passar uma semana em julho, na Hachshará, discutindo Engels, família etc. (...) [na hora de dormir] a gente ficava na cama assim: um homem, uma mulher, numa cama de solteiro... (mas não podia acontecer nada, entendeu?) E namorados não ficavam na mesma cama... (a gente queria o perigo... a excitação, mas não era para acontecer nada, porque se acontecesse alguma coisa se poria em perigo o Movimento: se uma mãe soubesse que a filha foi desvirginada num acampamento, acabou! O Bom Retiro tiraria todos os filhos do Dror. Então, não podia.) Enfim, não tinha sexo. (...) a gente dormia na mesma cama abraçada com um homem, que não podia ficar de pau duro. (...) (Você imagina se a gente, com 14 anos, tendo passado a noite grudada num homem, ou um homem grudado numa mulher, prestava atenção em alguma coisa durante o dia! (...) você pensa que no dia seguinte alguém iria ouvir uma fala sobre a "sagrada família" do Engels? Bobagem! Nem eu, nem ninguém. (...) Não se dormia junto do namorado no acampamento, a gente dormia com outro. Talvez houvesse ciúmes, mas o *bachur* da outra era da outra, se respeitava... (Nós não demos um passo à frente na ética sexual. Acho que era até pior: quer coisa mais reprimida? Havia a oportunidade e não rolava, e ainda se aumentava as possibilidades para que a penitência fosse mais dura. Era muito moralismo e a gente tinha muito medo também, porque nós não tínhamos adulto para nos ensinar; os mais velhos tinham 20, 21 anos no máximo, que experiência eles tinham?). [16]

As "moças de família" são as que se portam corretamente, de modo a não ficarem "mal faladas". Têm gestos contidos, respeitam os pais, preparam-se adequadamente para o casamento, conservam sua inocência sexual, não se deixam levar por intimidades físicas com os rapazes e chegam virgens ao matrimônio. A estas, a sociedade garante o respeito e as possibilidades de um casamento nos moldes tradicionais e de uma vida como "rainha do lar". As "levianas", "garotas fáceis" ou "galinhas" são as que se entregam a namoros inconseqüentes e admitem intimidades de cunho sexual com os rapazes. Não merecem participar do convívio com as "moças de família" e não têm direito à consideração social, com essas os homens não devem se casar[65].

Estas classificações, que se aplicavam somente às mulheres (e guardavam, na prática, também um teor de discriminação de classe), faziam parte da moral dominante nos anos 40 e 50 no Brasil[66]. Os jovens de um movimento juvenil que buscava criar o *novo homem* e defendia a igualdade dos sexos, como o Dror, empregava em seu vocabulário e em seu cotidiano tais classificações?

"Moça de família" não era uma expressão usada no Movimento, onde também parece não ter havido *a priore* nenhuma distinção entre moças a serem ou não respeitadas pelo grupo, aceitas ou obrigatoriamente afastadas da convivência com os outros; fundamentalmente, todas eram tidas como companheiras, *chaverot*.

A discriminação das moças "fáceis", das garotas "galinhas", esteve presente no Movimento, mas não com relação às "não virgens fora do casamento" ou às que mantinham relações sexuais com uma pessoa fixa, aparecia sim como um estigma das que trocavam muito de namorados ou parceiros e das que não assumiam compromissos de fidelidade. Ter um comportamento sexual mais livre no sentido de procurar intimidades físicas com diversos rapazes (chegando ou não à penetração sexual) ou alimentar relacionamentos mais permissivos inconseqüentemente, por puro prazer, era mal visto no Movimento, embora nem sempre houvesse censura ou sanção social explícita. Mesmo aceitando, em tese, a liberdade no *amor*, o ideal da monogamia prevalecia no Movimento. (O comportamento dos rapazes que *eram vistos um dia com uma, um dia com outra,* também não contava com a aprovação do grupo.)

Foram proporcionalmente poucas as garotas tidas como de conduta sexual condenável no Movimento (o grupo tinha uma tendência a homogeneizar comportamentos). Quando alguém chegava a ser chamada de "galinha", ou era estigmatizada de alguma outra maneira (nem todos empregavam este vocabulário específico), pela forma como manifestava sua sexualidade, isto não era feito publicamente e sim em voz bem baixa, numa conversa entre amigos próximos, em fofoquinhas restritas, nunca em reuniões do Movimento. (Falar mal das companheiras também era tido como algo não muito correto. Qualquer tipo de discriminação ia de encontro à ideologia drorista.) A única sanção, ainda que não muito explicitamente, aplicada algumas vezes a moças desse tipo, no Dror, como organização juvenil, foi sua não escalação para compor o quadro das *madrichot* de sua faixa etária:

...nós achávamos que uma moça que se comporta desse jeito não tem responsabilidade para preencher uma tarefa como a de guia (...) Era um problema moral. A gente achava que uma pessoa com comportamento moral assim não era adequada, porque, como *madrichá*, você é um exemplo, e "como ela vai ser um exemplo se ela se comporta de um jeito tão escandaloso?" (eu olho para isso hoje e acho gozado, ridículo.) Havia sim uma moça que trocava bastante de namorado, de fato foram apenas três, mas, para nós, isso já era uma coisa fora de série... ela foi muito mal vista. [22]

Por extensão, mas sem o mesmo grau de censura, pensava-se mal das garotas propositadamente sensuais, que flertavam com vários rapazes, pintavam os lábios, escolhiam determinadas roupas ou agiam de determinado modo com o intuito de chamar a atenção dos homens indistintamente. Tal desaprovação confundia-se com a crítica ao *comportamento burguês* e à *falta de simplicidade*. De qualquer forma, em termos concretos, esse tipo de procedimento não era punido socialmente de modo significativo.

A virgindade feminina era um valor no Movimento? Há divergências.

O Hashomer Hatzair usava o amor livre como uma bandeira. Nós, um Movimento mais maduro, éramos muito menos dogmáticos. Nosso movimento era um movimento que admitia as fraquezas humanas que nenhuma revolução muda. Não era "mais flexível", era sim mais paradoxal – "a vida não é só ideologia" –, por isso não me lembro de tantas discussões sobre o amor livre, mas o fato era que se aceitava e que, quando aconteceu, foi visto como uma coisa natural. A virgindade não era um valor para nós. [12]

[As moças seguiam os padrões mais tradicionais] porque fomos criadas ouvindo que a moça tinha de casar-se vigem e ser fiel ao marido até o fim da vida... Havia a idéia do amor livre, mas com a educação que havíamos recebido (dos pais, da comunidade) sabíamos exatamente até onde chegar (...) são contadas nos dedos quantas vezes, na prática, foi ultrapassada tal barreira (como meu pai dizia à minha mãe: "Pode ficar tranqüila que, na hora, nossa educação vai falar mais alto"). A virgindade era um valor para nós. [4]

O Dror era muito avançado para a época. Para as meninas do Movimento, a manutenção da virgindade tinha algum peso, mas o grande freio para o sexo era mesmo a possibilidade de engravidar. (...) pelos casos que eu conheci, ia-se mais além [nas intimidades e] o grande medo era a gravidez. Não havia a liberdade sexual que há hoje em qualquer lugar, mas havia uma liberdade relativamente maior sem se cair na gandaia, porque não era praticado o amor livre indiscriminado. Isto não existia, absolutamente. Havia uma relação muito de casal [de compromisso], entre namorados... Mas se você acabasse o namoro e fosse para outro, o rapaz não iria cobrar sua virgindade, não haveria esse problema no Movimento, coisa que havia fora sim, com certeza. [20]

No Dror, não se condenava moças pelo simples fato de não serem mais virgens ou se cobrava o casamento para "reparar" o "erro" das que tivessem tido relações sexuais. Algumas jovens que assumiam uma vida em comum com o namorado chegavam até a ser admiradas por sua *coragem; o valor maior era ser livre*. Por outro lado, grande parte das jovens, mesmo mais velhas e com um relacionamento fixo, procurava conservar-se virgem, escolha esta respeitada (e até, por vezes, fomentada) pelo namorado do Movimento. Enfim, os costumes conservadores em choque com as idéias revolucionárias, nesse aspecto, produziam, no Dror, uma postura dúbia a respeito da necessidade da virgindade feminina e, conseqüentemente, da completa igualdade entre os sexos.

Nas camadas etárias mais velhas (acima dos 17 anos), a possibilidade de intimidades físicas entre os sexos crescia, já não era tida mais como tão problemática quanto com relação aos adolescentes. A liberdade aumentava com a maturidade e os controles grupais sobre a sexualidade e a vida particular dos *chaverim* diminuíam. Esperava-se que cada um soubesse ser responsável por si mesmo. Entretanto, na postura hegemônica no Movimento, era desejável que os comportamentos não fossem levianos e que os casais formados fossem relativamente duradouros. As traições eram condenadas. Continuar a ter relações sexuais com prostitutas ou mulheres de fora do Movimento quando já se vivia o sexo com a namorada era tido como conduta altamente reprovável. As preocupações erótico-sentimentais que entrassem em choque com a ideologia e a prática do Movimento também não eram bem vistas.

Entre os *chaverim* mais velhos, o temor de que a formação de casais de namorados, um vínculo a dois, enfraquecesse a coesão grupal continuava existindo, mas era contrabalançado pelo maior compromisso com os ideais do Movimento que caracterizava os que tinham se mantido militantes até uma idade mais avançada. Por este ângulo, os namoros (e casamentos) nas camadas mais velhas eram bem vindos, desde que não comprometessem a participação de cada indivíduo no Movimento. Houve quem achasse difícil conciliar as duas coisas:

> Fazia parte de nossas próprias exigências "dedicar o nosso tempo para a *chevrá* [grupo] e para o trabalho no Movimento" e não para os nossos prazeres ou necessidades particulares, ou seja, o indivíduo não existia. Assim, nós vivíamos uma vida muito rígida do ponto de vista emocional e sexual. Todo assunto ligado ao sexo não existia, é como se as pessoas fosses assexuadas. A gente se dava, nós tínhamos amigos, tanto rapazes quanto moças, mas todas essas amizades eram na maior parte inócuas, principalmente entre o pessoal que era mais responsável pelo Movimento e que fez *hagshamá*. [22]

Brigas de namorados, por exemplo, atrapalhavam o andamento das atividades e eram criticadas pelo grupo. (Uma determinada *chaverá*, da liderança do Movimento, chegou a abandoná-lo simplesmente por ter rompido com o *chaver*-namorado após um relacionamento de quatro anos, *muito sério*. O rapaz emigrou para Israel. Ela ficou no Brasil.) Por vezes, segundo depoimentos, o coletivo chegava a interferir indevidamente em relacionamentos particulares.

> Com relação ao meu namoro com o [...] houve muita interferência do coletivo. (...) [Dizia-se que com as nossas] brigas e discussões, a gente se afastava do coletivo... que elas eram ruins para o Movimento... Eram questões particulares que acabavam sendo discutidas pelo coletivo (...) O nosso caso foi discutido dentro do grupo, da Comuna. O que eu ia fazer? Como poderia reagir? Os sentimentos todos eram socializados... e eu percebi que eu era muito individualista e não conseguia conviver bem com esse tipo de interferência... não queria deixar meu sentimentos serem discutidos pelo grupo, então, me afastei... não agüentei o peso do coletivo julgando algo que era absolutamente individual. (...) Aquela vontade de ter uma vida íntima com ele... e não dava, porque o coletivo era mais forte. Romper com o coletivo e romper o namoro... foi tudo junto. [10]

Entretanto, a maioria dos *chaverim* parece não ter tido problemas dessa espécie ao namorar com pessoas do Movimento: *havia possibilidade de namorar, ter uma vida a dois e participar de um coletivo tão forte*. Os casais faziam programas a dois, mas este aspecto da vida privada não superava a convivência com os companheiros. Além disso, namorar um *chaver*, nessa fase da vida, era tido muitas vezes como mais uma garantia da *aliá*. (Em alguns casos, entretanto, essa expectativa invertia-se como no de uma *chaverá* que acabou permanecendo no Brasil devido à impossibilidade de o namorado-*chaver*, depois marido, emigrar para Israel por motivos familiares).

Como eram as relações afetivas entre os *chaverim* mais velhos? Quais os sinais externos e reconhecíveis de manifestação da sexualidade entre estes jovens?

(...) havia paquera dentro do grupo. Os relacionamentos afetivos fluíam normalmente, muitos casamentos surgiram dentro das *kvutzot* e também com pessoas de fora, dos *snifim*, que vinham nos visitar. As pessoas podiam namorar e andar de mãos dadas livremente... [4]

As moças e os rapazes tinham liberdade para escolher o tipo de namoro que queriam ter. Sobre isso não havia pressão do grupo... Havia muito romantismo sim. O [meu namorado] escrevia poesias lindas para mim... Eu me lembro de reuniões em que namorados desenhavam as namoradas e escreviam-lhes bilhetes e se trocava olhares especiais... havia gente compondo música para as namoradas... Nós ficávamos em volta das fogueiras, até altas horas de noite, olhando as estrelas e cantando... esperando para ver o sol nascer... (...) Eu me lembro, de gente se abraçando, beijando... do Júlio e da Fela juntinhos... (...) [e de um certo amor] que nasceu numa noite linda de luar, em Inhaíba. (...) Eu não sentia, de modo algum, que o grupo inibisse os namoros. A gente gostava muito de sair em grupo. [8]

Nós não éramos monásticos. Eu descobri a [...], ela era muito atraente. Quando ela apareceu eu a provoquei, me aproximei... a gente sentiu que estava se enamorando... (...) nas férias do verão me deu uma bruta saudades dela e eu resolvi pedir licença ao Kibutz Hachshará para vê-la, porque eu estava numa crise de ciúmes... (...) Havia paixões no grupo, claro! Inclusive algumas com todos os ingredientes novelísticos que costumam suceder (...) Todo mundo procurava se comportar com elegância e conveniência (...) para a gente também não dar o ar do cafajestismo local [brasileiro]. Mas eu acho até que houve muito flerte e borboleteios eróticos lá entre os nossos jovens... [9]

Havia um clima de conquista, paquera, flerte, namoro. Havia até um certo clima de tensão sexual com esse convívio de rapazes e moças o tempo todo... Você olha, você é olhada... Não acho que o Movimento era assexuado não. Absolutamente! (...) Alguns namorados andavam assim [abraçados] pela rua... e durante as atividades do Movimento também. Era um flerte constante... no Movimento, vivia-se um clima extremamente romântico (...) [é um absurdo se dizer que lá os namorados não se tocavam em público]. Havia sim namoros, eram aceitos e as pessoas conheciam quem eram os casais... Não havia nada que reprimisse essa sexualidade (...) [o ideal] era viver a vida em todas as suas dimensões! Quando você já estava mais velho, se dizia: "Olha que mundo, olha que educação atrofiada que a gente recebeu! A gente pode namorar, a gente pode se beijar, a gente pode se acariciar! Pode ir longe nas carícias! Por que sexo é tabu? Isto está errado! Sexo faz parte da vida! As pessoas têm que ter o sexo também..." (Muitas vezes paravase aí, na discussão, no posicionamento... pelo menos como assunto sexo não era tabu. Era uma das "coisas da vida". E era uma das coisas em que a sociedade burguesa era hipócrita, era mentirosa. E a nossa não.) [14]

Visto isso, é possível concluir que "namorar" (no sentido amplo) no Movimento era uma possibilidade aceita com naturalidade e bem plausível. Sabiase muito bem quem era namorado de alguém, pois havia alguns sinais externos bastante nítidos dessa condição. Entretanto, ao nos afastarmos cronologicamente dos depoimentos das primeiras "gerações" de droristas – dos quais os trechos acima são uma amostra – nos deparamos com visões distintas a respeito das manifestações mais visíveis do comportamento afetivo e da sexualidade dos *chaverim*.

Andar de mãos dadas, ficar dando beijinhos, ou coisas do tipo não havia [no Movimento], porque era considerado piegas, mas podia até haver uns amassos de noite, escondidos... E os casais eram reconhecidos: fulano era, como se falava, *bachur* de fulana. [26]

As pessoas do Movimento namoravam, mas os namoros eram discretos... havia, evidentemente, mas compor casaizinhos era algo muito desestimulado. Eu tenho a impressão de que os namorados eram namorados, mas quando estavam no grupo eram parte de um grupo. A idéia era de que havia momento para cada coisa, ninguém podia se dispersar. Não era [uma questão] moral, eu não lembro de terem falado a favor da virgindade ou algo assim... esse discurso sequer aparecia, mas havia uma assexualidade meio esquisita no grupo: um bando de jovens juntos e não se falava de sexo. (...) O relacionamento entre os sexos no Movimento: eu via com a maior pureza possível. (...) para mim, a idéia de alguém do Movimento estar transando era impossível, porque eu achava que era incompatível com o respeito mútuo que havia no Dror, e a concepção de respeito, na época, passava pelo respeito sexual, por distânciamento... [27]

A questão da relação homem-mulher, lá, era algo meio castrador: todo mundo ficava de olho e o pessoal ficava inibido [para namorar] (...) (Acho que todo o grupo que se predispõe, de maneira monolítica, a uma transição muito forte, como sair de um país e ir para outro, tem essa tendência de ser meio castrador.) (...) Assexuado? Eu não diria isso, mas os limites eram bem definidos. O comportamento em público era bem definido. É difícil dizer quais eram os limites, mas havia limites. Um casal se abraçando e se beijando? Eu nunca vi esse casal. Não é que não houvesse casais, mas eles eram muito discretos. Aquela espontaneidade (que é natural da juventude nesse tipo de relação) não havia. Ninguém impedia [que houvesse]... era o peso da opinião pública e o sujeito a introjetava... (...) (Em Israel, desde os anos 20, isso tudo [manifestar afeto por alguém de outro sexo em público] já não era tabu, pelo contrário, e, de repente, aqui, formou-se uma anomalia, que dá para ser entendida pelo contexto em que a gente se criou... Acho que o Movimento era ainda mais moralista que a juventude em geral. Eu penso isso, embora nunca tenha freqüentado muitos bailes e outros grupos, acredito que, neles, essa problemática das relações entre os sexos tenha sido melhor resolvida.) [25]

Eu acho que a nossa orientação era muito puritana, e o comportamento das pessoas também era muito puritano. Eu acho que também no Brasil o comportamento era mais puritano. Essas duas coisas se somaram. (...) Tudo o que dizia respeito a relações sentimentais, homem-mulher, sexuais, eram coisas que a gente só conhecia em teoria, que a gente sabia pelos livros e não pela vida. Essas coisas simplesmente não estavam no nosso vocabulário. [22]

Por exemplo, nós éramos muito puritanos sexualmente... (...) nós não escolhemos essa postura, nós éramos assim. (...) (Isso eu não sei explicar... tem a ver com a moral da época, com a das famílias judaicas, e tem a ver com a pureza dos nossos ideais...) Nós éramos absolutamente monogâmicos e não era amor livre não. Eu acho que aqui no Brasil isso nunca houve, o que era um motivo de espanto para os *sh'lichim* que vinham para cá, eles se surpreendiam com o nosso puritanismo... principalmente entre os paulistas; os cariocas eram diferentes. (Eu acho que não era só uma diferença da sessão paulista do Movimento, é uma diferença da mentalidade de São Paulo e do Rio... uma vez eu fui para o Rio e, na Avenida a beira mar, tinha uma mureta comprida que estava toda tomada por casais namorando, se abraçando, se beijando... em São Paulo não se via isso...) (...) [As pessoas namoravam no Movimento], trocavam de namorados, se casavam, havia esses casos todos, mas não se andava de mãos dadas ou se beijava na frente dos outros. (...) Por outro lado, apesar desse moralismo, dessa coisa puritana, não havia algo preconceituoso em relação a uma mulher que, por exemplo, trocasse muito de homens (...) Era mais uma incapacidade nossa de superar um puritanismo que vinha da educação, mas não que a gente fosse contra ser diferente, até porque a gente imaginava que no *kibutz* era tudo muito livre... (...) a gente era diferente dos jovens de fora que sustentavam sua moral com um caráter mais hipócrita (em que a mulher tem que casar virgem e o homem pode trepar com quem quiser) (...) Nós éramos excessivamente reprimidos sexualmente. (A nossa moral na época era um pouco anômala, principalmente considerando que era um movimento revolucionário, então, essa coisa toda de moralismo, de puritanismo, era absurda.) [23]

Quanto à sexualidade, grupos de *chaverim* chegam a ser caracterizados hoje pelos próprios ex-militantes como *iguais aos jovens em geral, mais livres,* ou *extremamente puritanos* (como, por exemplo, no caso do primeiro *garin* destinado ao *kibutz* Erez) [67].

Ao que parece, em linhas bem gerais, os *chaverim* das gerações posteriores, nascidos aproximadamente entre 1937 e 1940, que já viveram o Dror *cristalizado,* tendiam a ser um pouco mais puritanos em termos de sexualidade que os de gerações anteriores. Tais tendências eram fruto híbrido dos valores aprendidos em casa com os alimentados por uma determinada leitura da ação educativa drorista e da seriedade militante. Esse puritanismo não dizia respeito a um moralismo de gênero semelhante ao que ocorria com relação à repressão das mulheres na sociedade mais ampla. Esse puritanismo refletia-se sim, para certos rapazes e moças, na dificuldade em priorizar essa dimensão da vida humana, a sexualidade, ocupados que estavam despendendo energias com assuntos *mais importantes*. Além do que já foi dito, alguns homens destacam o fato de não terem tido iniciação sexual antes dos 17, 18 anos, ao passo que os garotos da época, em geral, segundo eles, começavam bem mais cedo. Algumas mulheres mencionam a dificuldade de, na época, levar em conta e discutir no grupo qualquer tipo de preocupação mais pessoal, entre o que se inclui sexo. Em geral, são pessoas dessa geração que empregam termos como *assexuado* para qualificar o comportamento dos jovens no Movimento. Entretanto, as exceções nos impedem de ser tão taxativos quanto os depoimentos tomados individualmente.

É flutuante a fronteira entre a vida militante e a vida privada[68]. Namorar no Movimento deveria traduzir uma comunhão de afeto e idéias.

A gente começava um relacionamento e sabia que não era só um namoro, era uma relação de idéias, de militância. O fato de você estar no Movimento, naquele tipo de grupo, também já significava que, no relacionamento pessoal, haveria alguma coisa a mais. (...) Eu tenho a impressão de que o Movimento foi uma coisa tão séria, tão pura, tão de idéias... tão preocupada com a revolução da vida, de tudo..., que você não estava [lá só pelo prazer, para se divertir ou passar o tempo] (...) e o amor vinha junto com tudo isso. [8]

Assim, todas as decisões relativas à vida privada deveriam levar em conta a militância. Namoros foram desfeitos, porque um dos envolvidos não quis fazer *aliá* e, portanto, entre eles, passou a não haver *mais nada em comum*. Várias garotas indecisas seguiram rapazes convictos para Israel, em nome do afeto que nutriam por eles. Casais foram temporariamente separados em função de suas atividades do Movimento.

O *chaver* Henrique Sazan captou, em seu romance[69], o espírito do amor idealizado no Movimento juvenil no momento em que a heroína da história abre mão de seus projetos profissionais para seguir suas idéias e seu amado...: *Abraçaram-se. Ambos queriam a mesma cousa. Ambos queriam amar-se dentro da noite. Não sabiam se teriam muitas noites assim. Queriam aproveitar o momento e nele entregavam-se um ao outro; na mesma noite em que combinaram dedicação máxima ao momento presente.*

Penetrando ainda mais no terreno da sexualidade dos *chaverim* mais velhos, guiando-nos pelas lembranças individuais dos que participaram do Movimento, corremos o risco de incorporar visões do passado enviesadas por generalizações que podem estar refletindo sobretudo situações particulares. Num campo tão pessoal, no espaço do não anunciado aos quatro ventos, e sem o auxílio de fontes mais gerais e objetivas, vislumbramos a intimidade resguardada dos casais pelo que nos é contado explícita ou implicitamente, procurando compor uma narrativa histórico-sociológica (ainda que nossa primeira dedução seja: em assuntos tão privados, o espaço da subjetividade é enorme, no limite, podemos concluir que cada um sentia e se comportava à sua maneira).

O comportamento sexual do rapaz e da moça atraídos um pelo outro não era decidido ou debatido em assembléias. Certas assembléias droristas chegaram a deliberar, por exemplo, que o nascimento de filhos no Brasil deveria, em princípio, ser evitado devido às dificuldades materiais que a responsabilidade por uma criança acarretaria a seus pais e ao Movimento. Porém, nunca ficou definido que esta ou aquela conduta sexual seria a norma ou a bandeira a ser defendida no Dror.

Nos acampamentos menores, quando havia condições materiais, os casais de namorados podiam dormir juntos se quisessem. Na *Hachshará*, também.

Entre os *chaverim* mais velhos, havia pessoas solteiras que chegavam a ter relações sexuais com outras do Movimento: indivíduos avulsos adeptos do *amor livre* sem restrições e, de modo mais visível, casais monogâmicos reconhecidos pelo grupo.

Os que se entregavam a relações mais permissivas, dentro do Movimento, sem um parceiro fixo ou qualquer compromisso, eram casos praticamente desconhecidos do grosso dos seus companheiros mais velhos (*assuntos privados como esse continuavam privados mesmo dentro do coletivo; comentava-se sobre isso, quando muito, à boca pequena.*)

Na realidade, eu, no Dror, não tive apenas um caso e sim quatro ou cinco casos [de relações sexuais com moças do Movimento] (...) durava "um dia", tudo muito fugaz, não era um compromisso. Não havia nada no conjunto das pessoas que reprimisse esse tipo de coisa... (...) Lembro-me também de [isso ter ocorrido com] várias outras pessoas... [17]

No Movimento, eu tive algumas namoradas e uns dois casinhos... [33]

Nas *machanot* você saía para passear, havia o contato... então era inevitável que você também tivesse relações sexuais... mas era uma coisa às escondidas... (...) Geralmente, o pessoal não ficava sabendo. Sabia quem era muito próximo, quem era da *kvutzá*, quem estava participando das atividades. Havia [casos de relações sexuais entre *chaverim*], principalmente quando a gente passava muito tempo junto e longe da comunidade [judaica de origem]. Aí havia, até porque as pessoas precisavam se segurar umas nas outras. Na *Hachshará*, nós tivemos vários casos assim. Nas *machanot*, entre pessoas mais velhas. (...) Não foram muitos casos, que eu me lembre, de ter havido assim essa liberdade toda; mas havia. Quando eu estive na *Hachshará*, nós tivemos algumas *chaverot* que eram bem mais livres e elas se colocavam assim até para mostrar que elas não eram diferentes dos rapazes. Então, eram capazes trocar de parceiros até com uma certa facilidade. Uma coisa que hoje é muito comum, o "ficar", a gente praticava já naquela época. Eu me lembro muito bem que havia uma *chaverá* que se dava bem com todo mundo, era muito bacana (...) muito aberta... e quem topava, ela encarava. Eu me lembro que uma noite eu fui [aceitei o convite] e encarei... [pouco antes] atrás de mim vinha outro:

"Olha, se você for eu também quero".

"Então vai você".

Aí ele disse: "Não, eu não tenho peito".

271

"Então fica, porque eu vou." (...)
Como essas meninas eram vistas? Não eram como prostitutas não. Eram como *chaverot* mesmo. Tanto que chegaram no *kibutz* em Israel e levaram uma vida normal. Durante um certo tempo, foram trabalhar pesado como qualquer cara para mostrar que elas valiam tanto quanto [eles], mas, depois, (...) casaram, constituíram família e hoje são avós, muito provectas (...). [21]

Por não serem tão comuns ou simplesmente não tão evidentes (afinal era possível e relativamente freqüente um rapaz e uma jovem, amigos, dormirem juntos em uma barraca ou quarto sem que nada de mais íntimo acontecesse entre eles), vários ex-*chaverim* afirmam que relacionamentos deste tipo (*de um dia com um, um dia com outro*) simplesmente *não existiam no Dror.*

No fundo, o comportamento no Movimento era convencional: a garota tinha seu namorado em uma relação monogâmica e fiel (não havia comportamentos diferentes ou quem namorasse vários ao mesmo tempo, por nenhuma restrição, apenas não havia). [12]

Pessoas que chegaram a ter *casos* no Movimento (relações sexuais esporádicas sem um compromisso de fidelidade, sem um relacionamento considerado namoro) também arriscam suas generalizações:

... acho que isto de ter casinhos era exceção, não era um comportamento normal no grupo. [33]

Falava-se muito em amor livre, mas não era uma coisa assim muito à vontade. Em geral, falava-se mais do que se fazia. [21]

Conosco do Dror acontecia mais ou menos como em alguns países em que, em diversos momentos da vida, as pessoas "namoram", depois "se juntam" e depois se casam; como nos Estados Unidos, enquanto se está no *college*, se brinca: *dating*; na pós-graduação: *going stead...* [17]

Com relação às *chaverot* que se envolviam nesse tipo de relacionamento *mais livre*, a reação mais comum dos companheiros que desconfiavam ou sabiam de algo era um tanto ambígua: ficava entre o respeito pela individualidade alheia, na medida em que ter um comportamento sexual mais liberado era ideologicamente aceito, e a desaprovação velada.

[Algumas] moças tinham experiências mais avançadas naquele tempo, não eram muitas. Dentro do Movimento, elas eram vistas de maneira normal... mas é claro que havia fofocas...: "a fulana fez isso e isso..." Não havia uma repressão. Mas a sociedade não muda de um dia para o outro e, é claro, que a tal fulana era chamada de galinha e que se sabia quem das moças era "mais livre" e quem não era, mas não era uma questão de se discriminar a moça ou de expulsá-la por causa disso. [4]

Sobre o grau de intimidades físicas dos casais de namorados constituídos e reconhecidos (um relacionamento não passageiro), boa parte dos depoimentos afirma que *o mais comum* era não se ultrapassar o limite imposto pela *necessidade* da manutenção da virgindade feminina. Muitos destes casais (incluindo importantes líderes do Movimento) chegaram a se casar oficialmente antes de ter sua primeira relação sexual completa. Alega-se a impossibilidade de romper definitivamente com a moral familiar pequeno burguesa e/ou judaica dominante no meio mais amplo em que se vivia, pelo menos enquanto ainda se estava no Brasil.

Nós só falávamos [sobre o amor livre], mas [não praticávamos] eu não dormi com minha mulher antes do casamento. Muitas coisas ditas eram só blá, blá, blá. Nós não fazíamos. Os jovens de hoje, sem falar, fazem muito mais do que isso. Casei com minha mulher virgem, como uma boa parte dos meus amigos de Bror Chail. Uma coisa era falar sobre amor livre e outra era viver na realidade da sua família, daquele ambiente de "gueto judeu" (...). Não se pode esquecer que cada um voltava para sua casa [depois de cada dia, de cada atividade no Movimento]... Nós éramos jovens e muito inexperientes... [3]

Alguns arriscam dizer que, no Movimento, os relacionamentos eram *mais avançados* do que seria, na sociedade e na coletividade judaica, o moralmente aceito para (e praticado por) namorados filhos de famílias de classe média, mantendo, entretanto, a virgindade feminina. Os sinais desse avanço drorista estavam não só no modo como se agia, mas, principalmente, no modo como se pensava: pelo menos em tese, aceitando o amor livre, esperando que ele existisse nos *kibutzim*, concordando que as mulheres devem ter em tudo direitos iguais aos dos homens etc. Outros, entretanto, não consideram tais posicionamentos tão relevantes, já que, na prática, segundo eles, não havia tanta diferença entre o que ocorria entre os sexos dentro e fora do Movimento.

A minha memória do Movimento diz que nós estávamos muito ocupados com coisas muito grandes – pegar uma sociedade e levá-la de um lugar para outro; isso é uma tarefa gigantesca – e todas essas coisas sobre relações entre indivíduos (homem e homem, homem e mulher, sentimentais, intelectuais) se desenvolviam numa base extremamente normal, em que não havia desproporção nem de um lado nem de outro. (...) Havia aqui e lá um rapaz e uma moça que tinham relações (mas eu estou absolutamente certo que também na sociedade burguesa havia rapazes e moças que tinham relações; não transformavam isso em um princípio, mas eu não acredito que houvesse grande diferença). O amor livre existia como princípio, mas na prática, pelo quanto eu me lembro, não. Era um assunto, claro. Num grupo de pessoas com vinte anos de idade como não ser um assunto? [11]

Nem tanto ao céu (o moralismo), nem tanto à terra (o amor livre versão radical), as relações monogâmicas estáveis que prescindiam da virgindade feminina e incluíam o sexo existiram sim no Dror entre rapazes e moças acima de 18 anos. Tais relações eram comuns? As respostas variam. A maioria delas afirma que *não*. Os motivos? *A grande força da moral dominante na sociedade da época...* respondem hoje muitas vozes. Nem todos concordam.

273

Falava-se em amor livre, mas ele não era muito praticado, [porque] o meu grupo era restrito e não havia tanta possibilidade de escolhas de parceiros. A liberdade, até sexual, era a lei (...) como éramos contra os preconceitos, não ligávamos para o papel (havia piadas de que, em certos *kibutzim*, não se sabia de quem eram os filhos; não era verdade, quando nós chegamos em Israel até achamos tudo muito conservador). Se, no grupo, [o amor livre] era praticado, não recebia o estigma de pecado. (...) Não havia rigidez ou pureza de costumes. Não sei dizer ao certo se os namorados tinham relações sexuais, provavelmente sim. [6]
O amor livre era utilizado pela maioria. Era praticado. Ah... sim, a gente era muito liberado... tanto que eu não me casei virgem, porque todas éramos muito liberadas para a época.
"O que significava isso?"
Ah... quero dizer, se transava. Imagina isso em... quantos? 1950? Em 1950, você transar livremente era realmente o máximo, muito avançado!
"E como isto era visto pelas outras pessoas do grupo"?
Normalmente. No grupo era normal. (fora do Movimento claramente não era.) Sabia-se quem era *bachur* e *bachurá* de quem...
"Dentro do Movimento era uma coisa sabida que os namorados transavam?"
Exatamente, era tranqüilo. Justamente, havia essa possibilidade de [um casal de namorados] viver junto sem estar casado, que era uma coisa muito avançada para 1949, 50, mas não havia promiscuidade...(...)
"O amor livre era monogâmico?"
Era, ah... sim. Era muito sério... não era leviano. Havia um compromisso etc. e tal. Existia essa questão de fidelidade... claramente. [10]

Os casais procuravam manter sua privacidade não se expondo demais em assuntos de sexo numa tentativa de resistir à interferência excessiva do coletivo e de preservar, para todos os efeitos e na medida do possível, a reputação da moça envolvida. Vários *chaverim* que alimentavam relacionamentos sexualmente mais íntimos tentavam ser discretos em suas posturas e comentários em público, mesmo quando o fato de serem *bachur* ou *bachurá* (o namorado ou a namorada) de alguém era de conhecimento geral e recebia a aprovação do coletivo.

Comecei a namorar minha primeira mulher no Movimento, com 21 anos... e eu tinha relações com ela muito antes do casamento. Nós escondíamos, porque, naquela época, os valores sociais achavam que ter relações era uma coisa inconcebível antes do casamento, era preciso manter a virgindade e todos aqueles tabus... a verdade é que nós dois mandávamos os tabus às favas e tínhamos relações (é verdade que cada vez era um sofrimento, porque o medo da gravidez era um terror)... a gente se gostava muito e nós éramos jovens... nossa relação foi muito sincera e real, acho que tínhamos maturidade suficiente para entender que, se era para termos relações, era para ser um com o outro e só, não havia nem necessidade de conhecermos outras pessoas. [5]

Certos rapazes e moças, namorados, chegaram a morar juntos, ainda antes do período de *hachshará*, vivendo como um casal. Mira e Davi, Nair e Aron, no início e no final da década de 1950 respectivamente, foram alguns dos casos mais notórios, mesmo porque eram militantes integrais, cujo "quarto" ou alojamento era pago pelo Movimento – um dos sinais mais evidentes de que jovens não-casados que mantinham relações sexuais encontravam espaço e aceitação no Dror. (Somente os *chaverim* bem mais jovens não sabiam da existência de tal situação; procurava-se evitar comentários com os garotos considerados distantes ainda da idade de compreender essa *ousadia*.) Casais como esses, raros, provocavam, sem dúvida, a admiração dos companheiros.

Mira e Davi, por exemplo, receberam a solidariedade do Movimento quando a garota brigou com os pais e resolveu viver com o namorado. O casal tornou-se uma referência de comportamento revolucionário, por assumir integralmente sua condição num ato que, até hoje, recebe adjetivos: *heróico, maravilhoso, extraordinário*.

Aron, que com sua namorada, anos mais tarde, seguiu o mesmo caminho, demonstra ressentimento pelas *críticas indiretas* que recebeu de companheiros seus na ocasião: *o que não era de se esperar, porque, afinal de contas, havia todo um discurso a favor do amor livre.*

De um modo ou de outro, esses casos excepcionais confirmam a idéia da dificuldade dos *chaverim* de romperem eles próprios, concreta e explicitamente, com determinados valores sociais ligados à sexualidade e gênero. Isso também esclarece a atitude de outros casais que optaram por viver juntos, nos períodos em que atuavam como *sh'lichim* em outras cidades, sem fazer tanta publicidade de sua co-habitação entre os companheiros e muito menos entre os familiares.

eu não creio que muita gente (...) teve a coragem de viver verdadeiramente com a sua companheira, ou com seu companheiro. (...) [porque] a gente ainda tinha muito medo... por um lado a casa burguesa, por outro lado o ambiente cristão católico... a gente cresceu ao lado disto tudo... quero dizer, você dizia uma coisa, mas a tua formação era bem católica, era bem burguesa... se falava em amor livre, mas os da nossa geração, eu acho, mais falaram de amor livre do que fizeram amor livre. [14]

Grande parte dos casais de namorados reconhecidos e mais duradouros, a maioria segundo se depreende dos depoimentos (incluindo os que viveram juntos), acabou constituindo família tempos depois, em Israel ou no Brasil.

No fundo, eu acho que o leite que se tomou em casa paterna era tão burguês, era tão forte a idéia de que "o rapaz era responsável pela moça [com quem teve relações]", que acabava acontecendo que todo mundo se casava. (...) houve alguns casais que viveram juntos antes do casamento, mas todos se casaram... e constituindo família, tendo filhos e tudo. [14]

Entretanto, também houve casos de moças que, tendo deixado de ser virgens com um determinado namorado reconhecido como tal pelos companheiros, passaram a ter relações com um segundo...

Não era uma coisa muito comum, mas se formavam casais no Movimento, transavam, depois desmanchavam, aí entrava outro [relacionamento]... era assim meio escandaloso quando se desmanchava um namoro e começava com outro... se achava aquilo meio esquisito, porque como o pessoal era muito "caxias", tinha aquela idéia de fidelidade (coisa de crente). [26]

Trocar de namorado também não era uma coisa muito complicada em termos morais. Havia os sofrimentos de cada um pelos rompimentos (sofrimentos que haverá sempre, eu acho)... dava-se palpites, havia fofocas, tudo isso que se presume que um ser humano tenha, tinha lá também por mais idealizado que fosse. (...) Uma cobrança social para a contenção sexual não havia no Dror, ou melhor, havia menos. [20]

Porém, se os relacionamentos fossem concomitantes...

... quando acontecia de uma moça que namorasse um transasse com outro saía um pau desgraçado, embora, intelectualmente achássemos que a propriedade do homem sobre a mulher e vice-versa era uma idéia burguesa. [5]

Casamentos de *chaverot* com o *segundo* namorado também ocorreram e foram bem aceitos pelo grupo – o que é bom ser destacado, pois, nessa época, muitas mães atemorizavam as filhas diante da impossibilidade de serem aceitas por um outro homem que não o que as desvirginou: *"laranja chupada ninguém mais quer"*.

Depoimentos mencionam, sem detalhes, até um caso de aborto envolvendo uma companheira do Movimento.

Pode-se dizer que, para muitos, a história pessoal e a personalidade individual tiveram uma força superior a do Movimento no conteúdo das práticas sexuais (não no discurso). Isso explicaria alguns casando-se com virgens e outros desvirginando e não se casando; uns sexualmente contidos e outros amando livremente. Nesses casos, o judaísmo e o socialismo droristas não foram suficientes para redesenhar o comportamento individual.

Enfim, pode-se dizer que a conduta sexual foi relativamente diversificada entre os *chaverim* solteiros, acima de 17 anos, tomados em conjunto. Será que, como afirmam enfaticamente uns e outros, a maioria esmagadora das moças que permaneceu no Dror casou-se mesmo virgem, que as relações sem compromisso eram tão raras que praticamente inexistentes ou que, na verdade, a exigência da virgindade para as solteiras caiu por terra nas relações entre rapazes e moças no Dror? Não há estatísticas relevantes ou números confiáveis para se saber ao certo qual o comportamento sexual predominante no Movimento.

Entretanto, é correto afirmar que o Dror aceitava institucionalmente que pessoas não oficialmente casadas mantivessem relações sexuais e até morassem juntas – isto, dentro do Movimento, ao contrário do que ocorria na sociedade mais ampla, não era considerado um comportamento transgressor. Por outro lado, a posição liberal drorista (que tanta ênfase colocava na liberdade individual e na possibilidade de realização sexual plena, sem limitações e *hipocrisias burguesas*) era contrabalançada e, mais, restringida pelo recato sexual, a discrição e um determinado moralismo dos *chaverim* frutos da educação familiar, das normas da sociedade mais ampla, do medo de gerar um filho (sem desejar ou ter condições para criá-lo) e do ascetismo imposto pela vida de militância intensiva (ascetismo no sentido de que as gratificações, nas quais se incluem a vida sexual e afetiva, eram freqüentemente adiadas em nome dos deveres e responsabilidades para com o grupo e a vida "de casal" possível de ser construída no Brasil, fazendo parte de um movimento como o Dror, era materialmente precária e assumidamente provisória; aliás, toda vida deles na Diáspora era considerada de transição, a realização pessoal seria no *kibutz* em Israel).

Casamentos no grupo

A proximidade da *aliá* e da vida adulta parecia também aproximar rapazes e moças no Movimento. Casais de namorados surgiam e relacionamentos existentes se consolidavam na época de entrar para a Hachshará ou já no tempo de permanência neste *kibutz* experimental. Não que todos encontrassem parceiros: na verdade, não havia tanta possibilidade de escolha entre pessoas de idades próximas, pois os grupos eram relativamente pequenos; pode-se imaginar as limitações de se achar um par num grupo de tamanho equivalente a uma ou duas classes de colégio... Muitos *chaverim* deixavam para depois o tempo do namoro por absoluta falta de alguém de seu interesse. Outros, simplesmente, não queriam se comprometer tão cedo. Por outro lado, com a perspectiva da emigração, desenvolvia-se uma certa insegurança diante da possibilidade de iniciar uma nova vida sem parceiro e algumas pessoas abriam mão do seu "tipo ideal" ou de *casar por amor*, em favor de mitigar o sentimento de solidão. Concorria com esta atitude o fato de que a necessidade de se profissionalizar para depois se casar não se colocava. Cada *chaver* tinha a convicção de que, na nova sociedade, ele não teria que se preocupar com comprar uma casa ou organizar um grande enxoval: ao coletivo estaria destinada a tarefa de zelar pelas questões econômicas. Assim, era freqüente, que, após uma convivência satisfatória e o surgimento de uma afinidade sexual considerada adequada pelo par, acabasse ocorrendo (aos 19, 20, 21 anos de idade) o casamento formal. Como se dizia, *já que é para se ficar juntos, que mal há em agradar a família? Ela ficaria mais tranqüila no Brasil*, não se preocupando tanto com a *ovelha perdida* ou, pelo menos, distante.

[Dizia-se que] o casamento não era um valor tão grande, entretanto, todos os casais que entraram na Hachshará casaram-se direitinho, com papel oficial... (e acredito que esses casais que chegaram a se casar pudessem ter tido relações sexuais antes...) [6]
Uma moça solteira sair do Brasil e ir para Israel, um lugar estranho, era uma coisa de que as mães não gostavam muito, então, as moças que já tinham namorado casavam-

277

se depressa e iam casadas (e, geralmente, depois, isso não durou). (...) No segundo semestre da Hachshará foram formados mais dois casais que se casaram na última hora... [22]
Com 17 ou 18 anos, eu fui para a Hachshará. Lá eu conheci melhor o [...] e fiquei noiva dele... (...) meus pais disseram o seguinte: "Você faz a viagem casada." Eu já estava na Hachshará, mas, claro, eu "morava" na casa dos meus pais. Então, a gente se casou num casamento feito tudo em ordem, minha mãe comprou as coisas, eu fiz o baú (com coisas muito simples), mas com cerimônia na [sinagoga da] CIP... direitinho... [26]

Os depoimentos lembram muito que o conjunto de fatores acima mencionados somado à facilidade como a um casal era entregue um cômodo separado na Hachshará (e depois no *kibutz*), propiciou, talvez em excesso, a formação de casais, muitos deles heterogêneos demais, *inadequados, trágicos*. Isso iria implicar em desilusões e rompimentos que ocorreriam com grande intensidade posteriormente, ou casamentos bem *pequeno burgueses*, em que companheirismo, idealismo e relacionamento criativo dariam vez a relações puramente formais e mornas, mantidas mais à custa de *chantagens mútuas e pretensas responsabilidades* dos casais sobre os rebentos produzidos em *momentos de fraqueza*.

Filhos, aliás, não eram bem vindos no período da Hachshará, pois esta não estava instrumentalizada para comportar bebês (*nós não tínhamos estrutura para casais e crianças, mal tínhamos estrutura para nós mesmos...*). No único caso que me foi relatado, o grupo recebeu muito mal o casal (*foram punidos com o nosso desprezo*). Talvez, por isso, noutro caso, em que a mulher engravidou antes de o casal entrar no *kibutz* experimental, optou-se pela *aliá* direta, sem estágios preliminares. De resto, já se observara que os casais que haviam ficado no Brasil mais um tempo, por razões de estudo ou outras, com o nascimento dos filhos, desistiam da *aliá*. Enfim, *filhos sim, mas não já*. Que os novos homens e mulheres nascessem na Velha Nova Pátria.

Havia uma grande dose de ingenuidade dentro do princípio de que o casamento não é importante... funcionou enquanto estávamos aqui no Brasil e éramos um grupo amplo, mas quando o *garin* chegou ao *kibutz* e viu que, de fato, cada casal vive na sua casa e a vida começa a ser familiar, igualzinho como na vida burguesa (não foi uma decepção para nós, mas uma realidade a ser enfrentada), certas considerações começaram a pesar... Para mim, aquele modo de vida – só trabalhar e conviver com amigos – passou a não satisfazer mais. Vi que o *kibutz* não é exatamente dançar e cantar todas as noites. (...) no *kibutz*, um rapaz ou uma moça sente-se só à noite. Uma vida em grupo, para os jovens, pode ser que seja capaz de absorver as 24 horas do dia, mas, com o decorrer dos anos, depois de um certo momento, a vida em grupo não consegue preencher mais essas 24 horas. Essa reflexão fez com que várias pessoas começassem a se voltar para si mesmas e pensar em sua vida pessoal também, e o casamento faz parte dessa vida. Como o meu, houve vários casos desse tipo em que a pessoa acabava saindo do *kibutz*, rompendo com o grupo, para se casar... [6]

Indivíduo e coletivo

Não deve haver conflito entre realização pessoal e interesse coletivo; é possível aliar interesses particulares aos do grupo social ao se abraçar o ideal pioneiro. Estes eram pontos fundamentais na ideologia drorista. Como seria então a convivência dos indivíduos com o coletivo no Movimento juvenil? Alguns *chaverim* produziram textos escritos procurando responder como compatibilizar os interesses individuais com os do grupo. Um deles apelava para o "raciocínio" afirmando a necessidade da união entre indivíduo e coletivo para a realização da idéia *chalutziana, uma luta que se faz em conjunto com todas as forças que surgem no seio da classe operária e que forma o exército mundial da Revolução*; assim, conclui-se, o coletivo não são só os companheiros do Movimento, são os trabalhadores do mundo – como duvidar de tal potência? Como não acompanhar tanta gente?[70]. Um outro texto apresentava uma "solução prática": a discussão sincera, com boa vontade de lado a lado, é capaz de resolver situações em que *nossos receios nos impedem de aceitarmos a solução do coletivo com coragem e coerência ou que o coletivo está sendo leviano ou muito radical*[71]. Uma terceira via explicava o (*falso*) conflito entre indivíduo e Movimento pelas dificuldades pessoais em romper com as heranças do meio social de origem, passíveis de superação por meio de *força de vontade e disposição pessoal*; manter-se no Movimento, então, torna-se uma questão de caráter, os que se afastam são tidos como fracos, medíocres, acomodados. Deste ponto de vista, as crises de certos militantes surgem porque eles são *socialistas intelectuais*, sujeitos não convictos de fato que, diante de qualquer obstáculo, se desiludem e abandonam a idéia, incapazes de agir[72]. E havia ainda a "solução" do adiamento de satisfações pessoais até o tempo do *kibutz*, quando, então, o sujeito poderia, após contribuir com sua cota para o bem comum, ter condições de tratar de interesses e atividades que lhe proporcionam maior prazer. Idéias como essas todas mediaram, com freqüência, as relações entre o *chaver* e o coletivo. Em muitos casos, entretanto, a ideologia não foi suficiente para proporcionar uma convivência harmônica entre as partes.

Chaverim mais convictos ou integrados foram capazes de empreender esforços e, por vezes, sacrifícios pessoais em função das idéias do Movimento encampadas também como suas.

Acho que, na época, eu era muito radical e convicto e que outros não o eram tanto assim. A turma que cuidava mais da parte educacional, por exemplo, se preocupava mais com os problemas dos indivíduos. Para mim, o indivíduo era uma preocupação pequeno burguesa, era como se preocupar com a própria barriguinha sem prestar atenção aos problemas do mundo. [13]

Eu acreditava piamente nos valores do Movimento, (e hoje eu vejo que muita gente não acreditava tanto...) eu evitava ao máximo a transgressão (havia meninas que botavam batom, teve gente que foi flagrada dançando no carnaval... isso era transgressão.) O Movimento se mostrava como uma possibilidade de realização individual através do coletivo: ir para Israel e viver no *kibutz* fazia o indivíduo se realizar individual e socialmente (...) eu era totalmente integrado no sentido do coletivismo, eu anulava tranqüilamente a minha personalidade, coisas de que eu gostava etc. e tal, em função do Movimento e achava que militância era isso. Eu sequer pensava estar perdendo alguma coisa, achava que é esse o papel de alguém que está numa atividade de militância, e era isso o que eu me propunha, portanto eu não sentia que estava sendo invadido em minha individualidade (a não ser quando eu fui para Belo Horizonte e comecei a levantar os questionamentos que me levaram a sair do Movimento. Até então, eu era um militante sério, empenhado, aguerrido e que acreditava mesmo naqueles valores.) (...) A militância é uma prática política determinada por um conjunto de pessoas do qual você faz ou não parte... essas coisas determinadas nunca vão ser o seu pensamento, na melhor das hipóteses, elas vão sofrer a influência de uma série de outras pessoas também; é como ir ao cinema em turma: você não vai necessariamente assistir o filme que você quer e ir depois à pizzaria que você tem vontade, a não ser que você seja muito autoritário, do contrário, você vai acabar assistindo um filme que você não queria muito ver, mas acabou aceitando, e comendo um sushi em lugar de pizza; funciona assim, ou você topa sair em turma ou não. A militância é isso, é da militância ser assim. E isso para mim era uma coisa muito clara, eu cumpria airosamente minhas obrigações (do tipo, sexta-feira à noite, levar não sei que menina que morava na Casa Verde, então eu pegava o ônibus e ia levar essa *chaverá* até a porta da casa dela e depois tomava o ônibus de volta e ia para onde eu tinha que dormir – isso não era um favor pessoal, era uma obrigação de militância). Coisas assim você não questiona, se você começa a questionar muito você não age. Quando fui *shaliach*, o Movimento mal me dava dinheiro para eu poder pagar a pensão e fazer as refeições, eu vivia numa puta duma dureza, e era assim que funcionava, o Movimento era isso, a militância era isso... [27]

O indivíduo era parte de um grupo, e o grupo iria fazer aliá e ser parte de uma coletividade ainda maior. A palavra coletividade era o ápice. O indivíduo era uma parte da coletividade. O indivíduo não era o principal. [22]

No limite, a *chevrá*[73], o grupo e sua manutenção (a vida em comunidade), ganhava prioridade sobre as questões particulares; em caso de conflito, esperava-se que o sujeito abrisse mão de seus interesses em favor dos considerados os do grupo. Uma vez que decisões formais eram tomadas com a aprovação da maioria, o indivíduo tinha como dever acatá-las. Cada um tornava-se responsável pelo bem estar dos outros.

No balanço atual que fazem de sua participação no Movimento, muitas pessoas reconhecem a importância da preocupação social aprendida e cultivada no Dror, tendo ou não seguido exatamente os caminhos por ele propostos.

[O Dror] nos deu uma concepção de vida mais ampla, a idéia de uma missão no mundo que não se restringe a seu umbigo. Em alguns aspectos básicos da vida, continuo drorista. (...) Apartei-me do Movimento para continuar lutando pelo socialismo no Brasil. Mas meu destino também foi traçado em boa medida pelos quatro anos em que vivi no Dror. [Paulo Singer. depoimento e trecho de "Lembranças de um velho drorista", *Na'amat Brasil*, maio 1998.]

O Movimento me deu uma vivência que eu não tive em lugar nenhum e ao mesmo tempo ele me deu uma concepção de vida e uma escala de valores que eu preservo até hoje: o valor da igualdade e da responsabilidade social de cada um. (...) eu fiz muita medicina de graça, fiz o que eu pude... mantenho os princípios do Dror de respeito à pessoa humana. [7]

(...) a identificação com um movimento ou com uma idéia pode se expressar de outros modos que não a atividade política direta (...). Vivi no *kibutz* 40 anos (...) e, no *kibutz*, procurei como arquiteto dar forma física a uma idéia que abracei e que por muito tempo me fascinou: (...) a vontade de renovar o conceito do social (...), o conhecimento de homens e mulheres de extrema modéstia pessoal, mas grande dedicação e estatura moral, (...) a experiência de uma comunidade absolutamente solidária e capaz de reger autonomamente seus destinos, sem qualquer tipo de compensação material individual (...) e através de um mecanismo exemplar de democracia (...). procurei em minhas obras [arquitetônicas] ser fiel a esse espírito (...). [Vittorio Corinaldi. *Milão, São Paulo, kibutz e arquitetura*, Manuscrito, Israel 1999.]

A preocupação política e o sentimento de solidariedade adquiridos inicialmente no Dror foram a principais influências que afetaram a minha vida a partir daquela época. Esteve em tudo o que eu fiz... no meu trabalho de jornalista, nas posições que tomei... [contra a ditadura militar... nas coisas que escrevi sobre a época da repressão no país, os nossos "anos de chumbo".] [18]

A idéia e o sentimento da responsabilidade coletiva foi uma coisa muito importante do Movimento para mim. Sem dúvida, um bando de jovens – cada um com suas intenções pessoais, procurando resolver seus problemas íntimos (...) – de qualquer forma eram pessoas todas extremamente generosas, porque se propunham a resolver o problema de um povo. Claro que, nessa história toda, havia muita arrogância, muita ingenuidade, mas havia uma generosidade muito grande (minha admiração por isso continua) e essa generosidade, para quem foi sensível, tocou. Algumas pessoas, eu acho, ficaram com a exterioridade do Movimento e outras com as coisas mais profundas, mais sensíveis. E, para mim, a mais importante destas é essa noção de coletivo, de que você tem que lutar pelo conjunto de alguma forma, e, se você dispõe de instrumentos que os outros não dispõem, você tem que ser a voz dos que não têm voz. Isso foi a coisa mais importante que sobrou do Movimento para mim e mexe comigo até hoje. (O Movimento me ajudou a ter uma visão menos egocêntrica, uma percepção de conjunto, de fazer parte de um coletivo.) Quando eu sento para escrever um artigo [de jornal] hoje, por exemplo, eu não estou dizendo simplesmente "eu penso isso", eu quero ver se eu consigo ser a voz de um monte de gente, ajudar as pessoas. Eu gostei de ser professor durante muito tempo, porque ser professor também é isso, sentar junto com as pessoas, ensinar, fazer com que elas cresçam. Eu acho que o Movimento organizou a minha generosidade. [27]

Muitos, no entanto, mesmo concordando com os princípios ideológicos do Movimento, na época, viveram dramaticamente o conflito entre os compromissos assumidos com o coletivo e questões mais pessoais tais como responsabilidades familiares (cuidar de parentes doentes, por exemplo), apelo da vocação profissional, amor por alguém que não podia acompanhá-los à Israel ou dificuldades psicológicas diante da idéia de emigrar (freqüente e poderosa entre os já que haviam perdido o contato com suas raízes uma vez). Nesses casos, os rompimentos com o grupo, quando ocorreram, foram dos mais difíceis e a "reintegração" ao Brasil e à vida cotidiana que tanto o Dror criticava foi, em geral, um processo lento e doloroso agravado, muitas vezes, pela perda dos amigos e o peso da pecha de fraco ou traidor. Alguns até se convenceram de que a *hagshamá* havia sido apenas postergada, entretanto, o tempo, os novos compromissos e reflexões posteriores enterraram de vez tal plano de vida.

Há momentos em que o coletivo realmente tem que prevalecer, porque não tem outra saída também, e o individual tem que entrar em plano secundário. E há momentos em que o individual deve prevalecer sobre o coletivo. Então, é preciso ver o que está se vivendo em cada situação. E eu tive essa percepção já naquele tempo! Não tão clara assim, mas alguma coisa me dizia que, por exemplo, eu ser qualificado de traidor era muito fácil, entretanto, eu vivia uma situação em que eu tinha uma mãe realmente muito doente e um pai que estava cambaleando e não me sentia [seguro para fazer *aliá*] (...) [5]

Algumas pessoas, embora convictas da necessidade de justiça social e de salvação do povo judeu por meio do estado judaico, sentiram a interferência do coletivo em suas vidas como um peso excessivo e incômodo. Inconformados com isso, certos *chaverim* chegaram a abandonar o Movimento.

O que eu não gostava muito era – já naquela época – daquela história de "o grupo manda", como "o partido manda"... tinha um pouco disso... eu me lembro na época da eleição [o grupo se reuniu para decidir em quem votaríamos] (...) eu sempre fui um pouco contra esse tipo de atitude, acho que não poderia viver em nada assim tão estruturado. (...) aos 17, 18, acho que comecei a me afastar um pouco quando eu comecei a sentir que [havia imposições]... algumas pessoas me disseram: "Decidimos que você vai passar a ser *madrichá* de um grupo de crianças...", e eu falei: "Decidiram como? Sem falar comigo?" (eu era um pouco assim.) Eu me lembro da frase: "O Movimento está em primeiro lugar." Mas para mim não! Começou a haver uns pequenos problemas desse tipo... e quando [outros interesses foram tomando um espaço cada vez maior na minha vida, saí do Movimento] (...). [20]

Na prática, realmente, o coletivo mandava muito... as idéias eram discutidas no coletivo e depois você tinha que se adaptar àquilo que o coletivo dizia para você fazer. Era muito complicado (...) era fazer tudo junto e viver em função do grupo. (...) Não havia lugar para a realização pessoal, só às vezes, mas dentro dos quadros do Movimento (ser chamado para ser *madrich* ou fazer parte da *Maskirut*) (...), pois todo aquele negócio lá da Lapa tirou um monte de gente das escolas... [e definiu o encaminhamento para o socialismo em Israel] (...) Foram três dias discutindo a proposta... discutindo inclusive os caminhos de cada um (hoje em dia eu me pergun-

to: que direito tinha o coletivo de escolher dois ou três nomes para serem diferenciados dos outros? Na época eu não fiz esse questionamento e ninguém mais fez). (...) Minha idéia, no início, era aliá, mas eu sempre tive dificuldades com essa parte da socialização... era uma coisa muito difícil para mim, porque eu não conseguia dividir todos os meus pensamentos. Na parte ideológica, tudo bem: eu achava que eu tinha que ser uma pessoa socialista (...) Eu me afastei do Movimento por causa da manipulação muito grande, sentia-me manipulada por esses princípios "muito importantes", porque era um pessoal que radicalizava muito... (...) Quando eu saí, depois, eu cheguei [à conclusão de que lá se fazia uma lavagem cerebral e uma manipulação do indivíduo pelo coletivo] (...) [10]
Eu achava pobre aquela forma de juntar as pessoas, principalmente adolescentes, e expor algum desdobramento de minha atuação para ver o que o grupo acha. Para mim, o grupo não tinha que achar nada, mas, dentro daquele contexto, o grupo tinha que achar tudo, e a minha e a sua conduta deveriam ser condizentes com os valores do grupo. (...) Fiquei no Dror até os 16 anos de idade, mas sempre com uma postura crítica, desde o momento que eu consegui entender que, quando eu escolhia algo, eu sempre tinha que debater em cima da minha escolha. Onde estava minha liberdade? Por que eu tinha que sofrer a pressão de um grupo? Por que eles sabiam mais do que eu na construção do meu destino? Eram coisas que me incomodavam muito... [28]

Fazer valer suas idéias (a não ser em pontos pacíficos preestabelecidos) também dependia da capacidade de convencimento de cada um.

Nós desenvolvemos um senso agudo para as características humanas e uma capacidade afinada para o julgamento pessoal. (...) Foi no Movimento juvenil que eu aprendi a pensar propriamente, a me expressar, a comunicar convincentemente com os outros e, last but not least, a liderar. (...) [Eviatar Friesel. *The days and the seasons,* Detroit, Wayne State University Press, 1996.]

Ficava a cargo de cada um, dentro do ideal coletivista, criar também seus espaços de desenvolvimento pessoal. Em alguns casos, o coletivo era visto de forma ambivalente, como apoio e proteção (uma *fraternidade*) e como uma ameaça à individualidade, quando, por exemplo, invadia a "privacidade" da vida dos casais ou nivelava as necessidades dos seus militantes. Houve quem, só pela "amostra" de coletivismo tida no Dror, desistisse de viver no *kibutz*, imaginando que não conseguiria compartilhar o tempo todo bens, conquistas e intimidades.

Se para mim a vida comunitária apareceu como um sacrifício? Apareceu, porque eu iria ter que abrir mão de algumas coisas. (...) No Movimento juvenil, as coisas eram do Movimento juvenil. Mas quando eu comprei a minha primeira vitrola e comprei um baita de um disco, *Aída* de Verdi, eu falei : "Esse disco é meu" —então surge o primeiro conflito: você querer ter alguma coisa que é tua e [ter que dividir tudo] (...) era um sacrifício... porque eu começava a conquistar alguma coisa com o meu esforço... [29]

Por outro lado, no Dror, viver coletivamente não era só questão de convicção, era também um aprendizado.

O coletivismo era sim um valor no Movimento (...)... era uma coisa muito forte e eu me lembro de achar muito legal. (...) na primeira *machané* a que eu fui, eu levei chocolate na mala; mais tarde eu fui ver e não tinha mais o chocolate... alguém passou, examinou todas as malas e levou os chocolates todos. Eu achei muito correto. Não fiquei nem um pouco zangada. (...) nunca me senti sufocada pelo grupo, de jeito nenhum, pelo contrário, era muito bom pertencer ao grupo. No grupo, era muito bom, eu me sentia muito segura. (...) era um espaço para a individualidade, apesar do coletivo. Além disso, lá se aprendeu solidariedade (...). [18]

Desde cedo, os *chaverim* eram treinados nesse sentido. Com o tempo, esperava-se que soubessem viver com cotas restritas e igualitárias.

Num grupo que dava tanto valor ao coletivo, era difícil a coexistência de vozes muito dissonantes e graves comportamentos desviantes. Como já foi dito, quem destoava muito saia; ou por não encontrar espaço e sentir-se marginalizado, ou por fazer algo tão sério que justificasse uma expulsão aos olhos do Movimento. Pequenas transgressões que iam de encontro ao ideal coletivista, como roubar doces nos acampamentos, praticadas pelos mais novos, eram reprimidas quase paternalmente pelos *madrichim* (com intuito educativo), e significavam, mais que um questionamento do ideal, um ligeiro desafio à autoridade e uma brincadeira inconseqüente.

Desvios de rumo

Ao longo de todo o livro, tratando de assuntos diversos, vamos também tendo uma idéia das diferentes trajetórias das pessoas no Dror; as motivações, as participações como educando e educador, as formas de militância e convivência, as carreiras no Movimento, as justificativas para permanecer ou abandonar o Dror.

A respeito destas últimas, podemos apenas tecer considerações e tirar conclusões limitadas. Explico: muitos depoimentos, especialmente de pessoas que viveram muito tempo ou ainda se encontram em Israel, insinuam que o abandono da utopia tenha tido motivações pessoais inconfessas mascaradas por justificativas ideológicas ou familiares.

...cada um tinha que se justificar perante si e o grupo..., o [...] se justificou à maneira dele, o [...] também, porque chegava um momento em que cada um tinha que se decidir se fica ou vai e cada mente humana cria sua justificativa para não parecer covarde ao não ir... houve poucos que disseram "fico no Brasil porque aqui a vida me é mais fácil". [12]

Enquanto, no tempo do Movimento, costumava-se dizer que as debandadas eram um sinal de fraqueza ideológica (explicação ainda bancada por alguns), nos dias de hoje, com os estímulos à introspecção, também surgem (ou emergem) explicações de ordem psicológica. Não cabe aqui vasculhar tais motivações e sim, apenas confirmar a idéia de que as explicações dos atos passados também têm história.

Um olhar cuidadoso sobre os depoimentos revela, com clareza, que o ato de deixar o Dror não tem relação direta com o grau de participação do indivíduo na hierarquia formal ou na liderança do Movimento; grandes líderes, altos dirigentes, "indivíduos-promessa" selecionados para o *Machon*, foram capazes de abandonar o Movimento enquanto muitos *chaverim* sem maior projeção no grupo partiram convictos para Israel depois de seguir com os companheiros de *kvutzá* em todos os estágios até a Hachshará.

Tomando como referência as justificativas apresentadas nos depoimentos, os *chaverim* que passaram um tempo significativo no Dror saíam do Movimento no Brasil por uma ou diversas das seguintes razões:
– dar vazão a outras ambições profissionais e econômicas;
– querer *evitar os traumas e sofrimentos* de uma nova migração;
– optar pelo conforto material ou uma vida conhecida e previsível;
– motivos familiares (pressão contrária dos pais e/ou apego à família de origem, casamentos);
– *apego ao Brasil* (amizades, adaptação ao clima, identificação com a literatura, a música, o futebol, o *povo*...);
– brigas pessoais com outros *chaverim*;
– discordar do coletivismo e prezar muito a liberdade individual;
– incompatibilidades com o *rigor puritano* dos comportamentos;
– desencanto (no caso dos que conheceram a comunidade coletiva e o país quando ainda eram jovens militantes e residiam no Brasil), com o *kibutz*, com Israel ou com todas as expectativas *criadas pelo Dror* em seus *chaverim*:

... foi algo complicado para mim... um acontecimento diferente do usual e os amigos foram me perguntar por que eu quis sair: "Quando eu estava no *kibutz*, passava o dia colhendo tomate, a tarde, o meu saco estava muito mais cheio que o de tomates". Nenhuma explicação é mais honesta do que essa. Claro que, se eu quiser, posso dar toda a racionália, mas nada que importe. Foi essa a explicação que eu dei para todo mundo. Para a Agência Judaica, eu fiz uma crítica de como tudo tinha sido conduzido no Brasil: "...não era legítimo... toda a manipulação das pessoas, todo o jogo..." (...) Eu tive um rompante: quando tomei a decisão de sair, fui a Jerusalém procurar o diretor do Departamento Juvenil da Agência Judaica, expliquei meus motivos e comuniquei minha decisão aos meus companheiros. (...) Eu não lembro de ninguém ter me criticado ou tentado me fazer mudar de opinião, no máximo: "Você tem certeza?". Saí chorando do prédio e fui à pé chorando até a casa onde eles [os outros *chaverim* do *Machon*] estavam... e o pessoal me respeitou. (...) Eu saí sem romper nem com o *kibutz*, nem com Israel, nem com o socialismo. Eu rompi com o Dror. Depois desse dia do rompimento ainda fiquei mais quatro meses em Israel trabalhando com minha turma... conversei com os amigos... o *kibutz* não era para mim, para quem quisesse, tudo bem. Eu não tinha nada contra Israel (seria infantil ficar contra). Estava era contra o Movimento, porque o *kibutz* não era como ele fazia crer e também não era o caminho do socialismo como o Movimento dizia. Por isso eu me mantive socialista. E não tinha nada contra o *kibutz*... [17]

285

Vez por outra, havia os que levantavam questionamentos ideológicos relativos ao sionismo (a *necessária* aliá *das diásporas*), ao socialismo ou ao sionismo socialista (não ao estado judaico).

Para mim, foi um sofrimento sair, porque eu tinha um investimento emocional muito grande no Movimento e nas pessoas, que eram queridíssimas... Mas não tinha jeito. Eu me convenci de que aquilo tudo não fazia nenhum sentido, havia uma enorme auto-enganação na idéia de você estar redimindo os judeus ao ir para Israel (só teria sentido se todos os judeus acabassem indo para Israel, mas não havia indícios de uma emigração geral em curso). (...) A minha interpretação era essa: "se você é um judeu convicto e não quer que os valores judaicos se percam, é melhor você ir para Israel." A lógica é você ir para lá, viver no teu país, deixar de ser uma minoria para ser parte da maioria. (...) Mas eu não era um judeu convicto dos valores judaicos. O meu sionismo era um sionismo político pouco espesso. A minha convicção socialista era muito superior. Na verdade, eu me considerava sionista por causa do Holocausto, (...) e eu não era sionista até entrar no Dror... [13]

[Minha saída do Movimento] foi um processo gradual (...) [depois de voltar do Machon] eu avisei a moçada: "vou estudar, tenho quatro anos de faculdade pela frente...". O meu primeiro ano de faculdade já foi um início de afastamento. Para mim estava claro que o meu caminho [de *aliá*] eu iria seguir. (...) Mas eu não queria ir para Bror Chail, especialmente depois de ter passado quatro meses lá. (...) Depois que me formasse, iria viver em Israel, como de fato fui. Morei em Jerusalém. (...) "Quando você deixou de ser socialista?"
Acho que deixei de encarar a possibilidade de viver num *kibutz* em algum momento da faculdade. Eu senti que havia uma certa incompatibilidade entre a visão de um administrador de empresas formada na faculdade, que tinha uma concepção [mais científica] da economia, e uma visão tão romântica quanto a socialista. (...) Eu acho que não teria adquirido uma série de preconceitos se não fosse o Movimento (...), ao invés de você alargar sua visão de mundo, você a estreitava. [33]

Quanto mais o tempo ia se distanciando do fim da II Guerra, mais o apelo emocional ia se afastando e eu conseguia refletir com mais clareza sobre o Movimento. (...) Me incomodava basicamente a idéia de que a única saída do povo judeu era viver em Israel e dentro de um *kibutz*. Em primeiro lugar, eu achava que não tinha que ser dentro de *kibutz* apenas. Em segundo lugar, que não tinha que ser necessariamente em Israel. E em terceiro lugar, eu achava que talvez nem tinha que permanecer o povo judeu... eu comecei a desenvolver algumas idéias: "Por que que precisa de 'povo judeu'? No final das contas, talvez não precise de povo nenhum, já que a humanidade é uma só." (...) Eu já pensava nisso aos 18 anos com certeza absoluta. Eu me lembro perfeitamente de conversas que eu tive em Belo Horizonte [onde estava como *shaliach* do Dror] com pessoas não-judias: quando eles me perguntaram o que eu fazia lá, eu respondia que fazia parte de um grupo judaico, mas nunca explicava muito bem... e eu lembro que eu falava: "Você é mineiro? O que é ser mineiro se a humanidade é uma só?"... Eu começava a ter essas idéias de uma "humanidade mais ampla"... [27]

Pode-se dizer que certos questionamentos relativos à doutrina ideológica ou aos limites da liberdade individual foram uma espécie de efeito colateral indesejável alimentado pelo próprio Movimento que incentivava leituras, enviava militantes para estágios em Israel e defendia, como princípios, a liberdade de pensamento e escolha. (Enquanto minava os laços do *chaver* com a Diáspora, podia também estar comprometendo sua ligação com o próprio grupo.) Por outro lado, o ambiente para dúvidas, no Dror, era bastante desfavorável (especialmente na fase em que as idéias estavam mais cristalizadas) na medida em que se encontrava poucos interlocutores dispostos a questionar os pontos básicos da militância e que o *chaver* era levado a travar embates com sua própria consciência.

Em parte eu gostava e sentia orgulho de ser *madrich* (...), sabia que estava lutando por uma causa. Mas, eu tinha também uma certa sensação (não muito clara) de desperdício de talento intelectual, porque era um trabalho um pouco repetitivo, linear, em que você tinha que jogar para baixo a reflexão teórica. O trabalho do *madrich* não era um trabalho com contradições, não dava para discutir muito, porque o objetivo era doutrinar. E eu discutia comigo mesmo, questionava muito aquelas coisas que a gente ensinava. Porém, ao conversar com meus companheiros, não sentia uma receptividade, naquela época, ao que eu dizia. Às vezes eu levantava algum problema e eles diziam: "Isso aqui é assim mesmo, é isto que tem que ser ensinado"... ninguém estava muito disposto a discutir. Eu tinha sempre a sensação de que as pessoas iam com a valsa e não queriam parar para a música para saber se aquela era a que tinha que ser tocada. (...) quando eu saí de São Paulo, eu questionei realmente a ideologia do Movimento. Porém, era uma coisa contraditória: eu questionava racionalmente, mas nutria um sentimento de culpa por estar questionando e me perguntava se eu não estava fugindo da luta, se eu não estava com medo. Se tanta gente largava das coisas para ir para Israel tirar leite de vaca, botar merda nos campos ou guiar um trator no meio do deserto – o máximo da idéia romântica – como eu questionava isso tudo? Será que eu não estava tendo uma atitude burguesa? Eu tinha muito medo de ter uma atitude burguesa. (Talvez eu tivesse saído até um pouco antes do Movimento se não tivesse tanto medo de assumir uma atitude burguesa.) (...) Eu me culpava por questionar e me perguntava se, no fundo, eu não tinha era desprendimento suficiente para largar tudo e sair lutando pelos ideais em que acreditava. (...) A dificuldade dentro do Movimento não era só não poder discutir isso com os meus *chanichim*, mas também, e principalmente, não poder discutir isso com os meus próprios companheiros da minha idade. (...) Eu era muito amigo do [...], nós éramos da mesma *shichvá* (...). O [...] era um cara inteligente e não gostava de ser questionado, a partir de um certo ponto ele desconversava: "Isso é assim mesmo", e dava o assunto por encerrado. Me incomodava muito aquilo, que eu vim a perceber depois que era uma atitude dogmática, e na ocasião eu achava apenas que ele tinha muitas certezas e eu achava incrível uma pessoa ter tantas certezas. Eu o admirava muito por aquilo que eu não era: um homem de certezas e verdades definitivas. Ele tinha certezas absolutas sobre tudo. E eu tinha muitas dúvidas... Para mim o [...] era o modelo. (...). Eu achava que a vida dele devia ser muito fácil, porque ele tinha certezas e a minha era uma vida muito torturada, cheia de dúvidas – nesse sentido eu o admirava. [27]

Sair do Movimento não era uma decisão rápida e fácil, contam os depoimentos. O sentimento de frustração acompanhou várias das pessoas que deixaram o Dror até que encontrassem outras metas de vida. Ex-*chaverim* afirmam que, depois de romper os laços com o Movimento, passaram por um período em que se sentiram *perdidos, solitários, tristes, marginalizados, renegados, desadaptados...*

> Tive dificuldades de integração; era difícil me sentir brasileiro, eu estava desadaptado da vida real, como alguém que volta da guerra do Vietnã, passei por um período traumático. Quem volta do Vietnã só consegue se relacionar com ex-combatentes, para mim não havia isso, o fato de "sair do Dror" não unia ninguém (...) foi um ano de depressão... [9]

A readaptação nem sempre foi tranqüila. Era preciso fazer novos amigos, aprender as danças da moda, voltar à escola, incorporar outros códigos de relacionamento, enfim, adequar-se à vida que tanto se havia criticado ou procurar, como vários fizeram, outros focos de interesse e caminhos tais como grupos de teatro, jornalismo, militância estudantil, socialista ou judaica no Brasil. Depois, as carreiras profissionais e as responsabilidades de uma vida familiar os fizeram esquecer muitas das expectativas da juventude. Vários ex-*chaverim* contam, entretanto, que precisaram ir até Israel – alguns até o *kibutz* – para se convencerem de que não iriam mesmo morar lá, para finalmente abandonarem os projetos droristas[74].

Expectativas

Vida familiar

> Uma vez destruído o capitalismo desaparece a família burguesa e a Revolução dará origem a novas relações entre os sexos.

A família do futuro era apenas uma idéia vaga na mente dos jovens *chaverim* no Brasil. Em teoria, criticavam o modelo burguês e se propunham a adotar o que imaginavam ocorrer no *kibutz*. Por vezes, entravam em discussões sobre o tema, mas nada muito aprofundado. Em geral, despreocupados com um assunto que lhes parecia distante no tempo e no espaço, confiavam em fórmulas como a *família é o kibutz*, acreditando que todos os companheiros constituiriam laços afetivos e de solidariedade mútua tão fortes que suplantariam os tradicionais e os familiares. Alguns extrapolavam, idealizando essa convivência, como se a vida no *kibutz* fosse uma extensão melhorada da vida de Movimento: toda energia e camaradagem do grupo juvenil já na terra prometida, para todo o sempre, *os jovens pelos jovens e os jovens pela humanidade*. Não havia, portanto, um ideal de família gerado aqui no Brasil por "ideólogos" do Movimento, havia sim uma releitura da concepção de novas bases de convivência humana importada de Israel (e, segundo vários ex-*chaverim*, com pouca ligação com a vida concreta).

Não havia preocupação em constituir família, porque nós éramos todos uma grande família. No *kibutz* todos viveriam juntos e dançariam juntos... (Depois descobri o quanto havia sido ingênuo ao chegar em Israel [para o *Machon*] e ingressar no *kibutz* veterano (...) acabei percebendo que o *kibutz* era uma aldeia e não uma grande família... era a soma de um equipamento coletivo e uma porção de casinhas de cada família... no jantar, a família não ia para o refeitório, ficava em casa esperando que as mulheres enchessem as marmitas e as trouxessem, todos comiam cada um na sua casa! Foi um choque.) [17]

Por outro lado, uma verdadeira postura antifamília, se de fato existiu, nunca foi hegemônica no Movimento. Constituir família – marido, mulher e filhos – não deixava de entrar nos projetos de vida mais ou menos remotos dos *chaverim*. Na maioria dos casos, a experiência conjugal nunca esteve fora de questão e as moças não descartavam, a princípio, a idéia de serem mães algum dia e participarem da educação dos filhos.

O fato de a gente, naquela época, não usar batom ou roupas incrementadas não fez com que a gente perdesse nada do lado feminino. A luta nossa toda para participar de posições ativas, eu acho, nos valorizou muito mais como mulheres. E ela não se contrapunha à idéia de se querer ser mãe... (todas as nossas *chaverot* foram mães... todas as nossas que estão em Israel tiveram filhos.) [8]

Ao mesmo tempo, a liberdade proporcionada por uniões vinculadas à duração do afeto mútuo, pela responsabilidade coletiva no cuidado das crianças e pela expectativa igualitária do trabalho de homens e mulheres era bastante atraente para estes jovens. O fato de, no Movimento e no *kibutz*, o casamento e a maternidade não serem, em termos ideológicos, exigências fundamentais para a realização feminina encantava várias moças, especialmente as mais sensíveis a pressões familiares e sociais em favor destas *"prioridades na vida de toda mulher"*.

Eu pensava em me casar, claro, passava pela minha cabeça, mas era uma coisa muito desagradável também, porque havia uma exigência disso. Eu comecei a senti-la depois dos 16 anos, sobretudo por parte do meu pai, influenciado por seus amigos que, após eu dar o meu primeiro concerto, passaram a dizer: "Não deixe a menina ficar tocando piano, assim ela não vai se casar..." e outros comentários do tipo. Então, eu comecei a sentir um pouco de pressão (que eu nunca gostei de sentir), virou assunto em casa... Por mais que eu não gostasse da idéia [de abrir mão de tudo para me casar], isso começou a me aparecer em sonhos... era uma coisa que pressionava bastante a mulher. (...) Entre as moças do Movimento, esse tipo de expectativa e de pressão existia bem menos. De uma maneira muito mais natural: se namorava, então se falava em casamento e filhos, mas não como meta da vida, como algo importante na vida de uma pessoa, mas não a coisa principal. [20]

(...) para mim [construir uma família nos moldes tradicionais] era a coisa mais burguesa e mais imbecil do mundo. Eu queria viver feito a Simone de Beauvoir com o Sartre, isso é que era bacana, na minha cabeça (mas claro, num relacionamento monôgamico). Eu cheguei a propor isso para o [meu namorado]... [26]

Alguns rapazes também sentiam um certo alívio do peso acarretado pela responsabilidade "masculina" de, no futuro, sustentar uma família tendo que, por vezes, abrir mão de outros interesses e possibilidades de realização pessoal em função de um *trabalho honesto* e um *emprego que garantisse o leite das crianças.*

Nenhum de nós pensava assim: "Como é que eu vou montar minha família?", "Como é que eu vou comprar um terreno, ou a casa que eu vou construir, as coisas que eu vou ter..." Não havia esse projeto de juntar dinheiro para a família. A idéia era: "a gente vai para o *kibutz*, a gente trabalha no *kibutz*, o *kibutz* cuida de todo mundo, todo mundo vota, cada um é um indivíduo... se surgirem crianças, o *meshek* as cria" e ponto final. [27]

Vivendo a juventude e o presente com intensidade, muitos rapazes e moças sequer pensavam sobre o seu futuro familiar... como seria se casar, ter filhos... A preocupação com a organização familiar futura ocorria mais entre moças (que tendiam a receber *fora*, desde cedo, uma educação nesse sentido) que entre rapazes, e mais entre os *chaverim* que se aproximavam da vida adulta e da *aliá*, aos 19, 20 anos, principalmente os que haviam estabelecido laços significativos e compromissos de fidelidade com alguém do sexo oposto. Mas, mesmo quando pensavam nesse assunto, o *chaverim* dificilmente o faziam conferindo a esse aspecto da vida uma dimensão mais complexa, preocupando-se em verificar o que de fato ocorria no cotidiano dos *kibutzim* em Israel e se a realidade correspondia ao idealizado no Brasil. Parecia-lhes o suficiente saber que, no *kibutz*, não havia diferenças entre funções e direitos de homem ou de mulher, as crianças passavam a maior parte do dia e toda a noite separadas dos pais, na Casa das Crianças (onde estariam bem, acostumando-se à vida coletiva, livres dos dilemas psicológicos fruto da vida com os pais, protegidas), para permitir que a mãe se dedicasse integralmente ao seu trabalho e a outros interesses pessoais, os meninos e meninas eram na verdade *filhos do kibutz* e recebiam uma educação igualitária, os casais se uniam com base na atração mútua (sem se obrigar ao casamento) e, se quisessem, podiam se separar sem maiores problemas. (O contato dos *chaverim* com *kibutzim* em Israel, em estágios ou já de forma tida como definitiva, parece não ter afetado essas idéias "brasileiras", embora alguns tenham estranhado a concentração maior de mulheres nas atividade do cuidado com crianças, roupas e alimentação, a grande força dos laços familiares, a relativa solidão dos solteiros e a preocupação *conservadora* dos pais com os seus próprios filhos, maior do que com todos os *filhos do kibutz*.)

Vistos hoje, os debates sobre a educação das crianças no *kibutz*, por exemplo, soam um tanto artificiais na boca de pessoas que nem tinham filhos (muitas sequer pensavam nisso) e já se achavam capazes de falar sobre o assunto e dizer "concordo" ou "discordo" desse ou daquele aspecto, e que, chegando ao *kibutz*, acabavam incorporando-se ao esquema existente[75].

Chegando a Israel, a gente não ficava discutindo se é bom ou se é mau que as crianças não durmam com os pais, eram normas que já vinham prontas de cima, a gente as recebia prontas, não competia a nós resolver estes assuntos. (Lógico.) A gente era solteiro, ninguém tinha família, chegava no *kibutz*, que era uma sociedade organizada e pronta, e a gente tinha que se entrosar nessa sociedade. O nosso programa não era modificar esta sociedade, pelo contrário. E se a gente sentia que "para mim é difícil", dizia "é porque eu sou mimada", "eu venho de um meio burguês", "olha que burguesinha que eu sou, eu preciso me esforçar mais"... o problema era "pessoal". [22]

Vida em Israel

Conseguimos, à base de um esforço imenso e repleto de sacrifícios, esboçar uma parte apenas da imagem da sociedade que concebemos. Pretendemos, porém, atingir, na escalada universal para o progresso, as difíceis etapas da construção de uma nova sociedade. (...) As comunas de milhares de homens que vivem nas aldeias e nos campos mostram, concretamente, o quanto isso será possível. (...) a base da sociedade, a massa obreira, dispõe-se cada vez mais na colaboração e construção do desejado mundo novo. [Henrique Sazan. Uma criança está chorando.]

Ninguém sonha durante anos com um mundo melhor sem o imaginar perfeito. [Primo Levi. A trégua.]

O sonho era um ingrediente fundamental no imaginário dos *chaverim* com relação à vida no *kibutz*. Além das utopias sionistas socialistas e das histórias épicas dos primeiros *chalutzim*, as fontes nas quais estes jovens baseavam suas expectativas não eram tão numerosas e, freqüentemente, não muito precisas ou detalhadas o suficiente. Numa época em que as viagens para o Oriente Médio eram caras e relativamente complicadas, não havia um grande fluxo de turistas brasileiros para Israel, as fontes mais pessoais de informação acabavam praticamente limitadas a determinadas pessoas com alguma ligação com o Movimento. Os *chaverim* fiavam-se nas palavras dos enviados de Israel cuja missão, além de preparar os espíritos para o que estava por vir, era justamente trazer esperança e espalhar entusiasmo e confiança. Também escutavam com atenção as narrativas dos companheiros regressos do período de estágio em que tinham adquirido uma certa noção da vida *kibutziana*... de como eram as casas, os chuveiros, os refeitórios... A imaginação ocupava as lacunas. A imensa maioria dos *chaverim* que embarcava nos navios para a *aliá*, incluindo as lideranças, dirigia-se para uma *vida definitiva* em um lugar que nunca tinham visto. (E mesmo alguns que "viram", enxergaram com as lentes do idealismo.)

Quase aos 16 anos – por volta de 1952 – eu fiz uma viagem com os meus pais para Paris e para Israel. A passeio. Mas foi também uma experiência: o país estava começando! Incrível!... então, fui para o *kibutz* Bror Chail passar dois dias... fiquei com a Mira, que havia sido a minha *madrichá* no Brasil... Como os meus pais já sabiam o que eu queria [viver no *kibutz*], meu pai disse: "Ah! É ótimo que você passe lá alguns dias, quero ver como você, que só fica com o piano, vai se dar com um lugar árido...". Naquele momento, as expectativas do meu pai não se confirmaram. (Mais tarde sim). Naquele momento, eu estava apaixonada pela idéia, achei que tudo possível – aos 16 anos tudo parece possível – você acha que pode ser uma pianista, pode viver num *kibutz*, pode ser socialista, tudo pode dar certo! [20])

Era sabido que a vida, nos primeiros tempos, não seria fácil. Além dos problemas de adaptação à língua, ao clima, ao trabalho e ao coletivismo, as dificuldades materiais (nem sempre especificadas) seriam inúmeras. Entretanto, o custo pessoal da integração na nova realidade era algo muito difícil de prever.

Os jornais diários traziam algumas notícias sobre as guerras na região e divulgavam, vez ou outra, informações gerais sobre as dificuldades econômicas, políticas e militares de Israel e a luta dos judeus para manter seu estado nacional.

Às portas da *aliá*, os mais interessados podiam ter acesso a artigos sobre os *problemas econômicos de Israel*, a difícil *luta de classes* no estado judaico ou os dilemas políticos vividos pelos *kibutzim*, por exemplo, no material recebido ou publicado pelo Movimento. Em meados dos anos 50, as revistas impressas em espanhol pela Agência Judaica, *Cuadernos para el jalutz* e *Bases*, traziam discussões sobre os questionamentos políticos e sociais enfrentados pelos *kibutzim*, as brigas no movimento *kibutziano*, o enfraquecimento da fé no coletivismo e os problemas trazidos pelas novas ondas migratórias, *grandes massas judias que provêm de quase todos os países em que foi declarada a liquidação da Diáspora* ao passo que *são poucos os indivíduos que chegam das filas do Movimento Juvenil Chalutziano* cuja situação é *sumamente precária*[76]. Entretanto, ao que parece, não eram textos muito lidos ou muito influentes entre o grosso dos droristas. Os materiais mais divulgados entre os *chaverim* eram os pequenos relatórios sobre os progressos dos companheiros em Israel, o trabalho em Mefalsim, os ramos produtivos em Bror Chail...

As crises sócio-econômicas e políticas (decorrentes das transformações estruturais ocorridas no *Ichuv* após a proclamação do Estado israelense), por que passaria o movimento *kibutziano* num futuro próximo, ainda não haviam minado a força da *ideologia pioneira cristalizada*[77] e seus *patrocinadores* controlavam o poder político em Israel. As esperanças do Movimento brasileiro refletiam também esse momento histórico.

Em 1952, os *chaverim* no Brasil tomaram conhecimento dos estatutos de Bror Chail, tornando um pouco mais nítidas suas idéias sobre o nível de vida comum da coletividade, os direitos e deveres dos membros e as prerrogativas conferidas aos veteranos pela antigüidade no *kibutz*, as normas fixadas para o uso de roupas e móveis, as delimitações dos períodos de trabalho e descanso, as condições para o recebimento de *chaverim* do Movimento e de gente de fora e o funcionamento das assembléias, cargos e comissões. Ficaram sabendo que todo o patrimônio em poder dos *chaverim* era propriedade do *meshek*.

A partir de 1956, o livro *Bror Chail* surgiu como uma das principais referências sobre as condições do país e a vida no *kibutz*. Mencionava as dificuldades enfrentadas pelo recém-chegados, narrava a saga dos droristas brasileiros em Israel e descrevia os ramos produtivos desenvolvidos, a situação privilegiada das crianças, a vida cultural e os projetos otimistas do *kibutz*. À essa altura, os *chaverim* no Brasil já sabiam que havia *vida familiar no kibutz* (embora as crianças vivessem separadas dos pais e o interesse coletivo continuasse prioritário), que o período mais grave de racionamento de gêneros e de infra-estrutura precaríssima havia terminado, que os jovens da Aliat Hanoar e os pais dos *chaverim* eram recebidos no *kibutz* e que o grau de coletivismo já não era tão radical.

Com "retalhos" como esses, os *chaverim* costuraram suas expectativas com relação à vida que teriam no *kibutz*. Seu feitio variou também de acordo com os interesses e preocupações de cada um (a igualdade entre os sexos, a possibilidade de realização artística ou profissional, o conforto, a influência política, a família etc.), as sensibilidades e as "gerações" (as primeiras, por exemplo, previam maiores dificuldades materiais; os *garinim* destinados a Erez esperavam problemas de ordem social). Na verdade, eram raros os que embarcavam com uma idéia definida sobre qual seria sua atuação ou ocupação no *kibutz*.

Ser feliz era uma das metas alimentadas pelos *chaverim*. O *kibutz* materializaria uma sociedade em que a justiça social (incluindo a igualdade entre os sexos) impera. Embora esperassem uma vida de muito trabalho, os *chaverim* tinham a certeza de que seriam felizes no *kibutz*. Muitos o aguardavam como se fosse um paraíso. Uns, que davam asas à imaginação, não se contentando como outros a conservar uma idéia abstrata do *kibutz*, vislumbravam *chalutzim* saudáveis e heróicos em seus tratores... crianças brincando com as galinhas... soldados corajosos nas torres... o sol brilhando ao longe...

Muitos acreditavam que, no *kibutz*, fosse possível modificar a *natureza do homem* fazendo surgir o *homem novo*. O mundo socialista *kibutziano* seria perfeito e definitivo.

A socialização no *kibutz* seria uma resposta aos anseios de uma *inteligentzia*: só gente de tal nível, com ambições revolucionárias, poderia viver numa sociedade como esta. No *kibutz*, os *chaverim* executariam a missão de criar uma cultura moderna e um judeu diferente, trabalhador e soldado, orgulhoso, independente, *mais verdadeiro, mais essencial*. Também contribuiriam para que o país tivesse uma estrutura básica, solidária e distinta da Diáspora, capaz de receber os judeus que chegariam de diversas partes do mundo. Nesse sentido os *kibutzim* seriam fundamentais para o país; sua importância progressista seria reconhecida pelo governo e, mais cedo ou mais tarde, por todos os habitantes de Israel. Os *kibutzim* manteriam em suas mãos a liderança política do país. Movimento *kibutziano* e Movimento juvenil estariam estreitamente ligados. Os jovens do Brasil seriam bem vindos em Israel (como compete a quem oferece reforços) especialmente nos *kibutzim* que os aguardavam para um período de preparação ou como futuros integrantes. Com o tempo, o *kibutz* "dos brasileiros" seria forte e viável economicamente, embora o mais importante fosse a qualidade de vida que proporcionaria a seus membros. Desde muito cedo os ex-*chaverim* do Brasil estariam interferindo politicamente nos destinos do novo país. A possibilidade de realização pessoal era tida como certa no *kibutz*. O trabalho no campo seria saudável e compensador; com o tempo estreitaria os laços dos judeus com a Velha Nova Terra. Os companheiros usufruiriam de toda as benesses espirituais prometidas pelos ideólogos da *volta à natureza*. Depois de um dia de trabalho, a noite, as pessoas ainda teriam a mesma disposição do tempo dos acampamentos juvenis para dançar e cantar em volta de fogueiras ao ar livre.

Como nos primórdios do movimento *kibutziano*, a comunidade do *meshek* imaginada pelos *chaverim* seria bastante idealista e muito coesa. A harmonia entre interesses coletivos e individuais seria facilmente obtida. O coletivismo de praticamente todos os bens, por mais justo, seria a regra aceita por todos. Coerentes com seus princípios, os companheiros do *kibutz* seriam rigorosos e felizes na adoção da *simplicidade* na aparência e no modo de vida. Homens e mulheres teriam a chance de realizar os mesmos trabalhos e participar do mesmo modo nas resoluções coletivas e na administração do *kibutz*, sem discriminação. As crianças seriam todas igualmente tratadas como *filhos do kibutz*. As pessoas estariam livres do asfixiante moralismo sexual pequeno burguês. Na nova sociedade, o casamento oficial perderia a importância; para um homem e uma mulher morar juntos bastaria pedirem por um quarto particular; seriam, então, vistos como um casal, *zug*, um par. Casados e solteiros poderiam viver igualmente bem na medida em que os laços com o grupo seriam tão ou mais fortes que os familiares e que cada um seria tratado como um indivíduo independente.

Nas expectativas de grande parte dos *chaverim*, o *kibutz* seria uma espécie de comuna de jovens. Muitos, inclusive, deram-se conta, mais tarde, de que não estavam preparados para encontrar nos *kibutzim* uma sociedade com pessoas de todas as idades (e não só *uma moçada bem disposta* com *espírito de aventura*) e com famílias formadas e laços familiares significativos (e não indivíduos soltos ligados social e afetivamente apenas ao grupo mais geral).

A divisão de tarefas seria justa e igualitária; nos trabalhos mais aborrecidos, mais árduos ou difíceis haveria um rodízio. As oportunidades de realização pessoal seriam, portanto, mais abrangentes.

O *kibutz* apresentaria a solução definitiva para a questão da emancipação das mulheres e a possibilidade de se realizarem para além dos papéis ditos femininos na sociedade burguesa.

Todos viveriam em função da comuna e seriam pessoas generosas, fraternais e dedicadas. Trabalhariam o quanto pudessem e receberiam o que precisassem, incluindo a oportunidade para desenvolver interesses intelectuais, vocações artísticas ou dedicar-se a outros *vôos de imaginação*. Com a vida material garantida, as pessoas poderiam dar vazão aos seus talentos. Seria também viável que todos se sentissem integrados na nova sociedade. Além disso, a realidade social no *kibutz* permitiria o indivíduo viver plenamente de acordo com seus valores judaicos e sociais. Quem levava na bagagem uma formação técnica mais sólida esperava empregar seus conhecimentos no desenvolvimento das atividades no *kibutz*. Alguns sonhavam com a possibilidade de síntese entre ideais e opção profissional. Em geral, as pessoas esperavam obter também algum tipo de satisfação pessoal no trabalho que faziam para o coletivo.

O espírito revolucionário estaria presente no dia-a-dia substituindo com vantagens a vida medíocre que aguardava os jovens no Brasil. Impotência, rotina, tédio, perspectivas limitadas eram impensáveis quando se estava combatendo ao lado das classes proletárias do mundo pela verdadeira Revolução Socialista. A partir do *kibutz*, os *chalutzim* iriam ajudar a construir um mundo igualitário, sem mais sofrimentos ou pobreza. Os núcleos *kibutzianos*, com repercussão universal, seriam um meio e o exemplo para a criação da sociedade socialista no mundo.

No seu *kibutz*, o indivíduo estaria cercado por seus amigos da juventude, compartilhando com eles os mesmos ideais e as alegrias das conquistas do dia-a-dia, da convivência com o grupo e do trabalho conjunto. A vida cultural seria intensa e variada. E os *chaverim* teriam tempo suficiente para o lazer e os estudos.

Os jovens droristas pensavam não ser tão difícil romper com a vida que levavam na Diáspora, despedir-se de parentes, amigos e confortos conhecidos. Os pais, se quisessem, num futuro não muito distante, poderiam unir-se a eles.

A palavra sacrifício não estava presente no vocabulário dos *chaverim,* embora muitos (nem todos) vislumbrassem com mais clareza algumas das dificuldades por que teriam de passar no novo país com a mudança radical de vida. Tudo valeria à pena na medida em que se seguia o ideal pioneiro. Todos ou a maioria dos desafios, inclusive as dificuldades do trabalho braçal, poderiam ser superados com boa vontade, motivação e preparo ideológico. Os esforços seriam recompensados pela oportunidade de crescer como ser humano e estar em paz consigo mesmo. A capacidade de adaptação corresponderia à energia nela empregada desde o tempo da militância integral no Brasil, especialmente o período na Hachshará. Para muitos, inclusive, o nível de politização e adesão intelectual à ideologia estaria na ordem direta da capacidade de adequação do sujeito à vida *kibutziana.*

Os droristas esperavam também ter saúde e paz. É claro que sabiam da necessidade de *autodefesa* armada, do preparo militar de homens e mulheres no país, da importância estratégica das colônias para garantir as fronteiras israelenses e que a vida dos judeus em Israel implicava num esforço combinado em função das demandas *militares e de reconstrução civil*[78]. Nesse caso, entretanto, entre saber e dar-se conta das conseqüências dramáticas da luta armada, havia uma certa distância. A morte em 1955 do *chaver* do Movimento brasileiro Itzchak Babsky, 19 anos, voluntário do corpo de pára-quedistas no *front* egípcio, trouxe a realidade violenta da guerra mais próxima dos *chaverim*, que ficaram profundamente abalados com a tragédia da primeira perda de um companheiro de Bror Chail em combate[79].

Israel seria um país perfeito para a reunião dos judeus e sua normalização histórica. Sem discriminações sociais, étnicas e de origem, sem desigualdades acentuadas e *patologias sociais*, marcado por valores éticos, Israel abrigaria uma sociedade diferenciada, com uma profunda *noção missionária*.

Um *kibutz* em Jundiaí

Mais que uma comuna de trabalho, produção e consumo, a Hachshará foi concebida como um instrumento educacional. Seu objetivo era tornar-se um local de qualificação técnico-profissional, complementação ideológica, estudo do hebraico e vivência do coletivismo integral. Seu fruto mais importante: indivíduos preparados para a vida no *kibutz*, a participação política em Israel e a luta pela sociedade socialista[80].

Ainda antes de sua inauguração oficial, no início de 1949, alimentava esperanças de ser um local onde as pessoas aprenderiam a colocar a segurança e o bem estar dos companheiros acima de tudo e a olhar com confiança de vencedores para o futuro que as aguardava. Além do preparo para o trabalho cotidiano, esperava-se o amadurecimento do espírito para a vida fraternal e revolucionária em Israel[81].

No momento adequado, os *chaverim* uniam-se aos companheiros de várias cidades no mesmo estágio de militância, formando um *garin*, e entravam em grupo no *kibutz* de preparação Ein Dorot depois de passarem por exame médico e dentário. Os *garinim* seguiam uma seqüência; quando uma parte do grupo anterior emigrava, o seguinte já podia ingressar na Hachshará, receber as orientações e usufruir da experiência dos companheiros que ficavam mais um pouco, garantindo assim a continuidade dos trabalhos.

O primeiro grupo ingressou na Hachshará sem qualquer expe-riência e sem muita idéia de por onde começar a não ser uma vaga noção de como seria um *kibutz*. O que sobrava em disposição e idealismo faltava em conhecimentos agrícolas. Enfrentou problemas com o terreno, em parte uma várzea sujeita à inundação em época de chuvas, em parte terras elevadas pobres para o cultivo. As formigas atacavam com freqüência as plantações, comprometendo a produção. A água, como descobriu-se mais tarde, estava conta-minada. O *chaverim* construíram um estábulo (um espaço subaproveitado durante quase três anos por falta de animais). As primeiras habitações, simples casébres de barro cobertos com sapé, tiveram que ser substituídas rapidamente por construções um pouco melhores. Nos alojamentos, rapazes e moças solteiros dormiam separados, três ou quatro em cada quarto, os casais ficavam juntos. Os banheiros eram do lado de fora, os chuveiros só tinham água fria. Os quarenta *chaverim* desse grupo recebiam ajuda dos habitantes dos sítios vizinhos, de um agrônomo judeu de São Paulo e mais tarde de Senda, um japonês com experiência agrícola que se tornou instrutor na Hachshará (anos depois, emigrou para Bror Chail como *chaver* do Movimento). Optou-se então pelo sistema de ausência completa de propriedade privada (depois incorporado aos Estatutos de Ein Dorot e adotado pelos outros *garinim*) como a melhor forma de preparação para o espírito da vida coletiva. Os enxovais e bens trazidos pelos jovens, os utensílios diversos, os livros, os móveis... tudo passava a pertencer a todos[82].

> Todas as nossas roupas foram entregues ao depósito central e distribuídas semanalmente à revelia... por exemplo, o meu [futuro] marido, que era miudinho, trouxe cuecas pequenas que acabavam vestido rapazes maiores... (era um absurdo! [risos.]) Durante o dia você ria muito ao reconhecer suas blusas nas outras moças... [4]

Em meados de 1950, após a partida do primeiro *garin* e preparando-se para receber o terceiro, Ein Dorot dedicava-se ao cultivo de frutas e hortaliças (irrigadas por canais e postas à venda, duas vezes por semana, no mercado de Jundiaí), à criação de galinhas (ainda para consumo próprio) e algumas poucas vacas leiteiras e à marcenaria. Sob a orientação de um *shaliach* de Israel, planejava a colheita de uvas, a ampliação da capacidade do galinheiro de 70 para 400 pintos e a criação de abelhas para a obtenção de mel. Seus *chaverim* recebiam, dentro do *kibutz* experimental, cursos de horticultura e fruticultura. Alguns foram enviados para escolas agrícolas nas cidades de Jacareí e Ribeirão Preto para aprender mais sobre galinhas, enquanto outros procuravam conhecer os mistérios da fabricação de pães ou de sapatos nas cidadezinhas próximas[83]. Na distribuição de tarefas, Ein Dorot oscilava entre a necessidade de *chaverim* melhor preparados para determinados trabalhos agrícolas e artesanais e a exigência igualmente forte do rodízio de pessoas na dedicação aos diversos ramos produtivos, o que se justificava em termos ideológicos, mas nem sempre de racionalidade econômica. Procurava-se elaborar e cumprir planos econômicos de prazos mais longos que o período de passagem de um ou dois *garinim* (talvez por influência da *economia planejada* dos países socialistas).

Nessa época, também foram aprovados os Estatutos do *Kibutz* Hachshará Ein Dorot segundo os quais ficava oficialmente definido que os instrumentos de produção seriam explorados pelo coletivo à base da capacidade e das necessidades de cada um. Além de preparar o indivíduo para a vida *kibutziana*, a Hachshará procuraria atingir a auto-suficiência econômica afim de permitir a ampliação de seus ramos produtivos e o aperfeiçoamento material de suas instalações. Assim, estava implícita a necessidade e a cobrança da maior rentabilidade do trabalho de cada um; o trabalho seria realizado de acordo com as possibilidades pessoais sim, mas baseado também na disciplina existente no coletivo como decorrência dos ideais defendidos. O dia de trabalho comum seria de oito a nove horas; na época de colheita, por exemplo, o tempo dedicado ao trabalho seria obviamente muito maior. Sábado seria dia de descanso em todas as tarefas que pudessem ser interrompidas. O trabalho na Hachshará serviria tanto para a capacitação do indivíduo quanto para o sustento dos *chaverim*, entretanto sua importância maior não estaria no desenvolvimento da atividade em si e sim no *conteúdo social* que representa: *a base concreta para o cumprimento da idéia revolucionária* do Movimento. A igualdade de direitos e deveres de todos os *chaverim* e a direção democrática eram princípios do *Kibutz* Hachshará que conferia direito de voto a todos nas assembléias e se propunha a atendê-los em suas necessidades (alimentação, habitação, vestuários, higiene) sob base da igualdade *kibutziana* nos limites das possibilidades coletivas. O Kibutz Hachshará procuraria responder aos interesses culturais dos *chaverim* mantendo uma biblioteca, organizando atividades musicais, teatrais e intelectuais, proporcionando condições para o estudo do hebraico e concedendo aos artistas atenções e horários especiais para o desenvolvimento de seus talentos[84].

Nem todas as expectativas se realizavam, nem todos os planos se cumpriam. Nos relatórios enviados ao Movimento, são freqüentes as queixas dos desastres causados pela falta de qualificação dos *chaverim* para as atividades produtivas, dos ramos prejudicados porque alguém ficou doente ou teve de se ausentar, dos planejamentos econômicos frustrados (a auto-suficiência nunca saiu do papel e a Hachshará sempre teve de ser subsidiada), dos contratempos decorrentes dos caprichos da natureza, das dificuldades de se fazer uma boa transição entre a *aliá* de um grupo e a entrada de um outro, inexperiente, atrasando plantios, prejudicando colheitas, desativando setores produtivos. Comparando com sítios vizinhos, a produtividade de Ein Dorot, apesar de contar com um número muito maior de braços, era muito mais baixa[85]. Entretanto, embora a agricultura praticada na Hachshará fosse rudimentar e pouco

Na sociedade socialista, as desigualdades entre os sexos teriam fim, assim como todas as outras formas de injustiça. O ideal do *kibutz* incluía uma comunidade democrática e igualitária de homens e mulheres livres (rapaz e moça do Dror trabalhando juntos em plantação de morangos de Ein Dorot).

do aprendido lá pudesse ser aplicado em Israel, pelo menos os jovens adquiriam uma certa experiência no contato com a terra, o trabalho braçal e as forças naturais.

As chamadas questões de *chevrá*, ou seja os problemas nas relações coletivas e as dificuldades que impedem a harmonia entre grupo e indivíduo, ocorriam em um grau bem acima do desejado, provocando disputas e desentendimentos e fazendo com que vozes preocupadas com a continuidade do Movimento se erguessem na defesa de um maior preparo ideológico dos *chaverim*[86].

Na Hachshará, a orientação coletivista do Movimento era acentuada, os individuais eram freqüentemente sacrificados em função do coletivo (até as roupas de baixo eram coletivas!), questões íntimas e pessoais eram comumente expostas e discutidas em assembléias, na tentativa de estreitar as relações mútuas, e havia uma forte cobrança para que as pessoas não se afastassem do grupo em seus momentos de descanso e lazer. (Ao chegarem em Israel, muitos reconheceram que as idéias que moviam tais comportamentos na Hachshará – especialmente nos primeiros *garinim* –, praticamente *negando a individualidade*, há muito haviam sido abandonadas nos *kibutzim* veteranos: *eram um erro de perspectiva, românticas, mas insustentáveis na vida real*[87].) Vários dizem ter sofrido com o coletivismo rigoroso, enquanto outros afirmam ter convivido mais tranqüilamente com tal esquema por achar que *assim era o certo*, e que, para ajustar-se, *bastava empenho*.

Os obstáculos à adequação dos corpos "de estudantes, filhos de classe média" ao regime de trabalho pesado e às exigências da vida rústica no campo desafiavam a saúde e, principalmente, a autoconfiança dos *chaverim*. Quem passava por eles, conseguindo manter acesa a chama ideológica que o movia, acreditava estar vivendo uma verdadeira revolução pessoal.

(...) o que aprendemos não foi pouco. (...) Todos os nossos belos princípios não eram suficientes por si só na experiência do dia-a-dia (...) para o primeiro grupo, verde ainda, a Hachshará foi uma revolução do primeiro ao último dia. A revolução do trabalho, da vida social... [Sigue Friesel. *Kibutz Bror Chail*, Jerusalém, Departamento da Juventude e do Chalutz da Organização Sionista Mundial, 1956].

A Hachshará era um período importante, porque lá havia uma rotina de trabalho que tentava imitar aquela que seria no *kibutz*... E você fazia todos os tipos de serviço, trabalhava pesado. A gente não estava acostumado com o trabalho pesado... muitas vezes saía sangue das mãos, formavam-se calos... Baqueava ficar capinando debaixo do sol por quatro horas. Era um momento de desafio... e, aí, a gente já sentia que estava vivendo já uma coisa [próxima ao ideal do *chalutz*]... (e era uma grande farra também...). [23]

As dificuldades cotidianas de adaptação ao trabalho braçal e à vida coletiva eram freqüentemente agravadas pelas doenças que debilitavam os *chaverim*.

A quase totalidade do terceiro *garin*, por exemplo, foi atacada pela amebíase semanas após seu ingresso na Hachshará. (A água tornou-se potável apenas depois da construção de um segundo poço e de uma estação de tratamento por processos químicos[88].) Além disso, surgiam muitos problemas decorrentes provavelmente de estresse emocional, esgotamento físico e má alimentação.

Na Hachshará, era tudo muito primitivo, muito provisório, muito improdutivo. O pessoal não tinha treino agrícola nenhum. Lá, as pessoas viviam mal (um fenômeno que se nota como médico), era impressionante os números de úlceras que estouravam lá... embora dissessem que era por causa da água, que era ácida, eu tenho minhas dúvidas... acho que era um fenômeno decorrente da "forçação de barra", porque gente que está acostumado a um modo de vida e de repente passa para outro [sofre uma mudança violenta]... não é brincadeira. (...) Eu já estava me distanciando. Estava começando a duvidar. Já no tempo em que eu freqüentava a Hachshará nos fins de semana, eu achava que aquilo não era para mim... eu pensava ainda que o *kibutz*, pelo menos o *kibutz*, não teria a provisoriedade de uma *hachshará*... [5]

Sobre a Hachshará, eu ouvi, depois, comentários de que a preparação no Brasil era tão mal estruturada, com o desconforto como sinônimo de preparo, que as pessoas iam para Israel já estouradas. [28]

O Shabat continuava a ser comemorado e os grupos mais animados ainda encontravam energias para dançar e cantar às noites em volta de fogueiras, agora, freqüentemente, em companhia das crianças de rostinho amarelo, pardo ou branco, filhos dos moradores da região[89].

[Na Hachshará continuavam as discussões ideológicas e debates do Movimento], mas bem menos. Eu nem me lembro muito disso, porque isso passou a vir em segundo lugar. A vida do cotidiano e a situação lá, do que estava acontecendo, a tal Comuna, é que passaram a ser importantes... as brigas com os companheiros por causa de "quem está no tal quarto" ou "não pode tal quarto", "o problema da camisa: por que é que a camisa tal vai para tal?"... ou "por que é que o Júlio e o Davi têm que ficar juntos no mesmo quarto em vez de o Júlio ficar num e o Davi no outro?". Enfim, o cotidiano passava a ganhar relevo. [9]

Com muito trabalho por fazer e preocupações prosaicas ocupando as mentes, não é de se estranhar a distância entre as expectativas de envolvimento político, aprendizado de hebraico e realização de atividades culturais e a prática cotidiana dos *chaverim* apontando para a rotinização das atividades, a diminuição da freqüência dos estudos, das discussões teóricas e políticas e da motivação para participar de teatros, corais ou jornais de parede. Toda a "vida cultural" mantida no tempo de Movimento na cidade também não podia ser a mesma na fazenda.

Com o tempo, boa parte da vida material da Hachshará foi melhorando graças à aquisição de ferramentas, máquinas e animais, ao aumento das instalações sanitárias e valetas, às novas edificações, entretanto, em termos econômicos, a evolução nem sempre foi linear, houve grupos que, ao chegar, tiveram que, por exemplo, reconstruir ramos abandonados ou recuperar plantações deficitárias. As prioridades também variavam ao longo do tempo, da uva para os tomates, os morangos, as cebolas...

Melhor que listar os avanços e recuos dos ramos produtivos da Hachshará, é dar voz a alguns depoimentos selecionados que tratam do cotidiano de trabalho e vida coletiva em Ein Dorot, com suas memoráveis noites frias...

primeiro garin (1949-50):

Todos éramos sérios demais (faltou talvez uma certa alegria), os problemas do mundo estavam em nossas mãos. Mas, mesmo sem uma alegria exuberante, havia alguma diversão. (...) Constituímos o primeiro *garin* para *aliá* com pessoas do Rio, Rio Grande do Sul, São Paulo, umas quarenta pessoas... e, em 1949, fomos para a Hachshará (...)

Lá, tudo era coletivo (acho que não existia nem em Israel, nem no Hashomer, algo tão coletivo quanto a nossa Hachshará) (...) Era bem radical. (Nem sei com base em quê nós organizamos a nossa Hachshará daquele jeito, talvez com base numa idéia implantar um extremo igualitarismo...). (...)

A vida na Hachshará era como no *kibutz* só que com muito mais dificuldades materiais e rigor (não sabíamos que éramos mais rigorosos que os *kibutzim* em Israel. Só viemos a descobrir isso quando chegamos lá.)... era o rigor na simplicidade, no esquema de trabalho...

A vida era muito bem organizada. Orientados por um *shaliach* de Israel, [criamos lá] um verdadeiro mini-*kibutz*. Levantávamos cedo e seguíamos para o trabalho distribuído previamente por um membro do secretariado. Para o trabalho no campo, contávamos com a colaboração de um japonês, um ótimo agricultor, que nos ensinava... [O trabalho] na cozinha, na lavanderia... era dividido entre rapazes e moças em [esquema de] igualdade.

Em todo o [tempo do] Movimento eu sempre fui muito participante e muito ativa. Na Hachshará, eu dava aulas de hebraico, como atividades extras ao meu trabalho no campo. Eu tinha fama de má cozinheira, portanto, dificilmente me mandavam para a cozinha. (...) Eu também fazia parte da comissão cultural.

Normalmente, todos trabalhavam o dia todo e, a noite, dedicavam seu tempo às aulas de hebraico, palestras e concertos de música clássica em discos... ouvíamos discos, tínhamos aulas, [fazíamos] atividades sempre... ainda estávamos nessa fase de dançar e cantar...

A vida coletiva (usar roupas comuns, conviver todo o tempo com os companheiros etc.) se desenvolvia bem (bem até demais! É impressionante como funcionava bem!). E a gente mesmo observava que ela não tirava a feminilidade de ninguém: havia moças que mantiam suas características femininas, umas eram mais vaidosas, com jeito para arrumar um lenço ou se enfeitar... Vimos que as pessoas, em geral, mantinham suas características... e a gente analisava e via que isso não era tão terrível, que não tinha tanta importância, não era uma ameaça. Tudo era idealizado, mas também muito analisado. (...)

Tudo era socializado, até os livros. Cada um tinha uma dificuldade em socializar algo. Eu não tinha problema em colocar meus vestidos em comum, mas com os

livros sim! Havia meninas que gostavam de uma determinada blusa e que não a punham de jeito nenhum lá junto com as outras. Cada um era apegado a alguma coisa..., afinal de contas já tínhamos personalidades formadas, mas [isso não significava] nenhuma atitude que rompesse muito com tudo em que acreditávamos... Acho que esse esquema todo foi possível, porque, acima de tudo, havia laços de amizade entre nós. Não havia autoridade, eram todos da mesma faixa etária, todos eram amigos, namorados, companheiros... (...)
Não havia problemas em namorar na Hachshará. Havia namoros e espaços para intimidade e relacionamentos mais privativos, sem dúvida. (...) [E o peso do coletivo?] Não era um problema... mas, naturalmente, acabávamos sempre todos juntos... quando terminava uma aula ou conferência, íamos ver as estrelas... A natureza lá era belíssima. Jovens criados na cidade eram muito influenciados pelo contato com a natureza, havia toda uma aura romântica... e, mesmo nas amizades, havia romantismo. E não havia muitas cobranças não. Acho que havia sim uma relação amistosa, um espírito de dedicação ao outro e relações de amizade muito fortes para comprovar isso. É claro que não eram todos super amigos de todos os quarenta, (...) mas [a coletivização não oprimia nem tirava a individualidade de ninguém], ninguém ficava revoltado e o clima de convivência era muito amistoso. (...)
Ia-se muito pouco para São Paulo; só por problemas médicos. Os familiares faziam visitas, mas não nos atrapalhavam. [6]

Fui para a Hachshará quando ela foi fundada, em 1949, com 22 anos, onde trabalhei por um ano com pessoas vindas de outros estados do Brasil. (...)
Quando minha mãe vinha me visitar na Hachshará, ficava doente ao me ver completamente queimada de sol, descabelada, a própria *chalutzá*. (...)
Nós éramos alegres (mesmo com todos os problemas e preocupações). Guardo ótimas recordações das noites dançando horas em volta da fogueira, dos papos, do trabalho de pisar na uva, das gritarias, das fofocas... (Eu sinto que tive uma juventude privilegiada e muito poucas jovens passam por uma experiência tão maravilhosa, mesmo com todas as suas decepções posteriores.) (...)
Na Hachshará era coletivismo geral (exagerado, ridículo).(...) Tudo de sua bagagem era entregue e misturado. (...) O que sobrava de individualismo? A personalidade de cada um. (...)
Se alguém questionou de fato algo na época, com certeza, foi abafado pelo conjunto. Havia uma unanimidade quase que ditatorial (mas não era uma concordância pura e simples, senão, por que fazer assembléias de noites inteiras?). (...)
Todas as decisões eram tomadas pelas assembléias. Desde o momento em que você punha os pés na Hachshará, já passava a participar de uma vida comunitária. Como num *kibutz*. (...) Trabalhávamos o dia todo e, a noite, assembléias que varavam a madrugada. Nada era decidido sem assembléia. Até a sua vida pessoal era discutida. Por exemplo, para pedir licença para visitar a mãe com câncer no hospital, era preciso declarar qual era o problema, faziam-se eleições para [aprovar ou não a saída] e estabeleciam-se prazos rígidos [para a volta]. Nas discussões para ver quem tinha prioridade na partida para Israel, toda sua vida era esmiuçada, inclusive em questões íntimas. Você não se pertencia mais e sim ao que a Assembléia decidia... [Quando passaram a discutir questões relacionadas ao meu namoro,] eu chorava incomodada com os olhares (...) Eu chorava sem parar diante da exposição pública

de meus sentimentos e incertezas (...).

Em geral, eu participava muito pouco dos debates. Eram tantos os "gênios", tantas as cabeças lá (...) que eu não tinha vez. (...) eu tinha medo de abrir a boca, porque eles eram "intelectuais" e irônicos. E eu me sentia muito deslocada e me anulei, nunca mais fui a mesma, nunca mais fui capaz de falar numa reunião. [4]

terceiro garin (1950-51)

Eu entrei na Hachshará junto com o Carabina [Samuel Karabtchevsky], o Davi [Perlov]... As pessoas estavam com a idade de mais ou menos vinte anos. (...) No meu tempo, o *maskir* lá do *kibutz* era o Carabina, (...) o "chefão" da Hachshará, e o Davi era meu companheiro de quarto... Nós dois éramos as vítimas do Carabina, que era um "sargentão" e tinha uma especial predileção por nos acordar de manhã cedo, às cinco horas da manhã, para a gente cortar lenha e preparar a cozinha. (...)

Primeiro, já de cara, você era premiado, por ser recém-chegado, com o trabalho na cozinha (o trabalho mais chato que existe). A cozinha começa às cinco da manhã, quando está escuro... você precisa cortar lenha para fazer fogo e preparar café com leite... A atividade na cozinha vai de manhã até a noite, quando termina tudo... depois de ajudar a fazer a comida, lavar as panelas, limpar, servir... (um trabalho insano, ingrato, pouco criativo e desagradável, embora divertido, porque também permite encontrar as pessoas e fazer uma "zona").

Depois disso, eu fui, como tudo mundo, trabalhar no campo. A gente plantava e colhia tomates, drenava as valas... O Senda (um japonês maravilhoso que acabou secretário da Embaixada japonesa lá em Israel) era nosso instrutor de campo e de judô (...) Posteriormente, eu trabalhei de pedreiro... juntamente com o Davi Perlov, o Américo Plut e outros levantamos alguns banheiros.

(...) trabalhei [em coisas assim] até que apareceu a história dos laticínios... Havia uma desnatadeira na Hachshará, era preciso um voluntário para cuidar dos laticínios e eu me candidatei... De manhã, eu pegava carona com o cara do caminhão e recolhia leite na vizinhança para a gente desnatar e fazer manteiga, soro, coalho e queijo. Então, eu passei a ficar lá na desnatadeira sozinho, trabalhando individualmente... vivendo uma situação meio chapliniana, porque havia uma campainha que tocava se eu não mantivesse o ritmo certo, aí eu tinha que acertar o passo. Esse negócio me deixava meio psicótico. Mas eu aprendi. Eu havia me oferecido para sair do trabalho na terra. Com a desnatadeira, trabalhava na sombra. (Trabalhar de pedreiro ou no campo, no sol, é chato "para burro", você não imagina como é cansativo; embora, quando se é jovem, acaba o serviço, toma um banho e, tudo bem, você está pronto para namorar de noite numa boa, ainda mais sob o céu estrelado...). Nos laticínios, eu ficava de avental branco, limpo. Eu organizei tudo e aquilo parecia um laboratório (já era uma espécie de subproduto da minha ex-vocação médica). O queijo a gente vendia (não dava muito mais que dois ou três por dia), a manteiga era para consumo próprio, o soro servia para os animais. (...) Então eu comecei, seriamente, a ler o material que vinha da Secretaria de Agricultura sobre laticínios e planejava fazer um estágio na Água Branca para aprender a fazer queijos de mais qualidade... (...)

Estando na Hachshará, eu comecei a me convencer de que a vida *kibutziana* para mim não seria uma coisa definitiva, apesar do envolvimento com os laticínios. Não pelo trabalho físico, mas por sentir que aquilo não era realmente o meu anseio (...)

Eu gostava da idéia da Comuna, da justiça social... eu queria tudo aquilo, mas queria continuar levando uma vida urbana, mais intelectualizada e com um outro tipo de profissão. (...). Sentia que chegaria uma certa hora em que eu provavelmente sairia do *kibutz* e, então, como seria? (...) (a gente já tinha ouvido falar de um ou outro que saiu do *kibutz* com uma mão na frente e a outra atrás, especializado em uma atividade que servia para o campo, mas raramente para a cidade... num país difícil, pioneiro, que estava começando ainda sua construção, com uma *aliá* recém-chegada de refugiados de campos de concentração e o início da imigração vinda dos países árabes...) (...) Então comecei a pensar que meus pais talvez tivessem razão [e eu devesse voltar a estudar Medicina...] [9]

Quando eu fui para a Hachshará, estava com 18 anos. Comprei meu enxoval: calças caqui de trabalho, macacões, pulôver do tipo da marinha, botinas, camisetas etc., conforme uma lista mínima... tudo isso e mais as outras roupas que levávamos acabavam coletivizadas. (...)
Antes de entrar, tínhamos que fazer um exame médico. Logo que entrei, não pude pegar imediatamente no pesado, pois estava me recuperando de uma operação, fui para a carpintaria. Tínhamos uma carpintaria grande (que era dirigida por um senhor judeu vindo do Paraná fabricante de móveis, que também estava indo para Israel) onde fazíamos móveis para nós e até para vender. Adorei a carpintaria. Fiz também todo o percurso dos trabalhos de cozinha, limpeza... Desde as *machanot*, nós sabíamos que passaríamos por todos os serviços... Quem preparava o café para todos tinha de acordar às quatro horas da manhã e passava muito frio... Depois, como eu tinha experiência com tratores, fui arar a terra com o pequeno trator manual que nós tínhamos. Nessa época, Jundiaí começou a produzir morangos e nós também plantávamos para vender. Espantávamos os pássaros com tiros de uma espingarda antiga (o primeiro conto que escrevi foi sobre um espantalho). Também dirigi o nosso caminhão, apesar de não ter carteira de motorista, para levar leite a lugares próximos. (...)
Comíamos muito e muito bem no café da manhã. (...)
Às sextas feiras, nós recebíamos uma sacola com nossa roupa da semana toda (cuecas, roupa de trabalho, pijama, uma roupa para usar sexta, sábado e todas as noites). Minha prima, que tinha problemas de coluna e não podia fazer esforço físico, cuidava do "armazém" e, a meu pedido, dava um jeito de me dar as minhas próprias roupas, especialmente uma camisa xadrezinha de que eu tanto gostava.(...)
Quando fui viver a experiência coletivista percebi que ela era, para mim, muito precária. Eu vivia uma época da minha vida em que estava desabrochando... passei a me interessar por cinema e poesia... gostava de escrever... começava a me ligar ao mundo e às culturas francesa e americana... E o *kibutz* Ein Dorot era, de certa forma, uma vivência oposta à que tínhamos na cidade, onde estávamos em contato constante com cinemas e teatros. Lá na Hachshará, as pessoas estavam muito fechadas e o coletivo, como sempre, mais burro que os indivíduos. Senti que, naquele estilo de vida, eu estava ficando sufocado.(...)
Viver com tudo coletivizado era horrível. (Não faz sentido, tanto que, em Israel, isso já acabou. Antes de se ir para o *kibutz*, isso tudo era idealizado, chegando lá se quebrava a cara, porque era mesmo horrível.) Como eu estava em meu desabrochar intelectual, todo aquele coletivismo me sufocou demais. Eu queria ter as minhas coisinhas pessoais e fazer certas coisas sem ter de prestar contas a ninguém: por exemplo, nessa época comecei a estudar cinema levei alguns livros (que ficavam

comigo, mas "não pertenciam mais a mim"), gostava de ouvir música (mas não "junto com mais vinte pessoas")... às sextas a noite, quando todos iam dormir, eu ficava até mais tarde para ouvir música sozinho no refeitório junto à biblioteca... e o pessoal me criticava por isso, por ler até tarde, por não escrever no jornal de parede... E eu estava em um momento de vida em que tinha um ímpeto muito grande. (O recolhimento e a vida no campo são enriquecedores, porque te permitem ver o resto do mundo a distância, avaliar e pensar.) Nesse momento, eu comecei a entender uma série de coisas sobre mim mesmo, porque, até então, eu havia sido endoutrinado, no sentido de empolgado pela idéia, não manipulado, mas empolgado...

Fiquei na Hachshará por uns 6 meses. Minha saída foi suave. Saí porque meu pai precisou viajar e me pediu e ao Dror para que eu ocupasse seu lugar no escritório (...) Recebi esse privilégio de poder sair da Hachshará (o que era raro). Fiquei no escritório do meu pai por mais tempo que o esperado, porque ele assumiu outros compromissos. Nesse meio tempo, aprofundei meus estudos sobre cinema que eu havia iniciado na Hachshará. (...) Percebi que meu negócio era o cinema! (...) Não houve uma carta oficial de ruptura minha com o Movimento. (...) Eu continuei no Rio, minha roupa ficou lá em Ein Dorot.(...) Em 1952, eu já era jornalista profissional. [15]

oitavo garin ou o primeiro para o kibutz Erez (1958-59):

O nosso *garin*, em especial, foi um *garin* muito forte. No nosso *garin* havia paulistas, cariocas, gaúchos... algumas pessoas muito interessantes. Nós chegamos à Hachshará, que estava em decadência, e a reconstruímos inteira, construímos galinheiros para três mil galinhas, a nossa horta era a maior horta que já houve lá, nós plantamos um pomar de laranjeiras e melhoramos várias outras coisas. Fizemos e acontecemos... não éramos um *garinzinho*. [23]

Na época em que eu estava lá, éramos quase trinta pessoas, bastante gente. (...) Era uma vida de camponês: levantar de manhã, cuidar de galinha, cozinhar, cuidar da horta, dos morangos. Era uma vida agradável. Não que eu me desse bem com a rotina de trabalho. A rotina era uma coisa muito chata, mas era uma coisa que precisava ser feita, era preciso viver, então eu fazia. Não éramos auto-suficientes lá, mas vendíamos algumas coisas como ovos e frutas.
O alojamento era uma construção caipira de quartos com beliches. Dormíamos quatro moças, ou quatro rapazes, em cada quarto. Era um frio! Jundiaí no inverno era um horror... a gente forrava com jornal debaixo do colchão para esquentar um pouquinho. [26]

Eu fui para a Hachshará com 19 anos. Na Hachshará, entre outros cargos, eu era responsável pelos programas culturais, estava na diretoria e era também enfermeira.
A enfermaria era um quarto de remédios que não tinham nada a ver com o que eu tinha aprendido [em meio ano de curso de Pronto Socorro] e que recebíamos de graça de entidades variadas, especialmente da Unificada Sionista. Havia um médico de São Paulo que ganhava ordenado da Unificada para cuidar da gente e eu estava em contato com ele. De vez em quando, eu viajava para São Paulo para me encontrar com esse médico e discutir os nossos problemas de saúde. Eu também ia

ao Instituto Butantã para trocar os soros contra mordida de cobras, que sempre foram o meu maior medo: "o que eu faria se alguém fosse picado por cobra?". (...) Nós morávamos a cinqüenta quilômetros de distância de qualquer civilização, no meio do mato. Lá na região, chamavam a nossa Hachshará de Fazenda dos Estudantes, porque a gente tinha um nível cultural muito mais elevado que o dos caboclos. (...) Tivemos, infelizmente, problemas muito sérios na Hachshará para os quais eu tive que dar o pronto-socorro e nós não tínhamos carro e nem telefone. Fora, havia apenas um ônibus que passava de manhã e um a noite. Se acontecia alguma coisa fora do horário dos ônibus, podíamos, às vezes, usar um caminhão bem velho que nós tínhamos, mas que na maior parte do tempo estava em viagem levando para São Paulo os frangos e as verduras que a gente produzia para vender. Estávamos, portanto, praticamente isolados do mundo. Até chegarmos ao telefone mais próximo, a gente tinha que andar mais de cinco quilômetros a pé, por uma fazenda, cujos donos, que não viviam lá, nos permitiam usar o telefone em caso de emergência. (No dia em que eu não trabalhava, andava esses quilômetros todos para dar um alô para os meus pais, como também faziam outros amigos e amigas... era também um passeio.) Em caso de emergência ou problema grave, íamos até lá para chamar o médico. Porém, nunca chegou um médico até a Hachshará; o doutor me dava uma orientação e, no dia seguinte de manhã, quando havia ônibus para Jundiaí, o paciente ia nele para receber auxílio profissional. Portanto, o pronto-socorro era de minha responsabilidade. Eu não tinha qualificação para isso, mas tinha muita iniciativa e também muita sorte. Felizmente, consegui me sair bem de vários incidentes que aconteceram... Certo dia, recebemos um trator emprestado do pai de uma de nossas amigas. Um rapaz foi usá-lo e acabou subindo com o trator em cima das colmeias, foi atacado por todas as abelhas... Eu passei a noite inteira ao lado dele, enquanto ele estava em estado de choque. (Hoje ao lembrar disso, eu acho que eu tinha muita coragem. Era coragem somada a uma falta de responsabilidade criminosa o que a gente fazia. Por outro lado, isso nos amadureceu muito, porque não tinha quem fizesse as coisas por nós, então nós mesmos fazíamos.)

Ser enfermeira não era tarefa, era apenas algo extra fora das horas de trabalho. Cada semana nós recebíamos um trabalho diferente. Havia trabalhos que eram obrigatórios. Cada um de nós pertencia a um *anaf*[ramo produtivo], das abelhas, galinhas ou vacas. Como as abelhas eram um trabalho muito delicado, eu não deixava os rapazes cuidarem das abelhas, os rapazes, por sua vez, não deixavam, nós, as moças cuidarmos das vacas, então o único *anaf* de que nós participávamos juntos, rapazes e moças, era o do cuidado das galinhas. Como nós tínhamos muitas galinhas, a gente tinha muito trabalho (carregar ração, distribuir a ração...) e nisso a gente se revezava.

Nós tínhamos também o trabalho no campo, que era obrigatório para todo mundo. A gente levantava de manhã bem cedo, ainda quando tinha geada, e com os dedos gelados, a gente tinha que tirar os matinhos dos morangos. (...) Os japoneses achavam um absurdo a gente acordar tão cedo e tirar os matinhos com os dedos gelados dizendo que aquilo não era um trabalho muito produtivo. Mas a gente fazia, porque era uma questão de disciplina, era um treinamento.

Trabalhávamos 12 horas por dia, não porque fosse necessário, mas para nos obrigar a ficar cansados, a sujar as mãos, a aprender o que é trabalho físico.

No campo, nós não tínhamos um processo de irrigação, eram valas de irrigação. O nosso método de irrigação consistia em encher baldes e com eles molhar as plantinhas. Era, é claro, um trabalho muito pesado e a gente se sujava muito, porque a terra era muito preta e úmida, a gente botava o pé na terra e afundava lá até o joelho. No inverno, a gente tinha que proteger o morango da geada: de noite, a gente acendia latas de gasolina, de querosene, para fazer fumaça afim de esquentar um pouco o ambiente não deixando que os morangos se congelassem. Era gozado. A gente se divertiu muito.

Era muito trabalho, mas a gente tinha muita motivação para fazê-lo. Éramos muito sérios e responsáveis e tentávamos cumprir as tarefas do melhor modo possível.(...) Queríamos criar um elo das pessoas com a terra. Nós aprendemos a amar a terra, a trabalhar a terra, a conhecer as plantas. (O elo primário das pessoas com o país que ela vive é pela terra. E agora que eu vivo aqui [em Israel], às vezes eu ouço um árabe falando sobre a terra, vejo que ele fala sobre a terra dele como se falasse de uma mulher amada, e acho que isso é a coisa mais certa e mais bonita, que tem, porque esse é o verdadeiro amor pela terra. O amor pelo país não é uma coisa no ar, é uma coisa de dia-a-dia, que você consegue trabalhando.) Nós aprendemos muito a trabalhar com enxada, a revirar a terra, a plantar, a produzir comida para nós mesmos. E tentamos ser auto-suficientes. Quando nós chegamos, na Hachshará, não havia pratica-camente nada e a comida era péssima. Eu me lembro que meus pais vinham aos domingos. Meu pai ia à feira no sábado, enchia o Chevrolet dele de caixotes de frutas e verduras e trazia tudo para nós. Minha mãe preparava um bolo bem grande e assados de filé, trazia a comida e dizia: "Eu trouxe..." – ela não queria dizer – "porque vocês não têm o que comer" e dizia "porque já que nós vamos ficar aqui, nós não vamos comer a comida de vocês". E meu pai ficava na cozinha fazendo limonada para todo mundo. Então, aquele dia que meus pais estavam na Hachshará era dia de festa. Depois de um tempo, alguns meses, a gente se ajeitou mais no campo com verduras (frutas nós não tínhamos mesmo, só morangos, que a gente vendia). Nós conseguimos plantar verduras e fomos muito bem-sucedidos. Então a gente passou a ter a satisfação de consumir as verduras da nossa plantação e ver que ainda sobrava para vender. E, quando meus pais vinham nos visitar então, o rapaz que era o responsável pelo campo lhes oferecia verduras, porque a gente tinha muito orgulho de finalmente estarmos produzindo e tanto. Era tanta verdura que a gente podia até presentear; a mãe que sempre trazia, agora pode receber também algum presente de nós.

Nas outras tarefas, nós nos revezávamos; a cada semana, a gente fazia um trabalho diferente. Nós, as moças, tínhamos que limpar os banheiros, lavar roupa, passar. Os rapazes não faziam esse tipo de atividade, mas podiam ser ajudantes de cozinha. A cada semana, havia uma cozinheira com um ajudante de cozinha. O ajudante de cozinha tinha que acordar ainda mais cedo para acender o fogo do nosso enorme fogão à lenha. Aí então a gente acordava e fazia chá. O pessoal tomava chá e comia pão com gororoba para depois ir para o trabalho. (A gororoba era simplesmente uma geléia que a gente desfazia na água e cozinhava para ficar bem diluída, porque, assim, se comia menos geléia.)

Nós recebíamos um orçamento da Unificada para comprar comida e era com esse dinheiro que a gente tinha que se virar. Se a gente não sabia cozinhar e estragava comida, era aquilo o que se tinha para comer, então, geralmente, a gente comia comida estragada. (...)

As roupas comuns eram divididas por números: 40, 42, 44. Às sextas-feiras, a moça responsável colocava na cama de cada um de nós, uma toalha grande, uma toalha pequena, alguns pares de meia, calça e camisa para o Shabat, calça e camisa para as noites todo dia, e calça e camisa para o trabalho. A gente usava aquela roupa suja

de trabalho a semana inteira, suja mesmo, porque, ao trabalhar no campo, invariavelmente a gente se sujava de barro. (...)
Em todas as noites, havia atividades culturais. (...) Na Hachshará, nós éramos muito pobres, muito modestos e a gente não tinha grandes exigências. Nós seguíamos uma orientação muito rígida (...) naquele tempo não podíamos viajar para visitar os pais e tínhamos direito de mandar-lhes apenas um aerograma por mês (carta não, porque sairia mais caro). [22]

ponto final

O embarque dos *chaverim* para a *aliá* pode ser considerado o ponto final da vida de Movimento juvenil. Ao entrarem no navio, os corações se aceleravam. Um momento acompanhado de emoções muito fortes, num tempo em que viagens tão longas não eram nem tão fáceis nem tão freqüentes. Comumente as lágrimas brotavam, tanto entre os familiares abandonados, quanto entre os *chalutzim* que partiam. Os pais, eles mesmos imigrantes, ao saírem da Europa e virem ao Brasil, deixaram para trás inúmeros parentes, que, com freqüência, nunca mais tiveram a oportunidade de rever. Ao acenar para seus filhos partindo, orgulhavam-se de sua coragem, mas o *medo ancestral* fazia-os temer pelo seu futuro na inóspita e ameaçada Israel. Os jovens, estes embarcavam com suas dúvidas e esperanças. O navio, pode-se dizer, como se fosse a páscoa judaica flutuante, realizava a travessia entre a juventude e a vida adulta. Esta seria um novo capítulo da existência de cada um, uma tentativa de transformar a terra e o *kibutz* dos sonhos no país e no *kibutz* reais.

CONCLUSÃO

Como o Dror, um grupo com tantas especificidades, interagiu com a sociedade mais ampla da qual fazia parte? Não há uma resposta breve e única, ou melhor, as relações do Movimento com a sociedade mais ampla eram, como não poderiam deixar de ser, dialéticas. O Dror nem era um corpo estranho nesta sociedade, nem uma entidade orgânica da mesma apenas reproduzindo valores e padrões de comportamento. Como mostrei ao longo do livro, o Dror, por vezes, negava-os totalmente, por vezes, incorporava-os em seu cotidiano.

Quando tratei do contexto no qual o Movimento estava inserido, utilizei, principalmente, duas referências: a sociedade brasileira e a coletividade judaica. Tanto uma como outra eram marcadas por hierarquias de classe, de gênero e etárias semelhantes, os ideais de ascensão e *status* social seguiam os padrões capitalistas, o modelo dominante de família era o burguês. O que parecia distinguir, na época, a coletividade judaica no Brasil da sociedade em geral era o que podemos chamar de questão da etnicidade; no Brasil, os judeus eram minoria e, embora lutassem por sua integração em termos econômicos e mesmo sócio-culturais, procuravam garantir suas especificidades por meio da preservação de certos costumes e tradições, utilizando para isso o incentivo a casamentos dentro do grupo judeu e, especialmente no período mais próximo à II Guerra, uma identidade acentuada com os judeus no mundo. O próprio Dror, ainda que não exatamente da mesma forma, priorizava a identidade judaica em detrimento de uma ligação com os brasileiros não-judeus, procurava lutar contra a assimilação, promovia por muitos meios a ligação do jovem com o *povo judeu* e, embora atuasse na política brasileira e não tivesse nada contra o Brasil em si (pelo contrário), sua preocupação maior, sem dúvida, era Israel. Além de adotar tradições revolucionárias importadas e incluir, em sua *ação educativa*, a *educação nacional*, o Movimento, por força de seu projeto político e social, reforçava aspectos específicos da cultura judaica (incluindo a língua hebraica), favorecia as amizades e as ligações afetivas dentro do meio judeu e, em última análise, casamentos endogâmicos. Como um movimento judaico, o Dror estabelecia uma oposição diante da sociedade mais ampla e sua pressão homogeneizadora, ao mesmo tempo em que estreitava laços com a coletividade judaica, reforçando seu lado etnocêntrico e promovendo, entre seus membros, um processo de rejudaização.

Por outro lado, o Dror selecionava certos elementos que mais interessavam para forjar uma determinada identificação com o povo judeu, abrindo mão de outros que, em alguns setores da coletividade, também caracterizavam e diferenciavam judeus, como, por exemplo, a religião mosaica – o Dror, ideologicamente, não só não era religioso como, em certos aspectos, anti-religião. A identidade judaica recriada e reforçada pelo Movimento era específica, fundamentalmente nacional, no sentido borochovista. Assim, o Dror afrouxava os laços de seus jovens militantes com o Brasil – a sociedade mais ampla e a Diáspora – em favor de uma postura mais universalista e da colaboração com Israel. Ao ter como projeto a *aliá* e o *kibutz*, o Dror ganhava adeptos entre um grupo da coletividade judaica, os que se diziam simpatizantes do sionismo socialista, mas também a forte oposição de famílias contrárias à emigração dos filhos no esquema proposto de proletarização, coletivismo e trabalho na terra. Quando o jovem vinha de uma família simpatizante do sionismo, seu ingresso no Movimento era, de certa forma, um reforço à educação recebida em casa; quando não, a oposição ao projeto familiar provocava inevitáveis atritos. No caso da não aprovação dos estudos universitários, como foi visto, o Dror frustrava planos familiares de ascensão social. Boa parte da coletividade judaica, que encontrara espaço para o progresso econômico e a integração social no Brasil (recém saído de um período de anti-semitismo "semi-oficial") não queria abrir mão de tais regalias conquistadas com a imigração e o trabalho na nova terra.

O Brasil, embora estigmatizasse o (que insistia em ser) diferente, oferecia, no pós-II Guerra, condições para as famílias judias prosperarem e sua juventude não encontraria problemas sérios de ajustamento em uma economia em desenvolvimento se seguisse os caminhos esperados. Ao incentivar, por parte de seus militantes, a adoção de um estilo de vida diferente do dos jovens contemporâneos, o Dror recusava tais oportunidades oferecidas pela sociedade brasileira.

Por outro lado, o estudo e o aprimoramento cultural não eram descartados no Movimento, pelo contrário, eram princípios destacados na *ação educativa* do Movimento (que, inclusive, incentivava o aproveitamento por parte de seus *chaverim* da "vida cultural" oferecida pelas cidades na época – exposições de arte, teatros, concertos de música erudita, cinemas, bibliotecas públicas). Entretanto, pelo menos no Brasil, esses princípios não apontavam o caminho das universidades e eram estimulados apenas na medida em que não colocavam obstáculos e, pelo contrário, que colaboravam para a criação do *novo homem* segundo a ideologia pioneira. Nesse sentido, segundo os argumentos e exemplos que apresentei nos capítulos II e III, o Movimento apegava-se ao patrimônio cultural da humanidade ligado às tradições humanistas, iluministas e românticas, colocando-o, de acordo com interesses e possibilidades, à disposição dos *chaverim*. (A vivência no Dror, nesse sentido, ampliava os horizontes intelectuais e culturais dados pela origem e condição social de muitos de seus militantes).

Herdeiros das tradições do sionismo socialista e de movimentos juvenis, os *chaverim* no Brasil, como procurei mostrar em vários momentos do livro, também atuaram com um certo grau de espontaneidade e criação na seleção, interpretação, divulgação e aplicação dos ideais pioneiros e no emprego da estrutura e metodologia inspiradas nos movimentos juvenis conhecidos.

Diferentemente do que ocorria fora, na sociedade em geral e na coletividade judaica, as diferenças de origem e condições materiais não eram reproduzidas pelos jovens no Movimento, conforme destaquei nos capítulos I e III. Ao reunir jovens judeus de famílias de distintas origens territoriais e padrões educacionais sem reforçar tais distinções (alvo de preconceitos que, por vezes, resultavam em discriminações dentro da coletividade) e, pelo contrário, dissolvendo estas "diferenças de berço" em função de uma identidade única, a de *chaver* do Movimento, o Dror caminhava numa direção oposta a do seu meio. Procurei deixar claro que a condição econômica não era um valor no Movimento não tendo qualquer peso na determinação da popularidade e do *status* do indivíduo dentro do grupo e não criando, na época, qualquer tipo de discriminação com relação aos *chaverim* mais pobres. Tais distinções sociais acabavam diluídas também na condição juvenil, na identificação coletiva e na informalidade das relações entre os companheiros.

Entretanto, as diferenças etárias marcavam uma escala de prestígio dentro do grupo, embora fossem todos jovens e o poder no Movimento também dependesse de outros aspectos como capacidade de liderança, importância dos cargos e tarefas assumidos, dedicação e destaque intelectual. Ao mesmo tempo, havia democracia formal no grupo e teoricamente todos, a partir de uma idade mínima, tinham chance de fazer valer suas opiniões. Os critérios de prestígio e liderança entre os *chaverim* eram internos, próprios do grupo.

O Dror entrava em choque com os valores dominantes ao questionar o capitalismo – o individualismo competitivo, o modelo do *self made man*, a busca do enriquecimento financeiro, o consumismo, as distinções e hierarquias baseadas em critérios econômicos, as desigualdades sociais – e propor um estilo de vida socialista radical: de cada um de acordo com sua capacidade, a cada um conforme suas necessidades, na medida das possibilidades coletivas. Tal proposta, como foi visto, não ficava apenas relegada ao futuro, era praticada em doses crescentes desde as faixas etárias mais novas à militância integral e *hachshará* dos mais velhos. Além disso, o Movimento apresentava uma nova escala de valores em que a importância do trabalho realizado por cada um seria medida em termos de competência e dedicação ao coletivo. A busca da aparência despojada e a idealização da vida no campo e do trabalho manual aumentavam ainda mais a distância entre a ideologia drorista e a hegemônica na sociedade mais ampla.

Havia ambigüidades no entendimento cotidiano do princípio da *hagshamá atzmit*, ora apontando para a abnegação pessoal em função do bem estar comum, ora atribuindo importância à satisfação pessoal (o que, em última instância, conduz à valorização do indivíduo); o meio termo era a promessa do conforto espiritual dado pela vida dedicada ao ideal pioneiro (em que teoricamente não haveria contradição entre individual e coletivo). Em termos concretos, demonstrei os limites desta idéia (ao longo do capítulo III, especialmente nos espaços dedicados à questão *indivíduo e coletivo,* aos *desvios de rumo* e à vida na *Hachsharâ*), quando a ideologia parece não ter sido suficiente para proporcionar uma convivência harmônica entre determinados *chaverim* e o grupo. Por outro lado, mostrei que *chaverim* mais convictos ou integrados foram capazes de investir grandes esforços pessoais em função das idéias do Movimento tomadas também como suas. Ficou claro também como e por que, no Movimento, era difícil a coexistência de vozes muito dissonantes e graves comportamentos desviantes.

O Dror se opunha ideologicamente à dupla moral sexual, à hierarquia de gênero que subordinava o feminino ao masculino e à hierarquia etária dominantes tanto no ambiente judaico e familiar quanto na sociedade mais ampla.

Com relação à questão etária, descrevi os limites e as possibilidades do Movimento em criar um espaço de autonomia juvenil em relação aos adultos (familiares, professores, membros do Poalei Tsion e o mundo adulto em geral) e proporcionar aos jovens, ainda no Brasil, oportunidades de criação cultural, de organização de grandes eventos (como acampamentos e seminários em que cuidavam também de toda a infra estrutura), de participação política e de posicionamento diante do próprio destino raras para esse grupo etário no meio em que viviam. O Movimento também dava subsídios para que os jovens *chaverim* alargassem seu horizonte cultural para além do fornecido pela família e pela escola e participassem, eles próprios, desse processo, não só como educandos, mas também como educadores, responsáveis pelo aperfeiçoamento pessoal e pela formação dos companheiros um pouco mais novos. No desenvolvimento da *ação educativa* drorista, boa parte da dinâmica das palestras, leituras e atividades ficava a cargo dos próprios educandos. O jovem no papel de *madrich* vivenciava a experiência "socialmente precoce" de ser um orientador, um professor, um guia de jovens. Com toda a necessidade de doutrinação e militância, o Movimento propiciou entre os *chaverim* a formação de uma consciência crítica (que, como mostrei, por vezes, se voltou contra o próprio Movimento). Com direitos e deveres ampliados, a posição atribuída aos jovens no Dror e sua atuação militante contribuíram, em sua época, para a redefinição do conceito de juventude conferindo a esta um grau maior de responsabilidade social, maturidade, capacidade de organização e auto gestão e promovendo um avanço em seu papel de simples promessa para o de participante na transformação social, a "regeneração individual e coletiva". O estudo específico que fiz a respeito dos jovens do Dror permite também o questionamento de esquemas de interpretação e pressupostos sobre "a Juventude" como se fosse uma entidade única e homogênea e as visões mais correntes sobre os jovens dos Anos Dourados (sempre comparados aos rebeldes dos Anos 60) – "alienados", "ingênuos" ou "sem causa" – ou outras menos comuns – "precursores dos ativistas da década seguinte", "inconformados e rebeldes" em seu próprio tempo –, mas sempre muito genéricas.

Ao longo de todo o livro, fui revelando os aspectos dialéticos da relação entre mundo jovem e o mundo adulto desenvolvida no Movimento juvenil e no contato deste com a coletividade judaica e a sociedade mais ampla. Concluí, entre outras coisas, ser um equívoco afirmar pura e simplesmente que, por se tratar de um movimento juvenil (em que a juventude acaba sendo um valor), o Dror estimulava o conflito de gerações, no sentido amplo, entre os jovens e os adultos. Mostrei que, ideologicamente, o Dror não aceitava outra divisão política da humanidade que não a de classes, negando a separação do mundo em gerações e o conflito entre elas como um motor da mudança histórica. Afirmei que, para além de desafiar os pais, acima de tudo, o Dror se colocava contra o estilo de vida considerado passivo, mesquinho e pequeno burguês dos judeus da Diáspora, que, por sua vez, era identificado com a geração dos pais, mas não só, pois os jovens contemporâneos acomodados, egoístas, indiferentes aos interesses nacionais e sociais, eram igualmente criticados. Da juventude judaica, a drorista considerava-se a melhor parte. O Movimento sim acreditava no potencial criador da juventude, enfatizava a energia e a disponibilidade juvenis, mas não fazia uma oposição imediata entre jovens e adultos procurando valorizar a juventude em si mesma contra os mais velhos em geral. Pensadores, ideólogos e políticos adultos, alguns com fios de cabelo ou barba brancos, entravam juntamente com os destemidos jovens combatentes e *chalutzim* na galeria dos heróis do Movimento. As críticas mais duras e as campanhas de oposição ao modo de pensar e ao estilo de vida dos *pais* surgiam em decorrência das posições tomadas pelo Movimento em favor da *aliá* dos *filhos* nos moldes *chalutzianos*, o que levava a conflitos familiares mais que, propriamente, a conflitos geracionais. Por outro lado, o Movimento procurava explicitamente suplantar a educação dos meios familiar e escolar justificado pelas posições críticas delineadas no capítulo II. Em sua defesa da proposta educacional *kibutziana*, o Dror afirmava, entre outras coisas, que seria promovida por pessoas preparadas, proporcionaria aos jovens um maior espaço de autonomia ao mesmo tempo em que garantiria uma maior qualidade na dedicação dos pais a seus filhos. Reconhecidamente, (embora isso não possa ser medido, mostrei algumas das conquistas assim como frustrações) o Dror cumpriu boa parte dos objetivos de sua *ação educativa* nos campos do social, do caráter, do intelecto, do físico e do sexo, superando aspectos da formação escolar e familiar dos *chaverim*.

Ao tratar das relações entre o Dror e a coletividade judaica, ressaltei que, por não haver uma comunidade judaica homogênea e coesa, estas variavam entre dois pólos: determinados grupos e famílias davam amplo apoio ao Movimento, enquanto outros procuravam manter uma distância considerável dos "incômodos" *chaverim*, sempre dispostos a lembra-lhes a fragilidade de sua condição de judeus e a levar seus filhos para o trabalho braçal em Israel. Mostrei também que estas relações variaram de acordo com a distância temporal do episódio do Holocausto e o grau de entusiasmo sionista, a grosso modo decrescente desde a fundação do Estado de Israel.

Ao falar das relações entre os jovens, na condição de membros do Movimento, e suas famílias, delineei as formas específicas do que chamei, entre aspas, de "oposição à família de origem" desenvolvidas em um grupo juvenil que proporcionava aos seus membros espaços para o desenvolvimento de modos de pensar e parâmetros de comportamento específicos distintos dos de seus familiares. Em termos simbólicos, a construção do *novo homem* justificava a oposição ao que era visto como arcaico, a crítica aos valores existentes. Além disso, a ideologia compartilhada passava a ser fundamental no estabelecimento de laços, gostos, compromissos e prioridades, distanciando os *chaverim* de todos os que trilhassem caminhos diferentes dos seus (fossem eles jovens ou adultos). E, por fim, através de vários mecanismos, descritos ao longo dos capítulos, o Dror entrava em choque com as famílias ao interferir em esferas comumente consideradas "assuntos de família".

Ideologicamente, os droristas criticavam o modelo de família burguês e se propunham a adotar o padrão que esperavam encontrar no *kibutz*; sobre tal expectativa dediquei bastante espaço no livro, chegando à conclusão que, embora eles tivessem como referencial principal a "fase revolucionária" dos *kibutzim*, a postura antifamília nunca foi hegemônica no Movimento. No que diz respeito às famílias concretas, as relações dos *chaverim* variavam em cada caso; estas variações, mencionadas com detalhes no texto, revelaram os limites e as possibilidades da *ação educativa* do Movimento no Brasil, de sua postura crítica diante da família de origem e de sua proposta de substituição dos laços familiares pelos de solidariedade grupal.

Examinando as idéias e os padrões de comportamento hegemônicos no Dror, mostrei como se criava de diversas formas, a partir de uma certa etapa da vivência drorista e do grau de envolvimento na militância, um distanciamento entre os *chaverim* e os jovens de sua época, ao mesmo tempo em que crescia a coesão interna do grupo. Tais padrões de comportamento serviam também para promover a ruptura dos *chaverim* com a Diáspora e uma aproximação estudada com a cultura israelense e *kibutziana*.

Com relação à moral sexual e às questões de gênero, o Dror se colocava, em grande parte, contrário à tendência dominante. Valorizava e promovia a educação sexual num sentido amplo – da fisiologia aos aspectos sociais e morais da atividade sexual –, destacando também a importância da orientação e acompanhamento individuais, num tempo em que não só isso tudo era impensável nas escolas, como também o próprio assunto era tabu. Por outro lado, tinha como princípio procurar vincular a prática sexual ao amor e a uma concepção própria de maturidade, colocando limites à iniciação sexual, à liberalização do sexo e à promiscuidade.

Ideologicamente, o Movimento era favorável à emancipação feminina. Procurava promovê-la juntamente com a igualdade entre os sexos. Não só reservava às mulheres na *nova sociedade* oportunidades iguais de educação e participação social com relação aos homens, como procurava aplicar esses princípios entre os próprios jovens no Brasil. O Dror dedicava-se à educação mista e ao estímulo ao sentimento de igualdade e respeito nas relações entre os sexos.

314

Abria espaço para discussões sobre a condição feminina, o papel da mulher e o amor livre. Criticava a subordinação feminina, a dupla moral sexual e as hierarquias de gênero no casamento e nas relações familiares nos moldes burgueses. Em termos práticos, entretanto, como procurei deixar claro, a igualdade sexual encontrou barreiras para se desenvolver plenamente no Movimento juvenil especialmente no período que antecedia à Hachshará Ein Dorot.

Na busca da profissionalização, as distinções de gênero dominantes eram, em certa medida, diluídas, rompendo com preconceitos existentes com relação ao trabalho das mulheres e a sua atuação em campos tidos como masculinos, mas eram, por outro lado, reforçadas pelo fato de que a maioria das moças buscava ofícios tradicionalmente vistos como apropriados à mulher.

Nas divisões de tarefas na militância cotidiana, nos acampamentos e na Hachshará não havia praticamente distinções entre funções femininas e masculinas em atividades como educar, orientar, cozinhar, limpar, lavar e quaisquer outras que não exigiam muita força física. Realizar trabalhos que, fora do Dror, eram considerados função de outro sexo aparecia como um sinal de desprendimento de preconceitos burgueses e dedicação aos valorizados ideais pioneiros. Quanto às hierarquias, na estrutura do Movimento, a questão etária interna era fundamental enquanto as diferenças de gênero eram irrelevantes. Com relação às lideranças, não havia discriminação do feminino diante do masculino. Entretanto, embora aparentemente houvesse oportunidades iguais, a maior parte das *chaverot* não aproveitava o espaço aberto para tornarem-se dirigentes oficiais do Movimento, reproduzindo a tendência da sociedade mais ampla de reservar a dirigência política ao masculino. Em termos de participação nas *kvutzot,* nas assembléias, nas tomadas de decisão em geral e na elaboração de material educativo, rapazes e moças efetivamente atuavam por igual. Entre os heróis do Movimento encontravam-se homens e mulheres. No ideal de *chalutz* não havia distinções de gênero, num tempo em que o pensamento dominante na sociedade mais ampla reservava às jovens o parâmetro ideal da "moça de família", futura "rainha do lar". O ideal *chalutziano* criava uma certa distância entre as expectativas de gênero hegemônicas, especialmente com relação ao feminino, existentes no Dror e na sociedade mais ampla, abarcando, em termos concretos, tanto aspectos relativos à aparência quanto à postura e comportamento. Por outro lado, alguns sinais de feminilidade e masculinidade reconhecidos como tais se mantinham entre os *chaverim,* sem, contudo, comprometer a ideologia que atribuía funções e oportunidades iguais para ambos os sexos. O Movimento proporcionavam um convívio intenso entre rapazes e moças não tão comum entre os jovens contemporâneos e apresentava aos *chaverim* padrões mais igualitários de comportamento: as *chaverot* participavam politicamente, desenvolviam habilidades para além das necessárias aos papéis prioritariamente reservados à mulher na família-modelo, e conheciam pessoas que valorizavam sua atuação. Na própria oposição à família burguesa, que caracterizava a ideologia do Movimento, vinha embutida a crítica à mulher com preocupações restritas aos afazeres domésticos, ao marido e aos filhos. Enfim, conforme procurei deixar claro inspirada pelos depoimentos e pela documentação, o Dror não só se mostrava como uma alternativa às relações de gênero dominantes para o futuro (propondo a responsabilidade coletiva no cuidado das crianças, a perspectiva das oportunidades iguais de trabalho, de uniões baseadas apenas no afeto mútuo e a não exigência do casamento e da maternidade para a realização feminina), no *kibutz*, como viabilizava, no presente, entre seus *chaverim*, relações de gênero um tanto distintas das que predominavam fora, na sociedade mais ampla.

Os maiores problemas com relação à superação das representações de gênero dominantes na sociedade e à aplicação de alternativas mais libertárias com relação à mulher relacionavam-se à sexualidade. Um dos entraves principais era a valorização da manutenção da virgindade feminina até o casamento que, embora contradissesse a postura institucional do Movimento, estava nas mentes de boa parte dos *chaverim* e *chaverot* do Dror dando o tom de ou servindo como referência para seus relacionamentos sexuais e afetivos. A utilização do serviço de prostitutas por parte dos rapazes (aspecto que destaquei ao falar sobre *as regras não escritas*) mostrou vários dos limites da ideologia drorista no que diz respeito à liberdade sexual igualitária para homens e mulheres e à sua crítica à não exploração econômica do sexo e, por outro lado, deixou clara a força da ideologia dominante na sociedade mais ampla, que permitia aos rapazes a liberdade sexual que negava às moças merecedoras de respeito. Os avanços da *ação educativa* do Dror, nesse sentido, ficaram principalmente por conta do tratamento diferencial e mais igualitário recebido pelas jovens do Movimento por parte de seus companheiros. Demonstrei também que a herança familiar judaica e a moral social dominante, além do medo da punição social e/ou da gravidez indesejada foram contrapesos a tendências revolucionárias no que diz respeito à sexualidade no Movimento, incluindo a questão do *amor livre*. Por outro lado, várias pessoas, especialmente as moças, encontraram no Dror um espaço de mais liberdade para a manifestação da sexualidade. Como nunca ficou definido qual conduta sexual seria a regra ou a bandeira a ser defendida, havia no Movimento, pelo menos teoricamente, liberdade em termos de sexualidade desde que, no relacionamento a dois, houvesse consentimento mútuo (o padrão heterossexual estava implícito). Por outro lado, a ênfase ideológica na liberdade sexual e na crítica ao moralismo burguês era limitada pelo recato dos *chaverim*, fruto da educação recebida, do temor das sanções sociais, das fofocas e censuras decorrentes do próprio moralismo dos companheiros e da idéia de dedicação prioritária à militância. Entretanto, a ausência de virgindade não despertava a desaprovação dos *chaverim* tanto quanto as trocas freqüentes de parceiros. Evitar tais trocas era uma regra implícita que servia tanto para moças quanto para rapazes, pois, mesmo aceitando, majoritariamente, em tese, a liberdade no *amor* – uniões que prescindem do casamento formal e nas quais homens e mulheres gozam de igualdade de condições, ou seja, relacionamentos distintos do namoro e do matrimônio burguês em que impera uma dupla moral – o ideal da monogamia prevalecia no Movimento. Por outro lado, algumas jovens chegavam a ser admiradas por assumirem uma vida em comum com o namorado. Os costumes

316

conservadores em choque com as idéias revolucionárias, nesse aspecto da sexualidade feminina, produziam, em termos concretos, no Dror, uma postura dúbia. Com relação às *chaverot* que manifestavam mais livremente sua sexualidade ou se envolviam com vários rapazes, a reação no Movimento ficava entre o respeito pela individualidade, na medida em que ter tal comportamento sexual era ideologicamente aceito, e a desaprovação velada, posto que os *chaverim* eram jovens de seu tempo e sofriam as influências morais da sociedade mais ampla em que viviam e das famílias judaicas que os abrigavam e educavam.

Levantei, a partir de uma análise comparativa e cuidadosa dos depoimentos, a possibilidade de ter ocorrido mudanças na postura dos *chaverim* diante das manifestações socialmente mais visíveis do afeto e da sexualidade no sentido de um maior puritanismo à medida que se aproximava o final da década de 1950, as idéias droristas iam se cristalizando e as cabeças do Movimento, os *mais velhos* então, vinham da geração educada desde o início da adolescência no Dror.

E, por fim, demonstrei como, apesar dos viéses dos depoimentos individuais apontarem freqüentemente na direção contrária, no Dror foi possível a convivência de vários tipos de relações íntimas entre os sexos. Isso se deu, entre outras coisas, graças à idéia de amor livre, qualquer que tenha sido a leitura que dela fizeram, e ao não dogmatismo drorista em assuntos como esse. Além disso, em muitos casos, o peso da subjetividade mostrou-se mais relevante que as influências do Movimento ou da sociedade mais ampla na conduta sexual assumida por determinadas pessoas.

Partindo do princípio de que as concepções baseadas na diferença sexual e etária são produtos da História, mostrei, ao longo do livro, como as vivências de rapazes e moças no Dror, suas visões sobre o que era próprio ou socialmente aceito para homens e mulheres e para jovens judeus na luta revolucionária, no Movimento juvenil e na sociedade que pretendiam forjar, foram frutos de seu tempo. Foram construídas, recriadas e mantidas em um processo de inter-relações de determinações sociais (limites e possibilidades) e a ação, atitudes e interpretações, dos sujeitos históricos envolvidos. Desenvolveram-se no cotidiano de uma geração formada, em sua maioria, por imigrantes ou descendentes de imigrantes judeus que desembarcaram no Brasil fugindo da pobreza e/ou de perseguições anti-semitas da Europa. Forjaram-se na intersecção entre as tradições judaicas, a cultura familiar, a herança dos movimentos juvenis sionistas socialistas, a motivação pioneira que impregnou os jovens no final da II Guerra, as idéias do movimento *kibutziano* e as relações interétnicas, etárias, de classe e de gênero que caracterizavam a sociedade urbana brasileira dos anos 40 e 50. E, finalmente, foram moldadas pelas vontades, reflexões e experiências desses jovens idealistas com os olhos voltados para Israel.

Quanto ao ideal da *proletarização*, mostrei em que medida era fruto de uma visão específica dos droristas muito marcados pela tradição *chalutziana* e por seu *background* de classe média. No período anterior ao ingresso na Hachshará, o dito processo de *proletarização*, embora iniciado entre os *chaverim* a partir dos 16 anos, dava-se com limites (menores entre os que participavam da Comuna); em Ein Dorot, mesclado com a experiência coletivista, alcançava um certo avanço, mas ainda era, acima de tudo, uma promessa.

Sistematizei dados e dei espaço a documentos de época e depoimentos ao tratar da vida na Hachshará, da experiência do igualitarismo e das atividades desse "mini-*kibutz*". Também mencionei as idéias e as práticas desenvolvidas – na busca da ruptura com o modo de vida da Diáspora e os valores dominantes da sociedade mais ampla – em Ein Dorot. De quem cumpriu seu tempo de *hachshará*, muitas mudanças pessoais foram exigidas. Entretanto, o período de um ano era curto para se afirmar a consolidação de tais mudanças e afinal, os *chaverim* ainda não haviam chegado ao *kibutz*.

Afinal, eles ainda eram jovens.

GLOSSÁRIO*

para as palavras em hebraico:
plural masculino – geralmente terminado em *im*
plural feminino – geralmente terminado em *ot*
ch – pronúncia equivalente ao *j* em espanhol

Agência judaica para a Palestina – criada em 1929 como o organismo executivo da Organização Sionista Mundial com a função de representar os judeus na Palestina diante das autoridades do Mandato Britânico, dos governos estrangeiros e de organizações internacionais. Com a criação do Estado de Israel, continuou existindo com outras atribuições, entre elas a de tratar da relação entre Israel e os judeus da Diáspora. (adquiriu a responsabilidade parcial pela absorção de imigrantes, colonização, atividades educacionais e culturais etc.) [RI]

Ale v'hagshem – (lit. "Suba e realize") saudação adotada pelo Dror que significa: Realize-se fazendo *aliá*.

aliá (aliot f. pl.) – em hebraico, significa literalmente subida, elevação. O movimento sionista chamava a emigração para Israel de *aliá* atribuindo um juízo de valor positivo a esse ato, como se a emigração proporcionasse ao indivíduo uma ascensão espiritual. *Aliá* significa, por extensão, movimento migratório ou onda migratória.

Aliat Hanoar – (lit. "emigração dos jovens") *aliá* de jovens e crianças de famílias perseguidas pelo nazi-fascismo, organizada pelo movimento sionista e a Agência Judaica a partir de 1934. [SE] Posteriormente, passou a atuar em vários países procurando levar para Israel jovens judeus órfãos, desajustados ou com problemas familiares.

---

* Autores e textos consultados: N. Falbel (1996) – [NF]; J. Pinsky (1971) e (1997) – [JP]; S. N. Eisenstadt (1977) – [SE]; M. Spiro (1969) – [MS]; F. Czeresnia (1998) – [FC]; *Realidades de Israel*. Centro de Informação de Israel. 1993 – [RI].

askenazi (askenazim pl.) – termo que designa o judeu originário da Europa Setentrional, Central e Oriental e seus descendentes. Falam iídiche.

Assefá Klalit – Assembléia Geral.

bachur (bachurim pl.) – rapaz, garoto.

bachurá (bachurot f.pl.) – moça, garota.

Bar Mitzvá – festa inspirada em cerimônias primitivas de iniciação guerreiro-sexual, representa a confirmação do garoto de 13 anos no seio da comunidade. A partir da comemoração do *bar mitzvá*, a criança passa, em termos religiosos, a ser adulto, responsável perante Deus, podendo compor o *minian* (reunião de pelo menos dez judeus do sexo masculino de mais de 13 anos para a efetivação de atividades religiosas). [JP]

Betar – sigla de Brit Trumpeldor ("Aliança de Trumpeldor"), Trumpeldor (1880-1920) foi um herói judeu que lutou e morreu na defesa de Tel Hai contra um ataque árabe). Organização juvenil sionista fundada por Vladimir Jabotinsky, em 1923, na Lituânia, identificada com o revisionismo, uma corrente de direita no movimento nacionalista judeu [NF].

bnei méshek – (lit. "filhos do *kibutz*") termo que designa as crianças nascidas no *kibutz*.

Brit Milá – cerimônia de circuncisão.

Bror Chail – *kibutz* a 55 km ao norte da cidade de Ber Sheva.

Chag Habikurim – festa que fazia referência ao imposto, que consistia na entrega dos primeiros frutos, pago ao templo no período monárquico de Israel. Modernamente, adquiriu cunho nacionalista e visava coletar contribuições para o KKL.

chalutz (chalutzim pl.) (**chalutzá** f.) (**chalutzot** f. pl.) – pioneiro; denominação dada aos sionistas revolucionários que emigraram para a terra de Israel.

chalutziut – pioneirismo.

chanich (chanichim pl.) (**chanichá** f.) – educando; aquele que está sendo instruído.

Chanucá – (lit. "dedicação", "renovação") comemoração da reconsagração do Templo pelos Macabeus após a sua vitória sobre os greco-sírios que o teriam profanado. Festa das luminárias. [SE]

chaver (chaverim pl.) (**chaverá** f.) (**chaverot** f. pl.) – companheiro; membro do Movimento.

chevrá – grupo, turma; grupo caracterizado pela intimidade de interação e preocupação mútua [MS].

chinuch – educação.

chinuchi – educacional.

chug (chuguim pl.) – grupo de estudos.

Diáspora – palavra grega cujo sentido literal é "semente espalhada", no sentido figurado é "gente dispersa" ou "dispersão"; para o judaísmo, significa "judeus dispersos", judeus fora de sua terra de origem: Israel. [JP]

Dror – ("Pássaro da Liberdade") movimento juvenil sionista socialista fundado pouco antes dos anos 20, originário da Polônia.

Ein Dorot – ("Fonte das gerações") nome do *kibutz-hachshará* drorista, criado em 1949, situado a 80 km de São Paulo, em Jundiaí.

Eretz Israel – Terra de Israel.

Galut – o mesmo que Diáspora, em hebraico.

garin (garinim pl.) – (lit. "semente") grupo disposto a emigrar para Israel; os diferentes grupos que se propunham a ir para Israel recebiam uma numeração no Movimento: 1º *garin*, 2º *garin* etc.

goi (goim pl.) (**goie** f.) – designação para o não-judeu.

Golá – exílio, o mesmo que *Galut*.

Gordônia – movimento juvenil sionista socialista fundado na Europa em 1923 com o programa de *construção da pátria, educação dos seus membros nos valores humanistas, criação de uma nação de trabalhadores, renascença da cultura hebraica e do trabalho pessoal.* [NF]

hachshará (hachscharot f. pl.) – preparação; fase de preparação para a vida e o trabalho nas colônias coletivas de Israel; fazenda de preparação, colônia de treinamento para a atividade agrícola e a futura vida de pioneiro no *kibutz* (originou-se com o surgimento dos movimentos juvenis judaicos que educavam para a colonização e o estabelecimento dos judeus na Palestina). [NF; SE]

haflagá (*haflagot* f. pl.) – encontro, passeio ou excursão.

Hagadá – livro de rezas e cantos utilizado na celebração de *Pessach*.

Haganá – (lit. "defesa") organização clandestina militar judaica na Palestina criada em 1935, sob o Mandato inglês; primeiramente era uma milícia popular; com a Independência, foi o núcleo de onde surgiu o exército de Israel.
haghshamá – realização.

haghshamá atzmit – auto-realização, realização pessoal; conceito sionista: o estabelecimento em Israel do militante sionista (termo adotado por jovens judeus sionistas desde o início do século XX).

Hanhagá Artzit – ("Direção Territorial") núcleo dirigente do Movimento no Brasil denominação adotada após julho de 1951 (antes era "Lishká Merkazit").

Hanhagá Olamit – ("Direção Mundial") direção executiva mundial do Movimento (também chamada, em determinada época, de *Hanhagá Elioná*).

Hashomer Hatzair – ("Jovem Guardião") movimento juvenil judaico *kibutziano* nascido na Polônia, na região da Galitzia, em 1913. Em 1918, formou seu primeiro grupo destinado a emigrar para a Palestina com o objetivo de trabalhar na terra. Desde 1919, seus membros começaram a se estabelecer na terra de Israel, desempenhando um papel relevante no desenvolvimento dos *kibutzim*. Seus membros se destacaram também na colonização e ocupação das fronteiras do futuro Estado judeu, nas organizações de defesa da coletividade judaica na Palestina como a Palmach e na resistência contra o nazismo. Entre seus militantes mais famosos estão os nomes de Hana Szenes, Haviva Reik e Mordechai Anielevich (líder da resistência no Gueto de Varsóvia). Ligado ao partido israelense MAPAM.

Herut – ("Liberdade") partido político israelense, criado em 1948, procedente do movimento sionista revisionista e do Irgun Tzvai Leumi (1937-1948 – "Organização Militar Nacional" – agrupamento de resistência militar clandestino que, a partir de 1937, atuou contra os ataques árabes e as autoridades inglesas, favorecendo a emigração ilegal de judeus para a Palestina e a luta pela independência política de Israel no tempo do Mandato inglês), liderado por Menachem Begin. Mais tarde, o Herut deu origem ao partido de direita Likud. [SE; FC]

Histadrut – (abreviatura de *Ha-Histadrut ha-klalit shel ha-ovdim ha-ivrim be-Eretz Israel* – "Confederação geral dos trabalhadores hebreus da terra de Israel") nome da organização fundada em 1920 que reúne funções sindicais, cooperativas, securitárias e industriais. Em 1960, o termo "dos hebreus" foi retirado de sua denominação. [SE]

hitrachavut – expansão.

hora – um tipo de dança de roda.

Ichud Hanoar Hachalutzi – ("União juvenil pioneira") nome adotado pelo Movimento entre 12.1952 e 08.1958.

Ichud Habonim Dror – ("União dos construtores (da nação) – Dror") nome adotado pelo Movimento a partir de agosto de 1958, quando o Ichud Hanoar Hachalutzi uniu-se ao Habonim-tnuá Hamaeuchedet e ao Hanoar Haoved.

Ichud Hakvutzot Vehakibutzim – ("União das *kvutzot* e dos *kibutzim*") federação de colônias coletivas formada em 1951 pela fusão dos *kibutzim* e *kvutzot* ligados ao MAPAI, que se separavam do Hakibutz Hameuhad, com o Hever Hakvutzot.

ishuv – comunidade.

Ishuv – termo utilizado para a coletividade judaica na Palestina antes da criação do Estado de Israel.

kasher – alimento preparado de acordo com um ritual baseado na Bíblia que proíbe a ingestão de uma série de animais considerados impuros (como porco, crustáceos, peixes de couro e certas aves) e determina a forma pela qual os considerados puros devem ser abatidos, além de estabelecer restrições com relação à mistura de derivados de carne e de leite. [JP]

KKL (Keren Kaiemet Le-Israel) – ("Fundo Nacional Judaico") fundo estabelecido pela Organização Sionista Mundial em 1901, para a aquisição de terras na Palestina na condição de permanecerem como patrimônio nacional judaico e permitirem a colonização de judeus, arrendava terras para os *kibutzim* e bancava também ações de reflorestamento e de drenagem de terras pantanosas para transformá-las em terras boas para o cultivo. [NF]

Keren Haiessod – Fundo Nacional de Reconstrução de Eretz Israel, braço financeiro da Organização Sionista mundial, fundado na Conferência Sionista de Londres em 1920. Reúne fundos públicos para aplicar em imigração, treinamento, educação, cultura, serviço social, comércio e povoações agrícolas.

kibutz (kibutzim pl.) – ("reunião", "coletivo"; "comuna") colônia coletiva baseada na posse comum das terras e dos meios de produção.

Kinus Artzi – Congresso Territorial.

Kinus Chinuchí – Congresso Educacional.

kvutzá (kvutzot pl.) – ("grupo") no Movimento, grupo básico de estudo e atividades ou "célula organizacional educativa comum" (o conjunto das *kvutzot* formadas por indivíduos da mesma faixa etária formava um *garin*); na História da moderna colonização judaica na Palestina, *kvutzá* denomina um tipo de formação coletiva anterior ao *kibutz*, mas que continuou existindo depois, uma colônia que restringe o número de seus membros a não mais de 15 ou vinte membros adultos com todos os direitos e deveres e conhecedores de praticamente todos os ramos de atividades desenvolvidas pelo grupo.

Lishká Merkazit – ("Secretaria Geral") nome do órgão dirigente do Movimento até julho de1951.
macabiá – competição esportiva em memória dos Macabeus.

machané (machanot pl.) – acampamento.

manchané kaitz – acampamento de verão.

manchané chorev – acampamento de inverno.

Machon – Instituto onde se efetuava o estágio em Israel para a preparação de lideranças de movimentos juvenis (os *chaverim* chamavam de Machon o próprio estágio).

madrich – instrutor, guia, monitor.

MAPAI – (sigla do Mifleguet Poalei Eretz Israel, "Partido dos Trabalhadores de Israel" ou "Partido Trabalhista") organização política sionista socialista criada em 1930 por Ben Gurion e outros (quando o Poalei Tsion fundiu-se ao partido Hapoel Hatzair) que contribuiu para a fundação do Estado de Israel. Desde sua fundação até 1977 (quando perdeu as eleições para a coalizão de direita Likud), o MAPAI, considerado esquerda moderada, foi dominante nas instituições nacionais pré-estado, como a Agência Judaica e a Histadrut e, após a proclamação do Estado, na Knesset (Parlamento), no governo e na maioria dos conselhos municipais. Em 1947, o MAPAI era a favor da divisão da Palestina. Com a proclamação do Estado, Ben Gurion, líder do MAPAI, foi eleito Primeiro Ministro pelo Parlamento. Em sua gestão, Golda Meir foi Ministra das Relações Exteriores. Depois, ela própria ocupou o cargo de Primeiro Ministro. O MAPAI ficou à testa do governo de Israel ininterruptamente de 1930 a 1977. [SE; FC]

MAPAM – sigla do Mifleguet Poalim Meuchedet ("Partido Obreiro Unido"), de esquerda sionista (socialista), fundado em 1948. Pretendia ser representante de todos os operários da região da Palestina, inclusive os árabes. Em Israel, era um partido considerado de esquerda radical. O MAPAM entre os anos 1948 e 52, adotou uma clara linha pró-soviética. A identificação com a URSS diminuiu a partir de 1952 em decorrência das notícias sobre posturas autoritárias e perseguições

324

promovidas pelo governo soviético, dos informes do relatório de Kruchev sobre os crimes de Stalin (1956), do acordo de cooperação militar da URSS com o Egito. [FC]

maskir roshi – "secretário geral", coordena os trabalhos e representa o Movimento externamente.

Maskirut – "Secretaria", direção local do Movimento.

mass-chaver – pagamento feito pelos *snifim* ao Movimento de acordo com o número de seus *chaverim*.

Medinat Israel – Estado de Israel.

Mefalsim – *kibutz* sul-americano, predominantemente de argentinos, situado no Shaar Hanegev.

méshek – fazenda; *kibutz*.

Moatzá Artzit – Conselho Territorial.

moshav (**moshavot** ou **moshavim** pl.) – ("colônia", "estabelecimento") aldeia ou colônia cooperativa agrícola não-coletivista, de pequenos chacareiros.

olê (**olim** pl.) – o que fez *aliá*, emigrante para Israel.

Oneg Shabat – Alegria do Shabat.

Organização Sionista Mundial – fundada no I Congresso Sionista em 1897 com o objetivo de fundar um Estado judeu legalmente assegurado e internacionalmente reconhecido. Com a proclamação do Estado, em 1948, a OSM passou a dedicar-se à promoção do sionismo *através de atividades voltadas para a unidade do povo judeu e a centralidade de Israel na vida judaica; para encorajar a reunião dos exilados; para fortalecer e reforçar o Estado; para fomentar a educação judaica nas comunidades judaicas de todo o mundo; e para defender os direitos dos judeus em todos os lugares.* [RI]

ORT – (sigla de Obszestwo Rasprostraneniya Truda) organização para fomento profissional, industrial e agrícola, fundada por magnatas, na Rússia, em 1880. Em 1921, em Berlim, a União ORT foi criada para expandir-se por outros países. Seu programa consiste em dar um preparo profissional técnico a alunos judeus. [NF]

pale – termo inglês para designar a zona de residência judaica no Império czarista. [JP]

Palmach – tropa de choque da Haganá criada em 1941, formada especialmente por *chaverim* de *kibutzim*, dissolvida em 1948.

Pessach – ("travessia") Páscoa, festividade celebrada durante oito dias (sete em Israel) que comemora o Êxodo dos judeus do Egito conduzidos por Moisés. Por extensão, no Dror era a festa da liberdade. [SE; JP]

peulá – atividade.

Pioneiras – movimento de mulheres sionistas ligado ao MAPAI.

Poalei Tsion – ("Trabalhadores de Sião") movimento político sionista socialista surgido no Império Russo no final do século XIX; fundado em 1897 em Minsky e Lemberg e difundindo-se por outros lugares como EUA, Inglaterra, e territórios da Europa Oriental. Definiu-se como partido organizado e marxista em 1906 (Partido Social Democrata Operário Judeu "Trabalhadores de Sião"), quando seguia, então, as idéias sionistas socialistas de Borochov. Com a *aliá* de muitos de seus membros, o partido adquiriu grande importância na vida judaica na Palestina. Em 1930, uniu-se a outros partidos formando o MAPAI. [SN; NF; FC]

pogrom – perseguição ou massacre de judeus.

Purim – festa celebrada em comemoração à salvação dos judeus por Ester no reinado de Assuero.

Rosch Haschaná – (lit. "cabeça do ano") Ano Novo Judaico.

sabra – nome de um cacto israelense; por extensão, nome dado ao nativo de Israel, tido como "espinhoso por fora e doce por dentro", um sujeito autêntico, franco.

sefarad (sefaradim pl.) – (de Sefarad, Espanha) designa os judeus de ascendência ibérica que se espalharam e estabeleceram em outros pontos da Europa no Norte da África e em terras do Império Otomano, após sua expulsão procedida pelos reis católicos da Espanha em 1492. Falam ladino, uma mistura de espanhol medieval com elementos do árabe, turco e hebraico.

Shabat – sábado.

shichvá (sh'chavot pl.) – faixa etária (em 1952, as faixas etárias, ou camadas de idade, distribuíam-se em: 11 a 13 anos (*shichvá* dos *tzofim*); 13 a 15 anos (*shichvá* dos *solelim*); 15 a 17 anos (*shichvá* dos *bonim*); 17 a 19 anos (*shichvá* dos *maapilim*); 19 a 23 anos (*shichvá* dos *magshimim*).

Shituf – cooperação entre os militantes integrais do Movimento. No Dror, Shituf era usado também como sinônimo de Comuna, célula especial composta pelos militantes integrais, embora estes continuassem pertencendo às suas *kvutzot*.

Shtetl – cidadezinha da Europa Central e Oriental com predominância, ou pelo menos uma proporção significativa, de habitantes judeus. [JP]

shaliach (sh'lichim pl.) – enviado, delegado que ajudava a organizar o Movimento.

shlichut – trabalho do *shaliach*.

shomraque – designação drorista de cunho pejorativo para os membros do Hashomer Hatzair.

sichá (sichot pl.) – palestra, aula, lição, explanação.

Simchat Torá – ("Alegria da Torá") festa da Torá.

snif (snifim pl.) – núcleo, sede.
Sochnut – Agência Judaica.

Sucot – Festa das cabanas, celebração que dura oito dias, começando no quinto dia após o dia do Perdão e comemora a viagem dos judeus pelo deserto.

tiul (tiulim pl.) – passeio.

tochnit (tochniot pl.) – programa.

Torá – Pentateuco, os cinco primeiros livros da Bíblia (Tanach), a lei de Deus.

tzofiut – escotismo.

Vaad – Conselho.

Veidá Artzit – Convenção Territorial.

Veidá Olamit – Convenção Mundial, instância superior do Movimento em termos mundiais.

Wizo – "Organização das Mulheres Sionistas", movimento feminino apartidário.

Yom Haatzmaut – Dia da Independência.

Yom Kipur – Dia do Perdão. O último dos dez *dias terríveis* que começam com o Ano Novo. Dia de jejum, oração e penitência.

zum-gali-gali – um tipo de dança de roda.

NOTAS

Introdução

[1] O Movimento ao qual me refiro como Dror, na verdade, mudou de nomes várias vezes. Aqui, optei por chamá-lo simplesmente de Dror, como faziam os contemporâneos, para facilitar sua identificação. O "Dror" em São Paulo surgiu primeiramente com o nome de Freiheit em 1945, mas logo passou a ser Dror (N. Falbel 1996); em janeiro de 1952 (unificação do Dror da América Latina com o movimento Habonim da França, Argélia e Tunis) passou a chamar-se Habonim-Dror; após dezembro de 1952 tornou-se Ichud Hanoar Hachalutzi (união do "Dror" com o Gordônia-Macabi Hatzair), na segunda metade de 1958 ganhou o nome de Ichud Habonim Dror (resultante da união internacional dos movimentos Ichud Hanoar Hachalutzi, Habonim-Tnuá Hameuchedet e Hanoar Haoved; o nome Dror era adotado no Brasil para facilitar a identificação do Movimento por parte da comunidade judaica brasileira). Essas informações foram obtidas em pesquisas nas atas de reuniões do Movimento produzidas em diferentes datas.

[2] E. Barros (1990); R. Ortiz (1988); H. Saffioti (1979); C. Bassanezi (1992).W. Cano (1986); P. Singer e F. Madeira (1973); L. Costa (1984).

[3] T. Azevedo (1961); A. Cândido (1951); E. Willems (1954); C. Bassanezi (1992); C. Cicco(1979); C. Pereira (1986).

[4] C. Bassanezi (1992) e (1994).

[5] Foram, então, entrevistados: homens e mulheres; ex-participantes de idades diferentes e que ingressaram no Dror em momentos diferentes, pessoas de maior e menor expressão entre as lideranças do Movimento, pessoas mais e menos inte-lectualizadas, mais ou menos comprometidas com a elaboração e divulgação das idéias do Movimento; pessoas que abandonaram o Dror (em diversas etapas) e pessoas que emigraram para Israel; alguns que moram em *kibutz* até hoje e outros que romperam com esse estilo de vida.

[6] Muitos dos critérios de análise das fontes orais basearam-se nas considerações de A. Piscitelli (1991) e (1993), G. Debert (1986), N. Davis (1990), P. Thompson (1992).

Capítulo 1

[01] J. Pinsky (1971).

[02] Bundistas eram os partidários do Bund, partido social democrático judaico, revolucionário, originário da Rússia.

[03] S. Friesel (1956); G. Bolaffi (1963); M. Grin (1997); R. Grün (1999). Os judeus, ao virem para o Brasil, já traziam das comunidades judaicas da Europa suas diferenças ideológicas. No Brasil, muitas dessas tendências se mantiam criando na comunidade judaica um *universo plural* com diferentes interesses e ideais acalentados *pelos vários subgrupos que a compunham* (M. Grin 1997). No Brasil, a comunidade judaica acabava se fragmentando em grupos, associações (esportivas, culturais, políticas, religiosas) e estilos de vida conforme suas diferenças internas, ou seja, de acordo com fatores como local de emigração, local de residência, condições econômicas, nível cultural, posições políticas e religiosas. (G. Bolaffi, 1963).

[04] G. Bolaffi (1963).

[05] Após 1946 vieram também nas *ondas sucessivas de refugiados* judeus do Egito e da África do Norte. Os últimos anos da década de 1950 marcam o fim das grandes ondas migratórias de judeus para o Brasil. (H. Rattner 1977).

[06] Sobre as origens do nacionalismo judaico ver J. Pinsky (1997).

[07] Ver, por exemplo, G. Bolaffi (1963); A. Mautner (1995).

[08] As atividades ligadas ao sionismo (divulgação de informações sobre os judeus na Palestina, coleta de fundos para a aquisição de terras e a colonização da Palestina, propaganda sionista), existentes no Brasil nos anos 20 e 30, haviam sido proibidas pelo decreto do Estado Novo de 1938 que desautorizava o funcionamento de organizações políticas internacionais no Brasil. Movimentos juvenis judaicos em atividade no Brasil dos anos 30, como o Hashomer Hatzair e o Betar, também foram fechados em função disso. Até a suspensão do decreto, em 5 de abril de 1945, simpatizantes do nacionalismo judaico promoveram eventos culturais e, no período da II Guerra, ajudaram judeus vitimados pelo conflito internacional. N. Falbel (1996) e depoimentos.

[09] Em 19.09.1945, os Estados Unidos aprovaram o estabelecimento do Lar Nacional Judaico na Palestina; a partir dessa data, intensificou-se a luta contra o domínio Britânico até que, em 29.11.1947, o Plano de Partilha da Palestina foi aprovado na Assembléia Geral das Nações Unidas; multiplicaram-se, então, os conflitos armados entre árabes e judeus; em 14.05.1948, finalmente, foi proclamado o Estado de Israel e, no ano seguinte, terminava a Guerra de Independência de Israel e o país assinava o armistício com o Egito, o Líbano, a Jordânia e a Síria.

[10] Como afirmam respectivamente S. N. Eisenstadt (1976) e R. Cardoso (1959).

[11] *II Kinus Artzi do Ichud*, julho, 1953.

[12] D. Perlov (1948).

[13] D. B. Gurion (1950).

[14] J. Pinsky (1977); B. Fausto (1997).

[15] *Nouveau Dictionaire Hébreu-Français* (1951), p.128.

[16] E. Friesel (1996); S. N. Einsenstadt (1951); G. Friedmann (1969).

[17] S. Friesel (1956); N. Falbel (1996); S. Shulman (1996); depoimentos.

[18] *Mefalsim* (1950), M. Kitron (1955), M. Carmi (1955).

[19] Bernardo Cymyring mudou seu nome para Dov Tsamir ao chegar em Israel em 1951. A mudança de nome era relativamente comum entre os que, depois de emigrar, procuravam cortar laços com a vida da Diáspora e iniciar uma nova vida na terra de Israel. Rifka Auerbach tornou-se Berezin depois de casar-se.

[20] S. Friesel (1956).

[21] O Centro Hebreu Brasileiro era uma instituição que servia como ponto de encontro dos judeus e atuava em favor das vítimas da Guerra, sua função oficial. Na realidade, as atividades do Centro Hebreu eram bem mais abrangentes ainda que clandestinas (indo além do permitido pelo governo getulista que, de 1938 a maio de 1945, proibia a existência de "organizações políticas internacionais" em solo brasileiro): realizava conferências e reuniões culturais, abrigava escritórios de instituições como o KKL, a Histadrut, o Poalei Tsion e mantinha um setor juvenil que, entre outras atividades, divulgava cultura judaica e idéias sionistas para os jovens judeus.

[22] Este estágio era oferecido em Israel pela Agência Judaica a jovens judeus sionistas, tinha duração de um ano e incluía cursos de hebraico, história, geografia, cultura judaica, seminários ideológicos e alguns meses de vivência kibutziana. As passagens eram pagas pelos jovens (que, para angariar fundos, promoviam festas, reuniam economias e faziam coletas entre a coletividade judaica). A Agência Judaica bancava os cursos, passeios, hospedagens e as estadias em Eretz.

[23] Para se ter uma idéia, em 1948, os *snifim* de Belo Horizonte e Niterói contavam com mais de cem elementos cada um, o de Santos, por volta de sessenta; o de Porto Alegre já preparava *chaverim* que emigrariam para Israel e o do Rio de Janeiro, cada vez maior, já possuía uma publicação impressa. (*Boletim informativo da kvutzá Berl Katzenelson da Organização Juvenil Sionista Dror,* São Paulo, 23.06.1948.) Nessa época, o sionismo estava com cotação alta na coletividade judaica enquanto o *progressismo* perdia cada vez mais adeptos.

[24] G. Bolaffi (1963).

[25] E. Camerini (1947).

[26] B. Cymyring (1948).

[27] *Itonenu,* nº 7, 1948.

[28] Esta resolução, como conta uma ex-*chaverá,* foi fruto de um debate interno entre os que achavam que fazer proselitismo entre crianças equivaleria a uma *lavagem cerebral* e os que pensavam que a conscientização e a educação dos judeus para a nova realidade deveria começar desde cedo: *[estes venceram] o debate e nós abrimos o Movimento para as crianças (...). As crianças foram trazidas. O que se faz com elas? Brincadeiras, emprega-se palavras em hebraico, ensina-se cantos e danças em hebraico e se fala em um país chamado Israel, para onde todos nós devemos ir.*

[29] Ver os números 1, 2 e 3 do *Boletim Informativo da Kvutzá Berl Katzenelson,* de 1948.

[30] S. Friesel (1956).

[31] *Foi o grupo o mais velho que passou pela Hachshará.* S. Friesel (1956).

[32] *Dror,* nº 1, nov, 1949.

[33] *Tzofim* – vigilantes; *solelim* – pavimentadores de estradas; *bonim* – construtores; *maapilim* – emigrantes; *magshimim* – realizadores, nomes ligados à ideologia do Movimento que traduzem a evolução, o amadurecimento, pessoal até a "reali-

330

zação" que seria viver a vida comunitária de um *kibutz* em Israel. Essas divisões e nomenclaturas conheceram mudanças ao longo do tempo de acordo com reavaliações feitas nos Congressos Educacionais e com as transformações institucionais por que passou o Dror, entre elas a adoção de padrões internacionais. Em 1949, por exemplo, a primeira *shichvá*, chamada pré-*tzofim*, englobava meninos e meninas de oito a dez anos.

[34] M. Tuder (1956).

[35] Esse critério de idade mínima para o voto na assembléia variou entre 15 e 17 anos no período estudado.

[36] Ou *Lishká Merkazit* (Secretaria Central), conforme a época.

[37] J. Pinsky (1977); H. Rattner (1977); Bila Sorj (1997); B. Fausto (1998); R. Grün (1999). O texto que se segue sobre a origem familiar está baseado nessa bibliografia e, em boa parte, na análise feita por mim dos depoimentos colhidos.

[38] *Muitas das principais redes de magazines especializados na venda a prazo de bens duráveis tiveram como origem a atividade de um mascate prestamista judeu, sírio ou libanês, que se estabeleceu num segundo momento de sua carreira, operacionalizando o seu aprendizado de operações a crédito a indivíduos de baixa renda numa escala mais ampla. (...) A evolução típica do estágio inicial da inserção econômica dos judeus do Centro e Sul brasileiro deu-se principalmente em direção ao comércio estabelecido e à indústria ligeira de confecção de roupas feitas e, em menor escala, no ramo mobiliário.* (R. Grün, 1999).

[39] *Nos bairros étnicos, o ritmo de vida nem sempre acompanha o da cidade, caso típico dos sábados judaicos que esvaziavam as ruas comerciais do Bom Retiro* (B. Fausto 1998).

[40] F. Fernandes (1979).

[41] "Especial Israel", *O Estado de S. Paulo*, 14.05.98.

[42] Hoje Sigue é Eviatar, nome adotado em Israel; Mira Wainfeld é Mira Perlov, após casar-se com o *chaver* Davi Perlov.

[43] Para detalhes dessa cultura ver J. Pinsky (1997).

[44] G. Bolaffi (1963).

[45] E. Hobsbawm (1977).

[46] O quadro dos vários momentos por que passou o Dror no Brasil nas décadas de 1940 e 1950 baseia-se nos documentos consultados e entrevistas realizadas, mas a periodização é de minha responsabilidade. Embora não sejam de modo algum três fases estanques, são caracterizadas, a grosso modo, para dar uma idéia da evolução do Movimento. Os ex-*chaverim* não têm condições de esboçar tal visão de conjunto, pois ninguém permaneceu por tanto tempo no Movimento no Brasil, do mesmo modo, não há nenhuma fonte documental que estabeleça uma periodização de tão longo prazo. Também não encontrei nenhuma "história oficial" produzida pelo Movimento que abarque o período de 1945 a 1960. Assim, para escrever a História do Movimento, analisei em conjunto artigos publicados, temários e relatórios de congressos (de 1947 a 1963), programas educativos, publicações de todo o tipo, balanços parciais escritos em uma época ou outra e visões relativas a determinados momentos dessa História, com algumas tentativas de comparação temporal, trazidas a tona pelos depoimentos de pessoas que participaram no Dror em épocas distintas ao logo do período estudado.

⁴⁷ Ver os boletins da *kvutzá* Enzo Sereni e da *kvutzá* Berl Katzenelson de 1948 e 1949, textos assinados por Paulo Singer, Sigue Friesel, Buby, Samuel Karabtchevsky, Helena Corinaldi, Jacob Eisenbaum, Bernardo Cymyring, Richard Kanner, Américo Plut, David Perlov e outros.

⁴⁸ Após completarem seus estudos, sem frustrar as expectativas dos companheiros, os três emigraram para Israel. Ver V. Corinaldi (1997) e (1999).

⁴⁹ J. Drucker (1950); S. Friesel (1956).

⁵⁰ *Resoluções do I Kinus Chinuchi*, jul. 1950; "Fundamentos de Nossa Educação", *Dror*, nov. 1950; *Temário para o IV Kinus Artzi*, jul. 1950; "O que foi o IV Kinus do Dror", *Dror*, nov. 1950; *Plataforma do Movimento* (ratificada em julho 1951); *Boletim da kvutzá Enzo Sereni* nº 3 [1950]; *II Kinus Sul Americano*, mar. 1951.

⁵¹ *II Kinus Chinuchi*, jul. 1951.

⁵² As desavenças ocorrem por motivos diversos entre eles o fato de os "argentinos" serem contra a ida dos "brasileiros" para um estágio de preparação num kibutz veterano, (S. Friesel, 1956; depoimentos).

⁵³ Na Conferência Mundial dos movimentos juvenis (17.10.1952) é criada uma comissão de educação para *determinar as bases da vida educativa e preparar um programa de ação*. No Congresso de Unificação dos movimentos Dror e Gordônia no Brasil (12.1952), os princípios educativos são delineados no documento "Caminhos e Finalidades educativas".

⁵⁴ Este episódio é mencionado no livro que conta a história do Movimento no Brasil, mas não cita o nome do principal envolvido e aparece como uma lição contra a falta de aprofundamento ideológico. Em sua autobiografia recente, Eviatar [Sigue] Friesel, o mesmo autor do livro *Bror Chail* de 1956, menciona e, dessa vez, nomeia com respeito e admiração o ex-companheiro *perdido* para o movimento socialista no Brasil. Hoje em dia, tanto no Brasil como em Israel, várias pessoas ainda procuram responder aos argumentos do ex-*chaver* Paulo Singer mostrando como o Estado de Israel foi e é importante para os judeus principalmente os refugiados dos países árabes, da Etiópia e da Rússia. Na época, o *chaver* "desertor" foi considerado por muitos um traidor das idéias do Dror.

⁵⁵ *II Kinus Artzi do Ichud Hanoar Hachalutzi*, ago. 1953.

⁵⁶ O Movimento mundial sediado em Israel conta, na época, com mais de sessenta mil jovens filiados em todo o mundo. Nesse período, embora reconheça a existência de especificidades de cada movimento territorial, ainda aspira a *unidade educativa e ideológica*. Ver, por exemplo, *IV Moatzá Artzit do Ichud Hanoar Hachalutzi*, ago. 1958 e *III Veidá Artzit*, fev. 1959.

⁵⁷*III Veidá Artzit*, fev.-mar. 1959.

⁵⁸ Ver S. N. Eisenstadt (1977), pp. 225-237.

⁵⁹ Segundo o depoimento de uma ex-*chaverá* desse *garin* que vive em Israel e que, recentemente, comemorou lá com ex-companheiros o aniversário do grupo, das 25 pessoas da primeira turma do *garin* destinado a Erez, aproximadamente 1/3 voltou ao Brasil. Dos que ficaram em Israel, apenas três vivem ainda em *kibutz*.

⁶⁰ O Dror existe até hoje, mas não tem a mesma expressão característica do período estudado. As páginas do Movimento Habonim Dror na Internet, consultadas em 15.02.99, caracterizam-no como um Movimento juvenil sionista com sede em aproximadamente 22 países com mais de 10 mil membros, identificado ideolo-

gicamente com o sionismo trabalhista: *As preocupações sociais do Movimento atentam para a responsabilidade com relação a cada companheiro, homem e mulher, um desejo de justiça social tanto na Diáspora quanto em Israel e uma identidade judaica baseada nos valores morais da visão profética judaica. O Movimento tem chamado seus membros a fazer* aliá *, tem fundado kibutzim e enviado seus membros para kibutzim onde podem colocar em prática o socialismo aprendido no Movimento. (...) Recentemente tem havido uma tendência em alguns países em se questionar a validade dos pilares [do Movimento: sionismo, socialismo e aliá]. Os questionamentos: o kibutz hoje realmente representa o socialismo? É possível viver uma vida judaica produtiva permanecendo indefinidamente na Diáspora? A aliá de classes ocidentais educadas e privilegiadas é viável? (...)*.

[61] B. Sorj (1997), M. Grin (1997), H. Rattner (1977).

[62] H. Rattner (1977).

[63] M. Grin (1997).

[64] H. Rattner (1977).

[65] Conforme o desinteresse pela vida em Israel e pelo socialismo aumentava, o Movimento juvenil ia se esvaziando. Somando-se aos motivos apresentados aqui para explicar o declínio dos movimentos juvenis, poderíamos acrescentar, outros: a diminuição do poder político dos *kibutzim em Israel,* a normalização das condições de vida dos judeus, o aparecimento de novas formas de lazer e pontos de encontro para os jovens, o conservadorismo de gênero presente na comunidade judaica e na sociedade brasileira, o desencanto diante do socialismo ou da utopia "concretizada", a mudança de *status* dos movimentos juvenis israelenses (a partir de 1950). Os depoimentos trazem outras luzes à questão, mesmo porque cada entrevistado que abandonou o movimento apresenta sua justificativa individual (ver capítulo III).

[66] E. Friesel (1996).

[67] G. Bolaffi (1963).

[68] cálculos feitos com base nos dados do Relatório dos snifim à *II Veidá Artzit* (02.1956).

[69] G. Bolaffi (1963).

[70] ORGANIZACION SIONISTA MUNDIAL (1963).

[71] ORGANIZACION SIONISTA MUNDIAL (1963).

Capítulo 2

[1] H. M. Sachar (1958).

[2] J. Pinsky (1967).

[03] A Organização Sionista foi fundada em 1897 por inspiração de Theodor Herzl, cuja meta era erguer na Palestina um lar nacional para o povo judeu. Em 1899 foi criado o Banco de Colonização judaica e, em 1901, surgiu o KKL. A missão principal do KKL (*Keren Kaiemet Le-Israel* – Fundo Nacional Judaico) era adquirir terras na Palestina que seriam consideradas propriedade de todo povo judeu e que não poderiam ser vendidas e sim arrendadas a longo prazo a lavradores. O objetivo era socializar as propriedades agrícolas para que não servissem a fins especulativos ou distantes do projeto de colonização judaica (J. Pinsky 1967).

poderiam ser vendidas e sim arrendadas a longo prazo a lavradores. O objetivo era socializar as propriedades agrícolas para que não servissem a fins especulativos ou distantes do projeto de colonização judaica (J. Pinsky 1967).

[4] J. Pinsky (1967); I. Grimboim (1955 v. II); S. N. Eisenstadt (1977).

[5] para acompanhar os debates, ver I. Grinboim (1955 v. II, especialmente a partir da p. 193).

[6] H. Sachar (1958); J. Pinsky (1967); S. N. Eisenstadt (1977); G. Friedmann (1969).

[7] *kvutzá* (pl. *kvutzot)*, em hebraico, significa grupo, mas com relação à colonização judaica significa um grupo que adota um tipo determinado de colônia coletiva.

[8] H. Sachar (1958); J. Pinsky (1967). Outros tipos de colônia foram desenvolvidos nessa época: granjas mistas, colônias de sociedades particulares. Em 1909, também foi criado, na cidade árabe de Jafa, um bairro inteiramente judeu que, em 1921, tornou-se a cidade de Tel Aviv.

[9] S. N. Eisenstadt (1977).

[10] H. Sachar (1958); J. Pinsky (1967).

[11] A organização Hashomer, fundada em 1909, foi dissolvida e substituída pela Haganá em 1920.

[12] I. Grimboim (1955 v. II).

[13] S. N. Eisenstadt (1977).

[14] S. N. Eisenstadt (1977); G. Friedmann (1996); M. Spiro (1996).

[15] Os colonizadores eram membros de grupos e partidos com elementos incluídos na Organização Sionista e eram capazes de pressionar politicamente essa instituição por uma maior alocação de fundos para o tipo de colonização que defendiam. (S. N. Einsenstadt, 1977).

[16] O *moshav* foi outro tipo de estabelecimento agrícola fixado nessa época. Combinava cooperativismo e individualismo. Formado por pessoas que não se adaptavam à vida coletiva, afirmando que esta tolhia a vida individual e familiar, o *moshav* era uma cooperativa de pequenas lavouras em que cada família produzia para si em um pedaço próprio de terra, morava em sua própria casa, ficava com seus ganhos e vivia de acordo com suas próprias idéias utilizando equipamentos e máquinas em comum, procurando vender a produção em conjunto e decidindo as políticas da colônia por meio da eleição de um comitê. (J. Pinsky, 1967; H. Sachar, 1958).

[17] J. Pinsky (1967); S. N. Eisenstadt (1977).

[18] A idéia aqui não é fazer uma análise aprofundada do pensamento dos autores e sim apresentar o conteúdo de suas teorias tendo como referência principal o material de leitura disponível aos chaverim do Dror.

[19] Para escrever sobre as idéias de Gordon, consultei: A. Hertzberg (1969); A. Manor (s.d.); H. Sachar (1958); M. Spiro (1969), a coletânea de textos seus em N. Kurnas (dir.) (1953); a coletânea editada pelo Gordônia em 1951. As fontes básicas foram artigos, traduções ou pequenos livros produzidos em português e espanhol pela Organização Sionista ou pelos próprios *chaverim* do Dror.

[20] Borochov era leitura acessível somente aos *chaverim* do movimento brasileiro mais maduros e/ou intelectualizados que tratavam de divulgá-lo para os outros.

Para escrever sobre as idéias de Borochov, consultei: A. Hetzberg (1969); B. Borochov (1953); B. Borojov (1972); J. Pinsky (1997); S. Friesel (1956).

[21] Em "Os interesses de classe e a questão nacional" – escrito na Rússia em 1905.

[22] Segundo Borochov, *condições de produção* são as condições da natureza, geográficas, antropológicas (pessoas, raças etc.) e as históricas internas – que se formam no interior de um grupo humano – e históricas externas – e que se manifestam nas relações sociais com seus vizinhos. As *condições de produção históricas* são criadas no processo de produção, mas têm uma influência reconhecidamente independente.

[23] J. Pinsky (1996).

[24] No texto "Nossa Plataforma", de 1906.

[25] Para isso, ver, por exemplo, S. Mahler (1972), R. Mahler (1972), J. Pinsky (1996).

[26] B. Katzenelson. "Elevação do homem no socialismo", em HANHAGÁ ARTZIT (junho 1958).

[27] B. Katzenelson. "Unidade obreira", em HANHAGÁ ARTZIT (junho 1958).

[28] A. Manor. "Berl Katzenelson", s.d.

[29] B. Katzenelson (1949).

[30] N. Sirkin (1949).

[31] A. Manor. "Berl Katzenelson", s.d.

[32] como analisa o trabalho de Rachel ELBOIN-DROR (1994), que relaciona a opinião de autores dos romances utópicos a respeito de gênero com suas orientações políticas, filiações de classe, culturais e religiosas nos anos de 1882 a 1920. Tais romances não faziam parte das leituras dos *chaverim* do Dror no Brasil, cujas referências com relação às questões de gênero vinham diretamente de suas imagens sobre a prática *kibutziana*.

[33] Como mostra, entre outros, o estudo de Nancy Green (1991).

[34] Por exemplo, R. Elboin-Dror (1994); M. Spiro (1996); Y. Talmon (1978).

[35] M. Spiro (1996).

[36] S. N. Eisenstadt (1977).

[37] Tomo emprestado o termo "fase revolucionária" de Y. Talmon (1978) que distingue essa fase da história do movimento *kibutziano* do momento seguinte, "o processo de rotinização", comparando padrões de família e imagens que operavam no estágio inicial do movimento *kibutziano* com os de um período posterior. Emprego essa distinção com fins metodológicos, para deixar claro que a ideologia dos *kibutzim* sofreu transformações de um modo geral. Pensando em termos concretos, nem todos os *kibutzim* passaram obrigatoriamente pelas mesmas mudanças, mantendo características da "fase revolucionária" em alguns aspectos e desenvolvendo a "rotina", rompendo com antigos ideais, em outros aspectos. *Kibutzim* mais novos não passaram necessariamente por todos os aspectos da dita fase revolucionária pela qual passaram *kibutzim* mais antigos. Por outro lado, podem ser encontrados *kibutzim* diferentes vivendo "fases" distintas em uma mesma época histórica.

Os jovens que participavam do Dror no início do movimento no Brasil, em geral, não tinham informações detalhadas sobre a vida no *kibutz*, as discussões que envolviam seu dia a dia ou as mudanças por que passavam os *kibutzim* mais antigos e estruturados em Israel. Pensavam no *kibutz* em termos mais gerais e com muitos dos parâmetros forjados ainda nos tempos das *heróicas* II e III *aliot*.

Nas últimas décadas, o *kibutz* sofreu muitas alterações à medida em que Israel integrou-se mais claramente à economia ocidental, que os *kibutzim* foram perdendo espaço político e econômico no país e que muito dos valores dos primeiros tempos começaram a ser questionados pelos próprios membros do *kibutz*.

Para escrever sobre o *kibutz*, consultei: M. Spiro (1969), (1977) e (1996); Y. Talmon (1978); L. Tiger e J. Sheper (1977); G. Friedmann (1969); S. N. Eisenstadt (1977); B. Bettelheim (1971).

[38] Os fundadores dos primeiros *kibutzim* eram em grande parte jovens urbanos de classe média e pequena burguesia. O próprio abandono voluntário de um estilo de vida pequeno burguês, desenvolvido em um meio em que o trabalho braçal era desvalorizado, já significava para eles uma grande transformação espiritual. (M. Spiro 1969.)

[39] Segundo M. Spiro (1977), a família, *mispachá*, no *kibutz* – pais, filhos e irmãos – sempre pôde ser identificada pelos seus membros e pelos outros como uma unidade. Para Y. Talmon (1978), mesmo durante os primeiros tempos, em que o viés anti-família era forte, a família permaneceu uma unidade identificável.

[40] Para M. Spiro (1977), embora os filhos fiquem a maior parte de seu tempo com seus companheiros da mesma idade e seus instrutores, laços importantes entre pais e filhos são forjados e mantidos. Esses laços são principalmente psicológicos e envolvem carinho, segurança, interação e atenção especiais.

[41] M. Spiro (1969) e (1977) observa que as crianças são extremamente valorizadas no *kibutz* (confirmando um traço da cultura judaica tradicional): são vistas como um tesouro e recebidas com alegria pela comunidade. Recebem muitos cuidados, atenções e mimos por parte do coletivo. As crianças são valorizadas também, porque o *kibutz*, sendo revolucionário e considerando-se uma "grande família", justifica-se, em grande parte, se produzir "filhos" que optem por continuar o trabalho iniciado por seus "pais".

[42] A dedicação à causa revolucionária exigia disciplina rigorosa e responsabilidade e postergava a busca dos prazeres individuais. Nos primeiros tempos dos *kibutzim*, era forte a crença de que as relações amorosas eram um problema, pois distanciava os apaixonados do grupo. A própria *escassez de mulheres* dessa época que, por um lado, favorecia as trocas de parceiros, por outro lado, reforçava o ascetismo dos *chalutzim*. (Y. Talmon 1978.)

[43] Entre essas práticas, Y. Talmon (1978) menciona: minimizar as diferenças sexuais em termos de aparência física e execução de tarefas cotidianas; criar expectativa de que homens e mulheres se tratem mutuamente de modo sexualmente neutro e prosaico; conter todas as manifestações de afeto sexual em público e evitar ficar muito perto do companheiro em locais coletivos, mesmo quando se trata de um casal que vive junto.

[44] J. R. Gillis (1981).

[45] Sobre a história dos movimentos juvenis em geral: J. R. Gillis (1981) "tradições da juventude" é uma expressão empregada por esse autor. Sobre as organizações juvenis nazistas, fascistas e socialistas, ver respectivamente: E. Michaud (1996), L. Passerini (1996), H. Gruber (1987).

[46] Y. Talmon (1978), *Encyclopaedia Judaica* (1972), S. N. Eisenstadt (1951).

[47] Y. Talmon (1978), S. N. Eisenstadt (1951), (1977).

[48] Y. Talmon (1978), *Encyclopaedia Judaica* (1972), S. N. Eisenstadt (1951), (1977).

[49] Y. Talmon (1978) explica a maior adesão juvenil à ideologia pioneira por características que atribui a "a juventude" como maior disponibilidade para rupturas com o meio social e capacidade de trabalho. Não acredito que mesmo essas características sejam a-históricas. Pelo menos, elas parecem se aplicar às sociedades modernas, em que a família não é unidade básica da produção, e a uma época em que o consumismo não é tão acentuado entre os jovens, e, com mais certeza, ao período histórico que coincide com o desenvolvimento dos movimentos juvenis pioneiros.

[50] S. N. Eisenstadt (1951), (1976), (1977).

[51] *Encyclopaedia Judaica* (1972), S. N. Eisenstadt (1951), (1977).

[52] Segundo S. N. Eisenstadt (1977), no final dos anos 50 e início dos anos 60 os movimentos juvenis ditos pioneiros em Israel já tinham perdido algo de sua antiga força e caráter revolucionário em detrimento da *predominância das atividades puramente sociais*, havendo *um declínio da participação ativa em tais movimentos especialmente de identificação com seus ideais pioneiros* ao lado de uma ênfase crescente dada pela sociedade às ocupações profissionais e acadêmicas, enfim, os movimentos juvenis viam enfraquecer *seu papel como agente de mudança social* e como *canal de orientação* para os valores coletivos.

[53] "Gordon – Borochov". *Boletim Informativo Kvutzá Berl Katzenelson*, nº 2 e 3, 23.08.1948; S. Friesel (1956) – "O que nos trouxe ao Movimento?".

[54] Para determinar quais são as bases ideológicas cristalizadas do Movimento recorro a documentos "oficiais" que procuravam reunir as conclusões e as opiniões comuns com fins de orientação interna e esclarecimento da comunidade em geral (afirmando constantemente que a formulação de princípios e normas *não é definitiva*). Consultei basicamente: *Plataforma do Movimento* – jul. 1951; P. Singer (1950); S. Friesel (1956); M. Tuder (1956); depoimentos; resoluções do *I Kinus Chinuchi*, 20-24 julho 1950, temário do *II Kinus Chinuchi*, 20-24.07.1951; "Caminhos e finalidades educativas". *Veidá Ichud*, 19-21.12.1952; *II Kinus Artzit do Ichud*, 31.07 – 03.08.53; sichá: *Materialismo Histórico*, 1951; *II Kinus Sul Americano*, 05.1951; *IV Kinus Artzi*, 27-31.07.1950. Na medida do possível, procurei preservar o vocabulário e a construção de frases dos documentos escritos.

[55] Até 1951, o Dror ligava-se à federação *kibutziana* Hakibutz Hameuchad; após 1951, estava ligado à federação Ichud Hakvutzot Vehakibutzim. O grupo com o qual o Dror se identificava em sua federação era a favor de *kibutzim* grandes e receptivos (sem muitos obstáculos ideológicos para a absorção de membros) e do desenvolvimento não só de ramos agrícolas, mas também artesanais e industriais. Não era pró-soviético e sim politicamente mais orientado para o Ocidente. (para detalhes sobre as federações, ver: L.Tiger e J. Shepher 1975.)

[56] As observações sobre a "questão da juventude" e a "questão de classe" no Dror foram feitas a partir da análise de vários documentos: *Plataforma do Movimento*, 1951, Boletim Informativo da Kvutzá Berl Katzenelson ,1948, Boletim Informativo da Kvutzá Enzo Sereni. nº 3, 1950; S. Friesel (1956); S. Karabtchevsky (1950); *Páginas para o Madrich*, nº 3, maio 1959; Hanhagá Artzit. *Origens dos*

movimentos juvenis, sichá para *magshimim*, 1º ano, s. d.; *Dror*, nº 4, jun. 1950; M. Tuder (1956), entre outros.

[57] Nancy Rozenchan (1993) analisa as conseqüências dessa imagem na produção literária da jovem geração que tomava a cena cultural israelense nos anos 50 e as mudanças nela ocorridas após a exposição dos dramas pessoais dos sobreviventes do Holocausto no julgamento do nazista Adolf Eichmann em 1961, quando, então, ampliou-se na nova sociedade israelense a noção de "resistência" judaica no tempo da Guerra.

[58] Para desenvolver as considerações a seguir sobre valores burgueses, *hagshamá*, profissionalização, foram consultados os seguintes documentos: *Boletim Informativo Kvutzá Enzo Sereni*, 10 1949; S. Karabtchevsky (1950); *Dror*, jun. 1950.; Temário do IV Kinus Artzi, 07.1950; P. Singer (15.08.1950); S. Friesel (1950); A. Plut (1948).

[59] *o chalutzianismo é o único meio de fortalecer a classe obreira, de evitar a exploração do homem, de estabelecer uma economia socialista e combater a burguesia em Israel, que em sua instabilidade, participa da formação de partidos de ideologia fascistizante.*

[60] D. B. Gurion (1949).

[61] "Caminhos e finalidades", *Veidá Ichud*, 19-21.12.1952.

[62] Ver por exemplo: *II Kinus Chinuchí* (1951), *Princípios de nossa educação* (1956), *Páginas para o madrich* – Seminário de *chinuchi* (maio 1958).

[63] H. Corinaldi (1950).

[64] As informações sobre educação no Movimento vêm de: *I Kinus Chinuchí*, 1950; *II Kinus Chinuchi*, 1951; *II Kinus Artzi do Ichud*, 1953; *Plataforma do Movimento*, 1951; "Caminhos e finalidades educativas", *Veidá Ichud*, 1952; *II Kinus Artzi do Ichud*, 1953; *II Kinus Sul-Americano*, 1951; *IV Kinus Artzi*, 1950; Beniamin (1959); P. Singer (1950); S. Friesel (1956); M. Tuder (1956); S. Friesel (1950); "Educação sexual", *Páginas para o madrich*, maio 1958.

[65] o Dror se opunha ao sistema de autocrítica pública, a seu ver autoritária, desenvolvida pelos partidos comunistas.

[66] Encontrei relativamente pouca documentação sobre *educação sexual*. *Páginas para o madrich*, maio 1958; M. Tuder (1956); "Sex education", *Proposta educativa conjunta*, 1963.

[67] Ninguém soube esclarecer quais eram considerados os males da masturbação e não encontrei qualquer explicação sobre isso por escrito nos documentos.

[68] Esse era um dos modos de ver a questão, mas não se pode dizer que era a posição do Movimento. Para outras opiniões, ver capítulo III.

[69] M. Tuder (1956); "Educação sexual", *Páginas para o madrich*, maio 1958.

Capítulo 3

[1] As observações desse item como um todo foram baseadas principalmente nos seguintes documentos: M. Tuder (1956); S. Friesel (1956); *I Kinus Chinuchí*, 1950; *II Kinus Chinuchí*, 1951; "Caminhos e finalidades educativas". *Veidá Ichud*. 1952; *Dror* nº 1, nov. 1949; *Páginas para o madrich*, maio 1958; *Páginas para o madrich*, maio 1959.

[2] Por exemplo: os textos de *Páginas para o madrich*, maio 1959 ("Metodologia Educacional", de N. Balaban, *chaver* do Dror; "Ambição e angústia da adolescência". A. Ponce, um educador; "Pedagogia"; "Juventude") e os de *Páginas para o madrich, maio*, 1958 ("A educação coletiva no *kibutz*"; "Educação sexual"). Os educadores citados como fonte de inspiração eram os *mentores da Escola nova*.

[3] ex-*chaverim* não se lembram de que os pais chegassem a manifestar dúvida sobre a capacidade dos jovens de cuidar das crianças a eles confiadas mesmo nas ocasiões dos passeios e acampamentos.

[4] E. Hobsbawm (1998).

[5] Esta idéia de continuidade é questionada e combatida pelo historiador Jaime Pinsky (1997): *Que tipo de idéia nacional pode ter existido na Antigüidade e na Idade Média? Todos os elementos denominados "judeus" cultivaram essa idéia? Nesse caso, o nacionalismo judaico precederia o próprio Estado nacional no continente europeu? Seria aceitável a idéia de um imaginário nacional sem elementos que justificassem sua constituição?* Outros exemplos que ilustram o "uso da História" aparecem na análise que faço mais adiante sobre os Programas educativos.

[6] *II Kinus Artzí do Ichud*, 1953.

[7] *Boletim informativo da kvutzá Berl Katzenelson*, 23.08.1948; A. M. Baumwol (1948); M. Tuder (1956).

[8] Por exemplo, *Programa de tzofim*. Hanhagá Artzit, s.d.; *Tochnit para a schichvá de tzofim*. Ichud Hanoar Hachalutzi – Hanhagá Elioná, Israel, jul. 1955.

[9] *Teatro para tzofim*. Hanhagá Artzit – Ichud Hanoar Hachalutzí, fev. 1956. *Jogos*. Hanhagá Elioná – Ichud Hanoar Hachalutzí, Israel, ago. 1955.

[10] Por exemplo, *Tojnit Leshijvat Hasolelim* 5. Ijud Habonim – Maskirut Olamit, Israel, s.d.

[11] Por exemplo, *Tojnit Leshijvat Habonim* 6b. Ijud Hanoar Hajalutzi – Hanhagá Elioná, Israel, s.d.

[12] *Programa de ovdim*. Hanhagá Artzi, 1951; *Aos madrichim de ovdim: magshimim*, set. 1951.

[13] M. Tuder (1956).

[14] Para se ter uma idéia do material produzido no Movimento: os boletins das *kvutzot* continham aproximadamente 15, vinte páginas mimeografadas com textos e ilustrações de autoria dos próprios *chaverim,* trechos de textos de ideólogos ou de políticos e escritores israelenses, História judaica, opiniões, crônicas etc. A revista *Dror* era uma publicação bimensal de aproximadamente quarenta páginas, impressa e encadernada, com capa ilustrada, viabilizada em grande parte pelos anúncios de lojas e serviços, adesões e propaganda de organizações sionistas conseguidas entre os simpatizantes do Movimento juvenil na coletividade judaica. Editada pela direção do Movimento, era distribuída internamente e vendida externamente. Trazia textos semelhantes aos dos boletins (artigos ideológicos, comemorativos, educacionais, notícias do Movimento, comentários de livros, textos informativos sobre instituições judaicas etc.). mas mais bem elaborados e amplos; escritos dos chaverim, traduções de textos de políticos de *Eretz* e ideólogos do sionismo socialista e seções fixas como "Nosso pensamento" (ideologia do Movimento), "Janela para o mundo" (sobre questões internacionais como a Guerra da Coréia, as siderurgias inglesas ou a crise política em Israel), "Carta a um chaver"

(orientações sobre a relação dos indivíduos com o Movimento), "Snifim do Movimento" (sobre a situação nas sedes das várias cidades), "Batnuá" (notícias do Movimento nos *snifim*, na direção, na Hachshará, nos *kibutzim* onde havia gente do Dror brasileiro), "Chaverim escrevem" (sobre a experiência no Movimento), "Doutrina" (sobre ideologia), "Ronda" (sobre política sionista no Brasil). A revista tratava de questões políticas, ideológicas, culturais, históricas; trazia a um público mais amplo resoluções de congressos, fundamentos educativos e posicionamentos ideológicos. A revista foi publicada por 3 anos e usada por outras "gerações droristas" como material educativo e ideológico pelo menos até o fim da década de 1950.

[15] *O judeu, tradicionalmente bom executor de músicas alheias, conseguiu em Eretz criar sua própria arte, produto legítimo e sadio da normalização do povo.* H. Mau (1950).

[16] Por exemplo: *Programa de tzofim*, Hanhagá Artzit, s.d.; *Tochnit para a schichvá de tzofim*, Ichud Hanoar Hachalutzi – Hanhagá Elioná, Israel, julho 1955; *Tojnit Leshijvat Hasolelim* 5, Ijud Habonim – Maskirut Olamit, Israel, s.d.; *Tojnit Leshijvat Habonim* 6b. Ijud Hanoar Hajalutzi – Hanhagá Elioná, Israel, s.d.

[17] Com relação a esses assuntos, o programa dava também uma atenção especial à sua relação com os judeus, por exemplo, o que ocorreu com eles na época da *primeira Revolução Russa* ou qual a influência dos judeus nos movimentos de libertação poloneses.

[18] *Tojnit Leshijvat Hasolelim* 5. Ijud Habonim – Maskirut Olamit, Israel, s.d.

[19] É bom notar que, nos anos 50, era bastante incomum se ensinar nas escolas *a escravidão, a rebeldia dos escravos* ou *a conquista da América* nos termos do Movimento. As "novas visões" sobre esses temas têm sido incluídas nos livros didáticos brasileiros só bem recentemente. Nesse sentido, podemos dizer que a educação no Dror era bastante avançada para sua época.

[20] Segunda parte do programa do segundo semestre dos *bonim*, 15-17 anos, *Tojnit Leshijvat Habonim* 6b. Ijud Hanoar Hajalutzi – Hanhagá Elioná, Israel, s.d.

[21] *Boletim informativo da kvutzá Berl Katzenelson*, 23.08.48; *Dror*, nov. 1950, *I Moatzá Artzit*, 1950; *I Veidá Artzit*, 1951, *II Kinus Artzí do Ichud*, 1953; *III Veidá Artzit*, 1959.

[22] Para alguns que vivem em *kibutz* até hoje, certas pessoas que desistiram *não tinham preparo suficiente, e portanto faltava-lhes a força de vontade propiciada pela convicção*, ou seja, a explicação continua a mesma.

[23] *Dror*, fev. 1951; *Boletim do snif do Rio de Janeiro*, out. 1948; *Boletim Informativo da Kvutzá Berl Katzenelson*, 03.06.48 e 24.12.50; *Programa do festival folclórico "10 anos de Medinat Israel"*, Teatro Guaíra, Curitiba, 03.08.1958.

[24] Hoje em dia as opiniões se dividem entre os que acham que a *profissionalização* foi *a grande bobagem do Movimento juvenil* – porque *"o kibutz não deu certo", "o socialismo não vingou", "o próprio kibutz enviou seus membros para a universidade mais tarde", "diferenças individuais não podem ser anuladas"* – e os que afirmam que, naquele momento histórico, a posição do Dror era *"a mais adequada e coerente"*, pois *"Israel precisava era mesmo de pioneiros e trabalhadores judeus"*.

[25] Como constatou S. N. Eisensdatd (1977).

[26] *Veidá Atzit*, 1959.

[27] *II Kinus Artzi do Ichud Hanoar Hachalutzi*, 1953; *Veidá Artzit*, 1959.

[28] Ver M. Brake (1985) e J. M. Pais (1993).

[29] Como alerta o sociólogo Leopold Rosenmayr (1972).

[30] Ver L. Passerini (1994), E. Michaud (1994), V. Gérard (1992).

[31] J. Katz (1972).

[32] Melford Spiro (1969) conta que a influência desse movimento alemão chegou aos jovens judeus do Movimento juvenil que originou o *kibutz* que estuda – provavelmente o Hashomer Hatzair – por meio de um grupo de jovens poloneses que teve contato com as idéias do Wandervögel em sua passagem por Viena e ficaram fortemente impressionados com o caráter emancipador destas idéias. E se, como afirma Luiza Paserini (1994), os movimentos juvenis do início do século na Alemanha e na Inglaterra influenciaram fortemente as idéias da época colocando *em primeiro plano a equação entre juventude e valores nacional-patrióticos e, ao mesmo tempo, entre juventude e liberdade de toda a sociedade burguesa e da família,* muito provavelmente os movimentos juvenis judaicos, criados pouco tempo depois, não ficaram imunes a essa influência.

[33] M. Spiro (1969).

[34] B. Bettelheim (1969).

[35] Ver Y. Talmon (1978).

[36] Ver B. Bettelhein (1969) e Y. Talmon (1978).

[37] Tal qual é apresentado por Y. Talmon (1978).

[38] Henrique Rattner (1977) levantou motivos semelhantes aos mencionados nesse meu texto para os pais encaminharem seus filhos para movimentos juvenis já no final da década de 1970.

[39] C. Bassanezi (1997).

[40] *Grupo* etnocêntrico *é aquele que avalia todo o indivíduo ou grupo de acordo com os padrões aceitos no seu; os componentes do grupo demonstram cooperação e confiança nas relações intragrupais e hostilidade e suspeita nas intergrupais; a exigência de luta com os de fora reforça a solidariedade interna do grupo.* (K. Mannheim. *Sociologia sistemática*, São Paulo, Pioneira, 1962, citado em J. Pinsky, 1971). Esse parece ter sido o sentimento predominante entre os judeus num tempo em que o *sofrimento do povo* e a *pátria comum* eram muito recentes.

[41] S. Schneider (1951).

[42] Depoimentos e *Temário para o IV Kinus Artzi*, jul. 1950.

[43] Sobre a "ausência de fortes distinções sociais" e o "reinado do igualitarismo" em associações juvenis, ver R. Cardoso (1959) e K. R. Allerbeck (1972). Se o *igualitarismo* ocorre em grupos juvenis em que *certas perspectivas de ascensão social estão presentes* (como mostram os trabalhos destes dois autores), muito mais provável existir em um movimento como o Dror, em que nem tais perspectivas são alimentadas, pois, pelo contrário, a idéia acalentada é um futuro de igualdade social e proletarização de todos.

[44] M. Tuder (1956).

[45] Mais uma vez: essas variações não têm relação direta com o fato de o sujeito ter feito ou não parte da direção do Movimento. Alguns comparam o modo de fazer política interna do Movimento com o do atual PT (Partido dos Trabalhadores) brasileiro e nesse casas avaliações também não são unânimes.

[46] *Não havia esse negócio de líder. (...) Era como se todos fossem iguais. Houve meia dúzia de pessoas, uns mais outros menos, que exerceram uma influência maior, mas "líder iluminado" não. (...) e quando alguns davam pinta de líder um pouco mais da conta eram satirizados.* [17]. Não há nada, nem palavras ou indícios, nos outros depoimentos que contradiga estas afirmações.

[47] As citações que se seguem não estão em ordem cronológica, pois procurei privilegiar um certo encadeamento entre os argumentos em detrimento da seqüência histórica das lideranças no Movimento. As citações também não comportam *todos* os nomes mencionados como líderes ou "heróis" de cada entrevistado, pois o que interessa aqui não é tanto saber *quem* era considerado líder, quanto *por que* determinadas pessoas ganhavam tal destaque, nas palavras de ex-*chaverim*.

[48] Ver E. Michaud (1996) e L. Passerini (1996).

[49] C. Bassanezi (1992).

[50] Como sugere R. Elboim-Dror (1994).

[51] Tanto rapazes quanto garotas atuavam como *sh'lichim*, por semanas ou meses, em outras cidades. Eram relativamente bem recebidos e o sucesso da tarefa dependia mais do empenho de cada um e das condições existentes para o trabalho do que do sexo do enviado como mostram os relatórios apresentados aos congressos e alguns boletins de *kvutzot*.

[52] Ver C. Bassanezi (1996).

[53] A peça "Casa de Bonecas", de Ibsen chegou a ser usada no Dror como material de referência para uma crítica à mulher burguesa. As censuras à futilidade juvenil feminina aparecem, por exemplo, no texto de Helena Corinaldi (1950).

[54] Ver C. Bassanezi (1992).

[55] *Boletim informativo da kvutzá Enzo Sereni*, nº 3, 1950.

[56] Com relação à "proibição" de freqüentar festas e bailes, há um dado a mais que é o da necessidade de quebrar os laços do *chaver* com a cultura da Diáspora e promover sua transição para a cultura israelense e *kibutziana*.

[57] A maquiagem não era vista como uma coisa obscena, mas sim de mau gosto, as moças em geral não se pintavam, pelo fato de se considerar que a maquiagem é uma futilidade ou ainda que *proletária não se pinta*.

[58] Também com relação aos padrões de comportamento, o movimento do Hashomer servia como parâmetro de comparação; resultando que, em quase todos os critérios, *nós éramos moderados, o Hashomer era muito pior,* pois lá *tudo era obrigatório.* No Hashomer *não seria permitido usar gravata de modo algum, em nenhuma situação; um militante que fosse visto dançando em um baile seria expulso, assim como uma garota shomraque que ousasse usar maquiagem ou meia fina.*

[59] Em São Paulo, a zona de meretrício ficava bem perto da sede do Movimento, no Bom Retiro; no Rio de Janeiro, havia uma na região de maior concentração de judeus, a Praça Onze. O meretrício era, portanto, em vários casos, uma realidade fisicamente muito próxima dos *chaverim*.

[60] Como ocorria em outras organizações juvenis preocupadas com a criação do *novo homem* como, por exemplo, a Juventude Trabalhadora Socialista ligada ao Partido Socialista em Viena (1920-34) que procurava garantir a fidelidade de seus membros controlando, entre outras coisas, a sua sexualidade e utilizando a *subli-*

mação como uma idéia chave em sua ação educativa (como mostra H. Gruber 1987). Para uma comparação entre esta Juventude Socialista e o Dror, ver C. B. Pinsky (1999).

[61] Ver H. Gruber (1987) e E. Hobsbawm (1977a).

[62] Ver C. Bassanezi (1996). A questão do homossexualismo não era debatida no Dror.

[63] Como havia no movimento sionista (de 1917) estudado por M. Spiro(1969): "puro em pensamentos, palavras e atos"; na Juventude Trabalhadora Socialista da Áustria nos anos 20 e 30: "constantemente puro em pensamentos, palavras e ações", dos adolescentes do *Rote Falken* (H. Gruber 1987); na Juventude Hitlerista: "dar um filho ao Führer", das jovens do *Bund Deutscher Mädel* (E. Michaud 1996).

[64] Ver C. Bassanezi (1992), (1996).

[65] C. Bassanezi (1992), (1996).

[66] Todos os ex-*chaverim* entrevistados se lembram delas e dizem tê-las ouvido em casa, nas ruas e nas escolas.

[67]A sexualidade dos *chaverim*, em termos de manifestações práticas, era de fato diferente da de seus contemporâneos da mesma idade que não estavam no Dror? Isso só pode ser respondido seriamente a partir de um exaustivo trabalho comparativo com pesquias sobre como era a sexualidade dos jovens de classe média no Brasil nos anos 40 e 50, que ainda estão por ser feitas. O que se sabe sobre as relações homem-mulher no Brasil nesta época está relacionado à moral de gênero dominante (e à dedução da possibilidade de os jovens terem começado a questioná-la, porém não há pesquisas abrangentes sobre o alcance de sua rebeldia) – ver C. Bassanezi (1992), (1996), (1997) – é com esta moral, conhecida pelos *chaverim*, que se pode comparar os valores do Movimento. Sobre como agiam os *outros* jovens ou qual o grau de liberdade em sua conduta sexual que as pessoas concretas entrevistadas teriam se não fossem do Dror, é preferível, no atual estágio das pesquisas sobre a época, deixar que os próprios contemporâneos falem:

> Não acredito que o relacionamento entre rapazes e moças no Movimento fosse diferente do que ocorria com os outros jovens: eu tinha colegas góim na escola que pulavam a cerca para irem namorar e algumas engravidaram durante o curso. [4]

> A experiência dos jovens do Movimento era bem diferente das dos jovens de fora. Nós tínhamos, por exemplo, indivíduos que não eram oficialmente casados, mas viviam juntos. [7]

> Eu não tinha muito contato com garotas de fora do Movimento, mas eu acho que nesses termos [de sexualidade] não havia muita diferença, as nossas defendiam um outro mundo, mas, na prática, eu acho que acabava ficando igual. Por outro lado, em que outro lugar uma menina chegaria para mim e diria: "Você não deveria ter transado. Você deveria ter esperado. Eu também não estou esperando encontrar o meu amor?"... começando uma discussão? Não acontecia isso fora do Movimento. A diferença é que no Movimento havia possibilidades de, pelo menos, falarmos sobre o assunto abertamente. [31]

É difícil responder o que eu teria feito se não tivesse entrado no Movimento. Ainda continuo muito marxista em algumas coisas e acredito nas determinações do meio, mas hoje acredito que a personalidade também tem muito poder. Eu teria achado uma outra expressão para minhas ansiedades... (...) não creio que por ter encontrado o Movimento eu [tenha feito uma escolha de estilo de vida diferente]. [12]

[68] Palavras de G. Vincent (1992) empregadas com relação aos comunistas na França e que, no caso, se aplicam também aos droristas no Brasil.

[69] H. Sazan (1956).

s[70] "Idéias, trabalho e realização", *Dror*, nº 5, nov. 1950.

[71] P. Singer (15.08.1950).

[72] "A relação entre indivíduo e Movimento", *Dror*, nº 5, 1950; M. Tuder (1956).

[73] *chevrá*, na definição de M. Spiro (1969), significa grupo caracterizado pela intimidade de interação e preocupação mútua.

[74] Para alguns, a bagagem adquirida no Movimento foi um impulso importante nas carreiras adotadas tempos depois do rompimento com o Dror, dado à *riqueza intelectual*, ao treino de liderança, à vivência de situações que exigiram o desenvolvimento de uma maturidade *precoce*. Outros, entretanto, afirmam que sentiram tal bagagem como um entrave, com suas *ingenuidades* e *preconceitos,* que teve de ser removido para que se pudesse valorizar certos atributos e posições necessários aos caminhos profissionais que escolheram.

[75] Quem discordou radicalmente da proposta educativa *kibutziana* para o seu filho acabou saindo do *kibutz*.

[76] M. Reinhold (1955).

[77] Ver S. N. Eisenstadt (1977).

[78] W. Rehfeld (1951).

[79] HANHAGÁ ARTZIT. *Boletim Informativo do Ichud Hanoar Hachalutzi*, nº 8, 19.11.1955.

[80] *Temário para o IV Kinus Artzí*, jul. 1950.

[81] A. Plut (1948).

[82] S. Friesel (1956); *Temário para o IV Kinus Artzí*, jul. 1950; *Relatório de Ein Dorot à I Veidá Artzit*, jul. 1951; depoimentos.

[83] *Dror,* 06.1950 e 11.1950; E. Bariach (1950).

[84] Estatutos do Kibutz Hachshará Ein Dorot. *Temário para o IV Kinus Artzí*, jul. 1950.

[85] *Relatório de Ein Dorot à I Veidá Artzit,* 07.1951.

[86] Para estas, os indivíduos devidamente imbuídos do ideal pioneiro saberiam encarar e resolver tais problemas tendo em vista a compreensão das necessidades do coletivo. (E. Bariach1950; *Relatório de Ein Dorot à I Veidá Artzit,* 07.1951).

[87] S. Friesel (1956).

[88] *Relatório de Ein Dorot à I Veidá Artzit,* 07.1951; S. Friesel (1956).

[89] S. Friesel (1956); *Relatório de Ein Dorot à I Veidá Artzit*, 07.1951; depoimentos.

BIBLIOGRAFIA

[os textos marcados com *foram produzidos por jovens do Dror no tempo em que atuavam no Movimento. Os documentos sem autoria especificada aparecem citados nas notas de cada capítulo.]

ABRAMO, Helena W. *Cenas juvenis* punks e darks no espetáculo urbano. São Paulo. Scritta/ANPOCS, 1994.

ALLERBECK, Klaus. "Quelques conditions structurales pour les mouvements de jeunes et d'étudiants". In: UNESCO. *Revue Internationale des Sciences Sociales*.vol. XXIV, nº 2. *La jeunesse: force sociale?* Paris, 1972.

ALVES e BARSTED. "Permanência ou mudança: a legislação sobre a família no Brasil" In RIBEIRO, I. (org). *Família e valores:* sociedade brasileira contemporânea. São Paulo: Loyola, 1987.

ARIÈS, Philippe. *História social da criança e da família.* 2ª ed. Rio de Janeiro: Guanabara, 1986.

AYMON, Jean-Paul. "Por este vasto mundo". *Querida.* nº 97. prim. quin. de junho, 1958.

AZEVEDO, Thales de. "Família, casamento e divórcio no Brasil". In: *Journal of Inter-American Studies. School of Inter-American Studies.* Gainesville: University of Florida, april 1961.

_____. *As regras do namoro à antiga.* São Paulo: Ática, 1986.

* BALABAN, Nelson. "Metodologia Educacional". *Páginas para o madrich.* Ichud Habonim Dror, maio 1959.

* BARIACH, Efrain. "Problemas de garin e hachshará". *Dapim Lachaver*, 15.08.1950.

BARROS, Edgard L. *O Brasil de 1945 a 1964.* São Paulo: Contexto, 1990.

BASSANEZI, Carla. *Virando as páginas, revendo as mulheres;* relações homem-mulher e revistas femininas 1945-1964. São Paulo. Dissertação de Mestrado em História Social – FFLCH – USP, 1992.

_____. "Revistas femininas e o ideal de felicidade conjugal". In: *De trajetórias e sentimentos. Cadernos Pagu*, nº 1. Campinas. Núcleo de Estudos de Gênero Pagu – UNICAMP, 1993.

_____. "Jovens dos anos 50". In: NÚCLEO PAGU. *Relatório para o CNPq do Projeto de pesquisa interdisciplinar – Histórias Femininas: memórias e experiências.* Núcleo de Estudos de Gênero Pagu – UNICAMP, 1994.

_____. "E. P. Thompson e a História". *Temáticas.* Campinas: IFCH – UNICAMP, 1994. (a)

_____. *Virando as páginas, revendo as mulheres:.* relações homem-mulher e revistas femininas 1945-1964. Rio de Janeiro: Civilização Brasileira. 1996.

_____. "Mulheres dos Anos Dourados". In: DEL PRIORE, M. (org.) e BASSANEZI, C. (coord. de textos). *História das Mulheres no Brasil.* São Paulo: Contexto, 1997.

_____(org.) *Desacordos, desamores e diferenças – Cadernos Pagu* nº 3. Campinas. Núcleo de Estudos de Gênero Pagu – UNICAMP, 1994.

BASSANEZI, C. e URSINI, L. "O Cruzeiro e as Garotas". In: *Fazendo história das mulheres – Cadernos Pagu* nº 4. Campinas. Núcleo de Estudos de Gênero Pagu – UNICAMP, 1995.

* BAUMWOL, A. M. "Tzofiut no Dror". *Boletim do snif Rio*. nº 4, out. 1948.

* BENIAMIN. "Síntese em educação". *Páginas para o madrich*. Ichud Habonim Dror, maio 1959.

BETTELHEIM, Bruno. *Les enfants du rêve*. Paris: Ed. Robert Laffont. 1971. (tradução da publicação *The children of the dream*. New York: The Macmillan Company, 1969).

BOCK, Gisela. *Storia, storia delle donnne, storia di genere*. Firenze: Estro Strumenti, 1988. (collana di studi sulle donne.)

BOLAFFI, Gabriel. "Socialização e ressocialização num grupo juvenil formal". In: *Revista de Antropologia* v. XI. São Paulo, 1963.

BOROHOV, Dov Ber. *Nossa Plataforma*. São Paulo. Kéren Hayessod no Brasil, 1953. (biblioteca do jovem judeu nº 8 – bases do sionismo proletário).

BOROJOV, Dov Ber. "Los interes de clase y la cuestion nacional" e "Nuestra Plataforma". In: DROR – KIBUTZ HAMEUJAD. *Dov Ber Borojov – Bases del sionismo proletario*. Tel Aviv, 1972.

BRAKE, Michael. "The use of subculture as an analytical tool in sociology". In: BRAKE, M. *Comparative youth culture:* the sociology of youth cultures and youth subcultures in America, Britain and Canada. London and New York: Rotledge & Keagan Paul, 1985.

BRANDÃO, Antônio C. e DUARTE, Milton F. *Movimentos culturais de juventude*. São Paulo: Moderna, 1990. (15ª ed.)

BREINES, Wini. *Young, white and miserable:* growing up female in the fififties. Boston: Beacon press, 1992.

BRIK, Maurício. "Silva Jardim 1942". *O Macabeu*, nº 116. Curitiba, ago. 1997.

BRITTO, Sulamita (org.). *Sociologia da juventude* (v. 1 - 4). Rio de Janeiro: Zahar, 1968.

* CAMERINI, Elena. "Conseqüências de um choque". *Itonenu*, nº 1.

CÂNDIDO, Antônio. "The brasilian family". In: LYNSMITH and MACHANT (org). *Brazil; portrait of half a continent*. New York: The Dryden press, 1951.

CANO, Wilson. "Transformações da economia e repercussões no mercado de trabalho: roteiro para uma investigação histórica (1920-1986)". In: *Anais do V encontro nacional de estudos populacionais da ABEP* v. 2. Águas de São Pedro, 1986.

CARDOSO, Ruth. "O papel das associações juvenis na aculturação dos japoneses". In: *Revista de Antropologia*. v. VII. São Paulo, 1959.

CARDOSO, Ruth e SAMPAIO, Helena. *Bibliografia sobre juventude*. São Paulo: Edusp, 1995.

CARMI, Menajen. "Jalones en la ruta del movimiento". In: *Cuadernos para el jalutz*. nº 1. Jerusalem. Departamento de la juventud y del jalutz de la Organización Sionista Mundial, jun. 1955.

CARNEIRO, Maria L. T. *O anti-semitismo na Era Vargas (1930-1945)*. São Paulo: Brasiliense, 1995. (2ª ed.)

CAULFIELD, Sueann. *Getting into trouble:* dishonest women, modern girls and womenmen in the conceptual language of 'Vida Policial' 1925-1927. mimeo, 1991.

CICCO, Cláudio de. *Hollywood na cultura brasileira:* o cinema americano na mudança da cultura brasileira na década de 40. São Paulo: Convívio, 1979.

COLEMAN, James S. *The adolescent Society;* the social life of the teenager and its impact on education. New York: The free Press, 1971.

* CORINALDI, Helena. "A bachurá e o movimento". *Dror*, nº 5. São Paulo, 1950.

CORINALDI, Vittorio. "Lapa – reminiscências e pensamentos". *Na'Amat Brasil*. nº 13. São Paulo, abr. 1997.

_____. *Milão, São Paulo, kibutz e arquitetura*. Manuscrito. Israel, 1999.

COSTA, Letícia B. *Participação da mulher no mercado de trabalho*. São Paulo: CNPq/ IPE-USP, 1984.

* CYMYRING, Bernardo. "Uma polêmica: nós e o Estado de Israel". *Itonenu*, nº 6, 1948.

CZERESNIA, Fiszel. "Os partidos políticos em Israel". *Na'Amat Brasil*. nº 17. São Paulo, maio 1998.

DARNTON, Robert. "Primeiros passos para uma história da Leitura". *O Beijo de Lamourette*. São Paulo: Cia das Letras, 1990.

DAVIS, Natalie. "Razões do desgoverno". In: DAVIS, N. *Culturas do povo;* sociedade e cultura no início da França moderna. Rio de Janeiro: Paz e Terra, 1990.

DEBERT, Guita G. "Problemas relativos à utilização de histórias de vida e história oral" In: CARDOSO, Ruth (org.). *A aventura antropológica*. Rio de Janeiro: Paz e Terra, 1986.

DEL PRIORE, Mary (org.) e BASSANEZI, Carla (coord. de textos). *História das Mulheres no Brasil*. São Paulo: Contexto, 1997.

DEPARTAMENTO DE LA JUVENTUD Y DEL JALUTZ DE LA ORGANIZACIÓN SIONISTA MUNDIAL. *Mefalsim;* história del garín. Jerusalém, 1950.

* DRUKER, João. "Editorial". *Boletim da kivutzá Enzo Sereni*. nº 3, 1950

EISENSTADT, S. N.. "Youth culture and Social structure in Israel". In: *British Journal of Sociology*. v. 2, 1951.

_____. "Grupos informais e organizações juvenis nas sociedades modernas". In: BRITTO (org.). *Sociologia da Juventude IV*. Movimentos Juvenis. Rio de Janeiro: Zahar: 1968.

_____. *De geração a geração*. São Paulo: Perspectiva, 1976. (coleção estudos de sociologia).

_____. *Sociedade Israelense*. São Paulo: Perspectiva, 1977. (coleção estudos de sociologia).

ELBOIM-DROR, Rachel. "Gender in utopianism: the zionist case". In: *History workshop* (37) Oxford University Press. Spring, 1994.

ELDER Jr., Glen. "Les groups de jeunes et le contexte social". In: UNESCO. *Revue Internationale des Sciences Sociales,* vol. XXIV, nº 2. *La jeunesse: force sociale?,* Paris, 1972.

* ELENA. "Tiul". *Boletim informativo da kvutzá Berl Katzenelson*. 23.08.48.

Encyclopaedia judaica. Jerusalem: Keter Publishing House, 1972.

FASSA, Nachum Z. "O 'macaquinho' e a questão judaica". *Na'Amat Brasil*. nº 17. São Paulo, maio 1998.

* FASSA, Nuchem. "O único caminho". *Dror*, nº 4, jun.1950.

FALBEL, Nachman. *Menasche:* sua vida e seu tempo. São Paulo: Perspectiva, 1996.

FAUSTO, Boris. "Imigração: cortes e continuidades". In NOVAIS, F. (dir.) e SCHWARCZ, L. (org.). *História da vida privada no Brasil*. vol. IV. Contrastes da intimidade contemporânea. São Paulo: Cia das Letras, 1998.

_____. *Negócios e ócios*. São Paulo: Cia das Letras, 1997.

FERNANDES, Florestan. "As 'trocinhas' do Bom Retiro". *Folclore e mudança social na cidade de São Paulo*. Petrópolis: Vozes, 1979. (2ª ed.)

FRIEDMANN, Georges. *Fim do povo judeu?* São Paulo: Perspectiva, 1969.

FRIESEL, Eviatar. *The days and the seasons*. Detroit: Wayne State University Press, 1996.

* FRIESEL, Sigue. *Kibutz Bror Chail*: história do movimento e do kibutz brasileiros. Jerusalém. Departamento da Juventude e do Chalutz da Organização Sionista Mundial, 1956. [esse livro foi escrito quando Friesel já estava em Israel, no *kibutz* Bror Chail.]

* _____. "Educação e sociedade". *Dror*, nº 5. São Paulo. Lishká Merkazit do Movimento Juvenil Dror, 1950.

GILLIS, John R. *Youth and history*; tradition and change in European age relations 1770-present. New York, London: Academic press, 1981.

GINSBURG, Jacó. "É preciso enfatizar a resistência judaica" – Depoimento. *Shalom Documento* – suplemento especial da revista *Shalom* nº 299 – *A resistência judaica na Segunda Guerra Mundial*. São Paulo: Shalom, 1993.

GORENDER, Jacó. "Memórias da FEB - Jacó Gorender". *Shalom Documento* – suplemento especial da revista *Shalom* nº 299 – *A resistência judaica na Segunda Guerra Mundial*. São Paulo: Shalom, 1993.

GRAEBNER, William. "Coming of age in Buffalo: the ideology of maturity in postwar America". In: *Language, Work and idelogy – Radical History Review* 34, 1986.

GREEN, Nancy L. "A formação da mulher judia". In: FRAISSE, G. e PERROT, M. (dirs.). *História das mulheres*. v. IV – O século XIX. Porto, São Paulo, Afrontamento, Ebradil, 1991.

GRIMBOIM, Itsjak. *Historia del movimiento sionista*. v. II – desde la muerte de Herzl hasta la primer guerra mundial. Buenos Aires: Departamento de Juventud y Hejalutz de la Organizacion sionista Mundial, 1955.

_____. *Historia del movimiento sionista*. v. III – desde la primera guerra mundial hasta la Declaracion Balfour. Buenos Aires: Departamento de Juventud y Hejalutz de la Organizacion sionista Mundial, 1956.

GRIN, Mônica. "Diáspora minimalista: a crise do judaísmo moderno no contexto brasileiro" In: SORJ, B. (org.). *Identidades judaicas no Brasil contemporâneo*. Rio de Janeiro: Imago, 1997.

GRUBER, Helmut. "Sexuality in 'Red Viena': Socialist Party conceptions ando programs and working-class life 1920-34". In: *International labor and working-class history*.n.31. University of Illlinois Press. Spring, 1987.

GRÜN, Roberto. "Intelectuais na comunidade judaica brasileira". In: SORJ, B. (org.). *Identidades judaicas no Brasil contemporâneo*. Rio de Janeiro: Imago, 1997.

_____. "Construindo um lugar ao sol: os judeus no Brasil". In: FAUSTO, B. (org.) *Fazer a América*: A imigração em massa para a América Latina. São Paulo: Edusp, 1999.

GURION, D. Ben. "Exército, instrumento da nação". *Dror*, nov. 1949.

_____. " Discurso sobre sionismo e estado". *Dror*, nov. 1950.

* HANHAGÁ ARTZIT. *Berl Katzenelson*: vida e obra. São Paulo, junho 1958.

* _____. "Educação sexual". *Páginas para o madrich*, maio 1958.

HALL, Catherine. "Politics, post-struturalism and feminist history". In: *Gender and History*. v. 3, nº 2. England. Basil Blackwell, sum. 1991.

HALL, Michael. "Os riscos da inocência". In: *O direito à memória*. São Paulo: DHP, 1992.

348

HERTZBERG, Arthur (ed.). *The zionist idea*. New York: Atheneum, 1969.

HOBSBAWN, Eric. "Intellectuals and the class struggle". In: *Revolutionaries*. London: Quartet Books, 1977.

——————. "Revolution and sex". In: *Revolutionaries*. London: Quartet Books, 1977. (a)

——————. *Era dos extremos:* o breve século XX – 1914-1991. São Paulo: Cia das Letras, 1995.

——————. "Dentro e fora da História". *Sobre História*. São Paulo: Cia das Letras, 1998.

HOLINGSHEAD, A. B. "A juventude numa pequena cidade norte-americana" In: BRITTO (org). *Sociologia da juventude* I. da Europa de Marx à América Latina de hoje. Rio de Janeiro: Zahar, 1968.

IANNI, Octávio. *O jovem radical*. In: BRITTO, S. (org). *Sociologia da juventude* I. da Europa de Marx à América Latina de hoje. Rio de Janeiro: Zahar, 1968.

KAPELIUK, Amnon. "Funerais de um mito: a decadência dos *kibutzim* israelenses" (traduzido do *Le Monde Diplomatique* de agosto de 1995). In: ASA: Judaísmo e progressismo. Órgão informativo e de divulgação cultural da Associação Sholem Aleichem de cultura e recreação. Rio de Janeiro, mai./jun. 1997.

* KARABTCHEVSKY, Samuel. "A nossa chalutziação". *Dror* – órgão da juventude judaica, nº 4, jun. 1950.

KATZ, Jacob. "O movimento nacional judaico: uma análise sociológica" In *Vida e valores do povo judeu*. São Paulo: Perspectiva, 1972.

KATZNELSON, Berl. " Nosso patrimônio histórico". *Dror*, nº 1, nov. 1949.

KEET, Joseph F.. "Adolescence and youth in nineteenth-century America". In RABB & ROTBERG (eds). *The family in history*. New York: Harper & Row, 1973.

——————. "The stages of life". In: GORDON (ed). *The american family in social-historical perspective*. New York: St. Martin's press, 1983. (3. ed).

KITRON, Moshe. "Impulsados por la idea y la realidad" In: *Cuadernos para el jalutz*. nº 1. Jerusalem. Departamento de la juventud y del jalutz de la Organización Sionista Mundial, jun. 1955.

KURNAS, Nahum (dir.). *A. D. Gordon – coletânea*. São Paulo. Kéren Hayessod no Brasil, 1953. (biblioteca do jovem judeu nº 10)

LAFONT, Hubert. "As turmas de jovens". In: ARIÈS, F. & BÈJIN, A. (orgs). *Sexualidades Ocidentais*. São Paulo: Brasiliense, 1986. (2.ed)

LAPASSADE, Georges. "Os rebeldes sem causa". In: BRITTO (org). *Sociologia da juventude* III. a vida coletiva juvenil. Rio de Janeiro: Zahar, 1968.

LEVI, Giovanni e SHIMITT, Jean-Claude (orgs.). *História dos jovens*. vol. I – Da Antigüidade à Era Moderna. São Paulo: Cia das Letras, 1996.

——————————. *História dos jovens*. vol. II – A Época Contemporânea. São Paulo: Cia das Letras, 1996.

LEVI, Primo. *A Trégua*. São Paulo: Cia das Letras, 1997.

LUZZATTO, Sérgio. "Jovens rebeldes revolucionários: 1789-1917". In: LEVI, G. e SCHIMIDT, C. (orgs.). *História dos jovens*. vol.II — A Época Contemporânea. São Paulo: Cia das Letras, 1996.

MAHALER, Shimón. "Introducción". In: DROR- KIBUTZ HAMEUJAD. *Dov Ber Borojov – Bases del sionismo proletario*. Tel Aviv, 1972.

MAHLER, Fred. "L'adolescent et les opitions morales". In UNESCO. *La jeunesse: force* social? – *Revue Internationale des sciences sociales*. v. XXIV. Paris, 1972.

MAHLER, Rafael. "Lo permanente y lo transistorio en la doctrina de Borojov". In: DROR – KIBUTZ HAMEUJAD. *Dov Ber Borojov – Bases del sionismo proletario*. Tel Aviv, 1972.

MANOR, Alexander. *Fuentes del sionismo socialista*. Tel Aviv. Ichud Hanoar Hajalutzi, sd. (biblioteca ideologica 2).

MARGULIES, Marcos. "Israel; estudo sobre o nascimento de uma nação". In *Anhembi*. ano XI, nº 124, v. 42. São Paulo, mar. 1961.

* MAU, Henry. "Música popular israelí". *Dror*. nº 5, nov. 1950.

MAUTNER, Anna Verônica. "A segunda-feira que abalou o Bom Retiro". In: *Na'Amat Brasil*. nº 8. São Paulo, nov. 1995.

MICHAUD, Eric. "Soldados de uma idéia: os jovens sob o Terceiro Reich". In: LEVI, G. e SCHIMIDT, C. (orgs.). *História dos jovens.*v. II – A Época Contemporânea. São Paulo: Cia das Letras, 1996.

NÚCLEO PAGU. *Relatório para o CNPq do Projeto de pesquisa interdisciplinar Histórias Femininas: memórias e experiências*. Campinas: Núcleo de Estudos de Gênero Pagu - Unicamp, 1994.

ORGANIZAÇÃO SIONISTA MUNDIAL. *Movimentos juveniles judios*. OSM Agencia Judia para Israel, Departamento de la juventud y del Jalutz, 1963.

ORTIZ, Renato. *A moderna tradição brasileira*; cultura brasileira e indústria cultural. São Paulo: Brasiliense, 1988.

PAIS, José M. *Culturas juvenis*. Lisboa. Imprensa Nacional da Casa da Moeda.1993.

PASSERINI, Luiza. "A juventude, metáfora da mudança social. Dois debates sobre os jovens: a Itália fascista e os Estados Unidos da década de 1950". In: LEVI, G. e SCHIMIDT, C. (orgs.). *História dos jovens*. v. II – A Época Contemporânea. São Paulo: Cia das Letras, 1996.

PEREIRA, Carlos A. M.*O que é contracultura?* São Paulo: Nova Cultural/Brasiliense, 1986.

* PERLOV, David. "Hashomer". *Boletim Informativo da Kivutzá Berl Katzenelson*. 23.08.1948.

PINSKY, Carla B. *Pássaros da liberdade:* jovens judeus sionistas socialistas; rapazes e moças do movimento Dror (1945-1960). Campinas. Tese de Doutorado em Ciências Sociais – IFCH – UNICAMP, 1999.

PINSKY, Jaime. "A colonização judaica moderna na Palestina". In: PAULA, E. S. de (ed.). *Colonização e migração* – trabalhos apresentados ao IV Simpósio de professores universitários de história. São Paulo, 1967.

_____. "Introdução" e "Os judeus e a Diáspora". In: *Os judeus no Egito Helenístico*. Assis: FFCL de Assis, 1971.

_____. "O Brasil nas relações internacionais: 1930-1945". In: MOTA, C. G. (org.). *Brasil em Perspectiva*. Rio de Janeiro. Bertrand Brasil, 1988. (17ª ed.)

_____. *Origens do nacionalismo judaico*. São Paulo: Ática, 1997. (2ª ed. revista e ampliada)

_____. "Sempre é tempo de reflexão". *Na'amat Brasil*. nº 20, fev. 1999.

PINSKY, Jaime (coord.). *Shalom. Os judeus no Brasil*. ano XIII, nº 146. São Paulo: Shalom, julho 1977.

PISCITELLI, Adriana. *História de vida, história oral e memória*. Campinas: Núcleo de Estudos de Gênero Pagu – UNICAMP, 1991.

_____. "Tradição oral, memória e gênero: um comentário metodológico". In: *Cadernos Pagu* nº 1. Campinas. Núcleo de Estudos de Gênero Pagu – UNICAMP, 1993.

* PLUT, Américo. "Hachshará". *Boletim Informativo da Kivutzá Berl Katzenelson*. nº 2 e 3, 23.08.1948

POLACK, Michael. "Memória, esquecimento, silêncio". In *Estudos Históricos*. nº 3. São Paulo: APDH/ed. Revista dos Tribunais, 1989.

PONTES, Heloísa. *Destinos mistos:* o grupo Clima no sistema cultural paulista (1940-1968). São Paulo. Tese de Doutorado em Sociologia. FFLCH-USP, 1996.

RATTNER, Henrique. *Tradição e mudança:* a comunidade judaica em São Paulo. São Paulo: Ática, 1977. (col. Ensaios).

* REHFELD, Walter. "Construção de colônias estratégicas em Israel". *Dror*. nº 6. fev. 1951.

REINHOLD, Moshe. "La educacion sionista en las Organizaciones juveniles de la Diaspora". *Cuadernos para el jalutz* 2. Jerusalem. Depto. De la juventud y del jalutz da OSM, set. 1955.

ROLLAND, Roman. *Jean Christophe*. Rio de Janeiro / Porto Alegre: Ed. da Livraria Globo, 1946. (2. ed.) 4 volumes.

ROSEMAYR, Leopold. "Introduction: nouvelles orientations théoriques de la sociologie de la jeunesse". In: UNESCO. *La jeunesse: force social? – Revue Internationale des sciences sociales*. v. XXIV. Paris, 1972.

ROZENCHAN, Nancy. "Caim, Abel, Momik, Vasserman, Eigel, Etallii: o tema do genocídio na literatura hebraica" In: *Shalom Documento – suplemento especial da Revista Shalom*. nº 299. São Paulo. Ed. Shalom, 1993.

SACHAR, Howard Morley. *The course of modern jewish history*. New York: Delta Book, 1958.

SAFFIOTI, Heleieth I. B. *A mulher na sociedade de classes: mito e realidade*. Petrópolis: Vozes, 1979.

SAZAN, Henrique. *Uma criança está chorando*. São Paulo: Ichud Hanoar Hachalutzi, 1956.

* SCHENEIDER, Salomão. "Bonim na encruzilhada". *Dror*, fev. 1951.

SCOTT, Joan. "Gender: a useful category of historical analysis". In: *The american historical review*. v. 91, nº 5. dec, 1986.

_____. *Gender and politics of history*. New York: Columbia University press, 1988.

_____. "Deconstructing equality - versus - difference: or the uses of poststructuralist theory for feminism". In: *Feminist Studies* 14, nº 1, spr. 1988.

SFAT, Dina e CABALLERO, Mara. *Palmas pra que te quero*. Rio de Janeiro: Nórdica, 1988.

SHALOM. *Shalom Documento – suplemento especial da revista Shalom nº 299 – A resistência judaica na Segunda Guerra Mundial*. São Paulo, Shalom, 1993.

SHNAIDERMAN, Boris. "Memórias da FEB – Boris Shnaiderman". *Shalom Documento – suplemento especial da revista Shalom nº 299 – A resistência judaica na Segunda Guerra Mundial*. São Paulo: Shalom, 1993.

SHULMAN, Saul. "Dror há 50 anos...". *O Macabeu*. nº 114. Curitiba. jun. 1996.

SIMON-NAHUM, Perrine. "Ser judeu na França". In: A. PROST e G. VINCENT (org.). *História da vida privada*. vol. 5. Da Primeira Guerra Mundial a nossos dias. São Paulo: Cia. das Letras, 1992.

SINGER, Isaac B. *O Certificado*. São Paulo: Siciliano, 1994.

* SINGER, Paulo. "Fundamentos da nossa educação". *Dror* – órgão da juventude judaica. n° 5. São Paulo: Lishká Merkazit do Movimento Juvenil Dror, 1950.

* _____. "Uma questão importante". *Itonenu* n° 7. São Paulo. 1948.

* _____. "Profissionalização, o problema da vocação". *Dapim Lachaver.* n° 2, 15.08.1950.

* _____. *Observações sobre as sichot: "Marxismo e Materialismo histórico".* sd.

_____. "Lembranças de um velho drorista". *Na'Amat Brasil.* n° 17. São Paulo, maio 1998.

SINGER, Paulo e MADEIRA, Felícia. "Estrutura do emprego e do trabalho feminino no Brasil: 1920-1970". In: *Cadernos CEBRAP* 13. São Paulo: CEBRAP, 1973.

SIRKIN. Nachman. "O que é sionismo socialista". *Dror.* n° 1, nov. 1949.

SORJ, Bernardo. "Sociabilidade brasileira e identidade judaica" In: SORJ, B. (org.). *Identidades Judaicas no Brasil Contemporâneo.* Rio de Janeiro: Imago, 1997.

SORJ, Bila (org.). *Identidades judaicas no Brasil contemporâneo.* Rio de Janeiro: Imago, 1997.

SPIRO, Melford. "Será a família universal?" In LEVI-STRAUSS, GOUGH e SPIRO. *A família como instituição.* Porto: Rês ed., 1977.

_____. *Kibbutz:* venture in utopia. New York: Schcken Books, 1969. (6° print).

_____. *Gender and culture:* kibbutz women revisited. (with a new introduction) New Brunswick and London: Transaction Pub, 1996.

TALMON, Yonina. *Family and comunity in the kibutz.* Cambridge: Harvard University Presss, 1978. (3° print).

THOMPSON, Edward P.. *A miséria da teoria* ou um planetário de erros; uma crítica ao pensamento de Althusser. Rio de Janeiro: Zahar, 1978.

THOMPSON, Paul. *A voz do passado;* história oral. São Paulo: Paz e Terra, 1992.

TIGER, Lionel e SHEPER, Joseph. *Women in the kibbutz.* Peregrine Books, 1977.

TILLY, Louise. "Genre, histoire des femmes et histoire sociale". In: *Genèses* 2, déc. 1990.

TILLY, Louise e SCOTT, Joan. *Women, work & family.* New York: Holt, Rinehart and Winston, 1978.

* TUDER, Markin. *Princípios da nossa educação.* Kibutz Bror Chail. Hanhagá Elioná – Ichud Hanoar Hachalutzi, 1956.

UNESCO. *Revue Internationale des sciences sociales – La jeunesse: force sociale?* v. XXIV. Paris: Unesco, 1972.

VARIKAS, Eleni. "Gênero, experiência e subjetividade: a propósito do desacordo Tilly-Scott". In: BASSANEZI, C. (org.). *Desacordos, desamores e diferenças – Cadernos Pagu* n.3. Pagu. Campinas. Núcleo de Estudos de Gênero Pagu – UNICAMP, 1994.

VINCENT, Gérard. "Ser comunista? Uma maneira de ser." In A. PROST e G. VINCENT (org.). *História da vida privada.* vol. 5. Da Primeira Guerra Mundial a nossos dias. São Paulo: Cia. das Letras, 1992.

WACHTEL, Nathan. "Memory and history - Introduction". In BOUGUET, M. ,VALENSI, L. e WACHTEL, N. (eds.). *History and Anthropology.* v .2, part 2. London, oct. 1986.

WILLEMS, Emílio. "A estrutura da família brasileira" In *Sociologia.* XVI v. 4. São Paulo. Escola de Sociologia e Política de São Paulo, out. 1954.

WILLIAMS. Raymond. "The Bloomsbury fraction". *Problems in materialism and culture.* London: Verso, 1982.

CADASTRO PARA MALA DIRETA
CORREIO REGULAR E ELETRÔNICO

Favor preencher todos os campos

NOME (não abreviar):

ENDEREÇO PARA CORRESPONDÊNCIA:

CIDADE: UF: ☐☐   CEP: ☐☐☐☐☐ - ☐☐☐

DDD - FONE: ☐☐ ☐☐☐☐☐☐☐☐

ENDEREÇO ELETRÔNICO:

INSTITUIÇÃO (caso seja professor(a), indique o nome da instituição em que trabalha ou leciona)

(indique o grau que leciona)

CARGO:

1- Estou interessado em livros das seguinte áreas:

☐ História   ☐ Saúde
☐ Geografia   ☐ Turismo
☐ Língua Portuguesa   ☐ Didáticos (1ª – 4ª)
☐ Educação
☐ Economia

* Devolvendo-nos este cadastro preenchido, você passará a receber informações dos nossos lançamentos, nas áreas que determinar.
Por e-mail, você recebe as informações mais rapidamente.

PROMOVENDO A CIRCULAÇÃO DO SABER

Rua Acopiara, 199 - Alto da Lapa
São Paulo - SP - CEP 05083-110
Tel./fax: (11) 3832-5838
contexto@editoracontexto.com.br
www.editoracontexto.com.br

Impressão e acabamento:
GRÁFICA PAYM
Tel. (011) 4392-3344